U0862181

中国核能年鉴

2014年卷

中国核能行业协会 编

CHINA
NUCLEAR
ENERGY
YEARBOOK

中国原子能出版社

编辑说明

一、《中国核能年鉴》是由中国核能行业协会组织编纂的一份综合性资料年刊，于 2009 年创刊。创办此刊旨在如实记载我国核能行业各个领域改革发展的历程和情况，力求具有全面、系统、详实、准确、权威的特点。《中国核能年鉴》的出版发行，可以为政府有关部门和各级领导科学决策提供支持，为广大会员单位提供丰富的行业信息资源，也为国内外各界人士了解、认识我国核能行业开启一扇窗口。

二、《中国核能年鉴》2014 年卷采用分类编辑法，主体内容分为栏目、分目、条目 3 个层次，少数条目下设子目。全书除了"编辑说明""序""《中国核能年鉴》编委会、编辑部组成人员名单"之外，共设特载、核能行业发展、核能骨干企业、行业协会与学会、会员风采、大事记、核能协会活动报道、附录 8 个栏目。

三、本卷为《中国核能年鉴》2014 年卷。文中记述时间，原则上截至 2013 年 12 月 31 日。年鉴资料均取自政府有关部门、中国核能行业协会和协会会员单位提供的材料。

四、本年鉴开设了企业风采栏目，以广泛展示核能领域企事业单位的成就和风采。

五、由于编辑水平有限，缺点错误在所难免。我们祈盼广大读者的批评指正。《中国核能年鉴》编辑部将坚持中国核能行业协会的宗旨，不断提高年鉴质量，更好地为政府服务，为企业服务，为我国核能事业的发展服务。

本卷年鉴在编辑出版的过程中，得到了广大会员单位和政府有关部门的大力支持。在此，谨表诚挚的谢意。

《中国核能年鉴》2014 年卷 编辑部

《中国核能年鉴》2014 年卷编辑委员会

《中国核能年鉴》2014 年卷编辑部

《中国核能年鉴》2014 年卷

序

《中国核能年鉴》2014 年卷和大家见面了。这是自 2009 年以来，在有关政府部门的大力支持和广大会员单位的共同努力下，由中国核能行业协会编辑出版的第六册年鉴，可喜可贺!

在党中央关于“推进低碳发展、建设美丽中国”号召的指引下，安全高效发展核电正在成为全社会的共识。面对雾霾天气频发，2013 年 9 月国务院颁布的《大气污染防治行动计划》提出了到 2017 年运行核电机组装机容量达到5000万千瓦的要求。

安全高效发展核电仍是我国加快调整能源结构，增加清洁能源供给的重要战略选项，我国核电仍然面临良好的发展机遇。同时，在经历了日本福岛核事故沉重打击后，我国核电的正常建设还处于恢复阶段，核能行业的发展面临着一些新的挑战。

2013 年，我国核能行业在“安全高效发展核电”方针的指引下，锐意进取，稳中求进，取得了积极的进展。

我国核能行业认真贯彻落实调整后的《核电中长期发展规划（2011—2020 年）》《核电安全规划（2011—2020 年）》和《核安全与放射性污染防治“十二五”规划及 2020 年远景目标》，各领域工作稳步推进，取得了一系列新的成绩、新的进展，为促进经济社会发展、建设美丽中国作出了新的贡献。

2013 年 4 月 18 日福建宁德 1 号机组、6 月 6 日辽宁红沿河 1 号机组先后投入商业运行；11 月 23 日，辽宁红沿河 2 号机组实现首次并网发电。截至 2013 年 12 月 31 日，我国大陆投入商业运行的核电机组 17 台，总装机容量 1483 万千瓦。2013 年发电量 1098.32 亿千瓦时，较 2012 年增长 11.71%，占全国总发电量的 2.06%。

各运行核电厂坚持“安全第一、质量第一”的方针，构筑核安全文化屏障，强化核电厂运行经验反馈，坚持与国际同行对标、持续改进，确保了各机组安全稳定运行。

按照国务院的部署，2013 年 9 月 18 日、9 月 27 日、12 月 23 日，阳江 5 号、田湾 4 号、阳江 6 号机组核岛主体工程先后正式开工。截至 2013 年底，我国在建核电机组 31 台，装机容量达到 3403 万千瓦，2013 年完成工程建设投资 609 亿元，在建规模继续保持世界第一。

特别是，在日本福岛核事故后，根据综合安全检查结果，借鉴国际研究成果和经验，国家核安全局对运行核电厂提出了 10 项安全改进要求，到 2013 年底，除 1 项长期研究项目正在顺利推进外，其他项目全部实施完成。与此同时，国家核安全局对在建核电厂提出的 14 项安全改进要求，首次装料的核电机组均在装料前全部实施，其他在建项目正在按计划推进。安全改进计划的实施，进一步提升了我国核电厂的安全性。

铀资源、核燃料供给能力进一步增强，为核电发展提供了重要保障。天然铀产业新布局、新机制、新项目取得重要进展，核燃料重点项目有序推进，中国核燃料有限公司正式挂牌成立。

核电装备制造能力和水平的提升为核电发展提供了重要支撑。上海电气、东方电气、哈电集团等三大动力集团完成了各自的能力布局，2013 年迎来了批量交货的高峰。

愿《中国核能年鉴》越办越好。我们相信，《中国核能年鉴》必将会为广大会员单位提供更好更广阔的交流合作平台，发挥更有益的作用。我们也完全有理由相信，中国核能产业的发展必将会拥有一个光明的未来。

中国核能行业协会理事长

目　录

特　载

核能行业发展

核能骨干企业

行业协会与学会

会员风采

大事记

核能协会活动报道

附 录

特　载

党和国家领导人

对发展我国核能事业的关怀及重要指示

习近平出席中法和平利用核能合作签字仪式

2013 年 4 月 25 日，在国家主席习近平与法国总统奥朗德的共同见证下，国家原子能机构与法国原子能和替代能源委员会共同签署了《中国国家原子能机构和法国原子能和替代能源委员会第十一个和平利用核能合作议定书》；中核集团与法国阿海珐公司签署了中国大型商业后处理－再循环工厂项目合作意向书；中广核与法国电力公司及阿海珐签署长期合作联合声明。

李克强出席中罗合作开发切尔纳沃德核电站签字仪式

2013年11月25日，在中国国务院总理李克强与罗马尼亚总理维克托·蓬塔的共同见证下，中国广核集团有限公司董事长贺禹（左）与罗马尼亚国家核电公司总裁Lulache（右）在罗马尼亚总理府签署了合作开发切尔纳沃德核电站3、4号机组的意向书。

张高丽到大唐国际北京高井热电厂调研

2013年9月3日，中共中央政治局常委、国务院副总理张高丽在中共中央政治局委员、北京市委书记郭金龙，市长王安顺等的陪同下，到大唐国际北京高井热电厂调研。

马凯考察国家核应急响应中心

2013年4月18日，中共中央政治局委员、国务院副总理马凯考察国家核应急响应中心。马凯副总理对国家核应急工作给予肯定，要求做好核应急各项工作，使我国核事故应急水平达到新的高度。

马凯出席中法核能发展经验交流研讨会和中法核能合作三十周年高峰论坛

2013年12月6日，由国家原子能机构主办的中法核能发展经验交流研讨会和中法核能合作三十周年高峰论坛在北京举行。法国总理埃罗（前排右四）与国务院副总理马凯（前排右三）共同出席。

刘延东到山东调研核电国家科技重大专项实施工作

2013年1月13日，中共中央政治局委员、国务委员刘延东在山东调研核电国家科技重大专项实施工作时强调，要深入贯彻党的十八大精神，大力实施创新驱动发展战略，强化政产学研用紧密结合，积极稳妥推进核电科技重大专项，为我国能源结构调整和清洁能源发展提供有力科技支撑。

胡春华到阳江核电站调研

2013年1月20日下午，中共中央政治局委员、广东省委书记胡春华（中）到阳江核电站调研。

向巴平措到防城港核电站调研

2013年6月1日，全国人大常委会副委员长向巴平措（前排左二）率全国人大常委会民族区域自治法实施情况专题调研组到防城港核电站调研。

齐续春到防城港核电站调研

2013年11月3日，全国政协副主席、民革中央常务副主席齐续春（前排右二）到防城港核电站调研。

战略与规划

国务院关于印发能源发展“十二五”规划的通知

国发〔2013〕2号

各省、自治区、直辖市人民政府，国务院各部委、各直属机构：

现将《能源发展“十二五”规划》印发给你们，请认真贯彻执行。

国务院

2013年1月1日

（此件有删改）

能源发展“十二五”规划

前 言

能源是人类生存和发展的重要物质基础，攸关国计民生和国家安全。推动能源生产和利用方式变革，调整优化能源结构，构建安全、稳定、经济、清洁的现代能源产业体系，对于保障我国经济社会可持续发展具有重要战略意义。

本规划根据《中华人民共和国国民经济和社会发展第十二个五年规划纲要》（以下简称“十二五”规划纲要）编制，主要阐明我国能源发展的指导思想、基本原则、发展目标、重点任务和政策措施，是“十二五”时期我国能源发展的总体蓝图和行动纲领。

第一章 发展基础和背景

第一节 发展基础

“十一五”时期，我国能源快速发展，供应能力明显提高，产业体系进一步完善，基本满足了经济社会发展需要，为“十二五”能源发展奠定了坚实基础。

能源供应能力显著增强。一次能源生产总量连续五年位居世界第一，2010年达到29.7亿吨标准煤；电力装机规模比2005年增长将近一倍，达到9.7亿千瓦，居世界第二。

清洁能源比重逐步增加。2010年，我国水电装机规模达到2.2亿千瓦，位居世界第一；核电在建规模2924万千瓦，占世界核电在建规模的40%以上；“十一五”时期新增风电装机规模约3000万千瓦，2010年并网规模位居世界第二；太阳能热水器集热面积继续保持世界第一。

能源重大科技专项顺利实施。资源勘探开发、加工转化技术水平显著提高，重大装备自主创新能力进一步增强。年产600万吨煤炭综采成套装备实现国产化，深海油气钻井平台建造取得重大突破，具备了百万千瓦级压水堆核电站自主设计、制造、建设和运营能力，掌握了大型风电设备制造技术，特高压等先进输电技术研发应用居世界领先水平。

节能环保成效明显。“十一五”时期，单位国内生产总值能耗下降19.1%，电力行业实施“上大压小”，单位火电供电标准煤耗下降37克，脱硫机组比重持续增加。

能源国际合作稳步推进。境外能源资源开发取得新进展，西北、东北、西南和海上四大能源进口战略通道格局初步形成，我国在国际能源事务中的作用逐步增强。

煤电油气运保障协调机制逐步完善。国家石油储备规模逐步扩大，应急保障能力不断增强，有效应对了汶川地震、玉树地震和南方雨雪冰冻等特大自然灾害，保障了北京奥运会、上海世博会等重大活动成功举办。

专栏1　十一五　时期能源发展成就

指标	单位	2005年	2010年	年均增长率(%)
一次能源生产总量	亿吨标准煤	21.6	29.7	6.6
其中：煤炭	亿吨	23.5	32.4	6.6
原油	亿吨	1.8	2.0	2.1
天然气	亿立方米	493	948	14.0
非化石能源	亿吨标准煤	1.6	2.8	11.8
一次能源消费总量	亿吨标准煤	23.6	32.5	6.6
电力装机规模	亿千瓦	5.2	9.7	13.3
其中：水电	亿千瓦	1.2	2.2	12.9
火电	亿千瓦	3.9	7.1	12.7
核电	万千瓦	685	1082	9.6
风电	万千瓦	126	3100	89.8

第二节　面临形势

“十二五”时期，世情国情继续发生深刻变化，世界政治经济形势更加复杂严峻，能源发展呈现新的阶段性特征，我国既面临由能源大国向能源强国转变的难得历史机遇，又面临诸多问题和挑战。

从国际看，全球气候变化、国际金融危机、欧洲主权债务危机、地缘政治等因素对国际能源形势产生重要影响，世界能源市场更加复杂多变，不稳定性和不确定性进一步增加。

一是能源资源竞争日趋激烈。一些发达国家长期形成的能源资源高消耗模式难以改变，发展中国家工业化和现代化进程加快，能源消费需求将不断增加，全球能源资源供给长期偏紧的矛盾将更加突出。未来十年，发展中国家能源需求增量占全球增量的85%左右，消费重心逐步东移。发达国家竭力维护全球能源市场主导权，进一步强化对能源资源和战略运输通道的控制。能源输出国加强对资源的控制，构建战略联盟强化自身利益。能源的战略属性、政治属性更加凸显，围绕能源资源的博弈日趋激烈。

二是能源供应格局深刻调整。作为全球油气输出重地的西亚、北非地区局势持续动荡。美国和加拿大页岩气、页岩油等非常规资源开发取得重大突破，推动全球化石能源结构变化。美国出台了《未来能源安全蓝图》，提出"能源独立"新主张，加大本土能源资源开发，调整石油进口来源。日本福岛核电站核泄漏事故不仅影响了世界核电发展进程，而且对全球能源开发利用方式产生了深远影响。欧盟制定了2020年能源战略，启动战略性能源技术计划，着力发展可再生能源，减少对化石能源的依赖。世界能源生产供应及利益格局正在发生深刻调整和变化。

三是全球能源市场波动风险加剧。在能源资源供给长期偏紧的背景下，国际能源价格总体呈现上涨态势。金融资本投机形成"投机溢价"，国际局势动荡形成"安全溢价"，生态环境标准提高形成"环境溢价"，能源价格将长期高位震荡。发达国家能源需求增长减弱，已形成适应较高能源成本的经济结构，并将继续掌控世界能源资源和市场主导权，能源市场波动将主要给发展中国家带来风险和压力。

四是围绕气候变化的博弈错综复杂。气候变化已成为涉及各国核心利益的重大全球性问题，围绕排放权和发展权的谈判博弈日趋激烈。发达国家一方面利用自身技术和资本优势加快发展节能、新能源、低碳等新兴产业，推行碳排放交易，强化其经济竞争优势；另一方面，通过设置碳关税、"环境标准"等贸易壁垒，进一步挤压发展中国家发展空间。我国作为最大的发展中国家，面临温室气体减排和低碳技术产业竞争的双重挑战。

五是能源科技创新和结构调整步伐加快。国际金融危机以来，世界主要国家竞相加大能源科技研发投入，着力突破节能、低碳、储能、智能等关键技术，加快发展战略性新兴产业，抢占新一轮全球能源变革和经济科技竞争的制高点。高效、清洁、低碳已经成为世界能源发展的主流方向，非化石能源和天然气在能源结构中的比重越来越大，世界能源将逐步跨入石油、天然气、煤炭、可再生能源和核能并驾齐驱的新时代。

从国内看，能源发展的长期矛盾和短期问题相互交织，国内因素与国际因素互相影响，资源和环境约束进一步加剧，节能减排形势严峻，能源资源对外依存度快速攀升，能源控总量、调结构、保安全面临全新的挑战。

一是资源制约日益加剧，能源安全形势严峻。一方面，我国能源资源短缺，常规化石能源可持续供应能力不足。油气人均剩余可采储量仅为世界平均水平的6%，石油年产量仅能维持在2亿吨左右，常规天然气新增产量仅能满足新增需求的30%左右。煤炭超强度开采。另一方面，粗放式发展导致我国能源需求过快增长，石油对外依存度从本世纪初的26%上升至2011年的57%。与此同时，我国油气进口来源相对集中，进口通道受制于人，远洋自主运输能力不足，金融支撑体系亟待加强，能源储备应急体系不健全，应对国际市场波动和突发性事件能力不足，能源安全保障压力巨大。

二是生态环境约束凸显，绿色发展迫

在眉睫。我国能源结构以煤为主，开发利用方式粗放，资源环境压力加大。大量水资源被消耗或污染，煤矸石堆积大量占用和污染土地，酸雨影响面积达120万平方公里，主要污染物和温室气体排放总量居世界前列。国内生态环境难以继续承载粗放式发展，国际上应对气候变化的压力日益增大，迫切需要绿色转型发展。

三是发展方式依然粗放，能效水平亟待提高。我国服务业发展滞后，能源密集型产业低水平过度发展、比重偏大，钢铁、有色、建材、化工四大高载能产业用能约占能源消费总量一半，单位产值能耗高。我国人均能源消费已达到世界平均水平，但人均国内生产总值仅为世界平均水平的一半；单位国内生产总值能耗不仅远高于发达国家，也高于巴西、墨西哥等发展中国家。较低的能效水平，与我国所处的发展阶段和国际产业分工格局有关，集中反映了我国发展方式粗放、产业结构不合理等突出问题，迫切需要实行能源消费强度和消费总量双控制，形成倒逼机制，推动在转方式、调结构方面取得实质性进展。

四是能源基础设施建设滞后，协调发展任重道远。我国区域经济和能源发展不平衡、不协调，能源供需逆向分布矛盾突出，基础设施建设相对薄弱，跨区输煤输电能力不足，缺煤缺电和窝煤窝电并存现象时有发生。城乡能源基础设施和用能水平差距大，农村能源建设和服务薄弱，农村电网建设和改造滞后，个别地方还没有用上电，全国仍有大量农户以秸秆和薪柴为生活燃料，减少能源贫困和推进城乡能源协调发展任重道远。

五是自主创新能力不足，能源产业大而不强。能源科技创新投入不足，研发力量较为分散，领军人才稀缺，自主创新基础薄弱，能源装备制造整体水平与国际先进水平相比仍有较大差距，关键核心技术和先进大型装备对外依赖程度较高，能源产业总体上大而不强，迫切需要进一步深化能源科技体制改革，大力提升能源科技自主创新能力。

六是体制约束日益显现，深化改革势在必行。能源产业行政垄断、市场垄断和无序竞争现象并存，价格机制不完善。煤电矛盾日益突出。风电、太阳能发电、小水电和分布式发电上网受到电力系统及运行机制制约。能源行业管理薄弱，缺位与错位现象并存，资源管理亟待规范，行业统计亟待加强。推动能源科学发展，迫切需要加快推进能源体制改革。

第二章 指导方针和目标

第一节 指导思想

高举中国特色社会主义伟大旗帜，全面深入贯彻落实党的十八大精神，以邓小平理论、“三个代表”重要思想、科学发展观为指导，以科学发展为主题，以加快转变发展方式为主线，着力推进能源体制机制创新和科技创新，着力加快能源生产和利用方式变革，强化节能优先战略，全面提升能源开发转化和利用效率，控制能源消费总量，构建安全、稳定、经济、清洁的现代能源产业体系，保障经济社会可持续发展。

第二节 基本原则

——坚持节约优先。实施能源消费强度和消费总量双控制，努力构建节能型生产消费体系，促进经济发展方式和生活消费模式转变，加快构建节能型国家和节约型社会。

——坚持立足国内。立足国内资源优势和发展基础，着力增强能源供给保障能力，完善能源储备应急体系，合理控制对外依存度，提高能源安全保障水平。

——坚持多元发展。着力提高清洁低碳化石能源和非化石能源比重，大力推进煤炭高效清洁利用，科学实施传统能源替代，加快优化能源生产和消费结构。

——坚持保护环境。树立绿色、低碳发展理念，统筹能源资源开发利用与生态环境保护，在保护中开发，在开发中保护，积极培育符合生态文明要求的能源发展模式。

——坚持深化改革。充分发挥市场机制作用，统筹兼顾，标本兼治，加快推进重点领域和关键环节改革，理顺价格机制，构建有利于促进能源可持续发展的体制机制。

——坚持科技创新。加快创新型人才队伍建设，加强基础科学研究和前沿技术攻关，增强能源科技创新能力。依托重点能源工程，推动重大核心技术和关键装备自主创新。

——坚持国际合作。统筹国内国际两个大局，大力拓展能源国际合作范围、渠道和方式，提升能源“走出去”和“引进来”水平，推动建立国际能源新秩序，努力实现合作共赢。

——坚持改善民生。统筹城乡和区域能源发展，加强能源基础设施和基本公共服务能力建设，尽快消除能源贫困，努力提高人民群众用能水平。

第三节 主要目标

根据对“十二五”时期经济社会发展趋势的总体判断，按照“十二五”规划纲要总体要求，综合考虑安全、资源、环境、技术、经济等因素，2015 年能源发展的主要目标是：

——能源消费总量与效率。实施能源消费强度和消费总量双控制，能源消费总量 40 亿吨标煤，用电量 6.15 万亿千瓦时，单位国内生产总值能耗比 2010 年下降 16%。能源综合效率提高到 38%，火电供电标准煤耗下降到 323 克 / 千瓦时，炼油综合加工能耗下降到 63 千克标准油 / 吨。

——能源生产与供应能力。着眼于提高安全保障水平、增强应急调节能力，适度超前部署能源生产与供应能力建设，一次能源供应能力 43 亿吨标准煤，其中国内生产能力 36.6 亿吨标准煤。石油对外依存度控制在 61% 以内。

——能源结构优化。非化石能源消费比重提高到 11.4%，非化石能源发电装机比重达到 30%。天然气占一次能源消费比重提高到 7.5%，煤炭消费比重降低到 65% 左右。

——国家综合能源基地建设。加快建设山西、鄂尔多斯盆地、内蒙古东部地区、西南地区、新疆五大国家综合能源基地。

到 2015 年，五大基地一次能源生产能力达到 26.6 亿吨标准煤，占全国 70% 以上；向外输出 13.7 亿吨标准煤，占全国跨省区输送量的 90%。

——生态环境保护。单位国内生产总值二氧化碳排放比 2010 年下降 17%。每千瓦时煤电二氧化硫排放下降到 1.5 克，氮氧化物排放下降到 1.5 克。能源开发利用产生的细颗粒物（PM2.5）排放强度下降 30% 以上。煤炭矿区土地复垦率超过 60%。

——城乡居民用能。全面实施新一轮农村电网改造升级，实现城乡各类用电同网同价。行政村通电，无电地区人口全部用上电，天然气使用人口达到 2.5 亿人，能源基本公共服务水平显著提高。

——能源体制机制改革。电力、油气等重点领域改革取得新突破，能源价格市场化改革取得新进展，能源财税机制进一步完善，能源法规政策和标准基本健全，初步形成适应能源科学发展需要的行业管理体系。

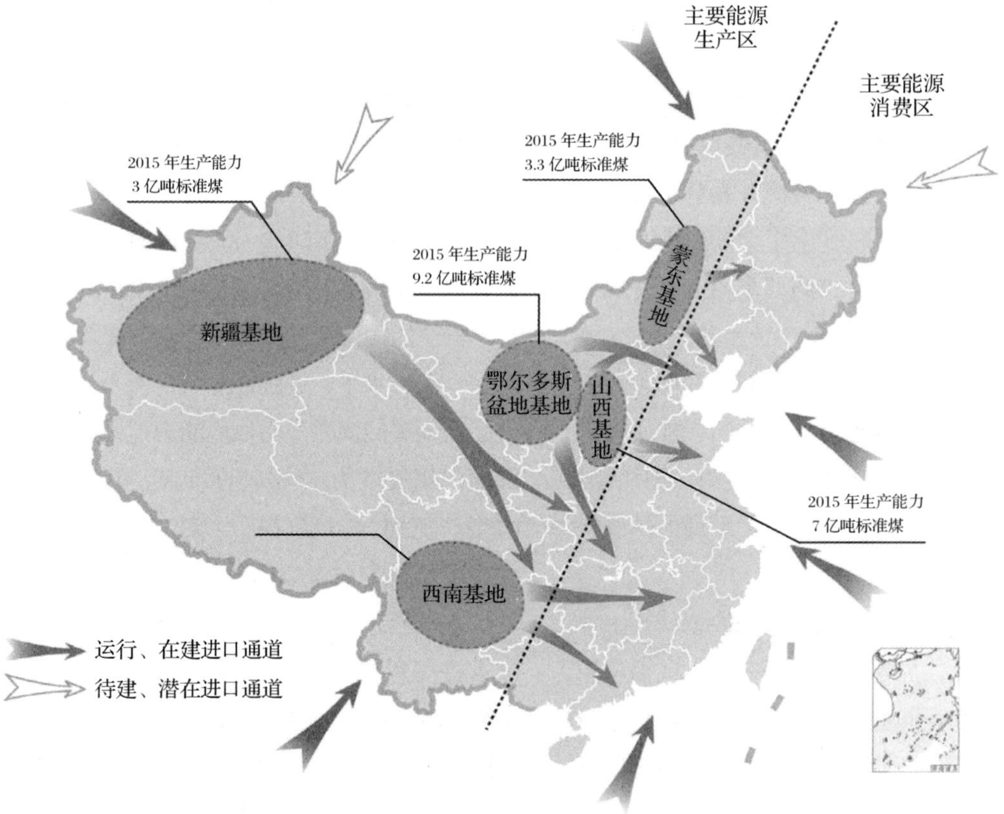

国家综合能源基地示意图

专栏 2　　十二五　时期能源发展主要目标						
类别	指标	单位	2010 年	2015 年	年均增长	属性
能源消费总量与效率	一次能源消费总量	亿吨标准煤	32.5	40	4.3%	预期性
	非化石能源消费比重	%	8.6	11.4	〔2.8〕	约束性
	全社会用电量	万亿千瓦时	4.2	6.15	8.0%	预期性
	单位国内生产总值能耗	吨标准煤 / 万元	0.81	0.68	〔-16%〕	约束性
	火电供电标准煤耗	克 / 千瓦时	333	323	-0.6%	预期性
	电网综合线损率	%	6.5	6.3	〔-0.2〕	预期性能源
能源生产与供应	国内一次能源生产能力	亿吨标准煤	29.7	36.6	4.3%	预期性
	煤炭生产能力	亿吨	32.4	41	4.8%	预期性
	原油生产能力	亿吨	2	2	0	预期性
	天然气生产能力	亿立方米	948	1565	10.5%	预期性
	非化石能源生产能力	亿吨标准煤	2.8	4.7	10.9%	预期性
电力发展	电力装机容量	亿千瓦	9.7	14.9	9.0%	预期性
	其中：煤电	亿千瓦	6.6	9.6	7.8%	预期性
	水电	亿千瓦	2.2	2.9	5.7%	预期性
	核电	万千瓦	1082	4000	29.9%	预期性
	天然气发电	万千瓦	2642	5600	16.2%	预期性
	风电	万千瓦	3100	10000	26.4%	预期性
	太阳能发电	万千瓦	86	2100	89.5%	预期性
生态环境保护	单位国内生产总值二氧化碳排放下降				〔-17%〕	约束性
	煤电二氧化硫排放系数	克 / 千瓦时	2.9	1.5	-12.4%	约束性
	煤电氮氧化物排放系数	克 / 千瓦时	3.4	1.5	-15.1%	约束性
民生改善	居民人均生活用电量	千瓦时	380	620	10.3%	预期性
	绿色能源示范县	个	108	200	13.1%	预期性
	使用天然气人口	亿	1.8	2.5	6.8%	预期性

注：(1)〔〕内为五年累计数；(2)国内生产总值以 2010 年不变价格计算，其他涉及价值量计算同；(3)天然气生产能力包括常规天然气、煤层气和页岩气；(4)2015 年水电装机中含 3000 万千瓦抽水蓄能电站容量。

第三章 主要任务

第一节 加强国内资源勘探开发

加大国内能源资源勘探力度，优化开发常规化石能源，巩固能源供应基础。着力突破煤层气、页岩气等非常规油气资源开发技术瓶颈，大力发展非化石能源，培育新的能源供应增长极。

一、安全高效开发煤炭

按照控制东部、稳定中部、发展西部的原则，稳步推进大型煤炭基地建设，以大型骨干企业为主体，重点建设大型现代化煤矿。深入推进煤炭资源整合和煤矿企业兼并重组，调整优化产能结构，加快淘汰落后生产能力。加快煤矿改造升级，实施瓦斯治理、水火灾害防治、应急避险等重大安全工程，推行煤矿安全生产标准化，建设数字化自动化矿井、无人值守采煤工作面、煤炭地下气化示范工程，全面提升煤矿技术装备水平。加大焦煤、无烟煤等稀缺煤种保护性开发力度。积极推广保水开采、充填开采等先进技术，实施采煤沉陷区综合治理。因地制宜开发煤炭共伴生资源，大力发展矿区循环经济。到2015年，煤炭产能达到41亿吨，煤炭产量控制在39亿吨以内；采煤机械化程度达到75%以上；安全高效煤矿产量25亿吨，占全国的60%以上，比2010年增加约30个百分点；原煤百万吨死亡率下降28%以上；矿井水利用率达到75%。

二、加快常规油气勘探开发

按照稳定东部、加快西部、发展南方、开拓海域的原则，围绕新油气田规模高效开发和老油气田采收率提高两条主线，鼓励低品位资源开发，推进原油增储稳产、天然气快速发展。挖掘东部潜力，加强老区精细勘探，拓展外围盆地资源；加快西部重点盆地勘探开发，增加油气储量和产量；加大南方海相区域勘探开发力度，创新地质理论，突破关键勘探开发技术。推进塔里木盆地和准噶尔盆地、松辽盆地、鄂尔多斯盆地、渤海湾盆地、四川盆地等陆上油气生产基地稳产或增产。加快海上油气资源勘探开发，坚持储近用远原则，重点提高深水资源勘探开发能力。到2015年，新增石油探明地质储量65亿吨以上，产量稳定在2亿吨左右；新增常规天然气探明地质储量3.5万亿立方米，产量超过1300亿立方米。

三、大力开发非常规天然气资源

根据资源前景和发展基础，重点加大煤层气和页岩气勘探开发力度。建设沁水盆地和鄂尔多斯盆地东缘煤层气产业基地，继续推进河北、安徽、山东、河南、陕西、甘肃、宁夏等省（区）煤层气勘探开发试验，加快开展新疆低阶煤盆地、中部地区低渗透性煤层和西南高应力区煤层气勘查与开发评价。加快全国页岩气资源调查与评价，在保护生态环境和合理利用水资源的前提下，优选一批页岩气远景区和有利目标区。突破勘探开发关键技术，重点加快四川、重庆、云南、贵州、湖北、陕西、山西等省页岩气勘探开发，建设长宁、威远、昭通、富顺－永川、鄂西渝东、川西－阆中、川东北、延安等页岩气勘探开发区，初步实现规模化商业生产，为页岩气快速发展奠定坚实基础。到2015年，煤层气、页岩气探明地质储量分别增加1万亿和6000亿立方米，商品量分别达到200亿和65亿立方米，非常规天然气成为天然气供应的重要增长极。

四、积极有序发展水电

坚持水电开发与移民致富、环境保护、水资源综合利用、地方经济社会发展相协调，加强流域水电规划，在做好生态环境保护和移民安置的前提下积极发展水电。全面推进金沙江中下游、澜沧江中下游、雅砻江、大渡河、黄河上游、雅鲁藏布江中游水电基地建设，有序启动金沙江上游、澜沧江上游、怒江水电基地建设，优化开发闽浙赣、东北、湘西水电基地，基本建成长江上游、南盘江红水河、乌江水电基地。统筹考虑中小流域的开发与保护，科学论证、因地制宜积极开发小水电，合理布局抽水蓄能电站。“十二五”时期，开工建设常规水电 1.2 亿千瓦、抽水蓄能电站 4000 万千瓦。到 2015 年，全国常规水电、抽水蓄能电站装机分别达到 2.6 亿千瓦和 3000 万千瓦。

五、安全高效发展核电

严格实施核电安全规划和核电中长期发展规划（调整），把“安全第一”方针落实到核电规划、建设、运行、退役全过程及所有相关产业。在做好安全检查的基础上，持续开展在役在建核电机组安全改造。全面加强核电安全管理，提高核事故应急响应能力。在核电建设方面，坚持热堆、快堆、聚变堆“三步走”技术路线，以百万千瓦级先进压水堆为主，积极发展高温气冷堆、商业快堆和小型堆等新技术；合理把握建设节奏，稳步有序推进核电建设；科学布局项目，对新建厂址进行全面复核，“十二五”时期只安排沿海厂址；提高技术准入门槛，新建机组必须符合三代安全标准。同步完善核燃料供应体系，满足核电长远发展需要。利用有限时间、依托有限项目完成装备自主化任务，全面提升我国装备制造业水平。加快建设现代核电产业体系，打造核电强国。到 2015 年，运行核电装机达到 4000 万千瓦，在建规模 1800 万千瓦。

六、加快发展风能等其他可再生能源

坚持集中与分散开发利用并举，以风能、太阳能、生物质能利用为重点，大力发展可再生能源。优化风电开发布局，有序推进华北、东北和西北等资源丰富地区风电建设，加快风能资源的分散开发利用。协调配套电网与风电开发建设，合理布局储能设施，建立保障风电并网运行的电力调度体系。积极开展海上风电项目示范，促进海上风电规模化发展。加快太阳能多元化利用，推进光伏产业兼并重组和优化升级，大力推广与建筑结合的光伏发电，提高分布式利用规模，立足就地消纳建设大型光伏电站，积极开展太阳能热发电示范。加快发展建筑一体化太阳能应用，鼓励太阳能发电、采暖和制冷、太阳能中高温工业应用。有序开发生物质能，以非粮燃料乙醇和生物柴油为重点，加快发展生物液体燃料。鼓励利用城市垃圾、大型养殖场废弃物建设沼气或发电项目。因地制宜利用农作物秸秆、林业剩余物发展生物质发电、气化和固体成型燃料。稳步推进地热能、海洋能等可再生能源开发利用。到 2015 年，风能发电装机规模达到 1 亿千瓦；太阳能发电装机规模达到 2100 万千瓦；生物质能发电装机规模达到 1300 万千瓦，其中城市生活垃圾发电装机容量达到 300 万千瓦。

专栏3　十二五　时期能源资源开发重点

大型煤炭基地：	加快陕北、黄陇、神东、蒙东、宁东、新疆等煤炭基地建设，优化开发晋北、晋中、晋东、河南、两淮和云贵煤炭基地资源，控制冀中、鲁西煤炭基地开发规模和强度，到“十二五”末，形成10个亿吨级和10个5000万吨级特大型煤炭企业，产量占全国的60%以上。
非常规天然气开发区块：	建成沁水盆地寺河、潘河、成庄、潘庄、赵庄和鄂尔多斯盆地柳林、韩城－合阳煤层气地面开发项目，推进山西、辽宁、安徽、河南、重庆、四川、贵州等省市重点矿区煤层气井下规模化抽采。建成长宁、威远、富顺－永川、昭通、鄂西渝东等21个页岩气规模化勘探开发区。
大型水电基地：	重点开工建设金沙江白鹤滩、乌东德、梨园、龙开口、鲁地拉、观音岩、苏洼龙、叶巴滩、拉哇、昌波、旭龙，雅砻江两河口、牙根一级、牙根二级、孟底沟、卡拉、杨房沟，大渡河双江口、猴子岩、硬梁包、丹巴、老鹰岩、安谷、金川、安宁、巴底、枕头坝二级、沙坪一级，澜沧江古水、黄登、苗尾、乌弄龙、里底、托巴、大华桥、橄榄坝、古学、如美，黄河上游班多、羊曲、门堂、玛尔挡，雅鲁藏布江中游加查、街需、大古，长江干流小南海，怒江松塔，汉江旬阳，第二松花江丰满重建，乌江白马，红水河龙滩二期，帕隆藏布忠玉，库玛拉克河大石峡，开都河阿仁萨很托亥等项目；深入论证、有序启动澜沧江上游侧格、卡贡，黄河上游宁木特、茨哈峡，金沙江中游龙盘，怒江干流六库、马吉、亚碧罗、赛格等项目。
大型风电基地：	建设河北、蒙西、蒙东、吉林、甘肃、新疆、黑龙江以及山东沿海、江苏沿海风电基地，到2015年，大型风电基地规模达到7900万千瓦。
太阳能电站：	按照就近消纳、有序开发的原则，重点在西藏、内蒙古、甘肃、宁夏、青海、新疆、云南等太阳能资源丰富地区，利用沙漠、戈壁及无耕种价值的闲置土地，建设若干座大型光伏发电站，结合资源和电网条件，探索水光互补、风光互补的利用新模式。

第二节 推进能源高效清洁转化

立足资源优势，依靠科技创新，加快推进燃煤发电、炼油化工技术进步和产业升级，探索煤炭分质转化、梯级利用的有效途径，提高能源加工转化效率和清洁化利用水平。

一、高效清洁发展煤电

稳步推进大型煤电基地建设，统筹水资源和生态环境承载能力，按照集约化开发模式，采用超超临界、循环流化床、高效节水等先进适用技术，在中西部煤炭资源富集地区，鼓励煤电一体化开发，建设若干大型坑口电站，优先发展煤矸石、煤泥、洗中煤等低热值煤炭资源综合利用发电。在中东部地区合理布局港口、路口电源和支撑性电源，严格控制在环渤海、长三角、珠三角地区新增除“上大压小”和热电联产之外的燃煤机组。积极发展热电联产，在符合条件的大中城市，适度建设大型热电机组，在中小城市和热负荷集中的工业园区，优先建设背压式机组，鼓励发展热电冷多联供。继续推进“上大压小”，加强节能、节水、脱硫、脱硝等技术的推广应用，实施煤电综合改造升级工程，到“十二五”末，淘汰落后煤电机组2000万千瓦，火电每千瓦时供电标准煤耗下降到323克。“十二五”时期，全国新增煤电机组3亿千瓦，其中热电联产7000万千瓦、低热值煤炭资源综合利用5000万千瓦。

二、推进煤炭洗选和深加工升级示范

以提高资源高效清洁利用水平为目标，加大煤炭洗选比重，提高商品煤质量，优化煤炭加工利用方式，逐步建立科学的煤炭分级利用体系，到2015年，原煤入选率达到65%以上，煤矸石综合利用率提高到75%。总结现有煤炭深加工示范项目经验，按照能量梯级利用、节水降耗、绿色低碳等要求，完善核心技术和工艺路线，稳步开展升级示范。重点在中西部煤炭净调出省区，选择水资源相对丰富、配套基础条件好的重点开发区，建设煤基燃料、烯烃及多联产升级示范工程，探索符合我国国情的科技含量高、附加值高、产业链长的煤炭深加工产业发展模式，为适应未来能源更替和变革提供战略技术储备。“十二五”时期，新开工煤制天然气、煤炭间接液化、煤制烯烃项目能源转化效率分别达到56%、42%、40%以上。

三、集约化发展炼油加工产业

按照上下游一体化、炼化储一体化的原则，依托进口战略通道建设炼化产业带，统筹新炼厂建设和既有炼厂升级改造，建设若干个大型化、集约化的炼化基地，逐步形成环渤海、长三角、珠三角三大炼油产业集群。严格行业准入管理，推进企业兼并重组，提高产业集中度。到2015年，全国一次原油加工能力达到6.2亿吨，成品油产量达到3.3亿吨，炼油每吨综合加工能耗下降到63千克标准油，水耗降低到0.5吨。

四、有序发展天然气发电

在天然气来源可靠的东部经济发达地区，合理建设燃气蒸汽联合循环调峰电站。在电价承受能力强、热负荷需求大的中心城市，优先发展大型燃气蒸汽联合循环热电联产项目。积极推广天然气热电冷联供，支持利用煤层气发电。“十二五”时期，全国新增燃气电站3000万千瓦。

第三节 推动能源供应方式变革

根据新兴能源的技术基础、发展潜力和相关产业发展态势，以分布式能源、智能电网、新能源汽车供能设施为重点，大力推广新型供能方式，提高能源综合利用效率，促进战略性新兴产业发展，推动能源生产和利用方式变革。

一、大力发展分布式能源

统筹传统能源、新能源和可再生能源的综合利用，按照自用为主、富余上网、因地制宜、有序推进的原则，积极发展分布式能源，实现分布式能源与集中供能系统协调发展。

专栏4　十二五　时期能源加工转化建设重点	
大型煤电基地：	统筹当地电力市场情况和跨区输电需要，重点在山西、内蒙古、陕西、宁夏、新疆等煤炭资源富集地区，采用先进节水技术，建设大型坑口煤电基地，在贵州、皖北、陇东等地区适度建设一定规模的外送煤电项目。
煤炭深加工升级示范工程：	在继续组织实施好宁夏宁东、陕西榆林、内蒙古鄂尔多斯、新疆伊犁等既有煤炭深加工项目的基础上，在新疆、内蒙古、陕西、山西、云南、贵州、安徽等部分综合配套条件比较好的地区，积极推进以煤炭液化、煤制气、煤制烯烃、煤基多联产、煤油气资源综合利用等为主要方向的大规模工程示范项目。
炼油基地：	加快先进炼油产能建设，重点建设浙江镇海、广东惠州、河南洛阳、新疆克拉玛依改扩建项目，充分利用境外资源，在天津、河北曹妃甸、浙江台州、广东湛江、广东揭阳、云南昆明、福建泉州等新建一批炼油项目，优化国内炼油产业布局，到“十二五”末，形成若干个具有较强竞争力的千万吨级炼油基地。

（一）积极发展天然气分布式能源。根据常规天然气、煤层气、页岩气供应条件和用户能量需求，重点在能源负荷中心，加快建设天然气分布式能源系统。对开发规模较小或尚未联通管网的页岩气、煤层气等非常规天然气，优先采用分布式利用方式。统筹天然气和电力调峰需求，合理选择天然气分布式利用方式，实现天然气和电力优化互济利用。加强天然气分布式利用技术研发，提高技术装备自主化水平。

（二）大力发展分布式可再生能源。根据资源特性和用能需求，加快风能、太阳能、小水电、生物质能、海洋能、地热能等可再生能源的分布式开发利用。以城市、工业园区等能源消费中心为重点，完善相关配套设施，大力推进屋顶光伏等分布式可再生能源技术应用，尽快提高分布式供能比重。因地制宜在农村、林区、牧区、海岛积极推进分布式可再生能源建设，解决偏远地区生活用能问题。

（三）营造有利于分布式能源发展的体制政策环境。将分布式能源纳入电力和供热规划范畴，加强配套电网和热力网建设。创新体制机制，研究制定分布式能源标准，完善分布式能源价格机制和产业政策，努力实现分布式发电直供及无歧视、无障碍接入电网。

专栏5　十二五　时期分布式能源发展重点和目标

天然气分布式能源	**发展重点：**	推进天然气分布式能源示范项目建设，在城市工业园区、旅游集中服务区、生态园区、大型商业设施等能源负荷中心，建设区域分布式能源系统和楼宇分布式能源系统；在条件具备的地区，结合太阳能、风能、地源热泵等可再生能源，建设能源综合利用项目。
	发展目标：	到2015年，建成1000个左右天然气分布式能源项目、10个左右各具特色的天然气分布式能源示范区；完成天然气分布式能源主要装备研制，初步形成具有自主知识产权的分布式能源装备产业体系。
分布式可再生能源	**发展重点：**	推进分布式可再生能源项目建设，以民用建筑为重点，在城市推广太阳能热水、太阳能发电、地热能、垃圾发电等新能源技术应用；在城市社区、工业园区、企业等能源消费中心，积极开展分布式风能、太阳能发电、地热能等资源综合利用；在条件适宜地区，大力推动新建建筑应用太阳能热水系统，实施光伏建筑一体化工程；在重要风景名胜区周边、林区、边远和农村地区，合理布局离网式风电、太阳能发电、小水电和生物质能等可再生能源项目。
	发展目标：	到2015年，分布式太阳能发电达到1000万千瓦，建成100个以分布式可再生能源应用为主的新能源示范城市。

二、推进智能电网建设

加快智能电网建设，着力增强电网对新能源发电、分布式能源、电动汽车等能源利用方式的承载和适应能力，实现电力系统与用户互动，推动电力系统各环节、各要素升级转型，提高电力系统安全水平和综合效率，带动相关产业发展。

加强智能电网规划，通过关键技术研发、设备研制和示范项目建设，确定技术路线和发展模式，制定智能电网技术标准。建立有利于智能电网技术推广应用的体制机制，推行与智能电网发展相适应的电价政策。加快推广应用智能电网技术和设备，提升电网信息化、自动化、互动化水平，提高可再生能源、分布式能源并网输送能力。积极推进微电网、智能用电小区、智能楼宇建设和智能电表应用。“十二五”时期，建成若干个智能电网示范区，力争关键技术创新和装备研发走在世界前列。

三、建设新能源汽车供能设施

加强供能基础设施建设，为新能源汽车产业化发展提供必要的条件和支撑，促进交通燃料清洁化替代，降低温室气体和大气污染物排放。结合充电式混合动力、纯电动、天然气（CNG/LNG）等新能源汽车发展，在北京、上海、重庆等新能源汽车示范推广城市，配套建设充电桩、充（换）电站、天然气加注站等服务网点。着力研发高性能动力电池和储能设施，建立新能源汽车供能装备制造、认证、检测以及配套标准体系。到 2015 年，形成 50 万辆电动汽车充电基础设施体系。

第四节 加快能源储运设施建设

按照海陆并举、内外衔接、安全畅通、适度超前的原则，统筹境外能源进口和国内产需衔接，统筹各种能源运输方式，优化能源流向，扩大北煤南运、北油南运、西气东输和西电东送规模。加强能源储备和调峰设施建设，全面提升能源应急保障能力。

一、强化战略通道和骨干网络建设

（一）石油。加快西北（中哈）、东北（中俄）和西南（中缅）三大陆路原油进口通道建设，加强配套干线管道建设；适应海运原油进口需要，加强沿海大型原油接卸码头及陆上配套管道建设。加强西北、东北成品油外输管道建设，完善华北、华东、华南、华中和西南等主要消费地区的区域管网。“十二五”时期，新增原油管道 8400 公里，新增成品油管道 2.1 万公里，成品油年输送能力新增 1.9 亿吨。

（二）天然气。加快建设西北（中国—中亚）、东北（中俄）、西南（中缅）和海上四大进口通道，形成以西气东输、川气东送、陕京输气管道为大动脉，连接主要生产区、消费区和储气库的骨干管网。统筹沿海液化天然气（LNG）接收站、跨省联络线、配气管网及地下储气库建设，完善长三角、环渤海、川渝地区天然气管网，基本建成东北、珠三角、中南地区等区域管网。形成天然气、煤层气、页岩气、煤制气等多种气源公平接入、统一输送的格局。推动液化天然气（LNG）造船业和运输业发展。“十二五”时期，新增天然气管道 4.4 万公里；沿海液化天然气年接收能力新增 5000 万吨以上。

（三）电力。坚持输煤输电并举，逐步提高输电比重。结合大型能源基地建设，采用特高压等大容量、高效率、远距离先进输电技术，稳步推进西南能源基地向华东、华中地区和广东省输电通道，鄂尔多斯盆地、山西、锡林郭勒盟能源基地向华北、华中、华东地区输电通道。加快区域和省级超高压主网架建设，重点实施电力送出地区和受端地区骨干网架及省域间联网工程，完善输、配电网结构，提高分区、分层供电能力。加快实施城乡配电网建设和改造工程，推进配电智能化改造，全面提高综合供电能力和可靠性。到 2015 年，建成 330 千伏及以上输电线路 20 万公里，跨省区输电容量达到 2 亿千瓦。

（四）煤炭。加快既有铁路干线扩能改造和新建铁路煤运通道建设，提高煤炭跨区运输能力。重点建设内蒙古西部地区至华中地区的北煤南运战略通道，优化煤炭跨区流向；建成山西、陕西和内蒙古西部地区至唐山地区港口、山西中南部至山东沿海港口西煤东运新通道，缓解现有通道压力；结合兰新铁路扩能改造和兰渝铁路建设，形成疆煤外运新通道。建设沿海配套港口码头，完善内河水运通道。

专栏6　十二五　时期能源输送通道建设重点	
原 油	中哈原油管道二期、中缅原油管道、独山子－乌鲁木齐、兰州－成都、大庆－铁岭、瑞丽－昆明等干线管道。
天然气	中亚天然气管道C线和D线，西气东输二线东段及香港支线，西气东输三线、四线、五线，中缅天然气管道；陕京四线、鄂尔多斯－安平输气管线、东北天然气管网、中卫－贵阳天然气管道、青藏天然气管道（适时建设）、冀宁联络线复线、宁鲁联络线；南疆天然气利民工程；适时启动新疆煤制气外输管线、中俄东线天然气管道、萨哈林天然气管道。
电 力	水电外送：金沙江溪洛渡送电浙江及广东、雅砻江锦屏等电站送电江苏、四川水电送电华中、糯扎渡等电站送电广东、云南水电送电广西 煤电和风电外送：蒙西送电华北及华中、锡盟送电华北及华东、陕北送电华北、山西送电华北及华中、淮南送电上海及浙江、新疆送电华中、宁东送电浙江、陕西送电重庆。

二、提升储备应急保障能力

（一）油气储备。优化储备布局和结构，建成国家石油储备基地二期工程，启动三期工程，推进石油储备方式多元化。积极推进成品油应急调节储备，研究建立企业义务储备；加快华北、西北、西南及东南沿海地区天然气地下储气库和液化天然气储备库建设，加快城市调峰储气设施建设。

（二）煤炭储备。加快在沿海、沿江港口及华东、华中、西南等地区建设国家煤炭应急储备，鼓励重点厂矿企业提高仓储能力，稳步推进地方储备应急能力建设，逐步构建科学、有序、规范的煤炭应急储备体系。

（三）应急保障。健全能源应急组织系统，明确政府及各类社会主体的应急责任和义务。按照统一领导、分级负责、分类实施、协同保障的原则，完善应急保障预案，依法采取能源生产运输紧急调度、储备动用和价格干预等措施。加强系统演练，提高全社会能源安全应急意识和能力。

第五节　实施能源民生工程

坚持统筹规划、因地制宜、多能互补、高效清洁的原则，以逐步推进城乡能源基本公共服务均等化为导向，以实施新一轮农村电网改造升级、建设绿色能源示范县、解决无电地区用电问题为重点，全面推进能源民生工程建设。

一、加快农村电网建设

加快实施新一轮农村电网改造升级工程，消除电网薄弱环节，扩大电网覆盖面，提升农村电网供电可靠性和供电能力，农村生活用电得到较好保障，农业生产用电问题基本解决。到2015年，基本建成安全可靠、管理规范的新型农村电网，实现行政村通电，无电地区人口全部用上电，城乡各类用电同网同价。

二、大力发展农村可再生能源

结合农村资源条件和用能习惯，因地制宜推进小水电、农林废弃物、养殖场废弃物、太阳能、风能等可再生能源开发利用，推广普及经济实用技术，促进农村炊事、取暖和洗浴用能高效化、清洁化。积极推进农村可再生能源综合利用示范工程建设。到2015年，建成200个绿色能源示范县和1000个太阳能示范村。

三、完善农村能源基础服务体系

推进城镇能源供应设施和服务逐步向农村延伸，加强农村液化气供应站、加油站、型煤加工点以及生物质燃气站和管网等基础设施建设，建立各类能源设施维修和技术服务站，培育农村能源专业化经营服务企业和人才，增强能源基本公共服务能力。

专栏7　十二五　时期农村可再生能源建设重点工程	
小水电：	继续实施水电新农村电气化县建设和小水电代燃料工程建设，合理开展农村水电增容扩容，到2015年，全国建成300个水电新农村电气化县，新增小水电装机容量1000万千瓦。
沼气：	优化发展户用沼气，加快发展集中沼气，到2015年，农村沼气用户达到5000万户，建设3000个规模化养殖场沼气集中供气工程，农村沼气年利用量达到190亿立方米。
太阳能：	支持农村和小城镇居民安装使用太阳能热水器、太阳灶、太阳房等设施，实施村镇太阳能公共浴室建设工程，到2015年，建成1000个太阳能示范村。

四、加强边疆偏远地区能源建设

建设新疆天然气利民工程，适时启动格尔木至拉萨天然气输送管线建设。完善青藏直流联网工程。实施无电地区电力建设工程，加强西藏、新疆、青海、四川、云南、内蒙古等省（区）无电地区电网建设，扩大电网覆盖面；利用当地可再生能源资源，加快建设微水电、小型风电、户用光伏系统、风光互补电站等小型电源，解决无电地区用电问题。建立健全小型电源运营和维护长效机制，提高可持续供能能力。

五、着力提高民用天然气供给普及率

加快建设天然气输配管网和储气设施，扩大天然气供应覆盖面。逐步理顺天然气价格，培育和拓展天然气消费市场，扩大居民生活用气规模。到2015年，天然气使用人口达到2.5亿人。

第六节 控制能源消费总量

实施能源消费强度和消费总量双控制，尽快制定并严格落实控制能源消费总量工作方案，明确工作目标、任务和责任，采取综合配套措施，形成倒逼机制，推动经济发展转方式、调结构，促进资源节约型和环境友好型社会建设。

一、明确总量控制目标和分解落实机制

到2015年，全国能源消费总量和用电量分别控制在40亿吨标准煤和6.15万亿千瓦时左右，重点行业主要产品单位能耗总体接近世界先进水平。综合考虑各地经济社会发展水平、区位和资源特点等因素，将能源和电力消费总量分解到各省（区、市），由省级人民政府负责落实。把能源消费总量控制目标落实情况纳入各地经济社会发展综合评价考核体系，实施定期通报制度。

二、优化产业结构和布局

加快发展现代服务业，培育发展战略性新兴产业，改造提升传统制造业。按照全国主体功能区定位，综合考虑资源、环境、物流等因素，优先在中西部能源资源富集地区布局能源密集型产业，东部地区除利用进口优质能源资源外，从严控制新上能源密集型项目，促进能源密集型产业梯级有序转移。

三、全面推进节能提效

把节能放在更加突出的位置。加强工业节能，以世界先进能效水平为目标，制定“领跑者”标准和政策，加快制修订重点行业单位产品能耗限额强制性国家标准，加大淘汰落后产能力度，实施工业节能重点工程。加强建筑节能，推行绿色建筑标准、评价与标识，提高新建建筑能效水平，加快既有建筑和城市供暖管网节能改造，实行供热计量收费和能耗定额管理，着力增加太阳能、地热能等可再生能源在建筑用能中的比重，实行公共建筑能耗定额管理、能效公示、能源计量和能源审计制度。加强交通节能，加快发展水路、轨道和管道运输，减少煤炭等大宗货物公路长途运输。大力发展公共交通。逐步实施世界先进水平的燃油经济性限值标准，推广节能和新能源交通工具。

四、着力加强用能管理

严格执行固定资产投资项目节能评估与审查制度。深入开展能源审计和能效水平对标活动，实行能源利用状况报告制度，建立企业能源管理体系，实行万家企业节能低碳行动，加快推行合同能源管理等市场化节能机制。鼓励发展智能电网和分布式能源，推进节能发电调度，鼓励余热余压综合利用。加强能源需求侧管理，开展电力需求侧管理城市综合试点，加强“能效电厂”示范和推广。加大高效节能技术产品推广力度，强化能效标识和节能产品认证制度，扩大节能产品政府采购，实施节能产品惠民工程。开展合理用能全民行动，倡导合理用能生活方式和消费模式。

第七节 深化能源体制机制改革

坚持社会主义市场经济改革方向，按照远近结合、标本兼治、统筹兼顾、突出重点的原则，抓紧制定和实施深化能源体制改革的指导意见，加快构建现代能源市场体系，着力化解重点领域和关键环节的突出矛盾，争取尽快取得突破。

一、加快现代能源市场体系建设

科学界定竞争性和非竞争性业务，对可以实现有效竞争的业务引入市场竞争机制，积极培育市场竞争主体；对自然垄断业务，加强监管，保障公平接入和普遍服务。加快国有能源企业改革，完善现代企业制度。完善区域性、全国性能源市场，积极发展现货、长期合约、期货等交易形式。

二、推进重点领域改革

（一）继续深化电力体制改革。加快建立现代电力市场体系，稳步开展输配分开试点，组建独立电力交易机构，在区域及省级电网范围内建立市场交易平台，分批放开大用户、独立配售电企业与发电企业直接交易。改进发电调度方式，逐步增加经济调度因素，为实行竞价上网改革探索经验。建立理顺煤电关系的长效机制。按照基本公共服务均等化和现代企业制度要求，兼顾电力市场化改革方向，统筹推进农村电力体制改革。

（二）深化煤炭领域改革。完善行业管理体制，加强对煤炭资源勘探开发、生产经营等全过程的监督管理。国家统一管理煤炭一级探矿权市场，规范矿业权二级市场。完善煤炭与煤层气协调开发机制。深化煤炭流通体制改革，实现重点合同煤和市场煤并轨，积极推行中长期合同，推进煤炭铁路运力市场化配置，加快健全区域煤炭市场，逐步培育和建立全国煤炭交易市场，开展煤炭期货交易试点。加快推进煤矿企业兼并重组，推行煤电运等一体化运营。

（三）推进石油天然气领域改革。加强油气矿业权监管，完善准入和退出机制。推进页岩气投资主体多元化，加强对页岩气勘探开发活动的监督管理。完善炼油加工产业市场准入制度，研究推动原油、成品油进口管理改革，形成有效竞争格局。加强油气管网监管，稳步推动天然气管网独立运营和公平开放，保障各种气源无歧视接入和统一输送。明确政府与企业油气储备应急义务和责任。

（四）推进可再生能源和分布式能源体制机制改革。研究建立水能资源开发权公平竞争、有偿取得及利益合理分配机制，创新移民安置和生态补偿机制。完善有利于可再生能源良性发展、分布式能源推广应用的管理体制，促进形成可再生能源和分布式能源无歧视、无障碍并网新机制。探索建立可再生能源电力配额及交易制度和新增水电用电权跨省区交易机制。

三、完善能源价格机制

（一）理顺电价机制。加快推进电价改革，逐步形成发电和售电价格由市场决定、输配电价由政府制定的价格机制。加大对电网输配业务及成本的监管，核定独立输配电价。改进水电、核电及可再生能源发电定价机制。推进销售电价分类改革。大力推广峰谷电价、季节电价、可中断负荷电价等电价制度。推进工业用户按产业政策实行差别化电价和超限额能耗惩罚性电价，实施并完善居民阶梯电价制度。

（二）深化油气价格改革。深化成品

油价格市场化改革。深入推进天然气价格改革，在总结广东、广西试点经验的基础上，建立反映资源稀缺程度和市场供求关系的天然气价格形成机制，逐步理顺天然气与可替代能源比价关系，建立上下游价格合理传导机制。研究推行天然气季节性差价和可中断气价等差别性价格政策。页岩气出厂价格实行市场定价。

第八节 提升能源科技和装备水平

按照创新机制、夯实基础、超前部署、重点跨越的原则，以增强能源科技自主创新能力和提高能源装备自主化水平为目标，加快构建重大技术研究、重大技术装备、重大示范工程、技术创新平台“四位一体”的能源科技装备创新体系。

一、加快科技创新能力建设

（一）加强能源基础科学研究。坚持政府在能源基础科学研究中的主导地位，进一步优化配置能源科技资源，加大资金投入和政策扶持，建立一批国家工程技术研究中心、国家能源研发中心和重点实验室。面向世界能源科技前沿和国家重大战略需要，在地质、材料、环境、能源动力和信息与控制等基础科学领域，超前部署一批对能源发展具有战略先导性作用的前沿技术攻关项目，突破制约能源发展的核心技术、关键技术。

（二）推进先进适用技术研发应用。充分调动和发挥企业的主体作用，围绕能源发展方式转变和产业转型升级，集聚优势科研力量，加快先进适用技术研发，完善技术推广应用体系。力争在煤矿高效集约开采、页岩气等非常规油气资源勘探开发、先进油气储运、高效清洁发电、新一代核电、海上风电、太阳能热发电、大容量高效率远距离输电、大容量储能等重点领域取得突破，达到或超过世界先进水平。

二、提高能源装备自主化水平

加强对能源装备产业的规划引导，依托重点工程，加强技术攻关和综合配套，建立健全能源装备标准、检测和认证体系，努力提高重大能源装备设计、制造和系统集成能力。

三、实施重大科技示范工程

充分利用我国能源市场空间大、工程实践机会多的优势，加大资金、技术、政策扶持力度，以煤层气开发利用、油气资源高效开发、高效清洁发电、特高压输电、大规模间歇式发电并网、智能电网、多能互补利用、核燃料后处理等技术领域为重点，加快重大工程技术示范，促进科技成果尽快转化为先进生产力。

专栏8　十二五　时期能源装备发展重点	
核电装备：	以先进核电项目为依托，加快大型锻件、核主泵、关键材料、数字化仪控系统、核电泵阀等关键设备的自主制造。
燃气轮机：	推进现有燃气轮机制造技术进步，研制小型燃气轮机发电机组，开发重型燃气轮机，提升高温部件制造和试验验证能力。
超超临界火电机组：	研发600℃百万千瓦级（单轴）超超临界燃煤发电机组，研制700℃超超临界发电机组锅炉、汽轮机设备、辅机、高温材料和部件。
大型油气开采和长输管线装备：	掌握压缩机、电机和变频控制系统等关键设备的设计制造技术；实现天然气长输管线大型球阀、电机驱动压缩机组、燃机驱动压缩机组等关键设备自主制造。
大型国产化水电机组：	开展百万千瓦级大型水轮机组技术研究，实现35万千瓦、500米水头以上大容量、高水头抽水蓄能机组设计制造自主化，研制大型低水头贯流式水轮发电机组。
风电和太阳能设备：	掌握7～10兆瓦级风电机组整机及大型轴承、变流器等关键零部件的设计制造技术，实现批量生产。研制兆瓦级光伏电站逆变、控制系统，培育太阳能热发电关键装备生产制造能力，发展10万千瓦级太阳能热发电技术装备。
储能设施和分布式能源设备：	研发具有自主知识产权的高容量储能系统，实现核心部件制造和系统集成的国产化。实现多能互补分布式供能系统关键装备的系统集成。

专栏 9 十二五 时期能源示范工程重点任务	
勘探与开发	大型矿井快速施工与工作面自动化示范工程、地下气化采煤技术研发与示范工程、煤层气综合开发利用示范工程、低/特低渗透油气田开采示范工程、中深层稠油油藏开采示范工程、富酸性气藏开采示范工程、非常规天然气规模化开发示范工程。
加工与转化	集煤气化、化工合成、发电、供热、废弃物资源化利用等于一体的多联产示范工程，拥有完全自主知识产权的万吨级生物质热化学转化制备液体燃料及热、电、化学品等多联产示范工程，生物质气化示范工程，煤－电－粉煤灰提取氧化铝－电解铝－建材一体化示范工程。
发电与输电	400～500MW 级整体煤气化联合循环（IGCC）多联产及碳捕获、利用与封存（CCUS）示范工程，分布式能源燃气轮机发电示范工程、高效节能环保节水型燃煤发电示范工程，中/低热值燃气蒸汽联合循环发电示范工程。具有自主知识产权的先进压水堆核电示范工程，200MW 级模块式高温气冷堆核电示范工程，快堆示范工程，模块式小型堆示范工程，智能电网示范工程。
新能源	大规模并网光伏发电系统、太阳能热发电示范工程，100MW 级风、光、储、输综合供能系统示范工程和 10MW 级水、光、气、储互补发电系统示范工程。

第九节 深化能源国际合作

坚持互利合作、多元发展、协同保障的新能源安全观，积极参与境外能源资源开发，扩大能源对外贸易和技术合作，提升运输、金融等配套保障能力，构建国际合作新格局，共同维护全球能源安全。

一、深入实施“走出去”战略

着眼于增强全球油气供应能力，发挥我国市场和技术优势，深入开展与能源资源国务实合作。继续加强海外油气资源合作开发。积极推进炼化及储运业务合作。支持优势能源企业参与境外煤炭资源开发，开展境外电力合作。依托境外能源项目合作，带动能源装备及工程服务“走出去”。

二、提升“引进来”水平

坚持引资引智与能源产业发展相结合，优化利用外资结构，引导外资投向能源领域战略性新兴产业，带动先进技术、管理经验和高素质人才的引进。鼓励外资参与内陆复杂油气田、深海油气田风险勘探。在四川、鄂尔多斯等页岩气资源富集盆地选择勘探开发合作区，建设先导性示范工程。鼓励与石油资源国在境内合作建设炼化和储运设施。鼓励开展煤炭安全、高效、绿色开采合作。借鉴国际能源管理先进经验，加强与主要国家和国际机构在战略规划、政策法规和标准、节能提效等方面的交流合作。

三、扩大国际贸易

优化能源贸易结构。以原油为主、成品油为辅，巩固拓展进口来源和渠道，扩大石油贸易规模，增加管输油气进口比例。

以稀缺煤种和优质动力煤为主，稳步开展煤炭进口贸易。适度开展跨境电力贸易。优化能源进出口品种。

推进能源贸易多元化。鼓励更多有资质的企业参与国际能源贸易，推进贸易主体多元化。综合运用期货贸易、长协贸易、转口贸易、易货贸易等方式，推进贸易方式多元化。积极推进贸易渠道、品种和运输方式多元化。

四、完善国际合作支持体系

鼓励国内保险机构开展“国油国保”和境外人身、财产保险。积极稳妥参与国际能源期货市场交易，合理规避市场风险。积极参与全球能源治理，充分利用国际能源多边和双边合作机制，加强能源安全、节能减排、气候变化、清洁能源开发等方面的交流对话，推动建立公平、合理的全球能源新秩序，协同保障能源安全。

第四章 保障措施

第一节 健全财税金融政策

一、强化财政扶持

整合现有政策渠道，完善可再生能源资金支持制度，加大对分布式能源和非常规能源发展的支持力度。继续安排中央预算内投资，支持农村电网改造升级、无电地区电力建设、煤矿安全改造、国家石油储备基地、能源自主创新、能源战略性新兴产业、节能减排等领域发展，研究建立健全西藏、新疆等边疆地区及无电地区能源投入长效机制。

二、完善税收政策

加快推进能源资源税改革，逐步理顺国家与开发主体、中央与地方资源收益分配关系。推进煤炭税费综合改革，清理各类违规收费，逐步推行资源税从价计征。强化能源消费环节税收调节，完善化石能源的消费税，加快环境保护税立法工作。

三、加强金融支持

加强信贷政策和能源产业政策的衔接配合。创新金融产品和服务，为能源投资多元化提供便利。拓宽企业投融资渠道，提高能源企业直接融资比重。

第二节 改进能源投资管理

一、理顺能源投资及国有能源企业管理体制

坚持国有经济在关系国家安全和国民经济命脉的能源重点领域的主导地位。深化能源领域投资体制改革，加强规划和产业政策对投资的引导和调节作用，简化行政审批。完善国有能源企业考核评价机制。

二、鼓励能源投资多元化

进一步放宽能源投融资准入限制，鼓励民间资本进入法律法规未明确禁入的能源领域，鼓励境外资本依照法律法规和外商投资产业政策参与能源领域投资，推进电网、油气管网等基础设施投资多元化。以煤层气、页岩气、页岩油等矿种区块招标为突破口，允许符合条件的非国有资本进入，推动形成竞争性开发机制。规范流通市场秩序，稳步推进石油分销市场开放。

第三节 强化能源行业管理

一、加强能源法制建设

加快推进能源法出台，尽快完成煤炭法、电力法修订，组织开展石油、天然气、核能等领域的立法工作，拟定配套法规和规章，加强执法监督检查。

二、完善能源标准和统计体系

加强能源行业技术、装备、能效等标准体系建设，建立健全可再生能源和分布式能源发电并网标准。推进能源行业统计、监测、预测预警能力建设，建立信息共享平台，构建有利于宏观调控和行业管理的能源行业统计体系。

三、转变能源管理方式

构建系统科学、层次清晰的能源战略规划和产业政策体系，完善实施监督和评估调整机制。对能源规划、建设、生产、运营、消费等各环节实施全过程监管。建立能源基本公共服务新机制。

第四节 加强国际合作统筹协调

建立能源、外交、财税、外贸、金融等跨部门协调机制，加强境外能源开发利用的宏观指导和服务。完善能源“走出去”备案机制，提高企业参与境外资源开发的协调性。建立健全国际能源信息平台，开展国际能源储备和应急互助合作，制定能源安全应急预案，增强应对各类突发事件的能力。

第五章 规划实施

一、明确目标责任

本规划中非化石能源消费比重、能源消费强度等约束性指标，以及国家明确要求考核的能源消费总量控制目标，主要由地方各级人民政府和国务院有关部门负责组织落实。各地区、各部门要逐项分解任务，明确责任和进度，纳入综合考核和绩效评价体系。

本规划中其他指标和能源开发建设、结构调整、科技创新等任务，需要依靠各类市场主体和社会有关方面共同努力实现。各级人民政府要通过健全市场机制和利益导向机制，不断改善体制和法制环境，保障规划的贯彻落实。

二、做好衔接协调

国家有关专项规划、地方能源规划、大型企业集团发展规划要切实贯彻国家能源战略意图，落实本规划提出的主要目标和任务，重点做好与约束性指标和能源消费总量控制目标的衔接。已经发布但与本规划总体要求不一致的，应作出相应调整。

国务院能源主管部门要根据本规划编制电力、煤炭、天然气、可再生能源、能源科技、核电等专项能源规划，落实本规划提出的主要目标和任务。国务院有关部门要紧密结合实际，积极推动能源体制改革，制定和完善价格、财税、投资等政策，加大对能源领域战略性新兴产业发展、科技创新能力建设、提高能源基本公共服务水平等的支持力度。加强相关政策的统筹协调，形成推动规划实施的合力。

三、加强监测评估

国务院能源主管部门应完善规划监督执行制度，跟踪分析规划实施情况，掌握主要目标和任务完成进度。在规划实施过程中，适时组织开展全面评估，提出相关对策措施。需要对本规划调整时，及时研究提出调整方案，报国务院批准后实施。

专栏 10 规划实施部门分工		
序号	工作任务	主要参加单位
一 主要任务		
1	加快国内能源资源开发	发展改革委、能源局、科技部、财政部、国土资源部、环境保护部、住房城乡建设部、水利部、农业部、林业局、海洋局
2	推进能源高效清洁转化	发展改革委、能源局、科技部、工业和信息化部、财政部、国土资源部、环境保护部、农业部、林业局
3	推进能源供应方式变革	发展改革委、能源局、科技部、财政部、工业和信息化部、环境保护部、住房城乡建设部、农业部、林业局
4	加快能源储运设施建设	发展改革委、能源局、财政部、国土资源部、环境保护部、交通运输部、铁道部、农业部、商务部、林业局、电监会
5	实施能源民生工程	发展改革委、能源局、财政部、住房城乡建设部、水利部、农业部、商务部、林业局
6	控制能源消费总量	发展改革委、能源局、财政部、工业和信息化部、住房城乡建设部、交通运输部、铁道部、农业部、统计局、电监会
7	深化能源体制机制改革	发展改革委、能源局、工业和信息化部、财政部、国土资源部、商务部、国资委、电监会、证监会
8	提升能源科技装备水平	发展改革委、能源局、科技部、工业和信息化部、财政部、国土资源部、农业部、林业局、中科院、工程院
9	深化能源国际合作	发展改革委、能源局、外交部、科技部、财政部、国土资源部、交通运输部、商务部、人民银行、银监会、保监会
二 保障措施		
1	健全财税金融政策	财政部、发展改革委、能源局、国土资源部、住房城乡建设部、人民银行、税务总局、银监会、证监会、保监会
2	改进能源投资管理	发展改革委、能源局、财政部、商务部、人民银行、国资委
3	强化能源行业管理	发展改革委、能源局、国土资源部、统计局、法制办、电监会
4	加强国际合作统筹协调	发展改革委、能源局、外交部、财政部、商务部

注：列第一位的为牵头单位。

国务院关于印发国家重大科技基础设施建设中长期规划（2012—2030 年）的通知

国发〔2013〕8 号

各省、自治区、直辖市人民政府，国务院各部委、各直属机构：

现将《国家重大科技基础设施建设中长期规划（2012—2030 年）》印发给你们，请认真贯彻执行。

国务院

2013 年 2 月 23 日

国家重大科技基础设施建设中长期规划（2012—2030 年）

重大科技基础设施是为探索未知世界、发现自然规律、实现技术变革提供极限研究手段的大型复杂科学研究系统，是突破科学前沿、解决经济社会发展和国家安全重大科技问题的物质技术基础。当前，我国正处于建设创新型国家的关键时期，按照全国科技创新大会部署和深化科技体制改革要求，前瞻谋划和系统部署重大科技基础设施建设，进一步提高发展水平，对于增强我国原始创新能力、实现重点领域跨越、保障科技长远发展、实现从科技大国迈向科技强国的目标具有重要意义。为贯彻《国家中长期科学和技术发展规划纲要（2006—2020 年）》和《中华人民共和国国民经济和社会发展第十二个五年规划纲要》，明确未来 20 年我国重大科技基础设施发展方向和“十二五”时期建设重点，制定本规划。

一、规划基础和背景

新中国成立特别是改革开放以来，国家不断加大投入，我国重大科技基础设施规模持续增长，覆盖领域不断拓展，技术水平明显提升，综合效益日益显现。“十一五”时期，启动建设重大科技基础设施 12 项，验收设施 10 项，目前在建和运行设施总量达到 32 项。设施的建设和运行为科学前沿探索和国家重大科技任务开展提供了重要支撑，推动我国粒子物理、核物理、生命科学等领域部分前沿方向的科研水平进入国际先进行列。依托设施解决了一批关乎国计民生和国家安全的重大科技问题，在载人航天、资源勘探、防灾减灾和生物多样性保护等方面发挥着不可替代的作用。设施建设带动了大型超导、精密制造和测控、超高真空等一批高新技术发展，促进了相关产业技术水平提高；凝聚和培养了一批国内外顶尖科学家和研究团队，以及高水平工程技术和管理人才。此外，设施还在深化科技国际合作交流、提升全民科学素质、增强民族自信心等方面发挥了独特作用。在快速发展的同时，我国重大科技基础设施也存在一些问题：总体规模偏小、数量偏少，学科布局系统性、前瞻性不够，技术水平有待进一步提升，开放共享和高效利用水平仍需提高，管理体制机制亟待健全，工程技术和管理队伍建设需要加强等。

当今世界，科技发展正孕育着一系列革命性突破，发达国家和新兴工业化国家纷纷加大重大科技基础设施建设投入，扩大建设规模和覆盖领域，抢占未来科技发展制高点，我国重大科技基础设施建设面临机遇和挑战并存的新形势。

（一）科学前沿的革命性突破越来越依赖于重大科技基础设施的支撑能力

现代科学研究在微观、宏观、复杂性等方面不断深入，学科分化与交叉融合加快，科学研究目标日益综合。科学领域越来越多的研究活动需要大型研究设施的支撑，要求不断提高科技基础设施的单体规模和技术性能，强化相互协作，形成大型综合性设施群。进一步加强我国重大科技基础设施建设，有利于在新一轮科技革命中抢占先机、有所作为。

（二）技术创新和产业发展越来越需要重大科技基础设施提供强大动力

当前，科学研究与技术研发相互依托、协同突破的趋势日益明显，技术创新和产业振兴的步伐不断加快。重大科技基础设施的建设和运行，越来越注重科学探索和技术变革的融合，可以衍生大量新技术、新工艺和新装备，加快高新技术的孕育、转化和应用。我国在若干重要领域超前部署一批重大科技基础设施，有利于更好地促进产业技术进步、破解经济社会发展中的瓶颈性科学难题，对加快培育战略性新兴产业、实现经济发展方式转变、支撑经济社会发展具有重要意义。

（三）国际科技竞争合作越来越需要重大科技基础设施的牵引和依托

近年来，在事关国家核心利益的科技领域，主要国家在重大基础设施建设方面的竞争日趋激烈。同时，随着气候变化、生态保护、人口健康等全球性问题不断增多，在事关人类共同利益和长远发展的科技领域，由于建造设施资金投入、技术难度等超出单个国家的能力，联合共建与合作研究越来越成为发展重大科技基础设施的重要方式。加快提升我国重大科技基础设施的水平，适时在重要优势领域发起合作建设计划，有利于在国际科技竞争合作中赢得主动，不断提高我国科技国际影响力。

党的十八大明确提出实施创新驱动发展战略，强调科技创新是提高社会生产力和综合国力的战略支撑，必须摆在国家发展全局的核心位置。这对国家重大科技基础设施建设和运行赋予了新的使命和责任。面对新形势新任务，我国必须加快重大科技基础设施建设，进一步突出设施建设在我国总体发展战略中的基础性、前瞻性和战略性作用，加强与相关规划、计划的衔接，强化支撑服务功能；优化设施布局，提升技术水平，加强人才培养，形成较为完善的重大科技基础设施体系，促进自主创新能力提升，有力支撑创新型国家建设。

二、指导思想、建设原则和建设目标

（一）指导思想

以邓小平理论、“三个代表”重要思

想、科学发展观为指导，落实全国科技创新大会部署和深化科技体制改革、加快国家创新体系建设的要求，以提升原始创新能力和支撑重大科技突破为目标，以健全协同创新和开放共享机制为保障，布局新建与整合提升相结合、自主发展与国际合作相结合、设施建设与人才培养相结合，加大投入力度，加快建设完善重大科技基础设施体系，全面提升设施建设水平和运行效率，为我国科技长远发展和创新型国家建设提供有力支撑。

（二）建设原则

一是着眼长远、服务大局。突出重大科技基础设施建设的战略性，既要瞄准探索未知世界和发现自然规律的科技发展前沿方向，又要结合国情，聚焦影响未来经济社会发展和国家安全的重大科技难题，衔接好科技重大专项等相关规划和计划，强化设施建设对国家重大战略的支撑作用。

二是科学谋划、系统布局。把握科学技术发展的总体趋势，有机衔接现有科技资源，统筹考虑学科领域布局，加强国际合作，全面系统谋划重大科技基础设施建设与发展，形成“探索一批、预研一批、建设一批、运行一批”的发展格局。

三是重点突破、实现跨越。分清轻重缓急，优先选择具有相对优势、科技发展急需或科技突破先兆已经显现的科学前沿和学科交叉领域，选准主攻方向，集中优势资源，加快重大科技基础设施建设，实现重点领域跨越发展。

四是创新机制、持续发展。将重大科技基础设施建设作为深化科技体制改革的重要抓手，针对重大科技基础设施的基础性、公益性特征，建立完善高效的投入机制、开放共享的运行机制、产学研用协同创新机制、科学协调的管理制度，提高设施建设和运行的科技效益，形成持续健康发展的良好局面。

（三）建设目标

到2030年，基本建成布局完整、技术先进、运行高效、支撑有力的重大科技基础设施体系。传统大科学领域设施得到完善和提升，新兴领域设施建设布局较为完整，能够全面支撑前沿科技领域开展原创性研究；设施技术水平持续提高，一大批设施的技术指标居国际领先地位；设施共建、共管、共享的体制机制更加完善，运行和使用效率整体进入世界前列；设施科技效益和经济社会效益显著，取得一批有世界影响力的科研成果，催生一批具有变革性、能带动产业升级的高新技术；基本形成若干布局合理的世界级重大科技基础设施集群，设施整体国际影响力和地位显著提高。

“十二五”期末要实现以下目标：重大科技基础设施总体技术水平基本进入国际先进行列，物质科学、核聚变、天文等领域的部分设施达到国际领先水平。支撑科技发展的能力明显增强，凝聚一批世界优秀科研人才，部分前沿方向能开展国际顶尖水平的研究工作，事关经济社会发展的重大科技领域初步具备取得实质性突破的能力。投入运行和在建的重大科技基础设施总量接近50个，薄弱领域设施建设明显加强，优势方向进一步巩固和发展，初步建成若干在国际上有一定影响的重大科技基础设施集群，重大科技基础设施体系初具轮廓。以开放共享为核心的运行机制基本建立，符合设施自身特点与发展规律的管理制度初步形成，设施运行和使用效率整体达到国际先进水平。

三、总体部署

未来 20 年，瞄准科技前沿研究和国家重大战略需求，根据重大科技基础设施发展的国际趋势和国内基础，以能源、生命、地球系统与环境、材料、粒子物理和核物理、空间和天文、工程技术等 7 个科学领域为重点，从预研、新建、推进和提升四个层面逐步完善重大科技基础设施体系。在可能发生革命性突破的方向，前瞻开展一批发展前景较好的探索预研工作，夯实设施建设的技术基础；在 2016—2030 年期间适时启动建设一批科研意义重大、条件基本成熟的设施，强化未来科技持续发展的能力；在我国具有一定基础和优势的领域，在“十二五”期间建设一批科研急需、条件成熟的设施，强化科技持续发展的支撑能力；对已经启动但尚未完成建设任务的在建设施，加大工程管理和技术攻关力度，力争早日建成投入使用；对已经投入运行但仍有较大发展潜力的设施，进一步完善提升技术指标和综合性能，最大程度发挥其科学效益。

（一）能源科学领域

以解决人类社会可持续利用能源的科学问题为目标，面向我国中长期核能源开发与安全运行、化石能源高效洁净利用与转化、可再生能源规模化利用等方向，以核能和高效化石能源研究设施建设为重点，注重新能源、新材料、网络技术相结合，逐步完善相关领域重大科技基础设施布局，为能源科学的新突破和节能减排技术变革提供支撑。

核能源方面。完善提升全超导托卡马克核聚变实验装置的性能，积极参与国际热核聚变实验堆计划，保持我国在磁约束核聚变研究领域的先进地位；建设长寿命高放核废料嬗变安全处置实验装置，攻克核裂变能安全洁净发展的技术瓶颈；适时启动高效安全聚变堆研究设施建设，加快聚变能走向实际应用进程。

化石能源方面。建设高效低碳燃气轮机试验装置，支撑相关领域重大基础理论研究，解决煤炭清洁利用和高效转换关键科技问题；探索预研二氧化碳捕获、利用和封存研究设施建设，为应对全球气候变化提供技术支撑。

可再生能源方面。针对风能、太阳能、生物质能、地热能、海洋能等能量密度低、随机波动等问题，探索预研能量捕获、储能、转换、并网研究设施建设，促进可再生能源规模化高效利用。

（二）生命科学领域

以探索生命奥秘和解决人类健康、农业可持续发展的重大科技问题为目标，面向综合解析复杂生命系统运动规律、生物学和医学基础研究向临床应用转化、种质资源保护开发与现代化育种等方向，重点建设以大型装置为核心、多种仪器设备集成的综合研究设施，完善规模数据资源为主的公益性服务设施，支撑生命科学向复杂宏观和微观两极发展并实现有机统一，突破生命健康、普惠医疗和生物育种中的重大科技瓶颈。

现代医学方面。建设转化医学研究设施，从分子、细胞、组织、个体等方面系统认识人类疾病发生、发展与转归的规律，促进生物医学基础研究成果快速转化为临床诊疗技术。

农业科学方面。建成国家农业生物安全科学中心，支撑农业危险性外来入侵生物、农业毁灭性高致害变异性生物和农业转基因生物安全的创新性理论、方法与防控新技术研究；建设模式动物研究设施，支撑表型及基因型关系、遗传信息高通量获取与工程转化、细胞和动物模型开发与应用等研究；适时启动农作物种质表型和基因、动物疫病、农业微生物研究设施建设，支撑我国农业生物技术和产业的持续发展及生物多样性保护。

生命科学前沿方面。建成蛋白质科学研究设施，支撑高通量、高精度、规模化的蛋白质制取与纯化、结构分析、功能研究；探索预研系统生物学研究设施及合成生物学研究设施建设，满足从复杂系统角度认识生物体的结构、行为和控制机理的需要，综合解析生物系统运动规律，破解改造和设计生命的科学问题。

生命科学研究基础支撑方面。适时启动大型成像和精密高效分析研究设施建设，满足生物学实时、原位研究和多维检测、分析、合成技术开发的需求；探索预研生物信息中心建设，为生命科学研究提供科学数据、种质资源、实验样本和材料等基础支撑。

（三）地球系统与环境科学领域

以实现人类与自然和谐发展为目标，面向地球结构演化与变化过程、地壳物质组成和精细结构、地球系统各圈层间复杂作用及其耦合过程、太阳及其活动控制下各圈层的响应与耦合、人类活动影响环境的过程和机理等方向，重点建设海底观测、数值模拟和基准研究设施，逐步形成观测、探测和模拟相互补充的地球系统与环境科学研究体系。

现场探测与观测方面。建成海洋科学综合考察船，满足综合海洋环境观测、探测以及保真取样和现场分析需求；建成航空遥感系统，提高我国遥感信息技术与装备研发实验能力，为自然灾害和突发事件提供快速、实时、精确的遥感数据；建设海底科学观测网，为国家海洋安全、资源与能源开发、环境监测和灾害预警预报等研究提供支撑；适时启动地球系统科学航天航空遥感等技术监测、深海探测与调查、固体地球深部探测与动态监测、陆海地球环境观测等研究设施建设，实现多时空尺度全面长期连续监测与数据积累，逐步形成对地球系统的立体、动态监测分析能力。

基准系统建设方面。建设精密重力测量研究设施，获取高分辨率、高精度地球质量变化基础数据，支撑固体地球演化、海洋与气候变化动力学、水资源分布和地质灾害规律等研究，满足国家安全、资源勘探和防灾减灾的战略需求。适时启动包括地基基准、环境基准、深空基准等方面的基准系统建设。

数值和实验模拟方面。建设地球系统数值模拟装置，支撑气候变化、地球系统及各层圈过程模拟研究，认识地球环境过程基本规律，提高预测环境变化和重大灾害的能力。适时启动环境污染机理与变化研究模拟实验装置建设，支撑空气污染、流域水污染预测模型开发和气候变化模式研究，提高空气质量、流域水污染等预报预警能力。

（四）材料科学领域

适应材料科学研究从经验摸索阶段到人工设计调控阶段转变的趋势，面向量子物质演生现象、纳米尺度量子结构、极端条件下材料物性与物质演变、重要工程材料服役性能等方向，以材料表征与调控、工程材料实验等为研究重点，布局和完善相关领域重大科技基础设施，推动材料科学技术向功能化、复合化、智能化、微型化及与环境相协调方向发展。

材料表征与调控方面。完善提升已有同步辐射光源，建成软X射线自由电子激光试验装置，建设高能同步辐射光源验证装置；探索预研硬X射线自由电子激光装置建设，适时启动高性能低能量同步辐射光源建设，满足以纳米空间分辨率、皮秒至飞秒时间分辨率、极高能量动量分辨率对材料多层次结构分析研究的需求，逐步形成布局合理的国家光源体系。建成散裂中子源和强磁场实验装置，建设极低温、超快、超高压极端条件研究设施，形成与大型同步辐射光源结合的格局，满足研究和发现新物态、新现象、新规律和创造新材料的需求。

工程材料实验方面。建成重大工程材料服役安全研究评价设施，支撑不同尺度及跨尺度的结构性能研究；探索预研超快光谱界面反应检测装置、极端和工业特殊服役环境模拟装置建设，支撑材料服役行为和规律研究；结合高能同步辐射光源，适时启动综合工程环境在线装置建设，支撑真实环境下工程材料实时、原位研究。

（五）粒子物理和核物理科学领域

以揭示物质最小单元及其相互作用规律为目标，面向超越标准模型新粒子和新物理探索、暗物质和暗能量探测、中低能核物理与核天体物理研究等方向，建设相关大型研究设施，提高微观世界探索能力和自然界基本规律认知水平。

粒子物理方面。建设高能宇宙线研究设施，探索高能空间粒子起源和相关新物理前沿；适时启动用于中微子和其他高能粒子物理研究的非加速器实验设施建设，探索预研新型加速器实验设施建设。

核物理方面。建设高性能重离子束研究装置，使我国核物理基础研究在原子核层次上的整体水平进入国际先进行列；探索预研强流放射性束实验设施建设。

（六）空间和天文科学领域

以揭示宇宙奥秘和解释物质运动规律为目标，面向宇宙天体起源及演化、太阳活动及对地球的影响、空间环境与物质作用等方向，按宇宙、星系、太阳系等不同空间尺度布局设施建设，提升我国天文观测研究能力、空间天气和灾害应对能力以及空间科学实验基础能力。

宇宙和天体物理方面。建成大口径射电望远镜，为宇宙大尺度结构及物理规律研究提供支撑；建设中国南极天文台，支撑暗物质、暗能量、宇宙起源、天体起源等前沿研究；探索预研先进多波段天文观测设施建设，逐步形成比较完善的天文观测及数据应用系统。

太阳及日地空间观测方面。建成空间环境地基监测网，揭示近地空间环境的时间和空间变化规律，并逐步形成覆盖更多重要区域的空间环境监测、预警能力；适时启动大型太阳观测研究设施建设，支撑太阳、行星际、磁层、电离层和中高层大气变化过程和规律研究，深化太阳变化及其对地球和人类影响的认识。

空间环境物质研究方面。建设空间环境与物质作用模拟装置，支撑近地空间环境与材料、元器件、结构、系统及生物体作用规律研究；探索预研空间微重力科学实验设施、南极气球站和引力波研究设施的建设，揭示空间微重力环境物质运动规律，提升我国深空探测、空间基础物理、空间利用等方面的研究能力。

（七）工程技术科学领域

瞄准未来信息技术发展的基础和前沿、岩土地质体的动力特性及地质灾害过程等工程技术中的重大科技问题，以产生变革性技术为主要目标，以信息技术、岩土工程和空气动力学为研究重点，探索和逐步推进相关设施建设，为保障国家重点任务的实施、引领未来产业发展提供基础支撑。

信息技术方面。建设未来网络研究设施，解决未来网络和信息系统发展的科学技术问题，为未来网络技术发展提供试验验证支撑；适时启动新一代授时系统建设，支撑超精密时间频率技术开发，逐步形成高精度卫星授时系统和高精度地基授时系统共同发展的格局。

岩土工程方面。适时启动超重力模拟研究设施建设，揭示复杂岩土地质体的动力特性；探索预研大型地震模拟研究设施建设，开展地震动输入和工程地震灾害模拟研究；探索预研深部岩土工程研究设施建设，揭示深部岩体的力学特征。

空气动力学方面。建成多功能结冰风洞，支撑不同冰型和冰积累过程对飞行器空气动力特性的影响等研究；建设大型低速风洞，支撑气动噪声、流动分离与涡旋运动、流动控制、流固耦合、电磁空气动力学等研究；适时启动大型跨声速风洞、低温高雷诺数风洞、先进航空发动机研究设施建设，为我国航空航天、高速铁路建设等提供必要的研究试验手段。

四、“十二五”时期建设重点

“十二五”时期，在我国科技发展急需、具有相对优势和科技突破先兆显现的领域中，综合考虑科学目标、技术基础、科研需求和人才队伍等因素，优先安排16项重大科技基础设施建设。

（一）海底科学观测网

海洋科学研究正经历着由海面短暂考

察到内部长期观测的革命性变化，这将从根本上改变人类对海洋的认识。围绕实现全天候、综合性、长期连续实时观测海洋内部过程及其相互关系的科学目标，建设海底长期科学观测网，主要包括：基于光电缆的陆架和深海观测系统，基于无线传输的海底观测网拓展系统，基于固定平台的海底观测网综合节点系统，岸基站、支撑系统和管理中心等。该设施建成后，将为国家海洋安全、深海能源与资源开发、环境监测、海洋灾害预警预报等研究提供支撑。

（二）高能同步辐射光源验证装置

高能同步辐射光源是前沿基础科学、工程物理和工程材料等研究不可或缺的手段，是世界同步辐射光源领域竞争的制高点。以具备建设全球最高亮度高能同步辐射光源的能力为目标，建设相关验证装置，主要包括：高能量加速器、光束线、实验站等方面的工程性预研和关键部件的工程样机试制，高精度特种磁铁系统、高精度束流位置测控系统、高性能插入件、纳米级硬 X 射线聚焦系统、超高分辨 X 射线单色器、纳米定位与扫描装置的试制。该设施建成后，将为我国建设高能同步辐射光源奠定坚实的基础。

（三）加速器驱动嬗变研究装置

长寿命核废料的安全处理处置是影响核电持续发展的瓶颈。加速器驱动次临界反应系统利用散裂中子嬗变核废料，大幅降低核废料放射性寿命，具有安全性高和嬗变能力强等特点，是安全处理核废料的最佳手段之一。为深入研究核废料嬗变过程中的科学问题，突破系列核心关键技术，建设核废料嬗变原理实验研究装置，主要包括：强流质子直线加速器、高功率中子散裂靶、液态金属冷却次临界反应堆三大子系统。该设施建成后，将满足我国长寿命高放核反应堆废料安全、妥善处理处置的研究需求，为我国核能可持续发展提供技术支撑。

（四）综合极端条件实验装置

极端物理条件是拓展物质科学研究空间，发现和研究新物态、新现象、新规律必不可少的手段。针对当前凝聚态物理、化学、材料前沿研究所需的极端条件向综合化、集成化和规模化发展的趋势，围绕为量子物质、功能材料和物态变化动力学过程等研究提供科学手段的目标，建设综合性的物质科学研究极端条件用户装置，主要包括：达到亚毫开温度的极低温系统，高于 300 吉帕的超高压系统，亚飞秒时间分辨的超快激光系统，以及极低温、超高压、强磁场和超快光场互相结合的集成系统。该设施建成后，将为物质科学研究提供有力支撑。

（五）强流重离子加速器

高流强放射性核束、高功率重离子束团和宽能区重离子束流是探索原子核存在极限和研究原子奇特性质必不可少的手段。围绕短寿命核质量精确测量、放射性束物理、高能量密度物理以及重离子束应用等研究需要，建设强流重离子加速器装置，主要包括：强流离子源、超导直线加速器、大接受度放射性束流线、冷却储存环同步加速器和物理实验终端等。该设施建成后，将为研究原子核存在极限、核结构新现象和新规律、宇宙中重元素起源等重大科学问题提供重要支撑。

（六）高效低碳燃气轮机试验装置

围绕化石燃料高效转化和洁净利用中的气体动力学、燃烧科学和传热传质问题，为实现高压比、高透平温度、高效和近零排放等目标，建设高效低碳燃气轮机试验装置，主要包括：压气机、燃烧室和高温透平的全温、全压、全流量、全尺寸的大型试验装置研究系统，以及精细和高精度测试系统。该设施建成后，将为我国燃气轮机部件和系统特性研究提供研发手段，为化石能源持续和低碳发展提供基础支撑。

（七）高海拔宇宙线观测站

宇宙线起源一直是物理学最大的谜团之一。我国在高海拔宇宙线观测研究方面具有长期积累和深厚基础，台址条件具有特殊地理优势，适合建设由多个性能先进的探测系统组成的多参数宇宙线复合观测站。围绕推动国际甚高能伽马天文研究迈入大统计量新时代的科学目标，建设大型高海拔空气簇射宇宙线观测站，主要包括：100 万平方米探测阵列，9 万平方米伽马射线巡天望远镜，24 台广角契伦科夫望远镜，0.5 万平方米芯探测器阵列。该设施建成后，将集高灵敏度、大视场、全时段扫描搜索伽马射线源、伽马射线强度空间分布和精确能谱测量等多功能为一体，成为具有国际竞争力的宇宙线研究中心。

（八）未来网络试验设施

三网融合、云计算和物联网发展对现有互联网的可扩展性、安全性、移动性、能耗和服务质量都提出了巨大挑战，基于 TCP/IP 协议的互联网依靠增加带宽和渐进式改进已经无法满足未来发展的需求。为突破未来网络基础理论和支撑新一代互联网实验，建设未来网络试验设施，主要包括：原创性网络设备系统，资源监控管理系统，涵盖云计算服务、物联网应用、空间信息网络仿真、网络信息安全、高性能集成电路验证以及量子通信网络等开放式网络试验系统。该设施建成后，网络覆盖规模超过 10 个城市，支撑不少于 128 个异构网络并行实验，将为空间网络、光网络和量子网络研究提供必要的实验验证条件。

（九）空间环境地面模拟装置

磁暴、高能粒子辐照等极端空间环境可能对航天活动造成极大影响。为保障人类太空探索活动的顺利开展，必须突破地面单因素模拟的局限，全面了解空间环境综合因素对物质的作用。以揭示空间环境条件下物质结构演化规律和各种环境耦合效应的物理本质为目标，建设空间环境与物质作用地面模拟研究装置，主要包括：空间环境模拟源、大型真空与热沉、综合测试分析系统等。该设施建成后，将为我国空间科学发展和深空探测模拟研究提供有力支撑。

（十）转化医学研究设施

转化医学研究是现代医学发展的重要方向，对推动医学基础研究成果快速向临床应用转化和提高诊治水平具有关键作用。围绕人类重大疾病发生、发展与转归中的重大科学问题，建设转化医学研究设施，主要包括：符合国际标准并具有我国人种和疾病特色的临床资源库，医学信息技术系统，疾病生物标志物检测、功能分析和临床验证技术系统，个性化医学技术系统，细胞、组织和再生医学技术系统，临床技术研发系统等。该设施建成后，将推进临床医学和系统生物学结合，促进我国转化医学研究水平大幅提升。

（十一）中国南极天文台

南极内陆冰穹 A 是我国科考队首先从地面到达和利用的地区。该处大气湍流边界层极薄，大气中水汽含量极低，是地球上条件最优异的天文观测台址和天文研究长远发展的珍稀资源。在南极内陆冰穹 A，充分利用中国南极昆仑站的现有基础建设中国南极天文台，主要包括：太赫兹望远镜，光学和红外望远镜，远程运控系统，支撑服务系统等。该设施建成后，将开辟地球上独一无二的太赫兹波段天文观测窗口，为研究宇宙和天体起源、暗物质、暗能量、地外生命等科学问题提供有力支撑。

（十二）精密重力测量研究设施

精密重力测量是获取全球和局部区域地球质量变化基础数据不可或缺的手段，在大面积矿产资源勘查、环境变化研究和重力辅助导航中有广泛应用需求。建设精密重力测量研究设施，主要包括：精密重力测量基准台与检测系统，卫星、航空和水下重力探测环境模拟与物理仿真试验系统，全球高精度重力场数据处理系统等。该设施建成后，将为解决固体地球演化、海洋与气候变化、水资源分布和地质灾害研究中的科学问题提供重要支撑。

（十三）大型低速风洞

大型运输机、客机及地面交通工具研制对低速风洞的规模、技术性能不断提出新要求。着眼飞机地面效应试验、大飞机涡扇发动机动力影响模拟和反推力影响试验、飞机和车辆气动声学试验的科技需求，建设回流式、多试验段、多功能大型低速风洞，具备支撑飞行器起飞、着陆特性研究，发动机、机身、机翼一体化研究，气动力及气动声学和降噪研究的能力。该设施建成后，流场品质和综合性能将达到国际先进水平。

（十四）上海光源线站工程

上海同步辐射装置（上海光源）是第三代中能同步辐射光源，具有最多可提供 60 多条光束线和近百个实验站的能力，完全建成后将为我国多学科前沿研究取得突破提供有力支撑。在已建成的 7 条光束线站基础上，围绕满足我国材料科学、能源科学、环境科学以及生命科学等领域迅速发展的研究需求，建设上海光源线站工程，主要包括：新建若干光束线站，扩建用户实验支撑条件，进一步提升光源性能。该设施建成后，将大幅提升光源和束线的能力，使上海光源继续保持国际先进水平，为相关科学研究提供更全面、先进、便捷的支撑。

（十五）模式动物表型与遗传研究设施

模式动物表型性状的精确测定和度量是解析生命规律，开发疾病调控方式的关键之一。以解决表型和基因型测定及关联遗传机制分析中的科学问题为目标，建设重要模式动物的表型与遗传分析研究设施，主要包括：表型及基因型连续、快速、综合、自动化与智能化获取分析系统，表型和基因型全面自动检测分析系统，信息集成、处理及遗传性状分析系统等。该设施建成后，可系统、准确地描述生命的表型、基因型及其在环境变化中的响应，并以此正确描述生命的调节状态和方式，为人类疾病、动物生命过程调节等研究提供支撑。

（十六）地球系统数值模拟器

地球系统模拟是衡量地球科学研究综合水平的重要标志，是开展气候变化、防灾减灾和环境治理等科学研究不可缺少的手段。以认识地球环境复杂系统、模拟地球系统圈层变化和长期气候变化、精细描述和预测地球物理化学及生物过程等为目标，建设地球系统数值模拟器，主要包括：超级计算及存储专用系统，超级模拟支撑与管理软件系统，地球各层圈过程模拟软件系统，地球系统科学数据库与海量数据智能分析与可视化系统等。该设施建成后，将大幅提高我国地球系统模拟的整体能力和重大自然灾害预测预警、气候变化预估的研究水平。

五、保障措施

（一）健全管理制度

加快完善管理规章制度，规范和促进重大科技基础设施的建设、运行和管理。健全部门协调制度，加强规划实施中各部门间的统筹协调，发展改革、科技、财政等部门要各司其职、分工协作。建立健全规划动态调整机制，滚动推进“十二五”建设重点的立项和实施，并根据形势发展每五年对规划内容进行必要调整。制定符合设施特点和发展规律的管理办法，加强设施运行评价，提高设施运行效率。完善设施建设配套政策措施，鼓励地方政府在土地、资金、人才等方面出台相关政策，形成共同支持设施发展的良好局面。

（二）保障资金投入

加强重大科技基础设施预研、建设、升级改造、运行和科研的协调，加大财政资金投入力度，鼓励企业等其他来源资金投入，形成多元化投入格局。规范投入管理，加强绩效评价，切实提高资金的使用效率和效益。

（三）强化开放共享

健全重大科技基础设施开放共享制度，最大限度发挥其公共平台作用。健全用户参与机制，形成科研院所、高等学校、企业等多方共建、共管和共享的局面。统筹安排开放共享配套条件建设，提高设施科研服务能力。将开放共享程度作为设施运行考核的重要指标，根据评价结果配置运行资源。

（四）协同推进预研

加强部门沟通协调，协同加强预研工作，为重大科技基础设施建设提供充分的技术和工程储备。充分利用现有资金渠道，系统安排原理探索、技术攻关、工程验证等类型的预研项目。强化预研工作各阶段以及预研与设施建设之间的衔接，形成循序推进、动态调整、持续发展的良好局面。

（五）加强人才培养

坚持设施建设与人才培养相结合，造就高水平的重大科技基础设施建设、管理和科研人才队伍。制定与设施发展相配套的人才计划，吸引和凝聚一大批高层次创新人才。加强设施建设与国家科技重大专项、重大科技计划的衔接，加速培养一批高水平科技创新领军人才，造就一批科研、工程和管理人才队伍。建立健全与设施特点相适应的人员分类评价、考核、激励政策，凝聚和稳定设施建设和运行专业人员队伍。

（六）促进国际合作

适应重大科技基础设施发展日益国际化的趋势，结合我国科技发展实际需求，积极参与享有知识产权和使用权的重大科技基础设施国际合作项目。积极探索以我为主的国际合作，吸引国外资源参与我国发起的重大科技基础设施建设和相关科学研究。注重引进国外先进技术和管理经验，提高我国重大科技基础设施建设、运行的技术和管理水平。

法律法规

国家核应急预案

（2013年6月30日修订）

1 总则

1.1 编制目的

依法科学统一、及时有效应对处置核事故，最大程度控制、减轻或消除事故及其造成的人员伤亡和财产损失，保护环境，维护社会正常秩序。

1.2 编制依据

《中华人民共和国突发事件应对法》、《中华人民共和国放射性污染防治法》、《核电厂核事故应急管理条例》、《放射性物品运输安全管理条例》、《国家突发公共事件总体应急预案》和相关国际公约等。

1.3 适用范围

本预案适用于我国境内核设施及有关核活动已经或可能发生的核事故。境外发生的对我国大陆已经或可能造成影响的核事故应对工作参照本预案进行响应。

1.4 工作方针和原则

国家核应急工作贯彻执行常备不懈、积极兼容，统一指挥、大力协同，保护公众、保护环境的方针；坚持统一领导、分级负责、条块结合、快速反应、科学处置的工作原则。核事故发生后，核设施营运单位、地方政府及其有关部门和国家核事故应急协调委员会（以下简称国家核应急协调委）成员单位立即自动按照职责分工和相关预案开展前期处置工作。核设施营运单位是核事故场内应急工作的主体，省级人民政府是本行政区域核事故场外应急工作的主体。国家根据核应急工作需要给予必要的协调和支持。

2 组织体系

2.1 国家核应急组织

国家核应急协调委负责组织协调全国核事故应急准备和应急处置工作。国家核应急协调委主任委员由工业和信息化部部长担任。日常工作由国家核事故应急办公室（以下简称国家核应急办）承担。必要时，成立国家核事故应急指挥部，统一领导、组织、协调全国的核事故应对工作。指挥部总指挥由国务院领导同志担任。视情成立前方工作组，在国家核事故应急指挥部的领导下开展工作。

国家核应急协调委设立专家委员会，由核工程与核技术、核安全、辐射监测、辐射防护、环境保护、交通运输、医学、气象学、海洋学、应急管理、公共宣传等方面专家组成，为国家核应急工作重大决策和重要规划以及核事故应对工作提供咨询和建议。

国家核应急协调委设立联络员组，由成员单位司、处级和核设施营运单位所属集团公司（院）负责同志组成，承担国家核应急协调委交办的事项。

2.2 省（自治区、直辖市）核应急组织

省级人民政府根据有关规定和工作需要成立省（自治区、直辖市）核应急委员会（以下简称省核应急委），由有关职能部门、相关市县、核设施营运单位的负责同志组成，负责本行政区域核事故应急准备与应急处置工作，统一指挥本行政区域核事故场外应急响应行动。省核应急委设立专家组，提供决策咨询；设立省核事故应急办公室（以下称省核应急办），承担省核应急委的日常工作。

未成立核应急委的省级人民政府指定部门负责本行政区域核事故应急准备与应急处置工作。

必要时，由省级人民政府直接领导、组织、协调本行政区域场外核应急工作，支援核事故场内核应急响应行动。

2.3 核设施营运单位核应急组织

核设施营运单位核应急指挥部负责组织场内核应急准备与应急处置工作，统一指挥本单位的核应急响应行动，配合和协助做好场外核应急准备与响应工作，及时提出进入场外应急状态和采取场外应急防护措施的建议。核设施营运单位所属集团公司（院）负责领导协调核设施营运单位核应急准备工作，事故情况下负责调配其应急资源和力量，支援核设施营运单位的响应行动。

3 核设施核事故应急响应

3.1 响应行动

核事故发生后，各级核应急组织根据事故的性质和严重程度，实施以下全部或部分响应行动。

3.1.1 事故缓解和控制

迅速组织专业力量、装备和物资等开展工程抢险，缓解并控制事故，使核设施恢复到安全状态，最大程度防止、减少放射性物质向环境释放。

3.1.2 辐射监测和后果评价

开展事故现场和周边环境（包括空中、陆地、水体、大气、农作物、食品和饮水等）放射性监测，以及应急工作人员和公众受照剂量的监测等。实时开展气象、水文、地质、地震等观（监）测预报；开展事故工况诊断和释放源项分析，研判事故发展趋势，评价辐射后果，判定受影响区域范围，为应急决策提供技术支持。

3.1.3 人员放射性照射防护

当事故已经或可能导致碘放射性同位素释放的情况下，按照辐射防护原则及管理程序，及时组织有关工作人员和公众服用稳定碘，减少甲状腺的受照剂量。根据公众可能接受的辐射剂量和保护公众的需要，组织放射性烟羽区有关人员隐蔽；组织受影响地区居民向安全地区撤离。根据受污染地区实际情况，组织居民从受污染地区临时迁出或永久迁出，异地安置，避免或减少地面放射性沉积物的长期照射。

3.1.4 去污洗消和医疗救治

去除或降低人员、设备、场所、环境等的放射性污染；组织对辐射损伤人员和非辐射损伤人员实施医学诊断及救治，包括现场救治、地方救治和专科救治。

3.1.5 出入通道和口岸控制

根据受事故影响区域具体情况，划定警戒区，设定出入通道，严格控制各类人员、车辆、设备和物资出入。对出入境人员、交通工具、集装箱、货物、行李物品、邮包快件等实施放射性污染检测与控制。

3.1.6 市场监管和调控

针对受事故影响地区市场供应及公众心理状况，及时进行重要生活必需品的市场监管和调控。禁止或限制受污染食品和饮水的生产、加工、流通和食用，避免或减少放射性物质摄入。

3.1.7 维护社会治安

严厉打击借机传播谣言制造恐慌等违法犯罪行为；在群众安置点、抢险救援物资存放点等重点地区，增设临时警务站，加强治安巡逻；强化核事故现场等重要场所警戒保卫，根据需要做好周边地区交通管制等工作。

3.1.8 信息报告和发布

按照核事故应急报告制度的有关规定，核设施营运单位及时向国家核应急办、省核应急办、核电主管部门、核安全监管部门、所属集团公司（院）报告、通报有关核事故及核应急响应情况；接到事故报告后，国家核应急协调委、核事故发生地省级人民政府要及时、持续向国务院报告有关情况。第一时间发布准确、权威信息。核事故信息发布办法由国家核应急协调委另行制订，报国务院批准后实施。

3.1.9 国际通报和援助

国家核应急协调委统筹协调核应急国际通报与国际援助工作。按照《及早通报核事故公约》的要求，当核事故造成或可能造成超越国界的辐射影响时，国家核应急协调委通过核应急国家联络点向国际原子能机构通报。向有关国家和地区的通报工作，由外交部按照双边或多边核应急合作协议办理。

必要时，国家核应急协调委提出请求国际援助的建议，报请国务院批准后，由国家原子能机构会同外交部按照《核事故或辐射紧急情况援助公约》的有关规定办理。

3.2 指挥和协调

根据核事故性质、严重程度及辐射后果影响范围，核设施核事故应急状态分为应急待命、厂房应急、场区应急、场外应急（总体应急），分别对应Ⅳ级响应、Ⅲ级响应、Ⅱ级响应、Ⅰ级响应。

3.2.1 Ⅳ级响应

3.2.1.1 启动条件

当出现可能危及核设施安全运行的工况或事件，核设施进入应急待命状态，启动Ⅳ级响应。

3.2.1.2 应急处置

（1）核设施营运单位进入戒备状态，采取预防或缓解措施，使核设施保持或恢复到安全状态，并及时向国家核应急办、省核应急办、核电主管部门、核安全监管部门、所属集团公司（院）提出相关建议；对事故的性质及后果进行评价。

（2）省核应急组织密切关注事态发展，保持核应急通信渠道畅通；做好公众沟通工作，视情组织本省部分核应急专业力量进入待命状态。

（3）国家核应急办研究决定启动Ⅳ级响应，加强与相关省核应急组织和核设施营运单位及其所属集团公司（院）的联络沟通，密切关注事态发展，及时向国家核应急协调委成员单位通报情况。各成员单位做好相关应急准备。

3.2.1.3 响应终止

核设施营运单位组织评估，确认核设施已处于安全状态后，提出终止应急响应建议报国家和省核应急办，国家核应急办研究决定终止Ⅳ级响应。

3.2.2 Ⅲ级响应

3.2.2.1 启动条件

当核设施出现或可能出现放射性物质释放，事故后果影响范围仅限于核设施场区局部区域，核设施进入厂房应急状态，启动Ⅲ级响应。

3.2.2.2 应急处置

在Ⅳ级响应的基础上，加强以下应急措施：

（1）核设施营运单位采取控制事故措施，开展应急辐射监测和气象观测，采取保护工作人员的辐射防护措施；加强信息报告工作，及时提出相关建议；做好公众沟通工作。

（2）省核应急委组织相关成员单位、专家组会商，研究核应急工作措施；视情组织本省核应急专业力量开展辐射监测和气象观测。

（3）国家核应急协调委研究决定启动Ⅲ级响应，组织国家核应急协调委有关成员单位及专家委员会开展趋势研判、公众沟通等工作；协调、指导地方和核设施营运单位做好核应急有关工作。

3.2.2.3 响应终止

核设施营运单位组织评估，确认核设施已处于安全状态后，提出终止应急响应建议报国家核应急协调委和省核应急委，国家核应急协调委研究决定终止Ⅲ级响应。

3.2.3 Ⅱ级响应

3.2.3.1 启动条件

当核设施出现或可能出现放射性物质释放，事故后果影响扩大到整个场址区域（场内），但尚未对场址区域外公众和环境造成严重影响，核设施进入场区应急状态，启动Ⅱ级响应。

3.2.3.2 应急处置

在Ⅲ级响应的基础上，加强以下应急措施：

（1）核设施营运单位组织开展工程抢险；撤离非应急人员，控制应急人员辐射照射；进行污染区标识或场区警戒，对出入场区人员、车辆等进行污染监测；做好与外部救援力量的协同准备。

（2）省核应急委组织实施气象观测预报、辐射监测，组织专家分析研判趋势；及时发布通告，视情采取交通管制、控制出入通道、心理援助等措施；根据信息发布办法的有关规定，做好信息发布工作，协调调配本行政区域核应急资源给予核设施营运单位必要的支援，做好医疗救治准备等工作。

（3）国家核应急协调委研究决定启动Ⅱ级响应，组织国家核应急协调委相关成员单位、专家委员会会商，开展综合研判；按照有关规定组织权威信息发布，稳定社会秩序；根据有关省级人民政府、省核应急委或核设施营运单位的请求，为事故缓解和救援行动提供必要的支持；视情组织国家核应急力量指导开展辐射监测、气象观测预报、医疗救治等工作。

3.2.3.3 响应终止

核设施营运单位组织评估，确认核设施已处于安全状态后，提出终止应急响应建议报国家核应急协调委和省核应急委，国家核应急协调委研究决定终止Ⅱ级响应。

3.2.4 Ⅰ级响应

3.2.4.1 启动条件

当核设施出现或可能出现向环境释放大量放射性物质，事故后果超越场区边界，可能严重危及公众健康和环境安全，进入场外应急状态，启动Ⅰ级响应。

3.2.4.2 应急处置

（1）核设施营运单位组织工程抢险，缓解、控制事故，开展事故工况诊断、应急辐射监测；采取保护场内工作人员的防护措施，撤离非应急人员，控制应急人员辐射照射，对受伤或受照人员进行医疗救治；标识污染区，实施场区警戒，对出入场区人员、车辆等进行放射性污染监测；及时提出公众防护行动建议；对事故的性质及后果进行评价；协同外部救援力量做好抢险救援等工作；配合国家核应急协调委和省核应急委做好公众沟通和信息发布等工作。

（2）省核应急委组织实施场外应急辐射监测、气象观测预报，组织专家进行趋势分析研判，协调、调配本行政区域内核应急资源，向核设施营运单位提供必要的交通、电力、水源、通信等保障条件支援；及时发布通告，视情采取交通管制、发放稳定碘、控制出入通道、控制食品和饮水、医疗救治、心理援助、去污洗消等措施，适时组织实施受影响区域公众的隐蔽、撤离、临时避迁、永久再定居；根据信息发布办法的有关规定，做好信息发布工作，组织开展公众沟通等工作；及时向事故后果影响或可能影响的邻近省（自治区、直辖市）通报事故情况，提出相应建议。

（3）国家核应急协调委向国务院提出启动Ⅰ级响应建议，国务院决定启动Ⅰ级响应。国家核应急协调委组织协调核应急处置工作。必要时，国务院成立国家核事故应急指挥部，统一领导、组织、协调全国核应急处置工作。国家核事故应急指挥部根据工作需要设立事故抢险、辐射监测、医学救援、放射性污染物处置、群众生活保障、信息发布和宣传报道、涉外事务、社会稳定、综合协调等工作组。

国家核事故应急指挥部或国家核应急协调委对以下任务进行部署，并组织协调有关地区和部门实施：

①组织国家核应急协调委相关成员单位、专家委员会会商，开展事故工况诊断、释放源项分析、辐射后果预测评价等，科学研判趋势，决定核应急对策措施。

②派遣国家核应急专业救援队伍，调配专业核应急装备参与事故抢险工作，抑制或缓解事故、防止或控制放射性污染等。

③组织协调国家和地方辐射监测力量对已经或可能受核辐射影响区域的环境

（包括空中、陆地、水体、大气、农作物、食品和饮水等）进行放射性监测。

④组织协调国家和地方医疗卫生力量和资源，指导和支援受影响地区开展辐射损伤人员医疗救治、心理援助，以及去污洗消、污染物处置等工作。

⑤统一组织核应急信息发布。

⑥跟踪重要生活必需品的市场供求信息，开展市场监管和调控。

⑦组织实施农产品出口管制，对出境人员、交通工具、集装箱、货物、行李物品、邮包快件等进行放射性沾污检测与控制。

⑧按照有关规定和国际公约的要求，做好向国际原子能机构、有关国家和地区的国际通报工作；根据需要提出国际援助请求。

⑨其他重要事项。

3.2.4.3 响应终止

当核事故已得到有效控制，放射性物质的释放已经停止或者已经控制到可接受的水平，核设施基本恢复到安全状态，由国家核应急协调委提出终止Ⅰ级响应建议，报国务院批准。视情成立的国家核事故应急指挥部在应急响应终止后自动撤销。

4 核设施核事故后恢复行动

应急响应终止后，省级人民政府及其有关部门、核设施营运单位等立即按照职责分工组织开展恢复行动。

4.1 场内恢复行动

核设施营运单位负责场内恢复行动，并制订核设施恢复规划方案，按有关规定报上级有关部门审批，报国家核应急协调委和省核应急委备案。国家核应急协调委、省核应急委、有关集团公司（院）视情对场内恢复行动提供必要的指导和支持。

4.2 场外恢复行动

省核应急委负责场外恢复行动，并制订场外恢复规划方案，经国家核应急协调委核准后报国务院批准。场外恢复行动主要任务包括：全面开展环境放射性水平调查和评价，进行综合性恢复整治；解除紧急防护行动措施，尽快恢复受影响地区生产生活等社会秩序，进一步做好转移居民的安置工作；对工作人员和公众进行剂量评估，开展科普宣传，提供咨询和心理援助等。

5 其他核事故应急响应

对乏燃料运输事故、涉核航天器坠落事故等，根据其可能产生的辐射后果及影响范围，国家和受影响省（自治区、直辖市）核应急组织及营运单位进行必要的响应。

5.1 乏燃料运输事故

乏燃料运输事故发生后，营运单位应在第一时间报告所属集团公司（院）、事故发生地省级人民政府有关部门和县级以上人民政府环境保护部门、国家核应急协调委，并按照本预案和乏燃料运输事故应急预案立即组织开展应急处置工作。必要时，国家核应急协调委组织有关成员单位予以支援。

5.2 台湾地区核事故

台湾地区发生核事故可能或已经对大陆造成辐射影响时，参照本预案组织应急响应。台办会同国家核应急办向台湾有关方面了解情况和对大陆的需求，上报国务院。国务院根据情况，协调调派国家核应急专业力量协助救援。

5.3 其他国家核事故

其他国家发生核事故已经或可能对我国产生影响时，由国家核应急协调委参照本预案统一组织开展信息收集与发布、辐射监测、部门会商、分析研判、口岸控制、市场调控、国际通报及援助等工作。必要时，成立国家核事故应急指挥部，统一领导、组织、协调核应急响应工作。

5.4 涉核航天器坠落事故

涉核航天器坠落事故已经或可能对我国局部区域产生辐射影响时，由国家核应急协调委参照本预案组织开展涉核航天器污染碎片搜寻与收集、辐射监测、环境去污、分析研判、信息通报等工作。

6 应急准备和保障措施

6.1 技术准备

国家核应急协调委依托各成员单位、相关集团公司（院）和科研院所现有能力，健全完善辐射监测、航空监测、气象监测预报、地震监测、海洋监测、辐射防护、医学应急等核应急专业技术支持体系，组织开展核应急技术研究、标准制定、救援专用装备设备以及后果评价系统和决策支持系统等核应急专用软硬件研发，指导省核应急委、核设施营运单位做好相关技术准备。省核应急委、核设施营运单位按照本预案和本级核应急预案的要求，加强有关核应急技术准备工作。

6.2 队伍准备

国家核应急协调委依托各成员单位、相关集团公司（院）和科研院所现有能力，加强突击抢险、辐射监测、去污洗消、污染控制、辐射防护、医学救援等专业救援队伍建设，配备必要的专业物资装备，强化专业培训和应急演习。省核应急委、核设施营运单位及所属集团公司（院），按照职责分工加强相关核应急队伍建设，强化日常管理和培训，切实提高应急处置能力。国家、省、核设施运营单位核应急组织加强核应急专家队伍建设，为应急指挥辅助决策、工程抢险、辐射监测、医学救治、科普宣传等提供人才保障。

6.3 物资保障

国家、省核应急组织及核设施营运单位建立健全核应急器材装备的研发、生产和储备体系，保障核事故应对工作需要。国家核应急协调委完善辐射监测与防护、医疗救治、气象监测、事故抢险、去污洗消以及动力、通信、交通运输等方面器材物资的储备机制和生产商登记机制，做好应急物资调拨和紧急配送工作方案。省核应急委储备必要的应急物资，重点加强实施场外应急所需的辐射监测、医疗救治、人员安置和供电、供水、交通运输、通信等方面物资的储备。核设施营运单位及其所属集团公司（院）重点加强缓解事故、控制事故、工程抢险所需的移动电源、供水、管线、辐射防护器材、专用工具设备等储备。

6.4 资金保障

国家、省核应急准备所需资金分别由中央财政和地方财政安排。核电厂的核应急准备所需资金由核电厂自行筹措。其他核设施的核应急准备资金按照现有资金渠道筹措。

6.5 通信和运输保障

国家、省核应急组织、核设施营运单位及其所属集团公司（院）加强核应急通信与网络系统建设，形成可靠的通信保障能力，确保核应急期间通信联络和信息传递需要。交通运输、公安等部门健全公路、铁路、航空、水运紧急运输保障体系，完善应急联动工作机制，保障应急响应所需人员、物资、装备、器材等的运输。

6.6 培训和演习

6.6.1 培训

各级核应急组织建立培训制度，定期对核应急管理人员和专业队伍进行培训。国家核应急办负责国家核应急协调委成员单位、省核应急组织和核设施营运单位核应急组织负责人及骨干的培训。省核应急组织和核设施营运单位负责各自核应急队伍专业技术培训，国家核应急办及国家核应急协调委有关成员单位给予指导。

6.6.2 演习

各级核应急组织应当根据实际情况采取桌面推演、实战演习等方式，经常开展应急演习，以检验、保持和提高核应急响应能力。国家级核事故应急联合演习由国家核应急协调委组织实施，一般 3 至 5 年举行一次；国家核应急协调委成员单位根据需要分别组织单项演练。省级核应急联合演习，一般 2 至 4 年举行一次，由省核应急委组织，核设施营运单位参加。核设施营运单位综合演习每 2 年组织 1 次，拥有 3 台以上运行机组的，综合演习频度适当增加。核电厂首次装投料前，由省核应急委组织场内外联合演习，核设施营运单位参加。

7 附则

7.1 奖励和责任

对在核应急工作中作出突出贡献的先进集体和个人，按照国家有关规定给予表彰和奖励；对在核应急工作中玩忽职守造成损失的，虚报、瞒报核事故情况的，依据国家有关法律法规追究当事人的责任，构成犯罪的，依法追究其刑事责任。

7.2 预案管理

国家核应急协调委负责本预案的制订工作，报国务院批准后实施，并要在法律、行政法规、国际公约、组织指挥体系、重要应急资源等发生变化后，或根据实际应对、实战演习中发现的重大问题，及时修订完善本预案。预案实施后，国家核应急协调委组织预案宣传、培训和演习。

国家核应急协调委成员单位和省核应急委、核设施营运单位，结合各自职责和实际情况，制定本部门、本行政区域和本单位的核应急预案。省核应急预案要按有关规定报国家核应急协调委审查批准。国家核应急协调委成员单位和核设施营运单位预案报国家核应急协调委备案。

7.3 预案解释

本预案由国务院办公厅负责解释。

7.4 预案实施

本预案自印发之日起实施。

环境保护部令

第 25 号

《放射性固体废物贮存和处置许可管理办法》已于 2013 年 12 月 5 日由环境保护部部务会议审议通过，现予公布，自 2014 年 3 月 1 日起施行。

环境保护部部长

2013 年 12 月 30 日

放射性固体废物贮存和处置许可管理办法

第一章　总则

第一条 为加强放射性固体废物贮存和处置活动的监督管理，规范放射性固体废物贮存和处置许可，根据《中华人民共和国放射性污染防治法》和《放射性废物安全管理条例》，制定本办法。

第二条 本办法适用于放射性固体废物贮存和处置许可证的申请和审批管理。

第三条 在中华人民共和国境内专门从事放射性固体废物贮存、处置活动的单位，应当依照本办法规定取得放射性固体废物贮存许可证（以下简称"贮存许可证"）或者放射性固体废物处置许可证（以下简称"处置许可证"），并按照许可证规定的种类、范围和规模从事放射性固体废物贮存或者处置活动。

同时从事放射性固体废物贮存和处置活动的单位，应当分别取得贮存许可证和处置许可证。

核设施营运单位利用与核设施配套建设的贮存设施，贮存本单位产生的放射性固体废物的，不需要申请领取贮存许可证；贮存其他单位产生的放射性固体废物的，应当依照本办法的规定申请领取贮存许可证。

第四条 贮存许可证和处置许可证，由国务院环境保护主管部门审批、颁发。

第五条 持有贮存许可证或者处置许可证的单位（以下简称"持证单位"）应当依法承担其所贮存或者处置的放射性固体废物的安全责任。

第六条 从事放射性固体废物贮存或者处置活动的人员，应当通过有关放射性废物管理、辐射防护或者环境监测专业知识的培训和考核。

第二章　许可证申请

第七条 申请从事放射性固体废物贮存活动的单位，应当具备下列条件：

（一）有法人资格；

（二）有能保证贮存设施安全运行的组织机构，包括负责贮存设施运行、安全防护（含辐射监测）和质量保证等部门；

（三）有三名以上放射性废物管理、辐射防护、环境监测方面的专业技术人员，其中至少有一名注册核安全工程师；

（四）有符合国家有关放射性污染防治标准和国务院环境保护主管部门规定的放射性固体废物接收、贮存设施和场所。同时从事放射性废物处理活动的，还应当具有符合国家有关放射性污染防治标准和国务院环境保护主管部门规定的处理设施；

（五）有符合国家有关放射性污染防治标准和国务院环境保护主管部门规定的放射性检测、辐射防护和环境监测设备；

（六）建立记录档案制度，记录所贮存的放射性固体废物的来源、数量、特征、贮存位置、清洁解控或者送交处置等相关信息；

（七）有健全的管理制度以及符合核安全监督管理要求的质量保证体系，包括贮存操作规程、质量保证大纲、贮存设施运行监测计划、辐射监测计划、应急预案等。

第八条 申请领取贮存许可证的单位，应当向国务院环境保护主管部门提出书面申请，填写放射性固体废物贮存许可证申请表，并提交下列材料：

（一）企业法人营业执照正、副本的复印件，或者事业单位法人证书正、副本的复印件，以及法定代表人身份证的复印件；

（二）从事放射性固体废物贮存管理和操作人员的培训和考核证明，注册核安全工程师证书复印件；

（三）放射性固体废物贮存设施环境影响评价批复文件复印件；

（四）放射性检测、辐射防护和环境监测设备清单；

（五）放射性固体废物贮存管理制度证明文件，包括贮存操作规程、质量保证大纲及程序文件清单、辐射监测计划、贮存设施运行监测计划、应急预案、记录档案管理文件等；

（六）满足本办法第七条规定的其他证明材料。

第九条 申请从事低、中水平放射性固体废物处置活动的单位，应当具备下列条件：

（一）有国有或者国有控股的企业法人资格，有不少于三千万元的注册资金；

（二）有能保证处置设施安全运行的组织机构，包括负责处置设施运行、安全防护（含辐射监测）和质量保证等部门；

（三）有十名以上放射性废物管理、辐射防护、环境监测方面的专业技术人员，其中注册核安全工程师不少于三名；

（四）有符合国家有关放射性污染防治标准和国务院环境保护主管部门规定的放射性固体废物接收、处置设施和场所；

（五）有符合国家有关放射性污染防治标准和国务院环境保护主管部门规定的放射性检测、辐射防护和环境监测设备，以及必要的辐射防护器材；

（六）有能保证其处置活动持续进行直至安全监护期满的财务担保；

（七）建立记录档案制度和相应的信息管理系统，能记录和管理所处置的放射性固体废物的来源、数量、特征、处置位置等与处置活动有关的信息；

（八）有健全的管理制度以及符合核安全监督管理要求的质量保证体系，包括处置操作规程、质量保证大纲、处置设施运行监测计划、辐射监测计划和应急预案等。

第十条 申请从事高水平放射性固体废物处置和 α 放射性固体废物处置活动的单位，除满足本办法第九条第（二）项、第（四）项、第（五）项、第（六）项、第（七）项和第（八）项规定的条件外，还应当具备下列条件：

（一）有国有或者国有控股的企业法人资格，有不低于一亿元的注册资金；

（二）有二十名以上放射性废物管理、辐射防护、环境监测方面的专业技术人员，其中注册核安全工程师不少于五名。

第十一条 申请领取处置许可证的单位，应当向国务院环境保护主管部门提出书面申请，填写放射性固体废物处置许可证申请表，并提交下列材料：

（一）企业法人营业执照正、副本复印件，法定代表人身份证复印件；

（二）从事放射性固体废物处置管理和操作人员的培训和考核证明，注册核安全工程师证书复印件；

（三）放射性固体废物处置设施环境影响评价批复文件复印件和建造批准文件的复印件；

（四）放射性检测、辐射防护和环境监测设备清单；

（五）财务担保证明；

（六）放射性固体废物处置管理制度证明文件，包括处置操作规程、质量保证大纲及程序文件清单、处置设施运行监测计划、辐射监测计划、应急预案、记录档案管理文件、信息管理系统证明文件等；

（七）满足本办法第九条、第十条规定的其他证明材料。

第三章 许可证审批

第十二条 国务院环境保护主管部门应当自受理许可证申请之日起二十个工作日内完成审查，对符合条件的颁发许可证，予以公告；对不符合条件的，书面通知申请单位并说明理由。

国务院环境保护主管部门在审查过程中，应当组织专家进行技术评审，并征求国务院其他有关部门意见。技术评审所需时间不包括在审批期限内，并应当书面告知申请单位。

第十三条 贮存许可证和处置许可证应当载明下列内容：

（一）单位名称、地址和法定代表人；

（二）准予从事的活动种类、范围和规模；

（三）有效期限；

（四）发证机关、发证日期和证书编号。

前款所指准予从事活动的种类和范围，是指贮存或者处置废放射源，低、中、高水平放射性固体废物或者 α 放射性固体废物；规模是指贮存、处置放射性固体废物空间的容积。

第十四条 贮存许可证和处置许可证的有效期为十年。

许可证有效期届满，从事放射性固体废物贮存或者处置活动的单位需要继续从事贮存或者处置活动的，应当于许可证有效期届满九十日前，向国务院环境保护主管部门提出延续申请，并提交下列材料：

（一）许可证延续申请文件；

（二）许可证有效期内的贮存或者处置活动总结报告；

（三）辐射监测报告；

（四）原许可证复印件；

（五）国务院环境保护主管部门要求的其他材料。

国务院环境保护主管部门应当在许可证有效期届满前完成审查，对符合条件的准予延续；对不符合条件的，书面通知申请单位并说明理由。

第十五条 持证单位名称、地址、法定代表人发生变更的，应当自变更登记之日起二十日内，向国务院环境保护主管部门申请办理许可证变更手续，并提交下列材料：

（一）许可证变更申请文件；

（二）变更后的企业法人营业执照正、副本复印件，或者事业单位法人证书正、副本的复印件，以及法定代表人身份证复印件；

（三）原许可证复印件；

（四）国务院环境保护主管部门要求的其他材料。

国务院环境保护主管部门核实后，换发许可证。

第十六条 许可证载明的活动种类、范围、规模发生变更，或者许可证有效期满未获延续的，应当按照本办法第七条、第九条、第十条的规定，重新申请领取许可证。

第十七条 持证单位因故遗失许可证的，应当及时在所在地省级报刊上刊登遗失公告，公告期为三十日。持证单位应当于公告期满后的一个月内持公告到国务院环境保护主管部门申请补发许可证。

第十八条 持证单位应当按照国家有关放射性污染防治标准和国务院环境保护主管部门的规定，在许可证规定的种类、范围和规模内从事放射性固体废物贮存或者处置活动。

禁止伪造、变造、转让许可证。禁止无许可证从事放射性固体废物贮存或者处置活动。

第十九条 贮存许可证持证单位应当如实完整地记录所收贮放射性固体废物来源、数量、特征、贮存位置、清洁解控或者送交处置等相关信息。

贮存许可证持证单位应当于每年 3 月 31 日前，向国务院环境保护主管部门提交上一年度贮存活动总结报告，包括废物贮存、清洁解控、送交处置、辐射监测等内容。

第二十条 处置许可证持证单位应当如实完整地记录所处置放射性固体废物的来源、数量、特征、处置位置等与处置活动有关的信息。放射性固体废物处置档案记录应当永久保存。

处置许可证持证单位应当于每年 3 月 31 日前，向国务院环境保护主管部门提交上一年度处置活动总结报告，包括废物接收、处置设施运行、辐射监测等内容。

第四章 法律责任

第二十一条 放射性固体废物贮存、处置许可审批部门及其工作人员违反本办法的规定，有下列行为之一的，对直接负责的主管人员和其他直接责任人员，依法给予处分；构成犯罪的，依法移送司法机关追究刑事责任：

（一）违反本办法规定核发贮存许可证或者处置许可证的；

（二）在许可证审批及监督管理过程中，索取、收受他人财物或者谋取其他利益的；

（三）发现有违反本办法的行为而不依法予以查处的；

（四）有其他徇私舞弊、滥用职权、玩忽职守行为的。

第二十二条 未取得相应许可证擅自从事放射性固体废物贮存、处置活动，或者未按照许可证规定的活动种类、范围、规模、期限从事放射性固体废物贮存、处置活动的，依照《放射性废物安全管理条例》第三十八条的规定处罚。

第二十三条 有下列行为之一的，由国务院环境保护部门责令限期改正，处三万元以下罚款，涉嫌构成犯罪的，依法移送司法机关追究刑事责任：

（一）伪造、变造、转让许可证的；

（二）未按本办法的规定及时申请变更许可证的。

第二十四条 对违反本办法其他规定的，按照《中华人民共和国放射性污染防治法》、《放射性废物安全管理条例》及其他相关法律法规的规定进行处罚。

第五章 附则

第二十五条 本办法规定的贮存许可证申请表、处置许可证申请表、贮存许可证和处置许可证样式等文件格式由国务院环境保护主管部门统一制定并公布。

第二十六条 本办法由国务院环境保护主管部门负责解释。

第二十七条 本办法自 2014 年 3 月 1 日起施行。

国家核安全局关于发布《民用核安全机械设备模拟件制作（试行）》等三项核安全导则的通知

国核安发 [2013]116 号

各有关单位：

为进一步完善我国核与辐射安全法规体系，提高我国核安全监管水平，我局组织制定了《民用核安全机械设备模拟件制作（试行）》（HAD601/01—2013）和《民用核安全设备安装许可证申请单位技术条件（试行）》（HAD601/02—2013），修定了《核动力厂人员的招聘、培训和授权》(HAD103/05—2013)。现发布以上三项核安全导则，自发布之日起实施。

原《核动力厂人员的配备、招聘、培训和授权》(HAD103/05—1996) 自新导则发布之日起停止适用。

国家核安全局

2013 年 5 月 24 日

核安全导则 HAD 601/01—2013

民用核安全机械设备模拟件制作（试行）

国家核安全局 2013 年 5 月 24 日批准发布

本导则自 2013 年 5 月 24 日起实施

本导则由国家核安全局负责解释

本导则是指导性文件。在实际工作中可以采用不同于本导则的方法和方案，但必须证明所采用的方法和方案至少具有与本导则相同的安全水平。

本导则的附件与正文具有同等效力。

本导则的附录为参考性文件。

1 引言

1.1 目的

根据《民用核安全设备监督管理条例》（国务院第 500 号令）和《民用核安全设备设计制造安装和无损检验监督管理规定》（HAF601）的规定，申请领取民用核安全设备制造或者安装许可证的单位，应当制作有代表性的模拟件。为了进一步明确民用核安全机械设备制造和安装许可证申请单位取证申请审查过程中的模拟件制作技术要求，特制定本导则。

1.2 范围

本导则适用于申请领取民用核安全机械设备制造或者安装许可证的单位（以下简称“申请单位”）在取证申请审查过程中的模拟件制作活动。

2 模拟件制作

2.1 总则

（1） 申请民用核安全机械设备制造或者安装许可证的单位，应按所申请的核安全机械设备类别进行模拟件制作活动。

（2） 申请单位确定模拟件制作要求时，要充分考虑自身的申请范围、产品结构、制造 / 安装能力和业绩。

（3） 申请单位应根据《核电厂质量保证安全规定》（HAF003）的要求建立

完善的质量保证体系，该体系在模拟件制作过程中应得到有效实施。

（4） 申请单位应按照经国家核安全局认可的模拟件制作方案和质量计划进行模拟件制作活动，并在模拟件制作过程中接受国家核安全局的监督。

2.2 模拟件选型原则

（1） 申请单位应根据所申请设备类别、核安全级别、制造工艺、安装工艺、材料牌号、结构型式、规格尺寸等选择有代表性的模拟件。模拟件制作应符合民用核安全设备标准或国家核安全局认可的其他规范标准。

（2） 同时申请不同核安全级别的同一设备类别、品种的单位，应按照最高级别的目标产品选取模拟件。

（3） 模拟件材料应与所申请目标产品的材料和（或）规范标准要求的材料同一类型。模拟件的结构型式、制作工艺、检验和试验要求应与申请制造的主要目标产品一致。

（4）对于反应堆压力容器、稳压器、蒸汽发生器、主泵、主管道、控制棒驱动机构、堆内构件、主蒸汽隔离阀等模拟件需要参考堆型和功率的特点。

（5）同时申请同一类别设备的设计、制造许可证单位，如泵、阀门、阻尼器、压缩机、风机、控制棒驱动机构等，在模拟件制作中还应完成所有的鉴定试验，包括技术条件规定的功能性试验、环境试验、抗震试验等。

（6） 各类民用核安全机械设备模拟件的结构型式、规格尺寸、材料、制作工艺等见附件Ⅰ。

3 模拟活动的过程管理

3.1 需要提交的文件

申请单位必须在提交取证申请文件的同时，提交按本导则制定的模拟件制作方案和质量计划。申请单位应在其模拟件制作方案中，详细描述模拟件的选型原则、制造工艺流程、关键制造工艺等。

模拟件制作方案的编写格式见附件Ⅱ，推荐的质量计划格式见附录。

3.2 模拟件制作过程管理

（1） 在模拟件制作方案和质量计划经国家核安全局审查认可后，申请单位方可开始模拟件的制作。

（2） 在模拟件制作过程中，申请单位提交并经审查认可的质量保证大纲必须得到有效实施。对于模拟件制作过程中发生的不符合项，应上报国家核安全局。

（3） 模拟件制作过程中，申请单位应严格履行质量计划。对于国家核安全局选取的“W”和“H”见证点，申请单位应提前 7 个工作日书面通知国家核安全局，以便进行见证。

（4）申请单位在完成模拟件制作后应进行一次内部监查，并形成监查报告，备国家核安全局查阅。

3.3 模拟件完工总结报告

模拟件制作完成后，申请单位应形成模拟件制作完工总结报告，并报国家核安全局。

模拟件制作完工总结报告的格式见附件Ⅲ。

附件Ⅰ：民用核安全机械设备模拟活动要求

I.1 民用核安全机械设备的制造

设备类别 / 品种		核安全级别	模拟件选取原则	主要模拟工艺	代替原则
压力容器、热交换器、储罐	压力容器（反应堆压力容器、稳压器等）	1 级	· 容器模拟件：筒体壁厚不应小于 40mm，直径不应小于 1000mm，高度不应小于 1500mm，包括筒体、封头和接管等结构，接管的直径不小于筒体直径的 1/5。 · 选取主环缝焊接等厚度的模拟试块，以及异种金属（接管和安全端，直径和厚度 1：1）的圆环。	· 成形、焊接（包括堆焊）、检验、热处理、功能性试验等。 · 主环焊缝焊接、异种金属焊接（安全端焊接）和内层堆焊等。	除管板及其与传热管胀接、管板堆焊以及密封焊工艺外，其余项目反应堆压力容器可代替蒸汽发生器。
	管壳式热交换器（蒸汽发生器等）	1 级	· 容器模拟件：与核 1 级压力容器的要求一致。 · 为体现蒸汽发生器的关键技术特点，选取主焊缝焊接等厚度的模拟试块、异种金属（接管和安全端，直径和厚度 1：1）的圆环、以及传热管和管板试块。 · 模拟件管板厚度应大于 500mm、传热管数量不应少于 30 根，传热管的直径、壁厚、材料参考目标产品确定。	· 成形、焊接（包括堆焊）、检验、热处理、功能性试验等。 · 主焊缝焊接、异种金属焊接（安全端焊接）和内层堆焊等。 · 管板堆焊、钻孔，以及和传热管的胀管和密封焊等。	
	压力容器储罐	2、3 级	压力容器模拟件必须包括筒体、封头和接管（接管直径不小于筒体直径的 1/5）等，尺寸如下： · 申请产品壁厚不小于 40mm，其模拟件的壁厚不应小于 40mm，直径不应小于 1000mm，高度不应小于 1500mm。 · 申请产品壁厚小于 40mm，其模拟件壁厚应不小于申请产品壁厚（范围向下覆盖）、直径和高度应选申请产品中具有代表性的参数，若此时申请产品直径大于 1000mm，高度大于 1500mm 时，模拟件直径不应小于 1000mm，高度不应小于 1500mm。	· 成形、焊接（包括堆焊）、检验、热处理、功能性试验等。	压力容器和热交换器模拟件壳体可以相互代替。
	管壳式热交换器	2、3 级	管壳式热交换器模拟件除压力容器中规定的结构外，还必须包括管板和传热管，管板厚度不低于 200mm，传热管规格、结构型式和材料与目标产品一致。采用 U 型传热管的，应包含目标产品中最小弯曲半径，数量不少于 15 根；采用直管的，数量不少于 30 根。	· 成形、焊接（包括堆焊）、检验、热处理、功能性试验等。 · 传热管成形、胀管和密封焊等。	
	板式热交换器	2、3 级	板式热交换器模拟件选取目标产品中的最大规格，结构型式、规格尺寸、设计压力和温度、主体材料等与目标产品一致。板片数量大于 100 的，其数量不低于 100 片；板片数量低于 100 的，按照实际板片数量。	板片成形、板片与密封垫片的连接、装配、焊接、检验、功能性试验等。	

（续表）

设备类别／品种		核安全级别	模拟件选取原则	主要模拟工艺	代替原则
堆内构件		3级	・吊篮筒体模拟件应至少包含筒节、法兰和两个管嘴。筒节直径不小于1500mm，长度不小于1000mm，壁厚不小于40mm；法兰的尺寸应与筒节相适应；管嘴外径不小于500mm，管嘴壁厚与直径之比与产品相匹配，不小于80mm。 ・控制棒导向筒选取下部控制棒导向筒1：1模拟。	筒体成形、焊接、机加工、检验、热处理、导向筒装配焊接的防变形工艺、导向筒的摩擦力试验等。	
控制棒驱动机构		1级和3级	模拟件应选取一组控制棒驱动机构，其结构、尺寸、材料、工艺等与目标产品一致。	焊接、热处理、装配、检验、机加工、水压试验、冷态性能试验、热态性能试验等。	
泵	主泵	1级	模拟件的结构型式、规格尺寸、设计压力和温度、主体材料、性能要求、工艺等与目标产品一致。	焊接、热处理、检验、机加工、动平衡试验、装配、功能性试验等。	
	离心泵 往复泵 屏蔽泵 其他类型核安全级泵等	2、3级	模拟件应具有代表性，其结构型式（离心泵、往复泵、屏蔽泵及其他结构型式泵）和规格尺寸、设计压力和温度、主体材料、流量、扬程、轴功率、效率、NPSH等与所选目标产品一致。	焊接、热处理、检验、机加工、动平衡试验、装配、功能性试验等。	结构上多级可以代替单级；双吸和单吸可以互相代替。
压缩机	离心式、往复式等	1、2、3级	针对目标产品中每种结构型式（离心式、往复式等），各选取有代表性的一种规格，按照同材料、结构、规格尺寸和工艺。	焊接、热处理、检验、机加工、动平衡试验、装配、功能性试验等。	
风机		1、2、3级	选取目标产品中有代表性的一种规格，按照同材料、结构、规格尺寸和工艺。	关键部件成形、焊接、热处理、检验、机加工、动平衡试验、装配、超速试验、功能性试验等。	
阀门	隔离阀（截止阀、闸阀、球阀、蝶阀、隔膜阀等）；单向阀；安全阀、释放阀；调节阀；其他类型核安全级阀（如爆破阀、仪表阀、电磁阀等）	1、2、3级	・每种结构均需制作模拟件，选择有代表性的目标产品，按照1：1比例模拟。 ・模拟件的核安全级别、结构型式、设计压力和温度、工作介质、主体材料、驱动方式（针对隔离阀和调节阀，包括手动、电动、气动、液动等）、密封方式、起跳及回座压力（针对安全阀、释放阀）、调节方式（针对调节阀）、特殊要求等应与所申请目标产品一致。	焊接、热处理、检验、机加工、装配、功能性试验等。	・驱动方式上电动可以代替其他方式，气动或液动可以代替手动。 ・比例调节阀模拟件可代替其他调节阀。

（续表）

设备类别 / 品种		核安全级别	模拟件选取原则	主要模拟工艺	代替原则
闸门	人员闸门 设备闸门 应急闸门等	2级	· 人员闸门和应急闸门模拟件筒节直径不小于1000mm，厚度不小于20mm，长度不小于1000mm，在门上加顶升机构、锁紧机构、铰链机构。 · 设备闸门模拟件选取封头焊接，包括顶圆和瓜瓣，封头内径不小于3500mm，壁厚不小于40mm，瓜瓣不小于6个。其余要求与目标产品一致。	成形、焊接、热处理、检验、功能性试验等。	
管道和管配件	主管道	1级	· 模拟件的结构型式、材料、规格尺寸、制造工艺等与目标产品一致。	冶炼、铸造 / 锻造、堆焊、补焊、机加工、热处理、检验、功能性试验等。	
	直管	1、2、3级	· 模拟件的核安全级别、结构型式、制造工艺、材料等应与目标产品一致，长度不低于5000mm。模拟件的规格应覆盖目标产品的最大公称直径和最大壁厚。 · 对于焊接直管，还应选取最大壁厚和其对应的最小公称直径的焊接直管作为模拟件。	冶炼、锻造、挤压、穿孔、轧制、拉拔、矫直、焊接（包括堆焊）、热处理、检验、功能性试验等。	
	热交换器传热管	1、2、3级	· 选取目标产品中一种管子规格，核安全级别、制造工艺、材料等与目标产品相同，直管数量不少于5根，核1级每根长度不小于20000mm，核2、3级每根长度不小于6000mm。 · 弯管模拟件选取目标产品中的最小弯曲半径，数量不少于5根。	冶炼、锻造、穿（钻）孔、挤压、轧制、拉拔、矫直、弯制、热处理、检验、功能性试验等。	U型管可以代替直管。
	管道预制	1、2、3级	· 模拟件的核安全级别、制造工艺、材料等与目标产品一致。管道预制包括弯管、主管焊接（直管与管件或直管与直管对接）、支管焊接（骑座式、插入式 / 嵌入式），弯管角度选取不小于30°。 · 主管道的预制，参照目标产品，模拟件内径不小于500mm，且壁厚不小于60mm。模拟件的插入式 / 嵌入式支管外径不小于200mm，壁厚不小于50mm，骑座式支管外径不大于100mm，壁厚不小于20mm。 · 申请产品内径小于500mm或壁厚小于60mm的，弯管模拟件的内径和壁厚应不小于申请产品的最大规格；焊接模拟件的内径和壁厚应分别不小于申请范围的1/2。申请产品的主管直径不小于300mm的，考虑插入式和骑座式支管焊接，对于主管直径小于300mm，只选择骑座式支管焊接。 · 对于带挤压管嘴的直管模拟件，其挤压管嘴的数量应不少于2个。参照目标产品，选取最大直径和对应壁厚的管嘴，相邻管嘴距离选取最小。	机加工、对接焊（直管和弯头）、支管焊（骑座式、插入式）、弯制（冷、热）、挤压（挤压管嘴）、热处理、检验、功能性试验等。	

（续表）

设备类别／品种		核安全级别	模拟件选取原则	主要模拟工艺	代替原则
管道和管配件	管配件（弯头、三通、异径管等）	1、2、3级	·按不同结构型式、材料、成形工艺（推制、压制、锻制）分别选取模拟件，原则上分别选取申请范围最大壁厚和与最大壁厚对应的最大公称直径、申请范围最大公称直径和与最大公称直径对应的最大壁厚的两种管件。 ·弯头选取最大变形率。 ·三通选取等径三通。 ·有缝管件还需模拟焊接和成形工艺。	锻造、冷/热成形（推制、压制）、焊接、热处理、检验等。	·原则上不锈钢成形可代替碳钢和合金钢的成形；合金钢成形可代替碳钢的成形。 ·三通和弯头可代替相应成形方式的异径管。 ·在相同成形工艺情况下，三通可以代替弯头。
支承件	设备支承件	1、2、3级	选取申请目标产品中核安全级别、结构有代表性的，原则上1：1制作。	成形、焊接、热处理、检验等。	
	管道支承件（管部、连接件、根部、功能件等）	1、2、3级	选取一套模拟件（包括管部、连接件、根部、功能件等）。选取有代表性的结构型式、规格尺寸和载荷等级，核安全级别选择最高，主体材料与目标产品一致。	成形、焊接、热处理、检验、功能性试验（仅对功能件）等。	
	阻尼器（机械阻尼器、液压阻尼器等）	1、2、3级	模拟件应具有代表性，核安全级别选择最高，其结构型式、规格尺寸、载荷等级、主体材料与目标产品一致。	装配、焊接、热处理、检验、功能性试验（包括动态和静态基本性能试验）等。	
波纹管，膨胀节	金属波纹膨胀节 特种型式金属膨胀节 金属波纹管	1、2、3级	选取目标产品中有代表性的结型式、规格尺寸和主体材料。	机加工、波纹管成形、膨胀节的装配、焊接、热处理、检验、功能性试验等。	

（续表）

设备类别／品种		核安全级别	模拟件选取原则	主要模拟工艺	代替原则
铸锻件	容器类锻件	1、2、3 级	选取的模拟件应具有代表性，其结构型式、规格尺寸、材料与所选目标产品一致，其中筒体模拟件的高度应不小于 1000mm。	冶炼、锻造、热处理、检验等。	·容器类锻件可以代替支承类锻件。 ·同种工艺情况下，泵体可以代替阀体。 ·泵阀类可以代替支承类。
	泵阀类铸锻件、支承类铸锻件	1、2、3 级	选取目标产品中有代表性的泵体、阀体或支承作为模拟件。对于同时申请铸造、锻造许可证的，应分别制作模拟件。	冶炼、铸造、补焊、锻造、热处理、检验等。	
法兰		1、2、3 级	法兰制造模拟件选取目标产品中有代表性的一种结构型式和规格，其材料与目标产品一致。	冶炼、锻造（碾环）、热处理、机加工、检验等。	
机械贯穿件		1、2、3 级	选取有代表性的一种结构型式和规格，其材料与目标产品一致。	焊接、检验、功能性试验等。	
钢制安全壳		2 级	根据堆型的实际情况，具体要求由国家核安全局另行制定。		

I.2 民用核安全机械设备的安装

设备类别 / 品种	核安全级别	模拟件选取原则	主要模拟工艺	代替原则
核安全机械设备安装	—	· 按照百万千瓦级核电站的设计实施主回路管道全比例焊接模拟。 · 申请安全壳钢衬里的，还需选取与目标产品一致的牛腿焊接模拟件。 · 钢制安全壳安装模拟件的选型原则由国家核安全局根据堆型的实际情况另行制定。	焊接、热处理、检验、功能性试验等。	

注 1：本附件参照压水堆核电站制定，其他堆型可参照执行。

注 2：根据申请产品实际情况适当考虑材料代替。

附件Ⅱ：模拟件制作方案的编写格式

封面：

题目、编审批、单位名称、日期，并盖章。

内容：

一、前言

二、模拟件选型原则

应按照申请活动范围，并结合所申请的目标产品的结构特点、设计参数、材料、关键制造工艺等方面说明所选模拟件能够代表典型目标产品。

三、模拟件总体要求

包括模拟件图纸，以及结构、尺寸，材料、主要设计参数、技术要求等描述。

四、模拟件制作、检验和试验中执行的规范、标准

五、模拟件技术条件、工艺规程、检验试验规程等

六、模拟件制作过程中的质量保证总体要求简述

七、从事模拟件制作主要人员基本情况

八、模拟件制作所涉及的场地、设备情况

包括主要制作设备、检验和试验设备、清洁场地等。

九、模拟件采购控制

包括主要部件采购技术条件和控制方法、分包控制要求等。

十、模拟件所涉及的工艺评定内容

包括评定项目、评定方法、过程要求、取样方法（包括取样图）及验收要求等。

十一、模拟件制作工艺流程图

十二、模拟件制作关键过程控制

针对模拟件的铸造、锻造、成形、焊接、热处理、加工、装配、清洁度、胀接、检验、功能性试验等主要制作过程进行说明。

十三、模拟件的检验和试验（包括检验项目、检验方法、验收标准等）

1. 模拟件主要检验和试验。

2. 模拟件解剖试验（如有）。

十四、鉴定试验大纲（同时申请设计和制造许可证的单位需提交）

十五、记录。

附件Ⅲ：模拟件完工总结报告的格式

一、方案概述

二、执行的规范标准

三、技术文件的制定

（1）工艺流程图

（2）工艺评定清单（焊接、胀接、成形、铸造、锻造、热处理等）

（3）工艺规程清单

四、模拟件制作活动的实施和质量保证体系的运行情况

1. 质保体系文件

2. 人员资质与培训

3. 装备和场地

4. 测量和试验设备检定

5. 文件和记录控制

6. 采购控制

包括主要原材料采购和复验、供方评价等。

7. 质量计划执行情况

包括先决条件检查、见证点执行情况等。

8. 工艺试验和工艺评定实施

描述主要工艺试验和工艺评定情况，包括试验/评定项目、试验/评定方法、过程控制、取样方法、试验/评定结果等。

9. 工艺过程控制

描述主要工艺过程控制，如铸造、锻造、焊接、热处理、胀接、成形等。

10. 清洁度控制

11. 检验和试验控制

（1）模拟件主要检验和试验（包括氦检漏、功能性试验等）。

（2）模拟件解剖试验（包括产品见证件设置、破坏性试验结果等）（如有）。

12. 不符合项控制

13. 内部监查

五、结论

附录：推荐的质量计划格式

1. 编制目的
2. 编制依据
3. 适用范围
4. 归口管理部门
5. 实施要求
6. 质量计划表格内容

<table>
<tr><td colspan="3">编号：　　　　质量计划</td><td colspan="10">共　页　第　页</td></tr>
<tr><td rowspan="2">摸拟件名称
零件名称</td><td rowspan="2"></td><td rowspan="2">摸拟件型号
零件图号</td><td rowspan="2"></td><td>生产令号</td><td colspan="2"></td><td colspan="2">核安全等级</td><td></td><td colspan="3">质保等级</td></tr>
<tr><td colspan="3">摸拟件 / 零件编号</td><td colspan="6"></td></tr>
<tr><td>符号说明</td><td colspan="2">R－记录确认点　W－现场见证点
H－停工待检点</td><td colspan="5">技术条件和质量标准</td><td colspan="5"></td></tr>
<tr><td rowspan="2">工序号</td><td rowspan="2">工序内容</td><td rowspan="2">依据文件</td><td rowspan="2">操作者</td><td rowspan="2">执行日期</td><td colspan="3">见证点设置</td><td colspan="3">实施情况
（签字及日期）</td><td rowspan="2">记录 / 报告编号</td><td rowspan="2">备注</td></tr>
<tr><td>QC</td><td>QA</td><td>评审单位</td><td>QC</td><td>QA</td><td>评审单位</td></tr>
<tr><td>1</td><td></td><td></td><td></td><td></td><td></td><td></td><td></td><td></td><td></td><td></td><td></td><td></td></tr>
<tr><td>2</td><td></td><td></td><td></td><td></td><td></td><td></td><td></td><td></td><td></td><td></td><td></td><td></td></tr>
<tr><td>3</td><td></td><td></td><td></td><td></td><td></td><td></td><td></td><td></td><td></td><td></td><td></td><td></td></tr>
<tr><td>4</td><td></td><td></td><td></td><td></td><td></td><td></td><td></td><td></td><td></td><td></td><td></td><td></td></tr>
</table>

核安全导则 HAD 601/02—2013

民用核安全设备安装许可证申请单位技术条件（试行）

(2013年5月24日国家核安全局批准发布)

本导则自2013年5月24日起实施

本导则由国家核安全局负责解释

本导则是指导性文件。在实际工作中可以采用不同于本导则的方法和方案，但必须证明所采用的方法和方案至少具有与本导则相同的安全水平。

1 引言

1.1 目的

根据《民用核安全设备监督管理条例》（国务院第500号令）和《民用核安全设备设计制造安装和无损检验监督管理规定》（HAF601）的规定，为了进一步明确民用核安全设备安装许可证申请单位应具备的条件，特制定本导则。

1.2 范围

本导则适用于申请领取核动力厂核岛安装许可证单位的资质审查，申请领取研究堆、钢制安全壳和安全壳钢衬里安装许可证单位的资质审查可参考相关要求。

2 申请单位应具备的基本条件

2.1 法人条件

民用核安全设备安装许可证申请单位必须具有法人资格，有中华人民共和国组织机构代码证，持有工商营业执照。

2.2 管理要求

民用核安全设备安装许可证申请单位的管理应当符合以下要求：

(1) 申请单位应具备质量管理体系认证证书（GB/T19001或ISO9001等），且持有效认证证书的时间应连续三年以上。

(2) 申请单位应具备职业健康安全管理体系认证证书（GB/T28001或OHSMS18001）和环境管理体系认证证书（GB/T24001或ISO14001），且持有效认证证书的时间应连续三年以上。

(3) 申请单位人员应熟悉相关核安全法规要求，并按照核安全法规的要求建立民用核安全设备安装活动的质量保证体系，编制《民用核安全设 备安装质量保证大纲》及相关的执行程序，建立合理的组织机构，并配备专门的质保人员。

3 申请单位应具备的人员、厂房和装备条件

3.1 人员要求

申请单位的人员数量、各专业人员配置和人员资质等应当满足民用核安全设备安装活动的需要，人员能力应符合以下条件：

(1) 在职人员数量至少2500人以上，人员配置至少覆盖以下专业如：核工程、热能动力、材料、焊接、无损检测、热处理、电气、仪控、动力机械、化工机械、工程机械、理化检验等。

(2) 工程技术人员数量应占职工总人数的 15%以上。

(3) 主要技术负责人（如总工、技术副经理、技术总监、项目技术负责人等）应具有高级技术职称，至少有十年安装相关或相近设备的经验，且具有在重大工程安装中担任领导的经历。

各主要安装环节（如材料、焊接、机械设备、起重吊装、热处理、测量、电气、仪表、功能性试验等）的技术责任人应具有中级或中级以上技术职称和五年以上的相关或相近活动经验。其中焊接技术人员数量应不少于 15 人，且技术责任人应具有高级技术职称和八年以上相关活动的经验。

(4) 专职质量保证人员至少 15 人，其中质量保证负责人应至少具备高级技术职称和五年以上的质量管理工作经验。

(5) 申请单位具有注册核安全工程师执业资格的人员至少 4 名，其中核安全综合管理岗位不少于 2 名，核质量保证岗位不少于 2 名。

(6) 无损检验人员数量应至少满足下表要求：

<table>
<tr><th>等级</th><th>射线检验</th><th>超声检验</th><th>磁粉检验</th><th>渗透检验</th><th>目视检验</th><th>泄漏检验</th></tr>
<tr><td>常规Ⅲ级</td><td>3 人</td><td>2 人</td><td rowspan="2">1 人</td><td rowspan="2">1 人</td><td rowspan="2">——</td><td rowspan="2">——</td></tr>
<tr><td>核Ⅲ级</td><td>1 人</td><td>1 人</td></tr>
<tr><td>常规Ⅱ级</td><td>20 人</td><td>5 人</td><td>10 人</td><td>20 人</td><td>——</td><td>——</td></tr>
<tr><td>核Ⅱ级</td><td>5 人</td><td>2 人</td><td>2 人</td><td>5 人</td><td>5 人</td><td>2 人</td></tr>
</table>

注：对于各项目各级别常规资质人员不满足表中要求的申请单位，其该项目该级别的无损检验人员数量应不少于表中该项目该级别要求的常规与核级无损检验人员的数量之和。

(7) 申请单位应具有核资质氩弧焊焊工和电弧焊焊工并均不少于 5 名，且常规或核级持证焊工总数应不低于 200 名。

(8) 申请单位应配备专职的理化性能检验人员，在数量上应保证化学成分分析、力学性能测试、金相检验等每一检验项目至少应具有 4 名持有合格资质的人员。

(9) 申请单位应配备有足够的计量人员（计量管理和计量检定），且计量检定人员应持有技术监督部门颁发的计量检定员证书。

(10) 申请单位应当根据民用核安全设备安装工序检验和安装后设备及系统试验或测试（如材料检验、机加工检验、承压强度和密封性试验、振动测量、光学测量、电介质试验、绝缘试验、接地试验、短路试验、耐压试验等）的需要，配备足够数量的专职检验和试验人员。

(11) 申请单位应当根据民用核安全设备安装工序的需要，配备相应的技术工人，如管工、铆工、机加工、热处理工、起重工、电工、仪表工等。

(12) 申请单位从事民用核安全设备安装工作的人员均应经过相关的核安全法规和核质量保证体系的培训，努力培育核安全文化，其中主要管理人员和技术人员应熟悉相关核安全法规和核质量保证体系的要求以及核电厂系统和设备的基本知识，并通过相应的考核。

3.2 厂房条件

对于正在进行常规项目或核电项目安装的申请单位，项目现场应当配备相应的库房并满足相应的管理要求。

(1) 申请单位应当有满足要求的原材料、零部件和成品保管条件，有专用场地或者专用库房及货架，满足分区（待验、合格、不合格）摆放、防潮、防尘、防火、防机械损伤、防污染、防静电（针对特定的仪控设备）等要求。

(2) 申请单位应当有满足要求的用于试件和试样（材料复验、焊接工艺评定、见证件等）存放的专用库房及货架，并满足防潮、防损伤、防污染等要求。

(3) 申请单位应当建有专用的焊材库，焊材库中配置有确保焊材湿度、温度符合要求的去湿、保温设备及相关的温、湿度测量装置。

(4) 申请单位应当设有专用的工程档案室，档案保管条件满足档案保管的有关规定，档案室的面积应当满足档案保管的需要。

3.3 装备能力

申请从事民用核安全设备安装活动的单位至少应具有以下装备能力：

(1) 具有与所申请安装设备相适应的大型起重吊装运输能力。

(2) 对于需要开展的下述无损检验项目，RT、UT、MT、PT、LT、VT 等，需配备如下数量的无损检验设备：射线源或 X 射线探伤机不少于 10 台套，并配套相应的辅助设备；模拟和数字超声探伤仪各不少于 2 台套；MT、PT、VT、LT 配备相应的探伤设备和辅助设备。

(3) 各类焊接设备（如：手工电弧焊机、氩弧焊机、螺柱焊机等）不少于 200 台；申请使用主管道自动焊接技术的单位，还应配备自动焊接设备和工装。

(4) 各类精密光学测量、对中装置（如：经纬仪、天顶仪、全站仪、测微准直望远镜等）。

(5) 有一定的现场管道预制能力（公称直径 50mm 以下）。

(6) 加工设备（坡口加工机、剪板机、切割设备等）。

(7) 必要的热处理设备。

(8) 焊条烘干保温设备。

(9) 工艺装备（胎、模具，焊接辅助设备等）。

(10) 理化检验设备（化学成分分析仪器、材料力学性能测试设备（拉伸、弯曲、冲击、硬度等）、金相检验仪器、晶间腐蚀试验设备、铁素体含量测定仪等）。

(11) 电气及仪控试验设备（高压试验变压器、电阻测试仪等）。

(12) 其他检验和试验设备（转动型设备的校准和振动测试设备、压力试验和密封性试验设备等）。

(13) 计量器具（检测几何尺寸、粗糙度、温度、压力、电信号等的量检具）。

对于仅申请安全壳钢衬里和（或）钢制安全壳安装的单位，上述（2）、（3）、（5）、（11）、（12）中的要求可根据实际需要确定。

4 申请单位应具备的技术能力

4.1 申请单位的业绩

4.1.1 取证单位业绩要求

申请取证单位应至少同时具备下列条件：

（1）至少具备常规火电安装资质，且具备相应的安装经历十年以上。

（2）必须具备完整的核电常规岛安装业绩，并提供合同、完工报告、业主验收报告等证明文件。

（3）至少具备两台单机容量60万千瓦以上（含60万千瓦）常规火电机组安装总包经历，且机组已投入运行满五年。

（4）最近五年内安装和投入运行的发电机组（含核电常规岛）未发生与安装相关的重大质量问题和严重违规行为。

对于仅申请安全壳钢衬里和（或）钢制安全壳安装的单位，业绩要求可根据实际情况进行调整。

4.1.2 扩证和延续单位业绩要求

（1）持证期间须有原活动范围内的核安全设备安装业绩或有完整的常规岛安装业绩，且有良好的质量史。

（2）具备完整的合同、完工报告、业主验收报告等证明文件。

4.2 申请单位应掌握的标准规范

申请民用核安全设备安装许可证的单位应熟悉核安全机械设备的相关标准规范，如：美国机械工程师学会（ASMEBPVC）锅炉压力容器规则的第Ⅱ卷、第Ⅲ卷、第Ⅴ卷以及第Ⅸ卷的有关规定和法国核岛机械设备设计和建造规则（RCC-M）等标准规范。申请单位还应熟悉核安全电气设备的相关标准规范，如：美国电气电子工程师学会IEEE的相关标准规范，以及法国压水堆核电站核岛电气设备设计和建造规则（RCC-E）中有关电气、仪控系统设备安装的要求。

如果没有上述标准规范的执行经历，则申请单位至少内部进行过系统的培训并且有关的技术负责人应熟练掌握其中的相关技术内容。

4.3 申请单位应掌握的安装技术

核安全设备安装申请单位应掌握核岛核安全设备的安装技术，包括一回路主设备安装工艺和技术要求，并具有相应的技术储备和解决措施，如：

（1）针对反应堆压力容器的安装：应掌握反应堆压力容器的吊装、翻转，就位水平度和角向的控制，水平垫板的测量和加工等。

（2）针对蒸汽发生器的安装：应掌握垂直支承安装定位，蒸汽发生器的吊装、翻转，水平垫板测量和加工，上部、下部横向支承安装和调整等。

（3）针对主冷却剂泵的安装：应掌握垂直支承安装定位，水力部件和密封组件的安装，电机现场组装等。

（4）针对稳压器的安装：应掌握环形垫板安装，稳压器翻转、吊装等。

（5）针对控制棒驱动机构的安装：应掌握耐压壳与接管座焊前的装配间隙的调整、耐压壳与接管座的同心度的保证、“Ω”密封环焊接、水压试验等。

（6）针对堆内构件的安装：应掌握

下部堆内构件径向支承键间隙测量和键镶块加工，上、下部堆内构件控制棒导向筒安装，下部堆内构件二次支承安装等。

（7）针对主回路冷却剂管道的安装：应掌握管道组对、焊接及焊接过程中的变形控制等。

（8）针对辅助管道的安装：应掌握管道的定位测量，高压水冲洗和重力水冲洗，温控阀的焊接，孔板安装等。

（9）针对安全壳钢衬里：应掌握穹顶在加工车间的分片压型和拼装焊接，穹顶拼装和整体吊装，牛腿的制作及热处理等。

（10）针对钢制安全壳：应掌握封头及筒体现场拼装、焊接及焊接过程中的变形控制、运输、吊装等。

（11）针对工程测量：应掌握核岛安装工程测量控制网的建立以及主回路设备安装测量。

申请单位应掌握 DCS 控制系统的安装与调试，电气贯穿件的安装与试验，以及硼加热系统、核取样系统、堆芯仪表系统的安装等关键工艺及技术要求。

4.4 工艺试验和工艺评定

申请单位在以往相关或相近工程安装中所开展的工艺试验和工艺评定工作应能表明其具备较多的工艺评定经验。

对于核岛主设备安装所需进行的工艺试验和工艺评定项目，申请单位应列出主要的工艺评定清单，在人员、设备、规程等方面应能满足工艺评定的需要，并能根据国家核安全局的要求，完成相应的工艺评定。

4.5 分包控制

对于分包的无损检验工作，应委托持有民用核安全设备无损检验许可证的单位实施。

对于分包的理化检验工作，应委托持有民用核安全设备制造 / 安装许可证资质的单位或国家认可的检测机构实施。

对于超大型设备的起重吊装运输工作，允许申请单位分包解决。

5 模拟件的制作

5.1 主管道模拟件

按照百万千瓦级核电站的设计实施主回路管道全比例焊接模拟，试制范围从原材料采购开始直至模拟件的组对、焊接、水压试验、无损检验和破坏性检验项目完成为止。

5.2 安全壳钢衬里模拟件

对于申请安全壳钢衬里安装的单位，须选取与目标产品一致的牛腿进行焊接模拟。

5.3 钢制安全壳模拟件

对于同时申请钢制安全壳安装的单位，还须进行钢制安全壳现场安装焊接模拟。钢制安全壳安装模拟件的选型原则由国家核安全局根据堆型的实际情况另行制定。

5.4 模拟件的制作

在模拟件制作过程中，申请单位所须具备的民用核安全设备的安装技术能力应得到体现，同时，申请单位已经建立的核质保体系也应得到有效实施。

模拟件制作的具体要求见核安全导则《民用核安全机械设备模拟件制作》。

核安全导则 HAD 103/05—2013

核动力厂人员的招聘、培训和授权

(2013 年 5 月 24 日国家核安全局批准发布)

本导则自 2013 年 5 月 24 日起实施

本导则由国家核安全局负责解释

本导则是指导性文件。在实际工作中可以采用不同于本导则的方法和方案，但必须证明所采用的方法和方案至少具有与本导则相同的安全水平。

本导则所涉及的文件和安全重要岗位，在实际工作中其名称可能与本导则不一致，但其内容和职责必须以核动力厂营运单位批准的文件形式确定。

1 引言

1.1 概述

本导则是对《核动力厂运行安全规定》（HAF103）第 3 章“人员资格与培训”的说明和补充。

1.2 目的

本导则的目的是确保核动力厂营运单位有足够数量的和合格的执行能影响安全任务的人员（以下简称核动力厂人员），从而确保核动力厂安全运行。

1.3 范围

本导则适用于核动力厂人员的招聘、培训和授权。如无特殊声明，本导则各项要求均是针对核动力厂营运单位所提出的。

本导则某些部分或全部也可适用于其他核设施（如研究堆和核燃料循环设施）执行能影响安全任务的人员的招聘、培训和授权。

1.4 组织与责任

核动力厂营运单位应对核动力厂人员的招聘、培训和授权负全面责任，应建立和实施培训体系，并组建专门的培训部门。

可以将核动力厂人员的招聘、培训和授权的部分工作委托给其他单位，但必须要求供方单位根据《核电厂质量保证安全规定》(HAF003) 建立和实施质量保证体系，必须对供方单位所承担工作有效性和适用性进行评价和监察。核动力厂营运单位的安全责任不应因委托而转移。

2 胜任力和岗位人员资格要求

2.1 概述

2.1.1 为了达到并保持高的核安全水平，核动力厂营运单位应明确足够的安全重要岗位，编制《安全重要岗位设置及其资格要求》，并根据组织机构变更情况及时地对核动力厂人员岗位设置进行评价和更新。

2.1.2 应招聘和选拔足够数量满足岗位人员资格要求的核动力厂人员承担安全重要岗位职责，必要时可以委托顾问或供方单位作为补充，以使能影响安全的任务不会在轻率或有压力的情况下执行。对顾问的资格要求应至少不低于同样岗位的核动力厂人员。

2.1.3 有关核动力厂安全重要岗位设置、人员配备、建立组织机构的依据和影响组织机构的因素等更多内容详见导则《核动力厂营运单位的组织和安全运行管理》（HAD103/06）。

2.1.4 只有具有足够胜任力（包括知识、技能和核安全文化素养）的人员才能被授权承担安全重要岗位职责。评定核动力厂人员胜任力的指标是岗位人员资格要求，包括教育背景、经验、培训、行政许可、健康等要求。

2.1.5 岗位人员资格要求可能因岗位性质不同而不同，在制定岗位人员资格要求时，应评估管理方面和技术方面胜任力之间的平衡情况。

2.2 教育背景要求

2.2.1 教育背景要求应与核动力厂安全重要岗位的性质相适应。应明确核动力厂安全重要岗位所必需的教育背景要求。

2.2.2 核动力厂管理者、部门管理者和主管应具有理学或工学的教育背景。多数岗位应由具有全日制大学本科及以上学历人员担任。

2.2.3 运行部门管理者应具有全日制的大学本科及以上学历或同等学力的教育背景。核动力厂运行岗位人员应具有大专以上文化程度或同等学力的教育背景。

2.2.4 技术负责人应具有全日制的大学本科及以上学历或同等学力的教育背景。协助技术负责人工作的工程师也应具有大学学历或同等学力。其余技术人员可由职业学校和技术院校的毕业生担任。

2.2.5 对于技术员，尽管没有专门要求进行操作技能的高级培训，但仍应熟悉技术工人的工作和技能。

2.2.6 技术工人应具有较高的动手技能和相应的知识，这些技能和知识可在职业学校期间获得。

2.2.7 培训教师应具有与他们培训岗位相应的学科教育背景。作为良好实践，建议培训教师具有教育学的教育背景。

2.3 经验要求

2.3.1 概述

2.3.1.1 经验要求通常被规定为在相关岗位的最短工作时间。经验主要分为三类:

（1）一般经验，它包括与岗位相关的一般性知识和相关技能。该类经验可从不同核动力厂、火电厂、核反应堆或其它核设施的相同或类似岗位任职期间获得。

（2）岗位经验，它是关于特定核动力厂或活动的具体技能。该类经验只能在特定岗位上的日常工作中获得。

（3）相关经验，所涉及的知识和技能与特定岗位工作无直接关系。它包括有关接口工作的知识，以及有关核动力厂的广泛知识，这可能已扩展到核动力厂之外的其他活动。

2.3.1.2 核动力厂一般经验是有关核动力厂一般性能方面的经验。这些知识是广泛适用的，能在不同核动力厂的工作中获得。若干不同核动力厂的经验能增加运行人员的一般经验。同样，不同类型核动力厂的维修经验能增加维修人员的一般经验。在运行岗位上执行一段时间工作任务后可以获得核动力厂运行状况的知识，经过概括综合，这样的知识可用于一定范围的核动力厂。

2.3.1.3 岗位经验对于运行人员来说是必需的，他们应熟悉核动力厂的特定细节，以便在容许的时间内采取行动和做出决定。只有在特定的岗位上工作才能熟悉核动力厂获得岗位经验。而且只有不间断地持续工作才能保持熟悉程度。在核动力厂人员离岗后，这类经验可能会因所习惯的工作终止而很快地消失。核动力厂人员再上岗前应重新进行培训和授权。

2.3.1.4 相关经验是与岗位职责不直接相关的经验。知识的广泛程度取决于个人所承担的工作范围，可通过承担不同岗位职责培养核动力厂人员的相关经验。管理人员应具有其监控下的所有岗位工作有关的知识。此外，在高级管理岗位的人员可能会频繁地做出一些决定，所涉及的不仅是有关下属岗位的知识，还涉及到营运单位之外的事情。

2.3.1.5 此外，在核动力厂人员的选择和岗位分配过程中，应考虑核安全文化和安全管理经验等特殊要素。

2.3.2 管理人员

2.3.2.1 核动力厂管理者及其副职以及运行部门、安全部门、维修部门、质量保证部门、技术支持部门和培训部门的部门管理者应具有逐级承担安全重要岗位职责所得到的相关经验。

2.3.2.2 核动力厂管理者应具有在核动力厂的关键领域（例如运行、维修或技术支持）工作过的经验。这样的经验一般至少要经历 10 年才能得到。核动力厂管理者还应具有适当的管理经验。

2.3.2.3 运行、维修、质保、培训以及技术支持部门的管理者对各自责任范围的工作应具有充分的经验。此外，运行部门管理者还应具有运行反应堆的经验。一般要超过 5 年才能得到此类经验，其中至少要有 2 年在核动力厂工作，而且要有 6 个月的时间是在所在核动力厂运行岗位（或类似的岗位）上工作。

2.3.2.4 辐射防护部门管理者和负责反应堆物理的人员应具有从核设施上获得的一般经验。通常在核设施相当岗位上工作至少 4 年可获得这些经验，其中至少有 2 年是在核动力厂工作，且有 6 个月时间是在所在（或类似）核动力厂工作。

2.3.3 运行人员

2.3.3.1 值长应具有的核动力厂反应堆运行的一般经验和相关经验，通常至少要用 4 年获得，其中至少 2 年是在运行核动力厂工作，且有 1 年是在所在（或类似）核动力厂工作。值长还应具有领导的相关经验。

2.3.3.2 反应堆操纵员应有核动力厂或常规电厂运行部门的一般经验。可用 3 年以上的时间来获得这些经验，其中至少有 2 年是在核动力厂工作，并有 6 个月是在所在（或类似）核动力厂工作。

2.3.3.3 其他运行人员应有与其职责相适应的经验。一般来说，现场操作人员至少应有一年的现场工作经验。

2.3.4 技术人员和技术工人

2.3.4.1 工程师和高级技师应有 2 年以上的实践经验。其他的技术员和技术工人应具有与其承担职责必需的技能相适应的经验。

2.3.4.2 与各类岗位有关的某些经验可在设计、建造以及调试活动中获得。

2.4 培训要求

2.4.1 在承担安全重要岗位职责之前及其过程中，营运单位应通过系统的培训使得所有核动力厂人员拥有并保持足够的胜任力，保证在与其任务有关的各种情况下核动力厂安全。

2.4.2 应针对每个安全重要岗位编制《岗位培训大纲》，提出培训和再培训的要求。这些要求因每个岗位、职责轻重、所需岗位人员资格要求差异而有所不同。《岗位培训大纲》应由核动力厂在相关方面胜任的，且富有培训经验的人员来编制。

2.5 行政许可

对于必须得到国家核安全监管部门资格许可的承担特定安全重要职责的人员，营运单位应根据国家核安全监管部门的相关要求进行资格申请。

2.6 健康要求

2.6.1 应明确规定与每个安全重要岗位相适应的健康水平。除了遵守国家法规的有关规定以及适用于工业健康和安全的有关实践外，应在招聘时对核动力厂人员进行体格检查，以后定期体检，以确保他们的健康状况适合于他们所承担的职责。对于关键和重要岗位，还应进行心理测试。

2.6.2 对于可能在核动力厂现场受到职业照射的所有人员，应进行首次和定期的体检。

2.6.3 应编制执行文件，以识别有滥用药物或酗酒的人员。不应授权该类人员承担安全重要岗位职责。

2.7 外部人员的资格要求

2.7.1 应编制《核动力厂外部人员资质管理大纲》，确保承担安全重要岗位职责的供方单位人员的胜任力满足岗位人员资格要求。应根据执行文件评价供方单位人员是否满足以上要求。评价工作应在对供方单位人员授权之前完成。

2.7.2 应确保参与设计、制造、建造、运行、维修或常规安全重要活动的供方单位人员掌握核动力厂使用的标准，并有足够的核安全文化素养。

3 招聘和选拔

3.1 招聘政策

3.1.1 招聘和选拔符合教育背景要求和工作经验要求的核动力厂人员是核动力厂安全可靠运行的必要条件。应根据事先批准的执行文件招聘和选拔核动力厂人员。

3.1.2 核动力厂招聘政策旨在保持一批覆盖运行和安全专业知识范围较广的有经验的核动力厂人员。应使核动力厂人员的年龄段和经验层次分布合理，以确保保持一批知识、技能和安全方面的专才，满足人力资源政策的长期目标。

3.1.3 在招聘和选拔过程中应把对个人和组织的激励和培训作为一个整体考虑。营运单位内部员工的高质量工作应能得到奖励并激发他们提高自己的胜任力，以能胜任更高的岗位。工作稳定是宝贵的，应通过内部选拔和外部招聘之间的平衡保持核动力厂人员的积极性。

3.1.4 如果核动力厂内部缺少具备必要教育背景或合适经验的人员，则有必要从外部招聘人员。可从常规电厂、设计院及核研究单位招聘具备合适教育背景和经验的人员，并在核动力厂内部有经验人员的指导下进行适当的实习和培训。

3.1.5 当招聘不到有工作经验的人员时，可直接招聘大专院校毕业生。这些毕业生应在所在核动力厂或其他培训机构进行附加教育、培训和培养。其中，培训既要有基础理论方面的培训，还要安排在特定的系统、设备和模拟装置上进行培训。

3.1.6 营运单位应编制《核动力厂人员招聘计划》，表明如何计划和实施核动力厂人员的招聘。在招聘计划中应考虑由于人员离岗、调往其他岗位、提前退休或未能通过考核等原因所造成的人员空缺。

3.2 新建核动力厂招聘计划

3.2.1 为新建核动力厂招聘人员应按照岗位需求和预定的招聘计划进行。在核动力厂调试前应有足够的时间来完成首次招聘，使核动力厂人员能与供方单位，特别是调试人员一起工作以获得设计和建造经验，并接受适当的培训，从而熟悉核动力厂。

3.2.2 计划建造首座核动力厂或具有重大技术差异的首座新型核动力厂的营运单位，与那些已有类似经验、并能招聘到现成合格的核动力厂人员的营运单位相比，应更早地开始制定《核动力厂人员招聘计划》。

3.2.3 在招聘刚开始时就必须招聘若干名管理人员，特别是核动力厂管理者及其副职。应特别注意尽早地招聘值长和高级操纵员。

3.2.4 新建核动力厂应较早地招聘运行人员和技术员。在运行人员和技术员执行能影响安全的任务之前，应给他们安排时间来完成规定的培训。其中一些人员可派往核动力厂供方单位，以便在建造期间取得使用新的或复杂设备的经验。

3.2.5 技术员培训的一个重要方面是在校验和初次检定仪表和控制装置时，以及在燃料装载前初始运行设备时，派技术员与建造单位人员和调试人员一起工作。因此，应在这些工作开始前完成招聘。

3.2.6 新建核动力厂富有经验的技术工人的首次招聘，应在运行人员和技术员招聘后一年左右开始。应根据操作方面的需要适时招聘新的技术工人，还应考虑给他们安排必要的培训和参与建造和调试的机会，以使他们获得已安装设备和系统的第一手经验。

3.3 应聘人员的选择

3.3.1 在选择核动力厂人员过程中，应确定为使应聘人员达到相应的岗位人员资格要求可能进行的包括附加教育、培训和培养的安排。在此阶段，还应考虑应聘人员是否有任职较高岗位的潜能。

3.3.2 选择过程应包括下列步骤：

（1）制定接受或拒绝应聘人员的选择标准及对可接受的应聘人员进行分类的标准；

（2）获取应聘人员有关信息；

（3）对应聘人员进行面试；

（4）对应聘人员进行客观测试，评定他们的胜任力；

（5）依据标准对应聘人员有关信息进行评价以便作出决定；

（6）运用针对岗位职责所规定的体格和心理健康方面的规定要求。

3.3.3 应根据岗位人员资格要求确定核动力厂人员选择标准。制定选择标准时应考虑到可能进行的附加教育、培训和经验培养。对于同样的岗位，每次招聘的选择标准可能是不一样的。

3.3.4 选择标准应包括诸如教育、经验、解决问题的能力、情绪稳定性、主动性、积极性、交流和沟通能力及工作背景等因素，必要时还应包括动手能力。在选择时，应考虑核安全文化素养要求。

3.3.5 对于核反应堆操纵人员和其他可能在危急情况下必须作出响应的人员应考虑他们在危急情况下的团队合作能力。

3.3.6 一些应聘人员可能需要较长的时间进行附加的经验培养、培训或教育，以达到选择标准。选择过程应识别出哪些应聘人员需要进行这种附加的教育、培训和培养，哪些应聘人员已达到选择标准，以及哪些应聘人员可能达到选择标准。应聘人员的自我评价可能有助于这样的识别工作。

3.3.7 可从营运单位内部选拔或从外部招聘管理人员。选择这类岗位应聘人员时，核安全文化素养是重要的选择因素。任何情况下均应考虑下列因素：

（1）管理技能，包括分析、监察、领导及交流沟通能力；

（2）经验（以前工作岗位上的表现）；

（3）教育和培训；

（4）核动力厂运行知识；

（5）体格和心理特征；

（6）核安全文化素养；

（7）对待学习和自身培训的态度；

（8）对待下属培训和职业发展的态度。

3.3.8 对应聘人员的选择应根据预先确定的选择标准和执行文件来进行，由技能熟练和知识渊博的核动力厂人员组成的小组来提出最终的推荐意见。该小组成员应熟悉该岗位的资格要求，熟悉核动力厂营运单位的人力资源政策。

4 培训

4.1 培训政策

4.1.1 概述

4.1.1.1 营运单位负责所属核动力厂人员的培训，并确保顾问或供方单位人员满足岗位人员资格要求，以执行能影响安全的任务。应通过定期的培训和评定来保持人员的胜任力，并不断地补充合格的核动力厂人员以满足需要，同时应考虑人员的退休和晋升等。

4.1.1.2 应制定培训政策。该政策是对核动力厂所有人员培训的承诺，也是对培训在核动力厂的运行和管理中重要性的确认。所有核动力厂人员都应了解、理解并执行培训政策。核动力厂部门管理者，特别是培训部门管理者应参与到培训政策和执行文件的制定中，这样有助于他们接受这个政策。

4.1.1.3 应建立符合培训政策的培训体系，并编写《核动力厂人员培训大纲》。培训体系应能适应核动力厂的长期需要和目标，《核动力厂人员培训大纲》则是对这个体系的描述。

4.1.1.4 应针对每个核动力厂人员编制《人员培训计划》，《人员培训计划》应列举每个核动力厂人员应接受的培训项目及其计划安排。

4.1.1.5 应定期对培训体系和计划进行评价以确保其与培训政策和实际情况一致。影响培训体系和计划的因素包括：同一营运单位的核动力厂调试经验、运行经验和退役经验；其他核动力厂运行经验反馈；核动力厂或营运单位的重大修改；法规要求的变更以及国家教育体制的变更等。

4.1.1.6 在培训中应使用核动力厂有关执行文件、参考资料、资源、工具、设备和标准，培训环境应尽可能接近实际工作环境。

4.1.1.7 核动力厂管理者应支持培训体系的正常运转，并且自身还应接受核安全文化的培训。对于一些特定岗位，应“定制”特定岗位培训大纲，以对其技能和核安全文化素养提供最佳的培训。

4.1.2 系统化的培训方法

4.1.2.1 宜对核动力厂人员采用系统化的培训方法。

4.1.2.2 系统化的培训方法应包括以下一些阶段：

（1）分析阶段。包括根据每个岗位人员资格要求和受训人员情况，确定培训需求；

（2）设计阶段。在该阶段中，应把培训需求转变成培训目标，并把该目标纳入《人员培训计划》中；

（3）开发阶段。在该阶段中，应编制培训材料以实现培训目标；

（4）实施阶段。在该阶段中，应利用已编制的培训材料进行培训；

（5）评价阶段。在该阶段中，应根据其他每个阶段所收集的数据对培训体系所有方面进行评价，并改进培训体系。

4.1.3 培训方式

4.1.3.1 以下培训方式的分类方法被广泛使用，并已证明若选择恰当便是有效的。

（1）课堂教学是最常用的培训方式。应认真控制和安排课堂教学时间以便及时有效地实现培训目标。应借助于授课、讨论、角色扮演、评论和汇报会等培训方法来提高培训的有效性。必要时，应使用文字资料、幻灯片、音像资料、计算机、核动力厂微缩模型和过程模拟手段（比如，过程模拟软件）等培训辅助器材和材料来支持课堂教学。

（2）岗前培训是在完成其它的初始培训之后，为取得授权，在拟授权岗位上进行的培训。岗前培训应由具有相应岗位授权的在职人员作为培训导师按规定执行文件进行，培训导师应对受训人员的行为承担责任，并应由培训督导监察岗前培训进程并作出评定。

（3）实地培训是在实验室或现场进

行的培训。对于那些必须快速和熟练完成但不能在实际的设备上进行的培训，应当提供培训模拟装置进行实地培训，培训模拟装置所在的实验室或厂房应保证实地培训满足工作环境要求。培训模拟装置应尽可能是 1:1 的。

（4）运行值模拟机培训是一种特殊的实地培训，这种培训应在所在核动力厂模拟机上进行，其配备的软件应足以覆盖正常工况、异常工况和一定范围的事故工况。

（5）自学和小组讨论可不在培训设施上进行，但在任何情况下受训人员都应由培训教师或培训导师进行指导和考核。

（6）临时培训是指不在现有培训体系内的，对专项技能、特殊知识和操作、具有共性的经验反馈、设计变更、新技术和新方法的应用、法规要求变更等方面安排的培训。临时培训可分为临时培训项目和临时培训内容。临时培训内容是在现有培训项目中加入的临时培训内容。在成熟后，应将临时培训纳入培训体系。

（7）参与对核动力厂内部运行异常状态的分析与诊断、对已发生的一些事故和事件的内部或外部的分析讨论及运行经验反馈与交流工作，都可以作为一种有效的培训方式。

4.1.3.2 一般来说，培训应包括一段时间的正规课堂教学，辅以一段时间的在模拟装置、实验室或厂房进行的实地培训，并包括在核动力厂的现场实地培训。核动力厂调试为核动力厂人员，特别是运行岗位人员提供了现场实地培训的重要机会。

4.1.3.3 操纵人员的培训至少应包括课堂教学、模拟机培训和岗前培训。课堂教学和岗前培训应是有计划、并受到控制的，以能在培训期间达到所有必要的目标。对于操纵人员的岗前培训有时可称为监护运行。

4.1.3.4 应提供运行值模拟机培训。对受训人员还应进行由于发生率低而不易在现实核动力厂中出现的一些异常工况的培训。在运行值模拟机培训中，应考虑把他们作为一个团队，培养他们的团队精神、良好的沟通和合作习惯以及在执行核动力厂执行文件时的相互信任。

4.1.3.5 应强调利用模拟装置和计算机进行实地培训的重要性，以提高人机对话技能。

4.1.3.6 受训人员的考核方式包括笔试、口试和执行工作时实际表现的评定。笔试和口试相结合对于考核受训人员的知识和技能是最合适的。在模拟机培训的考核中，应使用预设和确认的观察记录表格和核对单以提高考核的客观程度。

4.1.4 初始培训和再培训

4.1.4.1 核动力厂人员的培训除了包括从被聘用到开始承担安全重要岗位职责之前应接受的初始培训，还应包括为确保他们理论和实践方面的知识、技能和核安全文化素养持续满足岗位人员资格要求，必须在整个任职期间接受的再培训。再培训应致力于技能和核安全文化素养的持续改进。如果员工的表现有缺陷，或当员工离开岗位数月以至更久时，必须对其进行有针对性的培训。

4.1.4.2 核动力厂人员的培训应包括针对全体核动力厂员工的通用培训，以及为使其深刻理解他们的特定职责和对核动力厂的安全有效运行所起的作用而进行的培训。

4.1.4.3 初始培训目的是促进受训人员在知识、技能和核安全文化素养方面有高水平的表现，使核动力厂人员达到他们承担岗位职责所必需的胜任力，以保证核动力厂安全运行。初始培训内容应包括以下方面：

（1）进行某些学科的课堂教学；

（2）讲解执行文件、标准和安全管理要求；

（3）传授核技术和核动力厂的有关知识；

（4）讲解核动力厂特定系统和设备的运行和维修原则；

（5）培养与岗位有关的具体技能；

（6）强调核动力厂除了核安全以外的其他安全方面的事项，强调与任职有关的特定的常规安全事项；

（7）培育核安全文化素养。

4.1.4.4 再培训的目的是使核动力厂人员保持高水平胜任力。再培训应覆盖新近的工业经验和核动力厂特殊的运行经验、工作中出现的问题以及核动力厂的改进和执行文件的变更。再培训应包括下列内容：

（1）岗位职责发生变化时，改进人员的知识和技能；

（2）保持并提高执行岗位职责，完成正常、异常和应急工作任务必需的技能和知识水平；

（3）在强调已显露的薄弱环节的同时，还应选择以往培训时已涉及的基本事项，提高受训人员的能力；

（4）保持对核动力厂安全运行的责任意识，意识到疏忽和失误导致的后果；

（5）纠正在核动力厂运行经验反馈中发现的员工表现的缺陷；

（6）保持岗位职责内核动力厂改造方面的知识，了解与其工作有关的执行文件变更；

（7）注重从工业界和核动力厂特定运行经验中获得的经验教训，以避免再次发生同样的错误；

（8）强调管理人员发现的问题；

（9）通过及时地对运行人员进行不常见的、困难的和重要的运行任务的培训提高运行人员的操作能力。

4.1.4.5 应对应急响应时承担特定任务的核动力厂人员应进行有关执行这些任务的再培训。消防演习应纳入对负责消防的人员的再培训计划中。

4.1.4.6 应有计划地进行再培训。核动力厂人员都应定期地接受再培训。作为良好实践，建议通过基于系统化培训方法的再培训来确保保持和提高人员胜任力水平。再培训还可能包括对所选人员进行提高其职业发展潜力的培训。因此，应把再培训看成是核动力厂运行的组成部分。

4.1.4.7 应规定以适当的周期对操纵人员进行再培训。运行值模拟机培训再培训应在所在核动力厂模拟机上系统地有计划地进行，一般每年都应实施。这种培训应反映运行经验并着重反映那些不经常发生的情况，例如启动、停堆、特殊瞬态和事故工况。在处理事件和事故时，应强调团队合作精神。

4.1.4.8 核动力厂人员所在部门安排日常工作时，应考虑核动力厂人员定期地接受正式的再培训所需要的时间。对于维修人员来说，应对通常情况下很少进行的维修活动进行再培训。

4.2 岗位培训大纲

4.2.1 概述

4.2.1.1 《岗位培训大纲》是培训体系针对特定安全重要岗位培训要求的描述性文件，是相关培训政策、培训计划和培训项目的集合。应将培训的内容分解为不同的、相对稳定的培训项目,《岗位培训大纲》应包括每个培训项目的《培训项目说明》。

4.2.1.2 核动力厂大多数安全重要岗位的培训应包括岗前培训，以确保受训人员在他们实际工作环境中获得与特定岗位职责有关的必要的知识和技能。岗前培训应作为培训项目管理。这样的培训应在工作环境下进行，应由培训督导对受训人员进行考核。

4.2.1.3 培训应包括对改进运行和维修的新技术的培训。应对必要的岗位的人员进行事件根本原因分析和人因评价的培训，经过一段时间，这些人应能客观地评价事件并能提出避免其重复发生的建议。

4.2.1.4 应对所有核动力厂人员进行有效的核安全文化培训。该培训应强调对安全有正确的态度的必要性，包括考虑差错对安全可能造成的后果，可避免某些差错的方法，或发生差错时纠正的方法。

4.2.1.5 所有可能受到职业电离辐射的人员（不仅仅是辐射防护人员）应接受辐射风险、防止过度照射和遵循 ALARA（合理可行尽量低）原则方面的培训。

4.2.1.6 管理人员和技术负责人、运行岗位人员和工程师的培训应包括对核技术、核安全和辐射防护的基本原理、设计意图和假设以及核动力厂活动的理论基础的全面了解。其他操作人员和技术员以及技术工人的培训应在讲解理论和安全相关事项的同时提供更多的实践机会。

4.2.1.7 对一些特定岗位应将熟悉安全分析作为培训的一部分。操纵人员的培训和评定应保证他们熟悉超设计基准事故的征兆和事故管理规程。模拟机培训应模拟相应事故进程。

4.2.1.8 应对核动力厂修改进行培训，以保证相关的运行人员和维修人员熟悉已改造的系统，并具有足够的知识和技能，从而以安全可靠的方式运行和维修改造过的设备。临时培训应及时纳入培训体系。

4.2.1.9 岗位培训大纲及其下属执行文件的所有资料（例如维修人员的实地培训、运行人员的模拟机培训）应可供国家核安全监管部门查阅。

4.2.1.10 对于不同岗位的岗位培训大纲的内容见 4.2.2—4.2.7 段。但这并不是各个岗位人员所需培训项目的全部。

4.2.1.11 对于已运行核动力厂，培训还应适应已运行的核动力厂的专门技术、行政管理和运行需要。

4.2.1.12 核动力厂自动化程度的不断提高，使得核动力厂人员的任务发生了变化，例如，从远处手动操作变为自动操作的监视、监察和评估。运行人员需要解读更多的信息，维修人员要面对大量复杂的设备。低水平工作的自动化还改变了许多工作职责。在很多情况下，与过去相比，现在的工作范围更宽，要求给予更多的考虑。核动力厂人员应做好在这样变化了的环境条件下的操作，所以岗位培训大纲也应反映这样的变化。

4.2.1.13 某些人员（包括管理人员、技术负责人、运行人员、技术员以及技术工人）除需要掌握上述培训内容外，可能还需要掌握额外的知识和技能，尽管这些知识和技能通常不被认为是安全的基本要求，但其能作为这些人员提升安全的补充手段。为达成这些培训目标，还可通过在核动力厂其他岗位上工作的交叉培训、计算机辅助培训以及对专门项目进行的专门培训等来实现。

4.2.2 管理人员培训

4.2.2.1 管理人员培训应强调核安全文化素养的培养。应使管理人员能够促使核动力厂人员意识到安全应是日常活动的一个主要目标，并明确安全重于生产需要。

4.2.2.2 运行部门管理人员的培训应强调核动力厂管理的特殊性，对安全的特殊要求和熟悉应急规程的需要。应将运行经验反馈以及核动力厂一般性或经常发生事件的根本原因分析作为培训的内容。

4.2.2.3 管理人员应精通核领域某项特定技术技能，对所有有关法规、标准和执行文件有透彻的理解。他们还应对核动力厂及其系统有全面的深入了解。在应急准备组织机构内的管理人员应该接受有关应急职责方面的培训。

4.2.2.4 管理人员以及可能的接替人员的岗位培训大纲应包括有关管理和审查技能、辅导和训练、自我评价技术、根本原因分析、团队合作培训和沟通等的培训项目。

4.2.3 运行人员培训

4.2.3.1 操纵人员的培训应涵盖履行工作职责所需胜任力水平的相关技术领域。参与新建核动力厂的调试和启动阶段的活动对于该类培训是很好的机会。培训重点应放在安全重要系统上。核动力厂所有概率安全评价结果应被用来证明一些核动力厂系统在防止堆芯损坏或严重事故中的重要性。培训应强调核动力厂运行限值和条件的重要性以及偏离这些限值的后果。应强调（包括核动力厂停堆期间）维持反应性控制和堆芯冷却的重要性。

4.2.3.2 操纵人员还应受到有关核动力厂诊断、控制活动、管理任务以及诸如核安全文化、人机以及人与人（合作）接口等人因方面的培训。此外，值长还应进行监察和沟通技能的培训。值长培训应比其他操纵人员范围更广泛。

4.2.3.3 操纵人员还应接受培训，使其知道核动力厂内所有大量放射性物质的所在位置和对它们所使用的控制手段。

4.2.3.4 应定期对在核动力厂正常运行中和对核动力厂异常（若不采取措施将引起事故）的响应进行培训。培训应提高操纵人员的诊断技能。培训应包括有关正常运行和预计运行事件的运行规程，并尽可能切合实际地包括严重事故工况，并应在模拟机上进行演练，以使操纵人员认识到错误操作或违反执行文件造成的不利后果。

4.2.3.5 现场操作人员应接受与其职责相适应的培训，他们应具有核动力厂运行特点的详尽知识和现场操作经验，该知识应完整地涵盖主控室和整个核动力厂。

4.2.3.6 因为停堆或低功率运行状态在很大程度上也存在堆芯状态恶化的风险，所以应强调有关核动力厂维修、改造、低功率运行状态或停堆的培训。应注意到，这些情况有时会使核动力厂处于非常态的系统配置，并对运行人员的知识和技能提出更高的要求。在这些活动之前进行培训可降低核动力厂及其人员面临的风险。

4.2.4 维修人员培训

4.2.4.1 维修人员培训应强调技术或执行文件错误可能引起的安全后果。应对维修执行文件中的错误引起的故障和危害以及所在核动力厂、或其他核动力厂和行业的实践经验进行评价，并在培训大纲中加以适当考虑。

4.2.4.2 维修人员培训大纲应包括核动力厂配置和核动力厂系统的一般特性和目的、质量保证和质量控制、维修执行文件和实践（包括监查、检查）以及专业维修技能。应在维修人员培训的各个方面适当地强调核安全文化。

4.2.4.3 对于操作特定设备的维修人员，应有专门的培训项目。这种培训项目包括设备供方单位提供的培训或在培训导师监护下的岗前培训。对于那些必须开展且不能在实际设备上进行培训的维修活动，应使用模拟装置。

4.2.4.4 在能重现复杂情况（包括技术、可达性或辐照问题）的模型设施上进行培训时，应重现因缺乏维修经验导致的事故。维修人员在这些情况下的反应能力以及从实践中获得经验教训的能力应予以考核。这类培训可用以培养和改进维修人员在技术和人因方面的胜任力。

4.2.4.5 对于维修人员的某些培训应考虑时效性，采取较有效益的方式。特定的任务培训项目应纳入工作进度表中，并在承担有关职责之前（承担职责前的几周或几天）进行。

4.2.5 其他技术岗位培训

4.2.5.1 涉及化学、辐射防护、核工程或其他技术岗位应明确与岗位人员资格要求相应的培训。他们的培训应按照如本章所描述的关于操作人员和维修人员的培训方法来确定。

4.2.5.2 可指派技术员到其他核动力厂或设备供方单位进行与自身职责类似的工作，其重点应放在专门技能的培养上，而课堂教学只限于基础知识。在某些情况下，需要建立实验室和模拟装置来进行基本技能和专门技能的教学。应考虑设置由设备供方单位（尤其是核安全设备的供方单位）组织的培训项目。

4.2.5.3 技术工人应接受核动力厂的通用培训。技术工人实地培训主要目标应是传授和培养在已安装设备上工作所需的基本技能和专门技能。达到该目标的方法包括把人员派往设备和部件的制造单位和建造单位工作。一些基本的技能也可借助模拟装置来培养。

4.2.6 培训人员培训

4.2.6.1 内部或外部的培训教师在被指派的职责领域中应具有足够的知识、技能和核安全文化素养。他们应全面理解培训项目内容的所有方面以及这些内容与整个核动力厂运行之间的关联。这意味着他们在技术上应是胜任的，并能取得受训人员和其他核动力厂人员的信任。此外，培训教师应熟悉成人教育的特点和系统化的培训方法并应具有足够的教学和评定技能。

4.2.6.2 正如模拟装置工程师、技术支持工程师、技术员和培训教师一样，培训机构的所有人员应接受与其职责相应的培训。在任何情况下，培训工作应遵守质量保证体系的要求。应给予培训教师必要的时间，通过定期地借调或派到核动力厂工作以及再培训来维持他们的技术和教学胜任力。

4.2.6.3 应对培训机构人员进行营运单位政策有关事项的适当培训，特别是安全管理、核安全文化和质量保证方面的培训。

4.2.6.4 应对外部单位提供的培训进行评价，以确保其满足核动力厂的需要。

4.2.7 通用培训

通用培训的目的是使核动力厂人员对其职责、质量保证体系及其执行文件的重要性以及保护自己免受职业危害的实用方法有一个基本的了解。通用培训提供的培训应与岗位和责任相匹配。应向所有员工讲授核安全文化的基本原则，还应定期地提供一些通用主题的知识更新培训。

4.3 培训的实施

4.3.1 培训项目

应把培训分解为不同的、相对稳定的培训项目，并编制《培训项目说明》。《培训项目说明》应包括：

（1）培训项目编号和名称；

（2）培训项目所属的培训方式、主要内容和培训学时；

（3）受训人员的资格认定、选拔方法和步骤；

（4）培训项目组织和实施机构——项目组织机构应为内部组织（如运行部门、培训部门或运行值）。项目实施机构也可为外部培训机构；

（5）课堂教学应编制培训教材和教案，并明确教学参考资料。对于岗前培训和实地培训可不编制培训教材和教案，但应明确培训导师和受训人员的授权范围、责任以及评价或考核办法；

（6）培训人员（包括培训教师、培训导师和培训督导）资格认定、选派方法和步骤；

（7）培训考核组织要求以及评分标准，培训考核可分为闭卷笔试、开卷笔试、口试和操作技能评价；

（8）应规定临时培训项目和临时培训内容的确定与实施的方法和步骤。

4.3.2 培训的支持

4.3.2.1 对于每个安全重要岗位，营运单位应确保：

（1）不断地对培训要求进行分析，

及时修订《岗位培训大纲》；

（2）为培训部门提供所有必要的资源和设施；

（3）在培训的不同阶段对所有受训人员的表现进行考核；

（4）评价培训的有效性；

（5）定期评定核动力厂人员的胜任力，并提供再培训以维持和提高胜任力水平；

（6）资源分配时，对培训体系应是高度优先的。

4.3.2.2 培训部门应负责协助核动力厂运行管理者考核或评定核动力厂人员的胜任力。核动力厂人员所在部门的管理者和主管应对其胜任力负责，他们应参与制定《个人培训计划》、考核工作业绩、及时或定期向培训部门提供反馈以及确保培训部门所提供的培训反映了运行经验。部门管理者和主管应保证生产要求不影响培训的实施。

4.3.2.3 即使有专职的培训人员，也不应该减轻核动力厂人员所在部门的部门管理者确保这些人员接受充分培训和具备合适胜任力的责任。应由培训人员所在部门，明确规定本部门培训人员的责任和权限。

4.3.3 培训设施与教材

4.3.3.1 应有足够的设施用于培训。应提供足够的培训教材以帮助受训人员了解核动力厂及其系统。在培训设施中还应有详细的技术资料用作参考。应使用直观教具来提高课堂教学的有效性。

4.3.3.2 应考虑使用基于计算机的多媒体培训软件和远程学习技术。

4.3.3.3 应使用所在核动力厂模拟机为值长和操纵员进行培训，模拟机培训应覆盖正常工况、异常工况和一定范围的事故工况。

4.3.3.4 对于需要使用非所在核动力厂模拟机进行附加培训的，应通过考试或其他方法来确保受训人员认识到，该装置的仪表配置和性能特征不同于他们的实际工作环境，培训时由该装置所给出的信息的有效性是有限的。

4.3.3.5 即使使用外部培训机构，营运单位组织机构中仍应设置培训部门。该培训部门应向营运单位汇报并建议有关培训的所有事项，计划、组织并协调内外部各项培训活动，确保与外部培训机构的适当联络，以及保存个人完成培训和再培训的记录文件。

4.3.3.6 应保证维修和技术支持人员使用配有实物、模型以及实际部件的车间、实验室或厂房，以便进行不能在已安装设备上实施的培训（例如因高剂量率）。

4.3.3.7 应编制执行文件来对培训设施和培训教材进行定期审查、及时修改和更新，以保证培训设施和培训材料能准确地反映核动力厂的所有修改和变更。应对培训教材中一些领域的理论概念进行定期审查，如反应堆物理、核动力厂系统和设备的工作原理、热工水力、电厂化学、反应堆安全、工业安全以及辐射防护等。

4.3.4 培训的评价、记录和报告

4.3.4.1 培训部门应对每个培训项目都进行评价，并记录评价结果。

4.3.4.2 应保存所有培训的记录，以便对现行和以往培训的内容、进度和结果进行审查。记录的管理、贮存和保管应遵守核动力厂质量保证体系的要求和其他适用的要求。

4.3.4.3 核动力厂人员所在部门应定期向培训部门报告培训工作的状况和有效性以及培训时发生的重要事件或问题。

4.3.4.4 有关培训的成文资料应包括与《核动力厂人员培训大纲》、《岗位培训大纲》、《个人培训计划》及其培训安排以及受训人员表现有关的记录和报告。对于根据核动力厂人员考核、培训体系评价和意见反馈对培训体系进行的改进应留有记录。

4.4 应急响应培训

4.4.1 概述

4.4.1.1 应制定《应急响应培训大纲》，以培训和评价核动力厂人员和外部应急响应组织的人员应对事故工况以及保持和改进响应的有效性。特别应设计应急演练脚本和相应的培训项目，以确保核动力厂人员和其他参与单位的人员具有在紧张的应急情况下完成非例行任务所要求的知识、技能和核安全文化素养。

4.4.1.2 尽管核动力厂人员的应急职责分配是基于正常运行期间的日常职责，但他们还应接受在应急情况下执行任务的培训。这类培训的目的如下：

（1）演示如何有效地实施应急计划或其中某部分；

（2）证实已建立和保持适当的联络渠道；

（3）验证所有参加演练的每个人是否熟悉并有能力执行分配给他们的应急任务；

（4）验证在紧张情况下是否能按照计划的进程及时执行应急响应和所有相关任务。

4.4.2 应急响应培训的组织

4.4.2.1 应对那些在应急计划中分配有职责的所有人员进行培训。应急培训应包括定期地进行应急演练。培训还应包括常规安全培训，尤其是消防和医疗急救培训。应定期举行演练以强化培训和评价应急响应能力的有效性。应有全面应急演练，这会涉及外部单位诸如公安部门、消防部门、医疗救护队、救援队和其他应急职能部门。

4.4.2.2 与模拟机上的演练脚本一样，应认真编制核动力厂应急演练脚本，包括培训目标、终止条件和参考依据。此外，进行核动力厂应急演练不应引起任何危害核动力厂安全的情况。

4.4.2.3 对于要求在发生事故时执行特定工作的人员应进行培训。例如，核安全分析、适用的法规、标准和执行文件，核动力厂安全裕度评估方面的内容，征兆导向程序和事故管理规程。对于在核动力厂的概率安全评价结果中反映出的能表明防止损坏或严重事故的核动力厂系统，都应包括在应急培训中。

4.4.3 应急运行程序培训

4.4.3.1 为了演示应急行动能力，应在所在核动力厂模拟机上运用应急运行程序（EOPs）来练习核动力厂应急响应，这能给运行人员提供必需的知识和技能。

应对应急运行程序的一些细节进行深度培训，以克服运行人员在紧张情况下可能发生的执行力下降的问题。此外，应有课堂教学，使负有应急职责的人员清楚一些基本概念和术语、应急运行程序的结构、以及在执行应急运行程序时自己的具体职责。

4.4.3.2 有关应急运行程序培训应包括但不仅限于：

（1）描述核动力厂对各类始发事件的响应，并按要求使用图表举例说明。该描述应基于最佳估算值或实际的运行数据。对于各类事件应使用一些可供选择的响应来表明如何通过控制征兆把核动力厂带到安全停堆状态；

（2）对各类事件的基本恢复策略和可能的备用方案的讨论。应给出计算结果，如限值条件和备用方案的限制条件；

（3）解释通过保持一系列关键的安全功能来保证核动力厂安全的原则；

（4）说明应急运行程序的原理和组织，包括运行团队每个成员的作用；

（5）描述恢复的方法，讨论每一步或一组相关步骤的目的，以及应急运行程序的目的；

（6）应急运行程序的修改条件和管理要求的说明，包括要求参考的有关技术文件或其可能的变更。

4.4.4 严重事故管理的应急培训

4.4.4.1 应针对核动力厂发生超设计基准事故并实施相应的应急计划时所执行的执行文件进行培训。可结合多种方法（包括模拟机、应急演练和课堂教学）进行该培训。所在核动力厂模拟机通常无法模拟超设计基准事故，因此，若使用它对运行人员进行超设计基准事故培训则要特别慎重。在始发事件分类和决策的练习中可使用所在核动力厂模拟机。应考虑使用工作站和其他先进的计算机来模拟发生堆芯损坏后事故的进程。

4.4.4.2 应制定《严重事故管理培训大纲》，使核动力厂管理人员和高级操纵员接受指挥核动力厂人员、使用有用的信息以及核动力厂系统和设备以减轻严重事故的后果的培训。应对操纵员进行培训，使其能够识别出应急运行程序不适用的情况，并使用严重事故管理规程和/或指南。应适当设计一些实地培训项目，以确保事故管理团队执行其决策职能。

4.4.4.3 对参与严重事故管理的管理人员和技术负责人的培训应包括但不限于：

（1）诊断和/或评价严重事故：

a. 评估堆芯、安全壳和安全重要系统的状况；

b. 预测事故中关键事件的进程；

c. 评估堆芯损坏情况；

d. 预计可能引起状态进一步恶化的问题；

e. 估算由于氢气燃烧或反应堆压力容器失效引起的压力和温度升高。

（2）规划严重事故响应：

a. 识别和评价事故管理策略以防止或阻止堆芯损坏，预防安全壳失效和减少放射性物质的释放；

b. 利用所有可用的方法（包括概率安全评价的估计值）来确定纠正活动的优先

次序。

（3）所采取的响应措施：

a. 采取积极的措施并结合反应堆操纵人员的努力恢复安全系统的冗余度、多样性和独立性；

b. 执行事故管理策略以阻止堆芯损坏、预防安全壳失效和减少放射性物质的释放。

（4）监视和更新策略：

a. 监视主控室操纵员实施策略的有效性；

b. 预计可能使堆芯状态和安全系统性能进一步恶化的问题。

4.4.4.4 考虑到新知识和内外经验反馈，《严重事故管理培训大纲》应进行定期审查。必要时，应进行修订。

4.4.5 应急响应通用培训

应向在现场的没有应急响应职责的员工提供通用的培训，使他们熟悉一些警告人们进入应急状态的执行文件。对于外部人员，类似的培训至少是对供方单位人员或其他临时工作人员进行一次情况介绍。

4.5 培训体系的评价与改进

4.5.1 应定期对培训体系进行评价，必要时应予改进。要以受训人员在岗位上的实际表现评价培训的有效性。培训体系评价还包括对一些法律法规变更、设施改造、运行和建造经验反馈的评价，以及对培训体系进行改进的要求。

4.5.2 应对内部进行的培训进行内部评价，并将其应作为培训体系的组成部分。这样的评价应覆盖培训的各个阶段，包括编制各种相关文件。培训记录也应被审查。审查工作应由不对培训工作直接负责的人员来承担。核动力厂管理者应直接参与培训体系的评价。

4.5.3 评价和改进培训体系时应考虑运行经验。评价培训体系有效性的信息来源和影响培训体系改进的因素如下：

（1）核动力厂系统和设备更新；

（2）新编或已修订的执行文件；

（3）新的核安全法规要求；

（4）来自以下的反馈：

a. 员工

b. 管理人员

c. 受训人员

d. 培训教员

e. 对培训体系的评价

（5）核动力厂或工业界发生的事件，根本原因分析和纠正措施；

（6）培训过程中发现的问题，包括考核时受训人员考试不及格的情况；

（7）员工受训后的表现有缺陷；

（8）新的岗位人员资格要求或培训要求；

（9）团队问题（有关指挥、管理和沟通）；

（10）保持运行经验和公司信息库的需要。

4.5.4 为了给运行人员提供充分的培训，在实施核动力厂或其执行文件的改进之前，应先对《岗位培训大纲》进行适当修改（或对所在核动力厂模拟机进行修改）。应对《岗位培训大纲》进行审查并针对核动力厂修改确定培训要求。培训人员还应定期走访核动力厂和工作场所以观察受训人员的工作表现，使培训人员理解特定的培训需求。

4.5.5 应形成定期向培训部门提供关于核动力厂的修改或执行文件变更的信息，以便及时采取恰当的跟踪行动。这一点对于所在核动力厂模拟机培训尤其重要。

4.5.6 应对运行和维修工作及其实施情况、对遵守工业安全和辐射安全标准的情况进行监察，以发现因不正确的或不充分培训而导致的任何问题。

4.5.7 应对经验反馈体系的结果进行分析，如果适用，应及时反馈到相关培训体系中。

4.5.8 受训人员和培训人员应提供改进培训体系的反馈信息。受训人员可填写反馈意见调查表，培训人员应在培训项目完成后，对培训的有效性进行自我评价，并提出改进建议。

4.5.9 模拟机培训有效性的评价应包括运行部门对受训人员的评定和反馈的意见，还要根据有效性评价提出改进措施。不能把这样的工作视为只是“一次性”工作，对培训过程、受训后员工的能力的评价应定期进行。

4.5.10 应根据评价结果制定和实施改进培训体系的行动计划。

4.5.11 作为良好实践，建议核动力厂培训体系接受外部评价。外部对培训体系评价的不同观点应视为对内部评价的补充。应将外部评价结果与内部评价结果相结合来确定培训体系中必须变更和改进的事项。

5 授权

5.1 概述

5.1.1 核动力厂人员承担安全重要岗位职责之前，应得到核动力厂营运单位的正式授权。当对核动力厂人员进行替换时，应使顶替人员了解他们新的工作和责任，并在承担安全重要岗位职责前熟悉将要进行的工作。

5.1.2 尽管行政许可是由国家核安全监管部门批准的，但营运单位应负责保证所有内部和外部人员满足岗位人员资格要求；尽管核动力厂人员在通过持续的培训保持和发展自身胜任力方面负有一定的责任，营运单位仍应负责保证每个核动力厂人员保持满足岗位人员资格要求。

5.2 授权的实施

5.2.1 应制定《安全重要岗位授权程序》，并依据该程序对控制或审查核动力厂运行状态转换或承担常规安全重要岗位职责的核动力厂人员在履行职责前予以授权。

5.2.2 应对外部人员承担安全重要岗位职责进行授权，这些人员应满足这些安全重要岗位的资格要求。

5.2.3 在分配员工到特定的班组时应考虑可能出现的人际关系。为了安全起见，应建立一种可以表达要求改变境况的机制，以避免潜在的矛盾。

5.2.4 如果已授权人员调往其他核动力厂或同一核动力厂的不同岗位，也应经过授权。在开始承担新岗位职责前，就应满足该岗位的资格要求。

5.3 在岗人员评价与重新授权

5.3.1 应考虑定期重新授权的需要，并考虑对离岗超期后重新承担岗位职责人员应进行重新授权的需要。对已授权人员的胜任力应进行定期考核（一般情况间隔可为2—3年），如果不再满足岗位人员资格要求，则应撤销或不再延长该授权。任何情况下，重新或延长授权前应重新进行体格检查并符合要求。

5.3.2 对已离岗一段时间的安全相关岗位人员，或发生了核动力厂、执行文件或其他因素的变更，应特别考虑重新授权。

5.3.2 在核动力厂人员承担安全重要岗位职责期间，应定期地以各种方式对他们的胜任力进行评价，该评价还应包括其在岗位的实际表现。这种评价应确保胜任力与将要执行的任务相适应。

5.4 记录

应保存个人培训记录、受训人员的工作业绩（包括在岗位所进行的主要工作一览表）和所有正式授权的详细记录。这些记录的主要目的是：

（1）为核动力厂人员的胜任力提供证据；

（2）提供授权证明；

（3）使管理者有效地配置他们的员工，以确保只对满足岗位人员资格要求的人员进行授权；

（4）必要时，提供有关评价培训体系和纠正措施的信息；

（5）提供满足监管要求所需的文件和记录（用于申请或延续行政许可）。

名词解释

安全重要岗位：核动力厂营运单位组织机构内，执行能影响安全的任务的岗位。

岗位人员资格要求：承担安全重要岗位职责的人员被授权执行能影响安全任务的胜任力的评定标准的综合，包括教育背景、经验、培训、行政许可、健康等要求。

行政许可：国家核安全监管部门授予的有关承担特定安全重要职责人员执行能影响安全的任务的资格。

供方单位：采购活动中的乙方法人单位。对于核电厂，采购活动中的甲方为营运单位。

核动力厂人员：核动力厂营运单位聘用的满足核动力厂安全重要岗位人员资格要求的执行能影响安全任务的人员。

管理人员：核动力厂管理者、部门管理者和主管（含值长）的统称。

核动力厂管理者：由核电厂营运单位授权负责核动力厂运行安全的高级管理人员。该人员可以代表核动力厂营运单位批准向国家核安全监管部门提交的技术性或过程性文件。

部门管理者：核动力厂营运单位所属核安全相关二级机构的行政负责人。

主管：核动力厂营运单位所属核安全相关机构（包括班组）的除核动力厂管理者和部门管理者以外行政负责人。

技术人员：技术负责人、工程师、技术员的统称。

技术负责人：在核动力厂中负责一定范围技术管理的安全重要岗位，典型的有值班技术顾问、安全工程师，反应堆物理工程师、辐射防护工程师、核动力厂化学以及维修工程师等。

技术员：在核动力厂中执行一定范围能影响安全的技术任务的安全重要岗位。

技术工人：高级技师和技工的统称。

运行人员：运行岗位人员和现场操作员的统称。

运行岗位人员：持有国家核安全监管部门颁发的核反应堆操纵人员执照（运行岗位）的，直接操纵核反应堆控制系统的核动力厂人员，可简称操纵人员。值长也属于运行岗位人员。

值长：持有国家核安全监管部门颁发的核反应堆高级操纵员执照（值长）、在主控室直接指挥核反应堆操纵人员操纵核反应堆控制系统、对核动力厂安全运行负有直接责任的核动力厂人员。值长也属于主管。

培训人员：培训教师，培训导师和培训督导的统称。

培训导师：在实地培训和岗前培训中，对受训人员进行指导和监护的人员，其对所监护人员的行为承担责任。

培训督导：属于与培训实施部门不同部门，负责对培训过程进行的评价、联络、监察或考核工作的核动力厂人员。

胜任力：核动力厂人员所具有的知识、技能和核安全文化素养的统称。

能力：核动力厂人员所具有的知识、技能的统称。

授权：营运单位授予有关核动力厂人员承担安全重要岗位职责、执行能影响安全的任务的书面许可。在特殊情况下，授权也可能是其它形式。

经验：在执行岗位职责时获得的知识和技能。

一般经验：关于核动力厂的一般性相关知识和技能。该类经验可任职不同核动力厂的不同岗位期间获得。

岗位经验：关于特定核动力厂安全重要岗位的具体知识和技能。该类经验只能在特定岗位上的日常工作中获得。

相关经验：所涉及的知识和技能与特定岗位工作无直接关系。它包括有关接口工作的知识，以及有关核动力厂的广泛知识，可能与扩展到核动力厂之外的其它活动有关。

培养：在执行岗位职责时获得经验的过程。

客观测试：由是非题、选择题等组成的测试。

初始培训：是核动力厂人员在获得安全重要岗位授权前，为使其达到他们承担岗位职责所必需的胜任力所进行培训。

再培训：是核动力厂人员获得安全重要岗位授权后，使其保持他们承担岗位职责所必需的胜任力所进行培训。

通用培训：针对全体核动力厂员工的，为使其深刻理解他们的特定职责和对核动力厂的安全有效运行所起的作用而进行的培训。

实地培训：在模拟装置、实验室或厂房或核动力厂现场进行的培训项目，如演习和演练等。

岗前培训：岗前培训是在完成其它的

初始培训之后，为取得授权，在拟授权岗位的进行的培训。

模拟机培训：在所在核动力厂模拟机上进行的实地培训项目。

运行值模拟机培训：以运行值所有操纵人员作为一个整体参加的在所在核动力厂模拟机上进行的实地培训项目。

临时培训：不在现有培训体系内的，对专项技能、特殊知识和操作、具有共性的经验反馈、设计变更、新技术和新方法的应用、法规要求变更等方面安排的培训。

临时培训项目：根据经验反馈和其他需求，不在岗位培训大纲之内的培训项目。

临时培训内容：根据经验反馈和其他需求，在现有培训项目中加入的培训内容。

运行值模拟机再培训：以运行值所有运行岗位人员作为一个整体参加的在所在核动力厂模拟机上进行的再培训。

培训方式：进行培训的方法，主要包括课堂教学，岗前培训，实地培训，运行值模拟机培训，自学和小组讨论，临时培训，内外部研讨等。

培训项目：培训体系中，一系列相对稳定和独立的培训内容的统称。

所在核动力厂模拟机：国家核安全部门认可的，对所在核动力厂有代表性的，全尺寸核反应堆主控室模拟机。

模拟装置：为进行必须快速和熟练完成但不能在实际的设备上进行的培训活动而提供的样机、设备模型或虚拟装置。

选择标准：在招聘过程中，根据岗位人员资格要求事先确定的选择人员的指标的综合。制定选择标准时应考虑到可能进行的附加教育、培训和培养等方面的因素。对于同样的岗位，每次招聘的选择标准可能是不一样的。

附加教育、培训和培养：为使应聘人员可以满足选择标准所进行的教育、培训和经验培养。

审查：验证核动力厂运行是否符合规定目标，发现偏离、缺陷和设备故障，并为及时采取纠正措施及进行改进提供信息。

监察：验证核动力厂运行是否符合规定目标，发现偏离、缺陷和设备故障，并为及时采取纠正措施及进行改进提供信息。

附件 I：核动力厂运行岗位人员的资质管理

I.1 目的和范围

本文是作为核安全导则《核动力厂人员的招聘、培训和授权》的附件，总结了国家核安全监管部门的管理要求和良好实践，对核动力厂运行岗位人员的资质管理提出补充指导性意见。

本附件所涉及的文件，在实际工作中其名称可能与本附件不一致，但其内容必须以核动力厂营运单位批准的文件形式确定，并与本附件中的规定相一致。

除模拟机培训和各核设施培训的特殊内容外，研究堆操纵人员的资质管理也应参照本附件。

I.2 核动力厂运行岗位

I.2.1 运行岗位的要求

核动力厂运行岗位指被授权可以直接操纵核反应堆控制系统的操纵人员所在岗位。

作为行政许可要求，核动力厂运行岗位人员应分别持有所在核动力厂的《高级操纵员执照》(值长)，《高级操纵员执照》或《操纵员执照》。

核安全法规或《安全分析报告》中规定的其他持照岗位人员应至少持有《高级操纵员执照》（非运行岗位）或《操纵员执照》（非运行岗位）。

I.2.2 运行岗位的配置

核动力厂的每个运行值中应至少有一名持有《高级操纵员执照》（值长）的操纵人员；对于同时运行一座反应堆以上的，运行值中持有《高级操纵员执照》或《高级操纵员执照》（值长）的人数至少应比运行的反应堆数多一人。

I.2.3 运行岗位执照管理

持有《高级操纵员执照》（非运行岗位）或《操纵员执照》（非运行岗位）人员欲转至运行岗位，应向核安全监管部门提出换照申请，并满足以下要求：

（1）脱离运行岗位不满四年，持照期间未脱离持照岗位；

（2）体检证明无运行岗位禁忌症；

（3）已完成拟聘核动力厂操纵人员培训大纲规定的相应培训，且成绩合格；

（4）通过拟聘核动力厂营运单位组织的模拟机考试和口试；

（5）通过模拟机考试和口试后，在相同岗位操纵人员监护下，参与运行值班不少于 100 小时。

I.3 运行岗位经验要求

为了获得运行的一般经验，取得值长授权的运行岗位人员至少应有 4000 小时作为《操纵员执照》持有人员或 1500 小时作为《高级操纵员执照》持有人员在核动力厂运行经历。

为了获得运行的岗位经验，持有《高级操纵员执照》或《操纵员执照》的人员每 12 个月在运行岗位值班时间不得少于 400 小时，其中每 6 个月在运行岗位值班时间不得少于 150 小时。

I.4 操纵人员执照考试

操纵人员执照考试是取照或换照考核的重要环节，属于核安全重要活动。执照考试分为笔试或差异性笔试、模拟机考试和口试。对于每种考试都应遵守《核电厂质量保证安全规定》（HAF003）的相关规定。各责任单位应建立健全相应规章制度和质量保证体系。

执照考试一般包括考试管理机构组织、考核标准确定、命题、审题、监考、评判、成绩确认和成绩公布等核安全重要工作。对执照考试中的每一项核安全重要工作应明确责任单位、负责人、工作程序、形成的文件、记录清单及其格式，应以执行文件的形式满足相应的独立性要求、公正性要求、保密要求、考试环境和硬件要求（如考场控制、录像、录音、截屏）、存档要求、考核结果等具体要求。

相关责任单位应在考试前明确所使用的考核标准和培训教材以及评判标准。考核标准应经国家核安全监管部门核准，培训教材应得到核动力厂营运单位的认可，命题不应超出考核标准和培训教材的范围并不存歧义。确定评判标准是考试命题和审题工作的重要内容。

在差异性笔试前3个月，核动力厂营运单位应将原核动力厂与拟聘核动力厂差异性笔试考核标准及其培训教材报核安全监管部门备案。

持有或若曾持有《高级操纵员执照》或《操纵员执照》的，其同级别的笔试可由差异性笔试代替。

I.5 《操纵人员培训大纲》

I.5.1 《操纵人员培训大纲》主要内容核动力厂营运单位应根据核动力厂培训体系，编制《核动力厂运行岗位人员培训、授权与再培训大纲》，以下简称《操纵人员培训大纲》，并在首次装料前两年，报送核安全监管部门备案。

核动力厂营运单位在实际管理中使用的术语可能与《操纵人员培训大纲》不一致，但应在《操纵人员培训大纲》中说明相互间的对应关系。

I.5.2 运行岗位人员培训的特殊要求操纵员初始培训中的课堂培训应包括至少包括基础理论培训、核动力厂通用培训、运行规程与技术规格书培训、核动力厂实地培训、模拟机培训和影子培训。其中，基础理论培训时间应不少于440学时，模拟机培训时间应不少于360学时。

操纵员岗前培训时间不应少于300小时。作为例外，新建核动力厂运行岗位人员应至少参与六个月的调试运行值班。

高级操纵员初始培训应包括80学时理论课堂培训以及60学时的模拟机培训。高级操纵员岗前培训时间不应少于300小时。

运行岗位人员再培训中特别重要的是模拟机培训。模拟机培训应对核动力厂《最终安全分析报告》中所列出的正常运行工况、预期运行事件工况和设计基准事故进行再培训，包括对无法通过工作实践来维持的技能以及不经常的操作进行培训，并应增加针对内、外部经验反馈事件的模拟机培训，每年模拟机再培训时间应不少于60学时。

I.6 运行岗位人员经历对培训的替代

运行岗位人员的院校专业教育、新建核动力厂运行相关文件的编写、运行准备和调试工作以及在相关行业的类似工作经历对其培训有重要的支持作用。这些经历可以替代个别培训项目或培训项目中的部分内容，《操纵人员培训大纲》应针对每个培训项目，说明对这种替代的控制和认可的方法与步骤。

I.7 培训计划或指令

核动力厂营运单位应对每次培训制定培训计划或指令。培训计划或指令应包括培训项目、培训时间、培训地点、培训教师、培训考核负责人、培训过程和考核记录表格等。

对于临时培训项目，培训计划还应包括培训组织和实施机构、培训教材或教案选择、考核组织要求和评分标准等。

一般情况下培训计划或指令由培训部门编制，营运单位审批。《运行岗位人员培训大纲》应描述培训计划或指令产生的方式。

I.8 授权

运行岗位授权指由营运单位确认运行岗位人员可以承担运行岗位职责的过程。《操纵人员培训大纲》应描述运行岗位人员获得授权的条件、培训评价、身体状况确认以及授权程序。此程序还应包括授权的终止、暂停和恢复的条件、方法和步骤。对运行岗位人员的授权，应进行心理测试。

应考虑定期重新授权的需要，并考虑对离岗超期后重新承担岗位职责人员应进行重新授权的需要。每次授权的有效期最多其所依据的行政许可有效期后的一个月。行政许可失效，授权自动失效。

核动力厂本身或执行文件等其他因素发生了重大变更，应特别考虑重新进行授权。

I.9 不同营运单位间执照的转移

《高级操纵员执照》或《操纵员执照》持有人员同级别转移至不同营运单位并运行不同设计核动力厂反应堆的，应由拟聘营运单位向核安全监管部门提出申请，并满足以下要求：

（1）已完成拟聘营运单位操纵人员培训大纲规定的相应培训，且成绩合格；

（2）通过拟聘营运单位组织的差异性笔试、模拟机考试和口试；

（3）在拟聘营运单位相同岗位人员监护下，参与拟聘营运单位运行值班不少于 100 小时。

对于转移至不同营运单位运行相同设计核动力厂反应堆的，需满足上述（1）、（3）两项的相关要求；对于转移至同一营运单位并运行不同设计核动力厂反应堆的，需满足上述（2）、（3）两项的相关要求。

《高级操纵员执照》（非运行岗位）或《操纵员执照》（非运行岗位）持有人员转至不同核动力厂的，应由拟聘核动力厂向核安全监管部门提出申请，并通过拟聘核动力厂营运单位的差异性笔试、模拟机考试和口试。

I.10 运行岗位人员管理要求

（1）每个《高级操纵员执照》（值长），《高级操纵员执照》或《操纵员执照》申请人员或持有人员应建立操纵人员档案，保存完整的招聘、体检、培训与再培训、考核、取换照、授权、值班记录、运行值班中运行事件处理记录等资料；

（2）《操纵人员培训大纲》若需升版，应在实施后半个月内报核安全监管部门备案；

（3）在执照考试前十五日，将考试时间、地点和负责人书面通知核安全监管部门，并抄送相关地区核与辐射安全监督站；

（4）对于运行核动力厂，应将当班人员的民用核设施反应堆操纵人员执照，悬挂于核动力厂主控室明显位置；

（5）操纵人员首次担任值长时，营运单位应向核安全监管部门备案。备案后，《高级操纵员执照》（值长）自行生效。

I.11 运行岗位人员岗位信息表

除《操纵员执照》取照申请外，营运单位在向核安全监管部门报送执照申请文件时，应同时报送《民用核设施核反应堆操纵人员岗位管理信息表》（格式见附表 1），并抄送相关地区核与辐射安全监督站。

《民用核设施核反应堆操纵人员岗位管理信息表》是国家核安全监管部门换发《操纵员执照》和《高级操纵员执照》以及颁发《高级操纵员执照》的重要依据。核动力厂营运单位应编制相关执行文件，保证运行岗位人员岗位信息表的信息准确真实。

附表1：民用核设施核反应堆操纵人员岗位管理信息表

（执照申请文件编号）

一、基本信息

拟执业核反应堆：　　　　　岗位管理信息编号：

姓名		身份证号码		拟担任岗位类别	
原操纵人员执照编号				所属核设施	
首次取得操纵员执照时间				所属核设施	
首次取得高级操纵员执照时间				所属核设施	
首次担任值长时间				所属核设施	

说明：拟任岗位类别分值长、反应堆操作人员

二、培训记录

培训项目名称	培训活动依据程序	持续小时数	培训活动记录编号	培训活动负责人

三、值班记录

所属运行值名称	所担任工作	调至运行值时间	运行值变化时间	值班小时数	运行值值长

说明：1. 所担任工作分：值长、高级操纵员、操纵员

2. 运行值变化时间为离开运行值、运行值名称变化、所担任工作变化或运行值值长更换时间，精确到日

3. 值班小时数指从调至运行值到运行值变化期间，实际在主控室值班的小时数

四、运行值班中运行事件处理记录文件名称与编号

序号	核设施名称	事件报告名称	编号	备注
1				
2				

国家核安全局关于发布《γ 辐照装置退役》等两项核安全导则的通知

国核安发 [2013]117 号

各有关单位：

为进一步完善我国核与辐射安全法规体系，提高我国核安全监管水平，我局组织制定了《γ 辐照装置退役》（HAD 401/07—2013），修定了《高水平放射性废物地质处置设施选址》（HAD401/06—2013），现发布以上两项核安全导则，自发布之日起实施。

原《放射性废物地质处置库选址》（HAD401/06—1998）自新导则发布之日起停止适用。

国家核安全局

2013 年 5 月 24 日

核安全导则 HAD 401/07—2013

γ 辐照装置退役

(2013 年 5 月 24 日国家核安全局批准发布）

本导则自 2013 年 5 月 24 日起实施

本导则由国家核安全局负责解释

本导则是指导性文件。在实际工作中可以采用不同于本导则的方法和方案，但必须证明所采用的方法和方案至少具有与本导则相同的安全水平。

1 引言

1.1 目的

本导则依据《放射性污染防治法》《放射性同位素与射线装置安全和防护条例》和《放射性废物安全管理条例》编制，旨在为 γ 辐照装置的退役提供具体的技术指导。

1.2 范围

本导则适用于 γ 辐照装置的退役。附录 A、B、C、D 为参考性文件。

2 退役原则和目标

2.1 退役原则

2.1.1 按照《电离辐射防护与辐射源安全基本标准》（GB18871—2002），γ 辐照装置退役放射性废物处理和处置工作应遵循辐射防护三原则和废物最小化原则。

2.1.2 受污染的厂址经整治后拟向公众开放时，其中的建筑物、设备等必须满足清洁解控要求，土壤中残留放射性物质的活度浓度应达到允许开放的可接受水平，方可解除控制，无限制开放使用。

2.1.3 在装置退役实施前，应先移除装置中的全部放射源。退役中所产生的放射性物质应按国家规定处置。

2.1.4 γ 辐照装置设计寿期为 40 年。若达到退役年限但运营者要求延期的，应向监管部门提交申请延期报告，说明延期的理由，提供可以延期的支持性资料，其建筑物和安全防护设施均满足 GB17568《γ 辐照装置设计建造和使用规范》和 GB10252《γ 辐照装置的辐射防护与安全规范》的要求，方可延期运行。

延期时间的长短视装置的具体情况而定，对无法修复或改造的装置，应强制其退役。

2.1.5 责任

a) 装置业主应在装置运行前制定一个与装置类型和状态相称的退役计划，并且应在运行中每五年更新一次；

b) 装置业主应负责对退役中应急措施的准备和实施；

c) 装置业主对退役期间的安全负责。

2.1.6 辐射安全

在装置退役的所有阶段应对工作人员、公众和环境加以严格保护，并全面分析退役期间的潜在危害，制定安全防护措施。

2.1.7 在退役过程的各个阶段，都应进行辐射监测并做好必要的记录。

2.2 退役目标

2.2.1 剂量限制

在装置退役实施过程中和无限制开放后，应确保操作人员、公众成员和环境的安全。其剂量约束值为：

a) 对参与退役放射性操作的人员的辐射照射应进行控制，其剂量约束值为5mSv。

b) 辐照中心辐射环境评价范围内公众中关键人群组成员，累计在整个退役过程中所接受的附加剂量不应超过0.1mSv。

c) 对有放射性污染的场区或土壤，在采取了清除和补救行动后实施重新开放或利用时，公众中关键人群组成员所受的附加年有效剂量应控制在0.1mSv以下。

2.2.2 清洁解控

a) 对仅有表面污染的物件（如被污染的源架、井覆面、水处理系统中的管路和设备等），表面污染解控水平为0.8Bq/cm^2。该值为设备表面固定污染和松散污染的总和。污染水平按一定面积上的平均值计算，工作服取100cm^2，设备取300cm^2。

b) 贮源井底被污染的沉积物的活度浓度解控水平推荐值为：

^{60}Co	10Bq/g
^{137}Cs	10Bq/g

c) 固体废物量为3t下者，物料活度浓度通用解控水平推荐值为：

^{60}Co	10Bq/g
^{137}Cs	10Bq/g

d) 贮源井水向环境排放时，所含放射性污染物的活度浓度应控制在10Bq/L以下，排放总活度不应超过1×10^5Bq，排放后应使用不少于3倍排放量的水进行冲洗。

2.2.3 拟无限制开放场址的土壤活度浓度限值为：

^{60}Co	0.03Bq/g
^{137}Cs	0.1Bq/g

3 装置设计、建造和运行各阶段对退役的考虑

辐照装置在设计、建造和运行各阶段都应考虑采取便利于装置退役的各项措施。

3.1 设计和建造阶段

在设计和建造阶段应考虑的因素有：

a) 在可能被污染的区域尽可能使用光滑、无缝和非吸附性的表面和地面，和/或可除去或可剥离的涂料；

b) 设计和加工制造时贮源水井的不锈钢覆面需清除焊渣，打磨光滑，必要时应进行抛光处理，并要对焊缝进行 100% 的探漏检查；

c) 设计源架防护罩和防碰撞装置，以防止源架被辐照的货物碰撞，造成卡源或放射源受损；

d) 可能污染的系统和设备，如水处理系统要求便于就地去污和方便拆除作业；

e) 井水水位监测，探测泄漏；

f) 留有足够的空间，以便于去污和拆卸设备操作；

g) 吸取以前退役活动所得到的经验教训。

3.2 运行阶段

在日常运行管理中，严格按照操作规程和检修计划进行，以便最大限度地减少导致发生放射源卡阻和破损的可能性；定期对贮源井水和周边环境进行监测，以便在装置退役时提供参考。

装置开始运行后，还应妥善保存以下记录，直至装置退役：

a) 首次装源前对装置周围环境进行检测的记录，以及每次加源后检测的记录；

b) 运行事件和事故记录，如：出现的任何事件和事故及其补救措施的记录；

c) 装置及其设备重要修改的细节，包括有关的图纸；

d) 装、换放射源的原始记录，包括放射源名称、厂家、编码、活度、数量、时间、在源架上的位置等；

e) 水井中曾存放过的放射源记录，包括放射源名称、厂家、编码、活度、数量、时间等；

f) 对装置内所有放射源、疑似放射源和假源棒进行调查的记录；

g) 设备的重大检修记录，尤其要包括源架、源架的升降系统和安全联锁系统的检修记录；

h) 对贮源井水和装置周围环境进行的定期检测的记录。

4 退役实施

4.1 组织机构和人员资质

4.1.1 组织机构

应设立退役指挥、退役实施、辐射安全与环境监测、安全保卫、运输以及后勤保障等相关组织并明确职责。

4.1.2 人员资质

a) 辐照装置的退役应由具有专业知识和经验的人员负责实施。

b) 如本单位的工作人员不具备操作放射性物质和去污等专门技术时，可以聘请有资质和实施能力的单位完成部分或全部退役工作。

c) 在组织实施退役的队伍时，应尽量保留装置运行阶段的关键工作人员参与退役工作，并应该最大限度地利用装置原运行人员的知识和经验。

d) 应对实施退役工作的人员进行相关的培训和良好的安全文化素养的教育，使其了解待实施退役活动的规模、复杂程度和性质，并具有始终将辐射防护和安全放在头等重要的思想意识，以便有能力安全地完成指派给他们的工作。退役工作人员经考核合格后方可参与退役工作。

4.2 运行历史资料收集和分析

对辐照装置自投入运行到退役的整个期间运行和变更情况及所发生的故障和事故进行资料收集和分析，包括：

a) 装置原设计的变更及重要修改的细节；

b) 水井中曾存放过的放射源；

c) 每次加源后井水水质和场所的检测；

d) 涉源故障和事故，包括故障或事故发生的时间，故障或事故原因，处理的过程和采取的补救措施，故障或事故有关的当事人，以及参与事故处理的管理人员和专家；

4.3 源项调查

装置退役前除对周围环境和工作场所进行普遍检测调查外，应针对性地在辐照室周围 50m 范围内进行源项调查，调查的内容见附录 A。

4.4 退役计划

装置退役应制定退役方案，以表明退役可以安全地完成。主要内容：

a) 装置的描述，包括技术参数、运行历史、放射性物质的种类、存量和状态；

b) 退役活动，包括退役实施的组织机构与职责；

c) 退役废物的处理与处置；

d) 退役目标；

e) 时间安排；

f) 资金筹措，退役资金应有序筹措，更新退役计划时应说明资金的筹措情况。

4.5 清查和移送放射源

为了减少退役实施期间的辐射危害，辐照装置退役开始前，首先清除、移送放射源，移送方案示例见附录 B。

4.5.1 清查放射源

a) 清查自运行以来所有放射源的台账，严格做到账、物相符；

b) 通过测量贮源井水的放射性活度，确定井内放射源是否存在破损，如若破损，应一一进行鉴别，确定破损放射源；

c) 根据台账将贮源井内所有放射源分为已到使用寿期的退役源和未到使用寿期的可继续使用的放射源。

4.5.2 移送放射源

a) 退役放射源应根据合同返回生产厂，其运输由业主委托有资质的单位完成；

b) 确实无法退回的放射源，应经审管部门批准，送往有资质废物库长期贮存；

c) 移送放射源应使用经批准的合格容器；

d) 可再利用的放射源应依法转让有资质的单位并办理合法转移手续和记录；

e) 在清除退役放射源中，发现破损放射源时，应立即向审管部门报告，并尽快通知该破损源的生产厂，分析确定破损原因后返回生产厂。

4.6 环境影响评价

装置在退役前应编制环境影响评价文件，内容应包括：

a) 根据放射源台账或记录清查所有放射源，确定其完整性；

b) 放射源移送的去向及证明文件，装运过程中的辐射监测（场所、容器和车辆表面的辐射监测记录，退役人员的剂量监测报告）与评价，说明对工作人员和公众的影响；

c) 移出放射源后装置和环境的辐射水平现状，如有污染，被污染的贮源井水、井覆面、被污染的水处理系统、管道和设备的处理措施，放射性废物的去向及其对公众和环境产生的辐射影响等；

d) 在安全评估中应该分析在退役活动中有可能发生的放射性和非放射性的危害以及治理措施，制定事故处理的应急响应计划；

e) 终态辐射监测方案。

4.7 辐射防护和监测

4.7.1 退役过程中，工作人员和公众的辐射照射应满足本导则规定的剂量约束值和剂量限值并保持在可以合理达到的尽量低的水平。有可能涉及辐射照射的工作应事先计划，并估计可能的个人剂量和集体剂量。

4.7.2 应制定辐射监测计划，对退役操作人员、工作场所、相关设备及部件和周围环境等进行监测。

4.7.3 辐射防护负责人应拥有必要的资源、工作能力和权限来完成辐射防护任务。

4.7.4 配备的辐射防护设备至少应包括：

a) 辐射屏蔽设备，如长杆工具、局部铅屏蔽和通风等；

b) 个人剂量计和个人剂量报警仪；

c) 现场应配备表面污染监测仪和 γ 剂量率仪。

4.7.5 应按辐射水平对退役场所进行分区管理，划出控制区和监督区，并采取相应的防护措施。

4.7.6 搬运、包装和运输作业过程中应对工作人员、部件、废物和物料进行辐射水平监测。应防止松散污染物扩散。

4.7.7 应对退役过程中的关键节点进行辐射监测：

a) 排水前井水的放射性水平；

b) 排水前和排水期间井水表面的 γ 剂量率；

c) 排水后井壁表面沾污、γ 剂量率；底泥的放射性水平（活度浓度）；

d) 水处理系统相关管壁和材料的表面污染；操作工具、源架、容器的表面污染；周围环境的 γ 剂量率；

e) 有污染的物料去污后的表面污染水平。

4.8 排水

4.8.1 在所有放射源移出后，应对贮源井水进行水质监测，当确定井水污染时，应采取过滤等措施减少井水放射性水平，直至其活度浓度低于 2.2.2 的控制值后，向省级环保部门申请，经批准后方可排放到污水管网。井水处理完后，应对操作工具及源架等表面、贮源井覆面及水处理系统循环回路内表面、管道内表面等进行去污。

4.8.2 贮源井水排放过程中，应随时对水面进行剂量率监测，以防止井内有遗留的放射源。

4.8.3 排水完成后，应对井底沉积物进行放射性监测，如果沉积物的 Co-60 的活度浓度满足 2.2.2 节要求方可解控，否则应按放射性废物处理。

4.9 去污

4.9.1 去污活动包括采用适宜的措施清除或减少管道和设备表面的放射性污染的活动。去污目标：

a) 防止或减少对操作人员和其他人员的辐射危害；

b) 使退役场所达到无限制开放；

c) 尽可能使被污染的设备和部件达到解控水平。

4.9.2 应根据监测结果确定去污方案。当确定有放射源泄漏的情况下，应进行以下去污：

a) 贮源井覆面和水处理系统循环回路的内表面；

b) 源架及操作源的工具等表面。

4.9.3 对不同的去污过程选择不同的去污方法，并对去污技术的安全性和有效性进行评估。评估内容包括：

a) 工作人员可能受照的剂量；

b) 去污后能达到的目标；

c) 估计在去污过程中新产生的废物数量、性质和活度；

d) 对场内和场外环境造成任何可能的影响；

e) 去污代价与预期利益比较。

4.10 拆除和拆毁

4.10.1 拆除和拆毁作业应达到以下要求：

a) 把受到污染的设备、构筑物等与没有受到污染的分开，以减少工作人员在后续退役作业中受到辐射危害，减少废物产生量；

b) 控制被拆除和拆毁物的尺寸，使之便于去污和搬运等作业。

4.10.2 在选择拆除和拆毁方案时，应考虑：

a) 减少拆除和拆毁作业人员的受照剂量和工业安全；

b) 所用拆除和拆毁技术和设备应简单可靠；

c) 产生的放射性废物量最少；

d) 尽可能使用经过验证的拆除技术；

e) 尽量减少对邻近区域的不利影响；

f) 确定运输废物的容器及相关装运作业和运输途径。

4.11 放射性废物管理

4.11.1 在水处理系统被污染的情况下，可利用去污、受控拆除、控制污染和分类管理等措施以及必要时采取行政管理手段，尽可能减少放射性废物量。

4.11.2 应制订废物管理计划，至少包括下列内容：

a) 退役期间可能产生的放射性废物的来源、数量、种类和性质；

b) 放射性污染物清洁处理后，解除监管控制的可能性；

c) 设备和房屋场地重新使用和重复利用的可能性；

d) 放射性废物的处理和最终去向；

e) 放射性废物包装和运输的安全性；

f) 从退役过程中产生的废物其来源和性质的可追溯性；

g) 废物对工作人员、公众和环境的潜在影响。

4.12 应急

4.12.1 制定应急预案

应制定相应的应急处理措施，以减少在退役过程中事故或事件的后果。这些事件包括源的破损、放射性物质的洒落、水的污染、火灾、电源故障、设备故障、人为恶意破坏、工业安全、人员误照等。

4.12.2 应急处理

a) 发生事故或有异常情况时应立即停止工作，查明情况；

b) 确认有事故发生时，应立即启动应急预案；

c) 在场地准备足够的灭火器，备有应急电源，运行人员要在现场值班巡视，监测仪表实地检测等。

4.13 安全保卫

4.13.1 安全保卫要求

a) 禁止与退役无关的人员进入退役场所；

b) 采取措施防止放射源丢失；

c) 采取措施防止放射性废物或污染物（如井底污染沉积物、污染离子交换柱和过滤器筛盘等）丢失。

4.13.2 在退役期间，应制定防止人为破坏和人员误入以及放射性物质安全的保护措施。

4.13.3 通过划定区域、安装安全保卫装置、安排人员值守、实施放射性物质管理等保护措施。

4.14 文件管理

4.14.1 退役过程应该至少形成以下文件：

a) 退役计划；

b) 放射源的移送方案及其实施记录和文件；

c) 环境影响评价文件及相关批准文件；

d) 退役过程各关键点监测报告和终态辐射测量报告；

e) 放射源与放射性废物（固、液体）的去向及相关备案文件；

f) 退役期间发生的任何异常事件或事故的概述及处理结果；

g) 退役总结报告。

4.14.2 文件管理

a) 上述文件及其相关批准文件均应存档并长期保存；

b) 退役放射源及放射性废物应具有可追溯性。

4.15 质量保证

4.15.1 在退役开始之前业主应该安排和启动一个适当的质量保证大纲。质量保证大纲必须包括：

a) 按标准规定的基本要求，评定退役工作的细节；

b) 退役的组织机构、职责、权限和接口；

c) 管理措施，包括策划、进度安排和资源考虑；

d) 退役实施过程中的质量监督及记录。

4.15.2 运行期间所有影响安全的重要系统、构筑物和部件的重大改变都应形成文件，供安排退役使用。

4.15.3 在清除和移送放射源期间形成的所有放射性物质都必须给予适当说明，而且必须确定它们的最终目的地。

4.15.4 重要资料如放射性测量结果和个人监测数据应该根据需要向监管机构提供。

5 退役的完成

5.1 终态验收辐射监测报告

退役作业完成后应由有资质和授权的单位进行终态辐射监测，并出具监测报告。终态辐射监测报告是提出设施、场址解除监管控制申请的基础依据，报告中应包括这些测量数据文件，示例见附录 C。

5.2 退役总结报告

在退役完成的时候，业主应该编写退役总结报告，包括以下内容：

a) 退役活动的概述；

b) 退役各过程的监测结果（包括：底泥放射性核素活度浓度；去污前后井壁、源架、水处理系统材料及管道、操作工具等表面污染水平）；

c) 放射源与放射性废物（固、液体）的去向及相关审批和备案文件；

d) 退役中发生的事件或事故及处理情况；

e) 经审批的环境影响评价文件；

f) 结论。

5.3 验收

5.3.1 退役完成后，辐照装置的业主应依据相关规定向环境保护主管部门申请验收。

5.3.2 申请验收，应按相关规定提交以下文件：

a) 验收申请；

b) 退役总结报告；

c) 终态验收辐射监测报告；

d) 环境保护主管部门要求提交的其他材料。

5.3.3 环境保护主管部门根据提交的验收材料批准辐照装置的退役，解除设施和场址的监管控制。

附录 A　源项调查示例

<table>
<tr><th colspan="2">被污染物名称</th><th colspan="2">数　量</th><th colspan="2">放射性水平</th></tr>
<tr><td colspan="2"></td><td>体积（m^3）</td><td>表面积（m^2）</td><td>浓度（Bq/m^3）</td><td>表面污染（Bq/m^2）</td></tr>
<tr><td colspan="2">贮源井水</td><td></td><td></td><td></td><td></td></tr>
<tr><td colspan="2">贮源井底沉积物</td><td></td><td></td><td></td><td></td></tr>
<tr><td colspan="2">源架、假源棒及其井内附件</td><td></td><td></td><td></td><td></td></tr>
<tr><td colspan="2">井覆面内表面</td><td></td><td></td><td></td><td></td></tr>
<tr><td colspan="2">倒源工具</td><td></td><td></td><td></td><td></td></tr>
<tr><td rowspan="3">水处理系统</td><td>过滤器芯</td><td></td><td></td><td></td><td></td></tr>
<tr><td>活性炭，阴、阳离子树脂床</td><td></td><td></td><td></td><td></td></tr>
<tr><td>管道、贮水罐内表面</td><td></td><td></td><td></td><td></td></tr>
<tr><td colspan="2">土壤</td><td></td><td></td><td></td><td></td></tr>
</table>

附录B 放射源移送方案示例

下面内容为放射源移送方案示例，包括5部分内容：

1 引言

2 装置描述

2.1 场址和装置说明

2.2 装置运行历史及退役原因

2.3 放射源的清查

2.3.1 放射源的种类、存量和状态的描述

2.3.2 放射源的厂家、编码、放射性活度、根数、结构尺寸、生产日期、使用情况等

2.3.3 对于存在假源棒的装置，应对假源棒逐一验证

2.4 放射源的去向

3 移送前的准备

3.1 退役实施的组织机构与职责

3.2 转让或送贮审批

3.3 资金准备

4 移送实施

4.1 场所分区

4.2 移取操作方案

4.3 过程监测

4.4 运输

4.5 移送后的责任转移 移送的放射源运输应遵守《放射性物品运输安全管理条例》和国家标准GB11806《放射性物质安全运输规程》的规定

5 应急考虑和安排

附录C 退役终态验收辐射监测报告

下面为终态监测报告内容示例，包括6部分内容和附件：

1 装置名称

2 装置描述

2.1 装置类型和位置

2.2 场址描述

2.3 装置描述

3 监测内容

3.1 辐照室周围的环境辐射水平测量

3.2 工作场所的辐射水平测量

3.3 去污后拟再利用的部件和设备的放射性水平

3.4 辐照室贮源井周围土壤放射性水平的测量

3.5 退役实施人员的个人受照剂量的测量

4 监测仪器和方法

5 监测结果

6 结论

6.1 监测评价

6.2 可接受性评定结论

附件 测量单位资质与人员资格

附录D　放射源情况登记表

序号	核素名称	出厂日期	出厂活度（TBq）	生产国	标号	编码	破损情况	最终去向	移出日期	操作人	批准日期	批准人	备注
1													
2													
3													
4													
5													
6													
7													
8													
9													
10													

核安全导则 HAD 401/06—2013

高水平放射性废物地质处置设施选址

（2013年5月24日国家核安全局批准发布）

本导则自2013年5月24日起实施

本导则由国家核安全局负责解释

本导则是指导性文件。在实际工作中可以采用不同于本导则的方法和方案，但必须证明所采用的方法和方案至少具有与本导则相同的安全水平。

1 引言

1.1 目的

本导则的目的是为选择合适的高水平放射性废物地质处置设施场址提供指导。

1.2 范围

1.2.1 本导则提出了高水平放射性废物地质处置设施的选址目标、阶段划分、选址准则、所需资料的要求和质量保证要求。

1.2.2 本导则适用于高水平放射性固体废物地质处置设施的选址，也适用于乏燃料、α 放射性固体废物以及由国家监管部门批准的其他放射性废物地质处置设施的选址。

2 选址目标、阶段划分

2.1 选址目标

2.1.1 选址的基本目标是选择出一个安全处置高水平放射性废物的场址。在高水平放射性废物处置安全期内（地质处置设施关闭后至少1万年），该场址作为天然屏障，应当能够与处置设施的工程屏障一起，有效隔离放射性核素，并有效阻止其进入生物圈。

2.1.2 场址应具备天然屏障功能，以使高水平放射性废物对人类和环境的放射性影响保持在国家规定的可接受的水平以内。

2.1.3 为确保处置设施的安全，应当优先选择具有良好天然屏障和有利于工程屏障设计和施工的场址。不应当主要依靠管理控制措施来确保地质处置设施长期安全。

2.1.4 评价场址的适宜性，既要考虑场址本身的地质和环境等特征，也要考虑以该场址条件为基础而设计的工程屏障系统，以及二者的相容性。

2.2 选址阶段划分

2.2.1 选址过程首先始于制定选址规划和确定选址原则，然后，开展大范围的区域调查，确定预选区；通过对预选区域的调查和研究，筛选出预选地段；通过对预选地段进行勘查和比较，提出候选场址；其后对候选场址进行详细评价提出推荐场址；最后，对推荐场址进行深入勘查，以确认该场址是否可以作为最终场址。

2.2.2 处置设施场址的选址过程分为4个阶段：

（1）规划选址阶段

（2）区域调查阶段

（3）场址特性评价阶段

（4）场址确认阶段

2.2.3 上述阶段的划分没有截然明确的界限，它重点体现的是选址调查的基本思路。各选址阶段会有若干相关联的重叠性工作，但总体上是逐步深入的。每个阶段的工作应当考虑下阶段更深入的工作。

2.2.4 每个阶段的选址工作均应遵循国家的法律、法规和相关标准规范，综合考虑社会、经济、安全、环保、技术和自然条件等因素。

2.3 规划选址阶段

2.3.1 规划选址阶段的目标是依据已有资料、选址规划和选址准则，在全国范围内确定出一个或若干个社会经济条件和自然条件均有利的预选区，同时提出这些预选区中可能的预选地段及候选的处置库围岩类型。

2.3.2 选址规划应对时间、经费和人力等要求作出估算，还应确定选址研究工作的内容。选址规划应包括：待处置废物的类型与数量、选址和场址特性评价中所采用的准则、选址工作程序、工作内容、时间进度、经费估算和对废物处置设施长期安全性能的考虑。

2.3.3 本阶段应收集以下资料：全国有关地质、水文地质、工程地质、地震地质、地球化学、自然地理、社会经济、交通、人口分布、国家发展规划和核工业战略布局等有关资料。本阶段需对若干重点地区进行实地踏勘，进行适当的野外地表调查工作和室内分析工作，并进行综合分析对比。

2.3.4 本阶段应当完成规划选址报告。

2.4 区域调查阶段

2.4.1 区域调查阶段的目标是在一个或若干个预选区内筛选出 2 个或 2 个以上适宜建造处置设施的候选场址。

2.4.2 区域调查阶段的工作包括地段筛选和候选场址筛选。

2.4.3 地段筛选是对预选区中的具有有利条件的地段开展区域地质和区域水文地质调查以及其他自然条件和社会经济方面的调查，以及 1:50000 尺度及更为详细的地表地质、水文地质、工程地质、地球物理和地球化学方面的研究，并进行若干个深钻孔施工，初步了解深部岩体或岩层的特性。地段筛选的工作目标是从预选区中筛选出若干个满足要求的预选地段。筛选出的预选地段既可以是一个预选区中的若干个预选地段，也可以是 2 个或 2 个以上预选区中的若干个预选地段。

2.4.4 候选场址筛选是对筛选出的预选地段开展 1:25000 ~ 1:10000 尺度及更为详细的地表地质、水文地质、工程地质、地球物理和地球化学方面的调查，并进行深钻孔施工，深入了解深部岩体或岩层的特性。其工作目标是在预选地段中筛选出若干个（2 个或 2 个以上）适宜建造处置设施的候选场址，供进一步的比选和场址特性评价。

2.4.5 本阶段应当提交区域调查阶段选址报告。

2.5 场址特性评价阶段

2.5.1 场址特性评价阶段的任务是对 2 个或 2 个以上候选场址进行比选。通过深入的勘查、研究和安全评价，从不同角度，尤其是从安全角度和处置设施建设可行性角度评价和比较这些候选场址的适宜性。

2.5.2 在场址特性评价阶段应按相关规范开展 1:5000 ～ 1:2000 尺度及更深入的野外地表调查和地下勘查以及室内分析工作，以查明处置库围岩的规模、形态、产状、内部结构、地下水等各类特征，获得详细的地质、水文地质、工程地质及环境条件等相关规范要求的可靠资料及相关参数。同时还应当深入调查，获取废物运输条件、人口及社会经济条件和放射性本底等资料。

2.5.3 对候选场址需进行初步安全分析和环境影响评价，并根据处置设施概念设计和场址条件，评价在该场址建造处置设施的可能性。

2.5.4 本阶段应当考虑对 2 个或 2 个以上候选场址进行比选。

2.5.5 本阶段的目标是提出推荐场址，并提交推荐场址特性评价报告。推荐场址的确定需要综合考虑、比较和评价地质、水文地质、工程地质、地震地质、地球化学、放射性本底、资源、能源、环境、社会经济、政治和公众接受等各方面的因素。

2.6 场址确认阶段

2.6.1 场址确认阶段的任务是在推荐场址上进行更详细的场址调查，其目的是：

（1）进一步确证推荐场址的安全性，对场址适宜性给出明确的结论；

（2）为处置设施的施工设计、安全评价、环境影响评价和申请建造许可证等工作提供所有必需的场址资料。

2.6.2 场址确认阶段的任务是对推荐场址进行处置设施建设之前的详细勘查和研究。应进行 1:1000 尺度或比例尺更大的、详细程度更高的野外、室内及地下研究，以详细查明处置库围岩的规模、形态、产状、内部结构、地下水等各类特征。应当在推荐场址上建造地下实验室，并开展现场研究，如深部地质调查、水文地质研究、原地应力测量、开挖实验、岩石力学实验、加热实验、现场核素迁移实验、原型处置库实验、处置工艺实验等，以详细查清场址的各类特性，建立场址三维模型和场址放射性核素迁移等模型，以最终确认场址。

2.6.3 场址确认阶段还应进行安全分析和环境影响评价。

2.6.4 场址确认阶段的目标是确定处置设施最终场址，并提交最终场址调查报告。

2.6.5 在确定处置设施最终场址以后，仍有必要继续进行进一步的场址特性调查和观测工作。

3 选址准则和所需资料

3.1 总则

3.1.1 在评价某一处置设施是否达到其性能指标时，天然屏障和工程屏障应作为一个整体来考虑。处置设施应具有一定的变通性，即可用某一部分的可靠性来补偿另一部分性能上的不确定性。因此，在整个选址决策过程中，既应当充分遵循选址准则，又应当视具体情况具体分析。

3.1.2 单一的选址准则不能孤立地使用，应采取综合的方法来评价和确定候选场址。由于各具体场址之间可能差别很大，并且各种因素相互影响，因此，实施这些准则时，应综合考虑长期安全、技术可行性、社会、经济和环境等因素。在具体的选址过程中应视情况制定一些具有实际可操作性的具体标准。

3.1.3 选址准则分为：地质条件、未来自然变化、水文地质、地球化学、人类活动、建造和工程条件、废物运输、环境保护、土地利用、社会经济和人文条件等10个方面。

3.2 地质条件

3.2.1 选址准则

（1）场址的地质条件应确保处置设施天然屏障的完整性，其综合的几何、物理和化学特性应能在安全期内阻滞放射性核素从处置设施向环境中迁移。

（2）围岩的深度和体积必须能够完全包容处置设施，并满足处置设施的安全要求。应当尽量选择地质条件简单、岩性单一的地质体。

（3）围岩的力学性质应能确保处置设施的安全建设、运行和关闭，并能确保处置设施周围天然屏障的长期稳定。

（4）围岩的热学性质和热－力性质应能满足处置发热废物的需求。由于处置设施内可能产生气体，故在评价场址适宜性时，还应考虑气体在天然屏障中的迁移性能。

（5）处置设施必须与地质体的不连续面（如断层、裂隙密集带等）保持足够的距离，避开能为放射性核素迁移提供快速通道的断裂破碎带。

3.2.2 所需资料或数据

场址和场址区域内各种地质构造、岩石、沉积物和土壤的分布和延深资料，以及化学性质、物理性质、岩石力学性质和热学性质的资料。

3.3 未来自然变化

3.3.1 选址准则

（1）为了保证所选场址的围岩和整个处置设施的隔离能力，场址应避开由于新构造运动、地震活动、火山作用、褶皱作用和底辟作用等地质作用产生不可接受的影响的地区。

（2）场址应当避开未来可能的海平面升降区、侵蚀/沉降区、冰川作用区、地表水和地下水水力平衡剧烈变化区、陆地快速沉降和抬升区、地质灾害的潜在发育区等可能破坏处置设施系统完整性、改变地下水流状态和通道，并引发放射性核素快速释放的地区。

3.3.2 所需资料或数据

（1）当地和区域的气候变化资料和更大范围内的未来气候趋势资料，以及极端气象事件发生的可能性资料；

（2）当地和区域的构造演化历史和反映新构造运动（如上升、沉降、倾斜、褶皱、断层走滑）的资料；

（3）场址区内所有断层及其位置、长度、深度、充填物和最新活动时代等资料；

（4）场址区域范围（半径不小于

150km 范围内）的历史地震资料和现代地震仪器记录资料；

（5）场址区域的地震构造条件、地震活动特征和地震地质灾害等评价地震影响所需的资料；

（6）地热梯度和温泉的资料；

（7）新近纪，特别是第四纪以来火山活动的资料；

（8）地质灾害及其评价资料；

（9）底辟作用的资料；

（10）褶皱作用的资料。

3.4 水文地质

3.4.1 选址准则

（1）场址应当具备岩体或岩层地下水含水量小、从处置设施到地下水出露点的径流途径长、水力梯度低等水文地质特征。

（2）地下水的流速、流向、渗透和稀释能力应当有利于有效阻滞或减缓放射性核素的迁移和扩散。

（3）因处置高水平放射性废物引起的水文地质条件的变化（如热效应、辐射效应、水－热－力－化学耦合效应、工程开挖等诱发的导水系数的变化）应当在可接受的范围内。

3.4.2 所需资料或数据

（1）场址和区域范围内含水层和隔水层特征资料；

（2）场址和区域范围内重要水文地质单元特性资料（位置、规模、相互关系）；

（3）场址和区域范围内主要水文地质单元的补给和排泄（位置和水平衡）特征资料；

（4）围岩的水文地质特征（孔隙度分布、导水系数和水力梯度）资料；

（5）场址区所有含水层的地下水流速和流向资料；

（6）场址区内地下水及围岩的物理化学特征资料。

3.5 地球化学

3.5.1 选址准则

（1）场址地质环境和水文地质环境的物理化学特征和地球化学特征应有利于限制放射性核素由处置设施向环境的释放。

（2）应选择具有合适的地球化学特性和对长寿命放射性核素具有良好阻滞作用的围岩和地质环境。

（3）应选择岩石裂隙表面和基质中的矿物对放射性核素具有较好阻滞作用的围岩。应当评价放射性核素在围岩及其裂隙中的迁移速度、迁移量及放射性核素的滞留或阻滞过程，包括弥散、扩散、沉淀、吸附、离子交换和化学作用，以及地下水运移放射性胶体物质的能力。

（4）应选择有利于减缓废物体、废物罐和缓冲回填材料之间及它们与其环境之间相互作用的地球化学环境。应评价废物体、废物罐、缓冲回填材料及其与处置库环境之间的化学和物理化学反应。应评价由于岩石－水－废物罐之间的相互作用，导致废物罐的腐蚀和放射性核素从废物体中浸出，造成放射性核素向周围环境的迁移的可能性。

3.5.2 所需资料或数据

（1）围岩、周围地质单元和水文地

质单元及地下水流系统的地球化学资料和水化学资料；

（2）地质介质的岩石类型、矿物成分及其地球化学性质资料；

（3）岩石（包括裂隙充填物）的化学成分、放射化学成分和矿物成分；

（4）矿物和岩石对重要放射性核素的各种离子形态的吸附能力；

（5）地下水化学成分、同位素组成及放射性核素的浓度，以及 pH 值和 Eh 值；

（6）辐射和衰变热对岩石及地下水化学性质和成分的影响资料；

（7）有机物、胶体物质及微生物的作用；

（8）岩石（包括裂隙）的孔隙结构和矿物表面特征；

（9）放射性核素在岩石单元中的有效扩散速率；

（10）放射性核素在场址地下水中的溶解度和化学形态。

3.6 人类活动

3.6.1 选址准则

（1）应考虑场址及其附近的现有和未来的人类活动。应尽量避开现有和未来人类可能活动频繁的区域以及人造工程影响区，以使由这种活动引起的不可接受的后果尽可能小。

（2）场址应当避开可能蕴藏矿产资源（如石油和天然气资源、地热能源、煤炭资源、金属矿产、非金属矿产等）、地下水资源和地下空间可能被利用的地区，以尽可能减少人类活动对地质处置设施的可能影响。

（3）场址应当避开可能存在充当放射性核素迁移通道的已有地下工程所在地。应查明围岩中是否有先前存在的钻孔和山地工程，以及这些工程所形成的实际或潜在的水力联系。所有此种钻孔和其他可能充当放射性核素迁移途径的人工通道均应进行有效地封堵。

（4）场址应当避开有可能被现有的或计划中的地面水体溃坝淹没地区。

3.6.2 所需资料或数据

（1）场址周围过去和当前的钻孔和采矿作业记录；

（2）场址所在地区内能源矿产、金属矿产、非金属矿产和地热资源的分布和储量等资料；

（3）现有的和计划中的地表水体的位置；

（4）场址范围内地表水和地下水现在和将来利用情况。

3.7 建造和工程条件

3.7.1 选址准则

（1）应选择具有良好建造和工程条件的场址。场址的地形条件和地下岩体特征应满足进行地面设施建造和地下工程施工的要求，并能使地下施工符合有关地下矿山建设的要求。

（2）场址应满足地下工程的总体开挖需要，并确保竖井、巷道和硐室开挖的稳定性。应有足够的空间堆放由于开凿竖井、巷道和硐室产生的废石。

3.7.2 所需资料或数据

（1）处置设施围岩及其上覆岩石的

详细地质、水文地质、岩石力学、工程岩体质量和地应力等资料；

（2）场址及周围地区的地形地貌资料；

（3）场址区域洪涝灾害等工程水文资料；

（4）滑坡区、可能滑动的斜坡和可能的地基液化区资料；

（5）场址所在地区的其他地质灾害资料；

（6）开凿工作中可能的不利条件（如岩石温度高、气体浓度高和地壳应力高）资料；

（7）处置设施地下硐室稳定性评价资料。

3.8 废物运输

3.8.1 选址准则

（1）选址应考虑高水平放射性废物运输条件，应当选择废物运输过程所产生的对公众和环境的辐照剂量是可以接受的场址。

（2）在某些情况下需要增建新的运输道路或对现有道路进行改造。应当优先选择运输距离较短、辅助建设工作量较小、运输路线无需穿越困难地形的场址。

（3）应考虑废物运输费用、可能的辐射照射以及事故的可能性。

3.8.2 所需资料

（1）场址区域已有的道路及其适用于废物运输的分析；

（2）现有交通运输网及其预计的改进情况；

（3）废物运输费用和风险估计；

（4）应急响应要求和运输能力分析。

3.9 环境保护

3.9.1 选址准则

（1）场址应选择在环境质量能得到充分保护、并在综合考虑技术、经济、社会和环境因素的条件下，不利影响能够减少到可接受程度的地点。

（2）应遵守国家环境保护要求，使地质处置设施避开国家法律、法规、行政规章及规划所确定的需要特殊保护的地区。地质处置设施给环境带来的各种不利影响应当减到最小。

3.9.2 所需资料或数据

（1）场址所在地区内饮用水水源地保护区、自然保护区、风景名胜区、生态功能保护区、基本农田保护区、水土流失重点防治区、森林公园、地质公园、世界遗产地、历史文化保护地、国家重点文物所在地、珍稀动植物栖息地及其通道、热带雨林区和重要湿地等环境敏感地区的位置；

（2）现有地表水与地下水资源状况；

（3）现有陆地植被和水生植被及野生动物状况；

（4）放射性本底状况。

3.10 土地利用

3.10.1 选址准则场址选择应考虑土地利用现状、土地利用规划和土地使用权等问题。应尽量选择现在和未来土地利用价值小的场址。

3.10.2 所需资料或数据

（1）现有土地资源、用途及其管辖权资料；

（2）土地利用规划。

3.11 社会经济和人文条件

3.11.1 选址准则

（1）场址应当选择在公众和利益相关方及社会影响可以接受的地方。选址时应进行公众参与调查，应征求公众特别是利益相关公众对场址的意见。场址所在区域公众和政府对处置设施场址意见应当成为确定场址的重要因素。

（2）应该优先考虑社会条件有利于建造处置设施的地区，特别是由于处置设施的建造和运行能给经济和工业发展带来益处的地区。

（3）应优先选择远离人口稠密区的场址。

3.11.2 所需资料或数据

（1）场址区域人口构成、职业分布、人口密度以及发展趋势；

（2）场址区域民族分布及宗教状况；

（3）场址区域的社会经济发展与定位；

（4）场址区域的经济建设与发展规划；

（5）场址区域企业种类及分布情况；

（6）场址区域危险源资料；

（7）场址区域农牧业状况；

（8）社会服务与基础设施资料；

（9）住房供求情况；

(10) 利益相关方调查数据及其分析评价资料；

(11) 公众调查数据及其分析评价资料。

4 质量保证

4.1 在选址工作初期，应当根据有关法规和标准，制定选址工作质量保证计划，以保证资料的质量及其可追溯性。质量保证计划应当包括选址工作中应遵守的法律、法规、标准和规范以及质量要求。

4.2 在整个选址过程中，应当以有关技术标准要求的格式收集资料、整理数据并建档保存。在选址工作初期就应当建立资料和数据的标准格式，并应用于整个选址工作中。资料和数据的格式应便于查阅、校验和相互比较。

名词解释

地质处置设施（geological disposal facility）：位于地下（通常在地表下数百米深）稳定的地质体中，用于处置高水平放射性废物的设施，其目的是使放射性核素与生物圈长期隔离。通常，此种处置设施用于长寿命废物和/或高放废物的处置。

围岩（host rock）：包容地质处置设施的稳定地质体或岩层。

预选区（pre-selected region）：规划选址阶段选出的区域。预选区面积一般为上千～上万平方公里，其中可包含若干个预选地段。

预选地段 (pre-selected area)：区域调查阶段在预选区中选出的供进一步勘查的次级区域。预选地段一般为 200 ～ 500 平方公里。

候选场址（potential site）： 区域调查阶段在预选地段中选出的供进一步勘查的范围。候选场址经场址特性评价后，有可能成为推荐场址。候选场址面积一般为十几～几十平方公里。

推荐场址（preferred site）： 经过场址特性评价阶段后，从候选场址中筛选出来的向国家主管机关和监管机关推荐的供比选的场址。

最终场址（final site）： 场址确认阶段后推荐为建设处置设施的场址。经国家主管机关和监管机关批准后，处置设施将建造在其中。

场址特性评价（site characterization）： 对候选场址进行详细的地表和地下调查研究，以获得决定该场址适宜性及评价高水平放射性废物处置设施长期安全性能的资料，并提出推荐场址。

国家能源局综合司关于印发建立服务核电企业科学发展协调工作机制方案的通知

国能综核电 [2013]460 号

服务核电企业科学发展协调工作小组成员单位：

为贯彻落实党的群众路线教育实践活动工作精神，根据《国家能源局关于建立服务能源企业科学发展协调工作机制的通知》（国能综合 [2013]185 号）要求，现将《服务核电企业科学发展协调工作机制方案》印发你们，请组织实施。

国家能源局综合司

2013 年 10 月 11 日

服务核电企业科学发展协调工作机制方案

为进一步转变政府职能转变作风，贯彻党的群众路线，更好地服务核电企业科学发展，根据《国家能源局关于建立服务能源企业科学发展协调工作机制的通知》（国能综合 [2013]185 号）文件精神，制定本方案。

一、工作原则

（一）以转变职能为契机。认真落实转变职能、转变作风，积极推行简政放权，贯彻落实国务院发布的核电中长期规划，为行业发展做好战略谋划，为产业发展做好统筹，为行业各单位主动积极提供服务。

（二）以科学发展为目标。立足安全高效发展核电的长远大局，围绕解决当前制约核电发展的关键问题和根本性问题，促进核电行业科学发展，实现核电强国目标。

（三）以服务行业为任务。充分调动各方面参与服务核电科学发展的积极性，统筹协调政府、企业、行业协会及科研院所间的关系，整合资源，为核电发展服务。

（四）以科技创新为保障。鼓励核电技术研发和科技创新，推广具有自主知识产权、先进安全的核电技术，加强核电基础研究和关键技术开发的支持力度，服务企业科研成果的应用转化，为核电自主化和“走出去”战略提供保障。

二、主要任务

（一）营造良好的企业发展环境。制定公平准入的产业政策，优化项目审批程序，协调核电与电网、调频调峰电源的规划、调度及运行；创造良好的法制环境，维护企业合法权益和市场秩序；促进国家机关、地方政府、核电企业三方联动，共同营造良好的舆论导向和氛围，引导核电企业做好新建核电项目社会稳定风险评估有关工作，推动核电科普及公众开放宣传活动。

（二）做好产业政策及相关信息服务。认真做好发展规划、产业政策、行业管理规章规范等政策文件出台前的评估和征求意见工作；及时做好政策文件的宣传解读，对执行过程中出现的问题及时总结，适时调整，确保政策行之有效；建立行业信息交流共享平台，实现行业发展的信息共享。

（三）服务企业科技创新。依托国家重大科技专项，进行持续跟踪，积极协调解决项目建设和执行过程中存在的问题，优化科研项目管理机制；扶持一批与核电密切相关的基础性科学研究，工艺改进、材料升级、装备制造能力提升的课题，引导企业加大投入，实施科技创新与攻关，解决难题掌握技术；鼓励和扶持民营经济参与核电科技攻关、核电设备、材料国产化工作；对核电行业的最新科研成果和科研方向组织研究交流，推动核电行业企业、高校、科研院所深化交流合作，支持社会力量购买科研成果及服务。

（四）服务核电“走出去”战略。对核电企业“走出去”给予方向性指引，并推动将核电“走出去”作为我国与潜在核电输入国双边政治、经济交往的重要议题；提升核电行业的核心竞争力，加强对核电出口的组织和领导，按照“统一思想，集中目标，整合资源，形成合力”的原则，支持企业以工程建设、设备制造、技术支持和国家银行贷款等多元化方式参与国际项目竞争，不断提高我国核电整体水平和国际竞争力。

（五）加大沟通协调和服务力度。加强与相关部委、地方政府间的沟通，帮助核电重大项目在前期论证、厂址选择、项目实施和运行过程中的统筹协调；对于核电重大项目的建设及运行环节，积极深入现场开展实际调研，掌握一手资料，帮助企业及时化解实际矛盾和困难；推进落实地方政府对纳入规划厂址的保护责任，为国家核电长远发展打好基础。

（六）建立服务企业培训机制。及时收集、整理、归纳企业在科研、建设、运行等方面遇到的有关政策困惑，邀请有关政策制定部门、业内专家进行培训，加深有关单位对政策的认识和把握；帮助企业加强核安全文化建设，组织相关专家深入企业一线帮助企业解决实际运作中的问题和困难。

（七）助力于行业协会，发挥桥梁纽带作用。加强与核能行业协会以及其他核电相关行业协会的交流沟通，指导相关行业协会开展工作，并与核电行业相关科研院所、企业、高校的实际需求有机结合，充分发挥行业协会桥梁纽带作用。

三、组织形式

为保证协调工作机制有效运转，成立服务核电企业科学发展协调工作小组，邀请有关核电企业、高校、核能行业协会、机械工业联合会等作为成员单位（成员单位根据企业发展状况进行滚动调整）。工作小组根据需要可以设立专家组，提供咨询服务。

四、工作机制

（一）联席会议机制。每季度定期召开科学发展协调工作小组联席会议，不定期召开专题座谈会，沟通情况，向有关企业和单位通报国内外核电发展形势、存在的问题和政策措施，听取各企业和单位的建议和意见，指导地方和企业及时调整自身发展规划，协调解决存在的重要问题，化解主要矛盾，协助促进核电健康发展。联席会议参加单位除小组成员外，也可根据需要邀请其他政府相关部门或企业参加，沟通情况，通报信息，解决问题。

（二）信息共享机制。收集整理核电行业相关科研、制造、建设、运行相关信息，由核电司归纳整理统一发布核电行业信息通报，核电行业各单位共享信息通报。

协调工作小组核电企业、高校名单

1. 中国核工业集团公司
2. 中国核工业建设集团公司
3. 中国华能集团公司
4. 中国电力投资集团公司
5. 中国第一重型机械集团公司
6. 中国第二重型机械集团公司
7. 哈尔滨电气集团有限公司
8. 中国东方电气集团有限公司
9. 国家核电技术有限公司
10. 中国广核集团有限公司
11. 上海电气集团有限公司
12. 清华大学
13. 上海交通大学
14. 西安交通大学
15. 哈尔滨工程大学
16. 中国工程物理研究院
17. 中国核能行业协会
18. 中国核学会
19. 中国机械工业联合会

国家能源局综合司关于印发《大型先进压水堆及高温气冷堆核电站重大专项知识产权管理办法（试行）》的通知

国能综核电〔2013〕609号

各有关单位：

为进一步规范核电重大专项管理，根据国家科技重大专项相关规定和《大型先进压水堆及高温气冷堆核电站重大专项实施管理暂行办法》，我们制定了《大型先进压水堆及高温气冷堆核电站重大专项知识产权管理办法（试行）》，现印发你们，请遵照执行。

国家能源局综合司

2013年11月19日

大型先进压水堆及高温气冷堆核电站重大专项知识产权管理办法（试行）

第一章 总 则

第一条 为规范大型先进压水堆及高温气冷堆核电站重大专项（简称核电专项）知识产权管理，保证核电专项的顺利实施，实现预期研发目标，根据《科学技术进步法》、《促进科技成果转化法》、《专利法》等法律法规和《国家科技重大专项管理暂行规定》（国科发计[2008]453号）、《国家科技重大专项知识产权管理暂行规定》（国科发专[2010]264号）、《大型先进压水堆及高温气冷堆核电站重大专项实施管理暂行办法》（发改办能源[2011]2615号）等相关规定，结合核电专项实际情况，制定本办法。

第二条 核电专项包括三部分，分别是大型先进压水堆核电站（简称压水堆）、高温气冷堆核电站（简称高温堆）和大型商用乏燃料后处理厂科研（简称后处理科研）。下文中“分项”即指上述三个部分。

第三条 本办法所称知识产权包括：专利权、技术秘密（专有技术）、著作权（含计算机软件著作权）、商标权、集成电路布图设计专有权等。

第四条 核电专项知识产权管理工作遵循“尊重知识、鼓励创新、有效保护、积极运用、集约统筹、规范管理”的原则。

第五条 本办法适用于核电专项实施过程的知识产权管理工作。

第二章 组织管理及其职责

第六条 国家能源局是核电专项的牵头组织单位，在核电专项领导小组领导下，全面负责核电专项知识产权工作。负责制定核电专项知识产权战略、规划、政策和管理制度，建立知识产权管理体系，对核电专项的重大知识产权问题进行协调和指导，监督检查各分项及课题的知识产权工作落实情况。

第七条 牵头实施单位负责协助国家能源局开展分项知识产权管理和具体组织实施工作。压水堆牵头实施单位是国家核电技术公司，高温堆牵头实施单位包括清华大学核研院、华能山东石岛湾核电有限公司、中核能源科技有限公司三家单位，后处理科研牵头实施单位是中国核工业集团公司。主要职责为：

（一）组织制定符合分项特点的知识产权战略及规划；

（二）负责制定分项知识产权管理实施细则；

（三）建立分项知识产权工作和运用机制，组织知识产权培训；

（四）落实分项重大成果知识产权保护，统筹协调，有效运用；

（五）牵头建立分项知识产权数据库和预警机制；

（六）组织提出分项重大知识产权问题的解决建议；

（七）结合分项特点，落实其它知识产权管理工作。

第八条 课题责任单位承担本课题知识产权工作的总体责任，主要职责包括：

（一）履行课题知识产权创造、保护、运用、管理及风险防范责任，确定知识产权目标，将知识产权保护、管理及风险防范工作纳入研发、产业化的全过程；

（二）制定课题知识产权规划，落实课题知识产权保护与市场布局，积极运用知识产权，促进新技术推广和效益最大化；

（三）落实课题研发产生和从其他方获得的具有保密义务的技术秘密（简称技术秘密）的保密管理；

（四）落实课题知识产权工作的负责人和专职管理人员，组织参加知识产权培训；

（五）履行本办法提出的各项知识产权管理义务，履行信息登记和报告义务。

第三章 知识产权权属与合同管理

第九条 核电专项产生的知识产权归属及权益分配依法实行合同管理。某单位独立承担、多个单位共同承担、某单位委托第三方开发的课题或子课题，在签订任务合同书、子课题或委托协作开发协议中要对实施核电专项所取得科研成果及知识产权的归属、权益分配、使用、许可、保密、法律责任及义务等相关事项进行明确约定，对已有知识产权进行界定。未做出明确约定的，按照《国家科技重大专项知识产权管理暂行规定》的相关条款执行。

第十条 核电专项产生的知识产权，涉及国家安全、国家利益和重大社会公共利益的，属于国家，由课题责任单位负责管理，并有免费使用的权利。

除上述规定的情况外，核电专项课题、子课题、示范工程、委托第三方的研究任务等产生的知识产权、研究成果以及相关权益属课题责任单位，另有约定的从其约定。未做出明确约定的，按照《国家科技重大专项知识产权管理暂行规定》的相关条款执行。

核电专项产生的知识产权，为了国家安全、国家利益和重大社会公共利益需要，国家可以无偿实施，也可以许可他人有偿实施或无偿实施。

第四章 知识产权创造和保护

第十一条 课题责任单位应将知识产权分析贯穿于课题实施全过程。制定课题知识产权策略，跟踪、研究国际主要竞争对手知识产权保护态势及其对本课题研发及产业化的影响，及时提出应对之策；课题立项论证、中期评估和验收阶段，均须提交知识产权分析报告；涉及重大知识产权风险、对课题重大调整和防范知识产权法律风险的重大举措，应及时上报，经牵头实施单位审核后，由牵头组织单位审定。

第十二条 课题责任单位应将知识产权创造、保护与管理贯穿于课题实施全过程。对已具备申请专利条件并适于专利保护的新技术、新产品，应适时申请专利，专利申请后方可进行技术鉴定、发表书面文字材料、公开展示、销售产品、对外提供产品（样品、样机）等；对于有国际市场前景的新技术、新产品，应在优先权期限内申请国外专利。

第十三条 核电专项所开发的计算机软件，要根据创新特点和市场需求，确定知识产权保护策略，必要时应进行软件著作权登记。专项开发的新产品及服务，应适时进行商标注册，打造优质品牌。

第十四条 对于不宜公开的技术内容，作为技术秘密保护。技术秘密持有单位负责界定、标识保密信息，确定密级，限制接触人员，实施保密管理。与核电专项有关的论文、学术报告、专利申请等，不得涉及专项的技术秘密，发表及发布论文、学术报告前、提交专利申请前，课题责任单位负责保密审查和登记，并报牵头实施单位备案，纳入分项知识产权数据库，另需标注“国家科技重大专项经费资助”字样。

第十五条 课题责任单位应制定、落实课题技术秘密管理办法，确保开发和第三方技术秘密的安全性。技术秘密持有单位负责对核电专项技术秘密的载体进行标识、隔离和保密管理，禁止通过公共互联网络传递、上传核电专项的技术秘密，并限制接触使用的范围和人员。参加国内外展览和国际交流，涉及核电专项的内容须经过本单位知识产权管理部门或保密审查部门审查，不得涉及核电专项的技术秘密，参展和交流内容报牵头组织单位备案。

第十六条 参与核电专项课题的人员，接触核电专项技术秘密、商业秘密的技术及管理人员等（简称涉密人员），须保守课题、相关引进技术和单位负有保密义务的技术秘密，与单位签订保密承诺协议。涉密人员因调离、退休等原因离开单位的，仍负有保密义务，离开单位前应当将实验记录、材料、样品、产品、装备、图纸、计算机软件等全部技术资料交所在单位并签订离岗保密承诺书。

第十七条 课题实施过程中，涉及技术引进或技术合作中的国外技术或保密信息的要严格履行相关合同或保密协议约定的知识产权权利义务。使用或接触上述国外技术或保密信息的单位对涉密人员和涉密信息、资料、图纸、数据等要实施有效管控和保密管理，任何接触或使用上述信息的单位及人员不得擅自以任何方式对外披露、公开。

第十八条 核电专项产生的知识产权由知识产权拥有（持有）单位负责维护管理，重大创新的专利放弃前、重要技术秘密公开前、重要商标放弃前，需要进行市场评估，并在放弃前一个月报牵头组织单位备案，必要时由总体组进行评估，认为不宜放弃、公开的，知识产权拥有（持有）单位不得放弃、公开。

第十九条 课题责任单位可以在课题知识产权事务经费中列支知识产权保护、维护、维权、评估等事务费，不足部分由知识产权权利人承担。课题验收后，知识产权权利人应当负责保障知识产权的保护、维护、维权、评估等经费。

第二十条 课题责任单位应及时统计相关知识产权信息，内容包括知识产权类别、申请号和授权（登记）号、申请日和授权（登记）日、权利人、权利状态等，定期报牵头实施单位，牵头实施单位汇总报牵头组织单位。

第二十一条 牵头实施单位负责建立核电专项内部分级公开、交流便利、安全可靠的分项知识产权管理信息平台（涉密内容除外）。课题责任单位负责报送知识产权信息，纳入分项信息系统。

第五章 知识产权运用

第二十二条 积极推动核电专项产生的知识产权的许可和运用，加快知识产权的商品化、产业化。核电专项产生的知识产权，应优先、优惠或无偿以普通许可方式在专项相关课题、示范工程中实施使用，相关的知识产权权利人有义务授予其他项目、课题实施许可。许可方和受让方书面签订许可使用合同，承担履约责任，许可协议不得影响国家行使相关权利。

第二十三条 核电专项产生的知识产权不得独占许可，原则上不得以排他方式许可。鼓励核电专项产生的知识产权首先在境内推广使用，境内普通许可实施的经牵头实施单位汇总报牵头组织单位备案；向境外的组织或个人转让或者向境外许可实施的，经牵头实施单位审核汇总报牵头组织单位审批；法律、行政法规对批准机构另有规定的，依照其规定执行。

第二十四条 鼓励专项任务承担单位间开展联合攻关，定期开展技术成果交流，加速形成我国先进核电技术，鼓励任务承担单位建立多种形式的知识产权联盟，确定合作共赢的联盟运营模式，加速科技成果在产业领域推广应用。

第二十五条 课题责任单位应积极将核电专项产生的知识产权纳入国家标准，积极参与相关国际标准的制定。

第二十六条 课题责任单位负责监视市场，积极维护知识产权。发生知识产权纠纷时，相关单位协商解决。协商不成时，在采取司法途径前，报牵头实施单位，重大纠纷由牵头组织单位协调。

第六章 考核与奖励

第二十七条 牵头实施单位应对所牵

头课题的知识产权目标完成情况进行定期考核，将相关情况汇总报牵头组织单位。

第二十八条 验收材料中应对课题知识产权任务和目标完成情况进行说明，并提供相关文件，包括：专利申请和授权文件、技术秘密清单、商标注册及软件著作权登记的法律文件、科技报告、论文等，必要时对项目研发中与第三方的知识产权关系进行说明。未能完成任务书约定的知识产权目标的，应提交情况说明报告。专家组验收意见中，应对课题知识产权创造、保护、运用情况做出相关评价。

第二十九条 知识产权拥有单位按照《专利法》、《促进科技成果转化法》等有关法律法规规定，对为核电专项做出贡献的发明人、设计人、科研成果完成人和为成果转化应用、知识产权保护做出贡献的有关人员予以奖励和合理的报酬。

第七章 相关责任

第三十条 课题责任单位应将知识产权管理纳入专项实施全过程管理，促进技术创新，保护创新成果，促进知识产权运用，履行知识产权权利和义务。对于多个单位联合承担的课题，参与单位有责任和义务履行本办法规定的知识产权保护、运用、管理、风险防范等责任和要求。

第三十一条 核电专项的研究、管理和参与人员应当提高知识产权意识，遵守知识产权管理制度，做好相关知识产权工作。

第三十二条 因未履行《国家科技重大专项知识产权管理暂行规定》和本办法，造成预期目标无法实现、知识产权流失或其他损失的，由过失单位承担法律责任和经济赔偿责任。课题责任单位未尽到管理职责的，参与课题实施及管理的人员因违反相关规定造成损失的，应承担相应的责任。

第八章 附 则

第三十三条 各牵头实施单位应制定分项知识产权管理实施细则，报国家能源局备案。

第三十四条 本办法由国家能源局负责解释，自发布之日起施行。

核能行业发展

核能行业综述

2013年，是我国核能行业在“安全高效发展核电”方针的指引下，锐意进取，攻坚克难，稳中求进，稳中有进，取得积极进展的一年。在党中央、国务院的正确领导下，我国核能行业认真贯彻落实调整后的《核电中长期发展规划（2011—2020年）》《核电安全规划（2011—2020年）》《核安全与放射性污染防治“十二五”规划及2020年远景目标》，各领域工作稳步推进，取得了一系列新的成绩、新的进展，为优化我国能源结构、减少温室气体排放、促进经济社会发展、建设美丽中国作出了新的贡献。

在役核电机组安全稳定运行。2013年4月、6月，福建宁德1号机组和辽宁红沿河1号机组先后投入商业运行；2013年11月、12月，辽宁红沿河2号机组、福建宁德2号机组先后实现首次并网发电。截至2013年底，我国大陆投入商业运行的核电机组共17台，总装机容量为1483.38万千瓦。核电年发电量为1098.32亿千瓦时，同比增长11.71%；上网电量为1032.67亿千瓦时，同比增长11.50%；核电约占全国发电总装机容量的1.18%，占全国总发电量的2.06%。一年来，各运行核电厂坚持“安全第一、质量第一”的方针，构筑核安全文化屏障，强化核电厂运行经验反馈，坚持与国际同行对标、持续改进，确保了各机组安全稳定运行。2013年17台核电机组全年平均负荷因子达到88.18%，没有发生国际核事件分级表界定的1级和1级以上运行事件，职业人员个人剂量和集体剂量均维持在较低水平，核电厂放射性流出物排放指标远低于国家标准限值。按世界核电运营者协会（WANO）规定的性能指标对照，在全球400余台运行机组中，我国在役核电机组总体处于中等偏上水平，部分机组和安全指标处于世界先进水平。

核电建设稳步有序推进。按照国务院稳妥恢复正常建设的部署，2013年9月18日、9月27日、12月23日，阳江5号、田湾4号、阳江6号机组核岛主体工程先后正式开工。截至2013年底，我国在建核电机组共31台，装机容量为3403.04万千瓦，2013年完成工程建设投资609亿元，在建规模继续保持世界第一。其中，核电自主化依托项目——世界首批4台AP1000机组建设在不断克服首次工程化的挑战中积极推进，台山EPR项目也取得重大阶段性进展。

为适应核电规模化发展的形势，各核电工程公司积极推进专业化管理，核电工程建设国产化和自主化水平不断提升，工程总承包能力进一步增强；核电工程建设企业不断推进科技创新和管理创新，大力加强人力资源建设，确保了在建核电工程项目质量、进度和投资得到较好控制。

在运、在建核电机组安全改进按计划实施。日本福岛核事故后，根据综合安全检查结果，借鉴国际研究成果和经验，国家核安全局对运行核电厂提出了10项安全改进要求，到2013年底，除1项长期研究项目正在顺利推进外，其他项目全部实施完成。与此同时，国家核安全局对在建核电厂提出的14项安全改进要求，首次装料的核电机组均在装料前全部实施，其他在建项目正在按计划推进。安全改进计划的实施，进一步提升了我国核电厂的安全性。

核电装备国产化取得积极进展。面对核电建设规模作出调整、企业订单下滑的新形势，以东方电气、上海电气、哈电集团、一重集团、二重集团等为代表的核电装备制造企业，积极应对市场变化，加大技术改进和研发力度，努力完善核安全文化和质量保障体系，产品质量稳定性不断提高，较好地满足了在建核电工程建设的需要。AP1000的一些关键设备自主研制取得积极进展。

核燃料保障能力持续提升。我国天然铀产业新布局、新机制、新项目取得重要进展，北方五大工程全面启动，南方两项重点工程进展顺利。中国核燃料有限公司正式挂牌成立，核燃料重点项目有序推进，400吨压水堆燃料元件扩建项目形成产能，AP1000燃料元件生产线、高温气冷堆核电站示范工程燃料元件生产线建设按计划进行。铀资源、核燃料保障能力进一步增强。

科技创新和人才建设取得新成果。国家重大科技专项《大型先进压水堆和高温气冷堆核电站》研发和示范工程建设进展良好。CAP1400通过初步设计审查，工程验证试验和关键设备研制取得重要成果。高温气冷堆核电站示范工程项目——山东石岛湾核电站建设已全面转入核岛主体结构施工阶段。与此同时，具有自主知识产权的华龙1号核电机型研发取得重要进展；核燃料CF系列组件研制顺利进行；中国铀矿第一科学钻探成功实施；核能领域研发平台建设不断取得新的进展，取得了一批新的成果。

核能行业人力资源建设不断加强，在职培训普遍实现了制度化、规范化，员工素质的不断提升，核安全文化体系的不断完善，满足了核能行业发展的需要。高等院校核专业建设稳步发展，教学质量有了进一步提高。

核能国际合作不断深化。在隆重庆祝中法核能合作30周年之际，与法国签订第十一个和平利用核能合作议定书，与阿海珐集团（AREVA）签订大型商业后处理——再循环工厂项目合作意向书，与法国电力集团（EDF）及阿海珐集团签署长期合作联合声明。中美AP1000、中俄快堆等合作取得阶段性成果。与沙特达成和平利用核能合作备忘录。

在中央领导的亲自推动下，核电“走出去”取得新的突破。2013年，出口巴基斯坦的两台百万千瓦级核电机组开工建设；与罗马尼亚达成合作开发切尔纳沃德核电站3、4号机组意向；与法国电力公司合资，参股英国欣克利角核电项目。与阿根廷、苏丹、南非等国家的核电合作意向谈判取得积极进展。

与哈萨克斯坦、乌兹别克斯坦、澳大利亚、尼日尔、纳米比亚等国的铀资源合作稳步推进。

核行业管理进一步加强。根据国务院机构改革和职能转变方案，国家能源局完成了重组，积极推进核电中长期发展规划的落实，初步建立起了服务核电企业科学发展协调机制；国家国防科工局继续推进《原子能法》立法工作，努力提高核科技自主创新能力，加强核燃料产业能力建设，对新修订的国家核应急预案进行了宣贯；环境保护部（国家核安全局）积极推进《核安全法》立法工作，认真贯彻核安全与放射性污染防治“十二五”规划，落实福岛事故后制定的安全改进措施，核安全监管工作进一步加强。

核电

发展现状

2013年，我国核电站的安全运行业绩良好，运行水平不断提高，主要运行业绩指标好于世界均值；本年度未发生国际核事件分级1级及1级以上的运行事件；工作人员所受到的辐照剂量低于国家规定的限值，放射性废物排放总量及个人剂量水平均低于国家限值，没有发生影响环境与公众健康的事件。

截至2013年底，我国大陆有17台商业运行核电机组，装机容量为1483.38万千瓦，核电年发电量为1098.32亿千瓦时，同比增长11.71%；上网电量为1032.67亿千瓦时，同比增长11.50%；核电约占全国发电装机总容量的1.18%，占全国总发电量的2.06%。2013年，核电对节能减排贡献显著。与燃煤发电相比，核电相当于少燃烧标准煤约3526万吨，减少排放二氧化碳约10314万吨、二氧化硫约59万吨、氮氧化物约25.8万吨。

截至2013年底，我国在建核电机组共31台，装机容量为3403.04万千瓦，在建核电机组数占世界44.29%，在建核电装机容量占世界43.21%，是在建核电规模最大的国家。

（我国台湾省核电厂数据暂缺）

一、2013年我国发电量统计

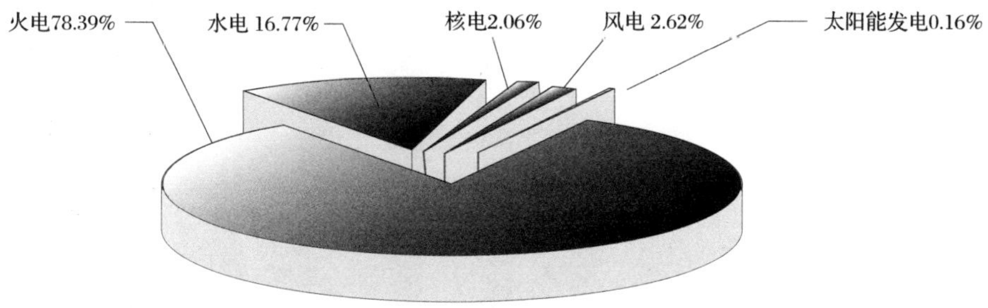

（注：数据来源自中电联2014年1月18日发布《2013全国电力工业运行简况》）

二、2004—2013 年我国核电机组数量统计

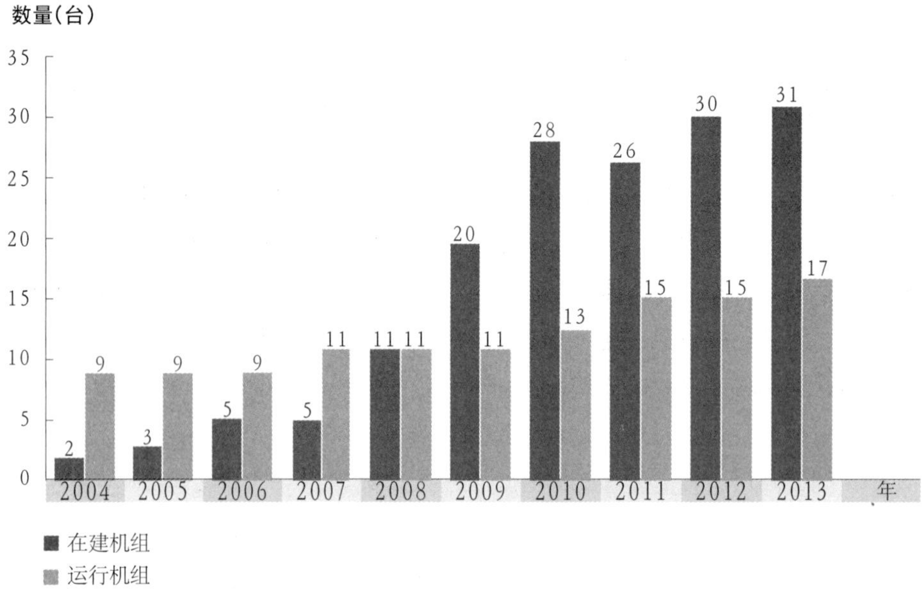

三、2004—2013 年我国核电装机容量统计

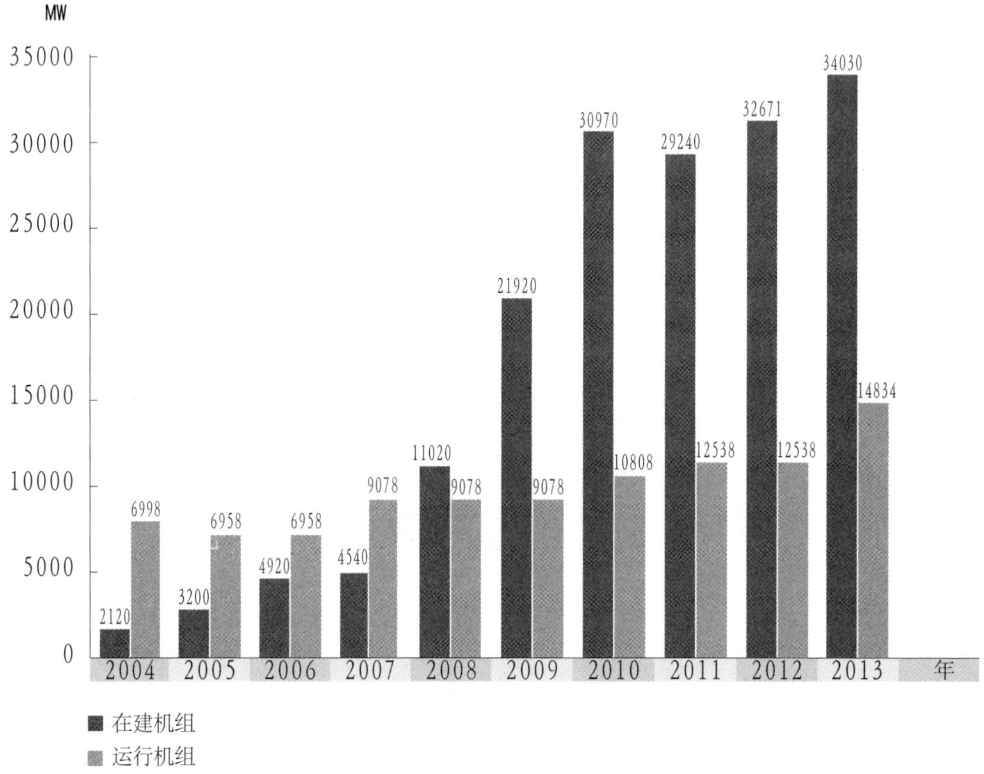

四、2013年我国大陆运行、在建核电厂分布图

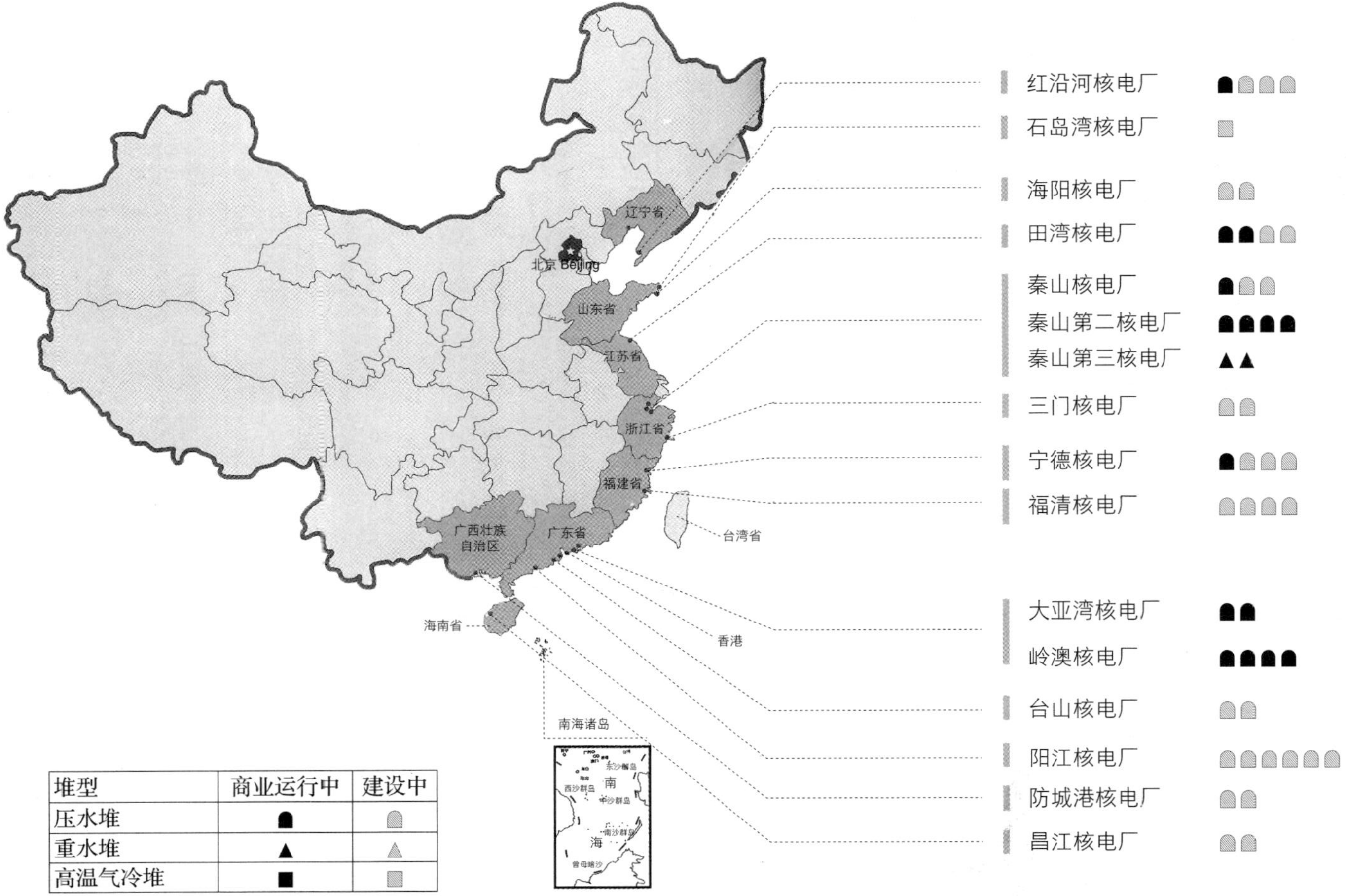

五、2013 年我国核电厂名录

状态	核电厂名称		机组号	堆型	额定电功率（MW）	开工日期	首次并网日期	商业运行日期
运行中	秦山核电厂		CN-01	压水堆	310	1985.03.20	1991.12.15	1994.04.01
	大亚湾核电厂	1 号机组	CN-02	压水堆	2 × 984	1987.08.07	1993.08.31	1994.02.01
		2 号机组	CN-03			1988.04.07	1994.02.07	1994.05.06
	秦山第二核电厂	1 号机组	CN-04	压水堆	4 × 650	1996.06.02	2002.02.06	2002.04.15
		2 号机组	CN-05			1997.04.01	2004.03.11	2004.05.03
		3 号机组	CN-14			2006.04.28	2010.08.1	2010.10.05
		4 号机组	CN-15			2007.01.28	2011.11.25	2011.12.30
	岭澳核电厂	1 号机组	CN-06	压水堆	2 × 990	1997.05.15	2002.02.26	2002.05.28
		2 号机组	CN-07			1997.11.28	2002.09.14	2003.01.08
		3 号机组	CN-12		2 × 1086	2005.12.15	2010.07.15	2010.09.15
		4 号机组	CN-13			2006.06.15	2011.05.03	2011.08.07
	秦山第三核电厂	1 号机组	CN-08	重水堆	2 × 728	1998.06.8	2002.11.19	2002.12.31
		2 号机组	CN-09			1998.09.25	2003.06.12	2003.07.24
	田湾核电厂	1 号机组	CN-10	压水堆	2 × 1060	1999.10.20	2006.05.12	2007.05.17
		2 号机组	CN-11			2000.09.20	2007.05.14	2007.08.16
	红沿河核电厂	1 号机组	CN-16	压水堆	1118.79	2007.08.18	2013.02.17	2013.06.06
	宁德核电厂	1 号机组	CN-18	压水堆	1089	2008.02.18	2012.12.28	2013.04.15
合计		17 台			14833.79			
建设中	红沿河核电厂	2 号机组	CN-17	压水堆	3 × 1118.79	2008.03.28	2013.11.23	
		3 号机组	CN-26			2009.03.07		
		4 号机组	CN-27			2009.08.15		
	宁德核电厂	2 号机组	CN-19	压水堆	3 × 1089	2008.11.12	2014.1.4	
		3 号机组	CN-34			2010.01.08		
		4 号机组	CN-35			2010.09.29		
	福清核电厂	1 号机组	CN-20	压水堆	4 × 1080	2008.11.21		
		2 号机组	CN-21			2009.06.17		
		3 号机组	CN-42			2010.12.31		
		4 号机组	CN-43			2012.11.17		
	阳江核电厂	1 号机组	CN-22	压水堆	6 × 1086	2008.12.16	2013.12.31	
		2 号机组	CN-23			2009.06.04		
		3 号机组	CN-40			2010.11.15		
		4 号机组	CN-41			2012.11.17		
		5 号机组	CN-47			2013.09.18		
		6 号机组	CN-48			2013.12.23		
	秦山核电厂扩建项目（方家山核电工程）	1 号机组	CN-24	压水堆	2 × 1080	2008.12.26		
		2 号机组	CN-25			2009.07.17		

（续表）

状态	核电厂名称		机组号	堆型	额定电功率（MW）	开工日期	首次并网日期	商业运行日期
建设中	三门核电厂	1号机组	CN-28	压水堆	2×1250	2009.04.19		
		2号机组	CN-29			2009.12.15		
	海阳核电厂	1号机组	CN-30	压水堆	2×1250	2009.09.24		
		2号机组	CN-31			2010.06.20		
	台山核电厂	1号机组	CN-32	压水堆	2×1750	2009.11.18		
		2号机组	CN-33			2010.04.15		
	海南昌江核电厂	1号机组	CN-36	压水堆	2×650	2010.04.25		
		2号机组	CN-37			2010.11.21		
	防城港红沙核电厂	1号机组	CN-38	压水堆	2×1080	2010.07.30		
		2号机组	CN-39			2010.12.23		
	石岛湾核电厂	高温气冷堆核电站示范工程	CN-44	模块式球床型高温气冷堆	211	2012.12.09		
	田湾核电厂	3号机组	CN-45	压水堆	2×1120	2012.12.27		
		4号机组	CN-46			2013.09.27		
合计		31台			34030.37			
同意开展前期工作项目	海阳核电厂	3号机组						
		4号机组						
	田湾核电厂	5号机组						
		6号机组						
	辽宁徐大堡核电厂	1号机组						
		2号机组						
	广东陆丰核电厂	1号机组						
		2号机组						
	辽宁红沿河二期	5号机组						
		6号机组						
	福清核电厂	5号机组						
		6号机组						
	三门核电厂	3号机组						
		4号机组						
	CAP1400示范项目	1号机组						
		2号机组						
合计		16台						

六、2013 年世界在建核电厂信息

（一）2013 年世界在建核电厂一览表（取自 IAEIA 数据）

国家（地区）	机组数	装机容量（万千瓦）
中　国	31	3403.0
俄罗斯	10	906.6
印　度	6	430.0
韩　国	5	660.0
阿联酋	2	280.0
日　本	2	275.6
中国台北	2	270.0
乌克兰	2	200.0
斯洛伐克	2	94.2
巴基斯坦	2	68.0
美　国	1	621.8
芬　兰	1	172.0
法　国	1	165.0
巴　西	1	135.0
白俄罗斯	1	119.4
阿根廷	1	74.5
合　计	70	7875.1

表中数据来源于 IAEA PRIS 数据库，装机容量为毛装机容量（Gross capacity）。
（其中中国及合计的装机容量根据实际情况作了调整，原分别为 3385.1，7857.2）

（二）2013 年我国在建核电厂装机容量占世界比率

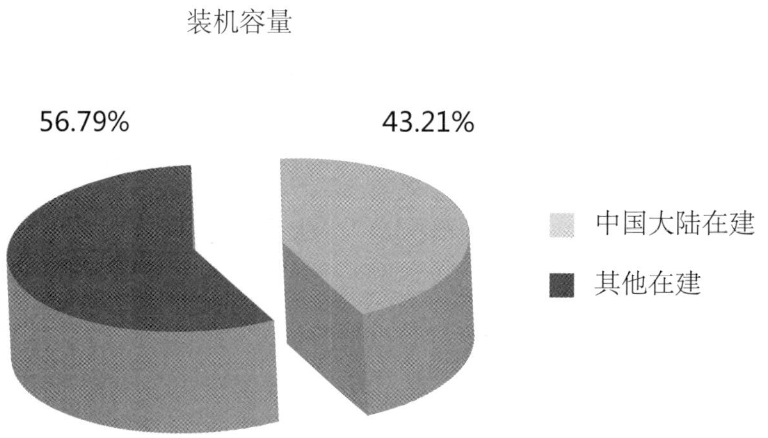

在役核电机组运行情况

2013年，我国运行核电机组通过不断建立健全管理机制，提高风险分析的能力，使运行核电机组继续保持良好的安全运行记录。本年度未发生国际核事件分级1级及1级以上的运行事件。核电厂运行期间，职业照射剂量水平、放射性流出物的排放均远低于国家限值；环境监测表明，核电厂的运行对周围环境没有带来不良影响。

一、发电量和上网电量

2013年，我国核电17台运行机组全年完成发电量为1098.32亿千瓦时，上网电量为1032.67亿千瓦时，较2012年发电量增加11.71%，上网电量增加11.50%。

1. 2004—2013年我国核电发电量和上网电量

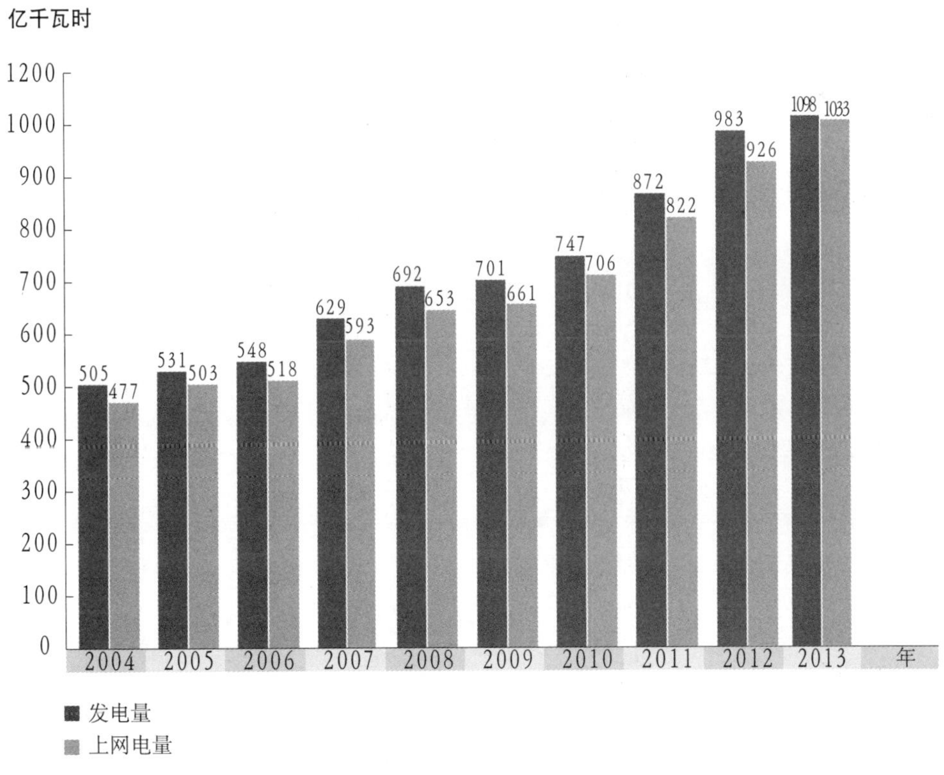

2. 2004—2013 年核发电量和上网电量

核电厂名称 / 年度	项目（单位）	发电量（亿千瓦时）	上网电量（亿千瓦时）
秦山核电厂	2004	27.17	25.65
	2005	23.55	21.95
	2006	24.83	23.10
	2007	22.17	20.63
	2008	26.24	24.31
	2009	23.62	21.95
	2010	23.24	21.69
	2011	24.98	23.33
	2012	28.44	26.59
	2013	23.03	21.59
大亚湾核电厂	2004	139.00	133.11
	2005	154.51	148.47
	2006	155.15	148.58
	2007	154.41	147.75
	2008	160.81	154.30
	2009	163.74	156.62
	2010	157.04	150.15
	2011	160.18	153.36
	2012	159.30	152.51
	2013	148.95	142.41
秦山第二核电厂	2004	87.37	81.06
	2005	101.32	94.66
	2006	82.85	77.29
	2007	89.05	83.20
	2008	99.58	93.13
	2009	99.41	92.86
	2010	119.41	112.36
	2011	146.03	136.81
	2012	201.62	188.96
	2013	203.70	191.12
岭澳核电厂	2004	145.81	140.01
	2005	150.25	144.37
	2006	156.99	150.62
	2007	147.40	141.23
	2008	152.44	146.20
	2009	154.67	148.25
	2010	176.59	169.55
	2011	265.09	251.53
	2012	315.13	298.63
	2013	315.48	299.15
秦山第三核电厂	2004	105.34	97.64
	2005	101.24	93.87
	2006	114.58	106.16
	2007	115.41	106.96
	2008	112.38	104.12
	2009	117.23	108.53
	2010	114.12	105.57
	2011	115.01	106.53
	2012	116.27	107.55
	2013	119.17	110.31
田湾核电厂	2006	14.06	12.34
	2007	100.18	92.85
	2008	140.75	131.19
	2009	142.67	132.81
	2010	157.02	146.71
	2011	160.72	150.16
	2012	162.41	151.9
	2013	166.86	156.10
红沿河核电厂	2013	53.93	49.79
宁德核电厂	2013	67.20	62.20

说明：红沿河、宁德发电量及上网电量均为其 1 号机组商运后数据。

3. 2004—2013 年我国核发电量和上网电量趋势图

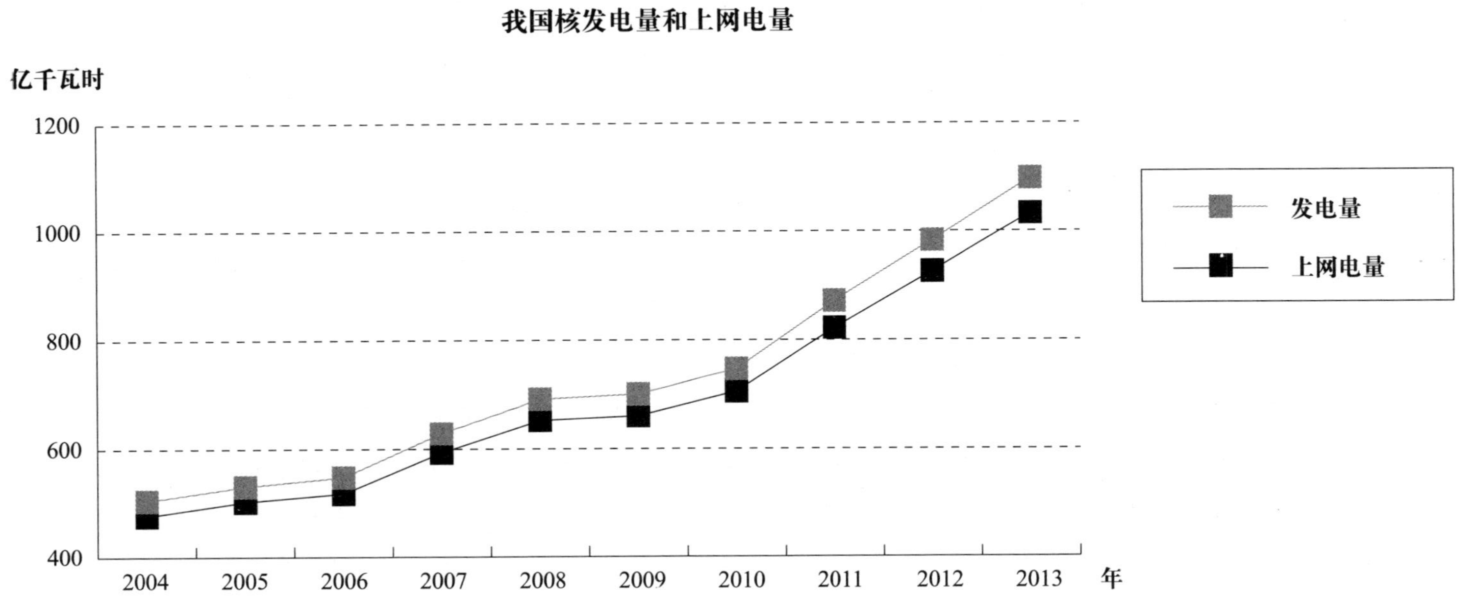

二、机组能力因子和负荷因子

2004—2013 年机组能力因子和负荷因子

核电厂名称	项目/年份	组能力因子（%）										组负荷因子（%）									
		2004	2005	2006	2007	2008	2009	2010	2011	2012	2013	2004	2005	2006	2007	2008	2009	2010	2011	2012	2013
秦山核电厂		99.81	87.02	91.84	82.22	95.55	87.43	83.35	88.04	99.94	81.61	99.78	86.72	91.44	81.62	96.36	86.98	83.99	89.11	101.19	82.17
大亚湾核电厂	1 号机组	87.77	99.95	80.32	91.20	99.79	91.23	89.08	99.98	83.64	86.83	87.24	99.80	80.31	90.85	99.61	90.20	88.90	99.67	83.86	86.76
	2 号机组	73.91	79.76	99.88	88.80	86.25	99.99	92.80	86.56	99.97	85.93	73.57	79.44	99.68	88.29	86.44	99.76	93.29	86.17	100.45	86.04
秦山第二核电厂	1 号机组	80.18	90.57	55.24	64.12	85.35	82.66	91.70	73.71	85.24	85.79	82.22	92.76	55.20	65.69	87.41	84.46	93.45	75.17	84.66	86.80
	2 号机组	/	82.82	88.78	88.30	85.21	88.21	86.64	90.95	79.68	88.74	/	85.19	90.30	90.70	87.00	90.12	88.71	93.27	81.05	90.02
	3 号机组	/	/	/	/	/	/	/	81.60	90.10	93.50	/	/	/	/	/	/	/	83.12	90.65	94.63
	4 号机组	/	/	/	/	/	/	/	/	95.81	84.28	/	/	/	/	/	/	/	/	96.77	84.56
岭澳核电厂	1 号机组	88.54	83.10	90.08	83.16	92.11	90.38	93.71	91.39	93.59	82.94	87.76	82.69	89.16	82.65	90.72	89.05	92.93	91.05	91.87	82.38
	2 号机组	80.43	91.22	92.44	87.73	85.24	91.09	91.12	94.05	91.25	88.58	79.92	90.56	91.86	87.31	84.57	89.30	90.52	93.12	89.70	87.28
	3 号机组	/	/	/	/	/	/	98.60	72.06	88.45	90.11	/	/	/	/	/	/	98.75	71.14	86.30	88.78
	4 号机组	/	/	/	/	/	/	/	99.58	80.60	88.95	/	/	/	/	/	/	/	98.78	78.52	88.18
秦山第三核电厂	1 号机组	76.16	82.34	96.34	86.42	91.21	91.93	89.73	92.53	96.26	89.91	77.28	84.05	98.18	88.35	93.52	93.88	91.92	94.87	97.43	88.64
	2 号机组	92.85	79.61	86.73	97.55	87.32	95.37	92.07	91.02	90.46	99.86	94.03	81.05	88.68	99.87	89.43	97.30	94.19	92.69	91.67	98.23
田湾核电厂	1 号机组	/	/	/	/	70.97	74.12	87.02	86.55	86.78	90.70	/	/	/	/	74.76	77.84	86.92	86.16	86.72	90.60
	2 号机组	/	/	/	/	81.20	80.70	82.28	87.05	87.77	89.14	/	/	/	/	85.47	85.02	82.18	86.92	87.71	89.10
红沿河核电厂	1 号机组	/	/	/	/	/	/	/	/	/	99.90	/	/	/	/	/	/	/	/	/	96.33
宁德核电厂	1 号机组	/	/	/	/	/	/	/	/	/	99.95	/	/	/	/	/	/	/	/	/	98.51

三、非计划自动紧急停堆情况

2004—2013 年运行核电机组非计划自动紧急停堆次数统计

核电厂名称 \ 年度		2004	2005	2006	2007	2008	2009	2010	2011	2012	2013
秦山核电厂		0	2	0	0	1	1	1	0	0	1
大亚湾核电厂	1 号机组	0	0	0	0	0	0	0	0	0	0
	2 号机组	1	0	0	2	1	0	0	0	0	0
秦山第二核电厂	1 号机组	1	0	1	0	0	0	0	1	0	0
	2 号机组	1	0	0	0	1	0	1	0	0	1
	3 号机组	/	/	/	/	/	/	0	0	2	1
	4 号机组	/	/	/	/	/	/	/	0	0	0
岭澳核电厂	1 号机组	1	1	0	0	0	0	0	0	0	0
	2 号机组	0	1	1	1	0	0	0	0	0	0
	3 号机组	/	/	/	/	/	/	0	0	0	0
	4 号机组	/	/	/	/	/	/	/	0	0	0
秦山第三核电厂	1 号机组	0	0	0	0	0	0	0	0	0	0
	2 号机组	0	1	0	0	0	0	0	0	0	0
田湾核电厂	1 号机组	/	/	/	1	1	2	0	0	0	0
	2 号机组	/	/	/	1	0	0	0	0	0	0
红沿河核电厂	1 号机组	/	/	/	/	/	/	/	/	/	0
宁德核电厂	1 号机组	/	/	/	/	/	/	/	/	/	0
合 计		4	5	2	5	4	3	2	1	2	3

说明：

(1) 1 月 24 日，秦山第二核电厂 3 号机组因误断开所有主给水泵液力耦合器执行机构电源而导致自动停堆。

(2) 4 月 26 日，秦山核电厂蒸汽发生器 A 低低水位触发反应堆自动停堆。

(3) 8 月 21 日，秦山第二核电厂 2 号机组仪控执行 2PRB 停堆 / 专设 T3 试验时因 2PRA318CC 故障导致停机停堆。

四、职业照射

国家标准《电离辐射防护与辐射源安全基本标准》(GB 18871—2002) 中规定了工作人员职业照射的剂量限值：连续 5 年的年平均有效剂量不超过 20mSv；任何一年中的有效剂量不超过 50mSv。2004 年至 2013 年，中国已投入商业运行核电厂工作人员所受到的照射剂量均远低于国家标准规定的限值。

2004—2013 年核电厂工作人员职业照射情况

核电厂名称＼项目（单位）	年份	年人均有效剂量（mSv）	年度最大个人剂量（mSv）	年度集体有效剂量（人 · Sv）	归一化集体有效剂量（人 · mSv/GWh）
秦山核电厂	2004	0.110	3.530	0.064	0.024
	2005	0.694	10.300	0.932	0.396
	2006	0.400	8.050	0.538	0.217
	2007	0.650	8.450	0.997	0.450
	2008	0.153	3.577	0.149	0.057
	2009	0.336	4.257	0.453	0.192
	2010	0.265	4.814	0.401	0.172
	2011	0.282	5.106	0.421	0.169
	2012	0.041	3.681	0.038	0.013
	2013	0.281	6.073	0.495	0.215
大亚湾核电厂	2004	0.674	12.140	1.817	0.310
	2005	0.486	8.146	1.307	0.085
	2006	0.436	5.921	1.205	0.078
	2007	0.378	9.476	1.053	0.068
	2008	0.305	5.988	0.826	0.051
	2009	0.283	5.194	0.715	0.044
	2010	0.343	10.843	0.946	0.060
	2011	0.327	8.434	0.993	0.062
	2012	0.413	8.116	1.235	0.078
	2013	0.549	13.345	1.769	0.119
秦山第二核电厂	2004	0.353	5.443	0.590	0.068
	2005	0.362	7.210	0.738	0.073
	2006	0.335	6.318	0.713	0.086
	2007	0.347	8.164	0.785	0.088
	2008	0.300	4.881	0.588	0.059
	2009	0.345	7.899	0.710	0.071
	2010	0.218	4.940	0.440	0.042
	2011	0.330	11.707	1.217	0.083
	2012	0.428	9.389	1.229	0.061
	2013	0.385	8.726	1.177	0.0578

（续表）

项目（单位） 核电厂名称	年份	年人均有效剂量 （mSv）	年度最大个人剂量 （mSv）	年度集体有效剂量 （人·Sv）	归一化集体有效剂量 （人·mSv/GWh）
岭澳核电厂 1、2号机组	2004	0.417	8.050	1.006	0.069
	2005	0.433	8.910	1.088	0.072
	2006	0.284	7.155	0.722	0.046
	2007	0.456	8.533	1.231	0.083
	2008	0.599	12.169	1.772	0.116
	2009	0.495	10.586	1.531	0.099
	2010	0.346	10.490	0.957	0.076
	2011	0.419	8.326	1.392	0.087
	2012	0.297	6.059	0.947	0.060
	2013	0.887	13.696	3.238	0.220
岭澳核电厂 3、4号机组	2011	0.208	5.665	0.747	0.071
	2012	0.286	6.644	0.929	0.059
	2013	0.188	5.660	0.577	0.034
秦山第三核电厂	2004	0.369	8.015	0.810	0.077
	2005	0.594	9.350	1.368	0.135
	2006	0.272	5.990	0.519	0.045
	2007	0.277	5.900	0.572	0.0495
	2008	0.364	9.102	0.788	0.0701
	2009	0.327	6.415	0.748	0.064
	2010	0.329	5.430	0.727	0.064
	2011	0.361	14.637	0.832	0.072
	2012	0.316	8.661	0.689	0.059
	2013	0.324	6.362	0.630	0.053
田湾核电厂	2007	0.136	2.693	0.327	0.0326
	2008	0.209	3.460	0.557	0.0396
	2009	0.244	3.200	0.548	0.0384
	2010	0.174	2.16	0.426	0.0271
	2011	0.224	3.788	0.604	0.0376
	2012	0.345	4.232	1.014	0.0624
	2013	0.177	2.615	0.467	0.000028
红沿河核电厂	2013	0.0156	1.112	0.0328	0.00608
宁德核电厂	2013	0.0123	1.272	0.026	0.0038

五、放射性排出流的排放和环境监测

按照国家环境保护法规和环境辐射监测标准，依据管理部门批准的排放限值，我国核电厂对放射性排出流的排放进行了严格控制，对核电厂周围环境进行了有效监测。2013 年环境监测结果表明，各商业运行核电厂运行期间放射性排出流的排放量均远低于国家标准限值。

2013 年核电厂放射性排出流的排放量及占国家规定年限值百分比的统计

项目	核电厂	秦山核电厂		大亚湾核电厂		秦山第二核电厂		岭澳核电厂 1、2 号机组		岭澳核电厂 3、4 号机组		秦山第三核电厂		田湾核电厂		红沿河核电厂		宁德核电厂	
		年累计排放量 (Bq)	占国家标准规定排放年限值的百分比 (%)	年累计排放量 (Bq)	占国家标准规定排放年限值的百分比 (%)	年累计排放量 (Bq)	占国家标准规定排放年限值的百分比 (%)	年累计排放量 (Bq)	占国家标准规定排放年限值的百分比 (%)	年累计排放量 (Bq)	占国家标准规定排放年限值的百分比 (%)	年累计排放量 (Bq)	占国家标准规定排放年限值的百分比 (%)	年累计排放量 (Bq)	占国家标准规定排放年限值的百分比 (%)	年累计排放量（Bq）	占国家批准年限值的比例（%）	年累计排放量（Bq）	占国家批准年限值的比例（%）
气态流出物	惰性气体	5.82E+11	0.945	9.65E+11	0.138	9.13E+11	0.315	9.59E+11	0.137	1.53E+12	0.219	5.15E+12	1.740	7.41E+12	0.893	8.24E+11	0.168	1.97E+12	0.270
	卤素	1.29E+06	0.019	6.93E+06	0.028	6.48E+06	0.360	5.27E+06	0.021	8.05E+06	0.032	9.22E+06	0.873	4.60E+06	0.018	4.31E+07	0.862	4.40E+06	0.075
	气溶胶	6.06E+05	0.572	4.87E+06	0.128	1.29E+07	0.299	4.51E+06	0.119	5.49E+06	0.144	2.76E+06	0.028	1.07E+07	0.071	2.18E+06	0.073	3.24E+06	0.105
液态流出物	氚	3.59E+12	53.904	3.85E+13	17.111	6.35E+13	57.72	4.92E+13	21.867	4.01E+13	17.822	4.79E+13	4.752	2.90E+13	58.000	7.89E+12	12.524	1.01E+13	11.569
	其余核素	2.83E+08	2.721	1.81E+08	0.139	1.23E+09	2.181	1.75E+08	0.135	1.43E+08	0.110	2.73E+09	2.275	8.39E+08	0.336	4.60E+07	0.085	8.10E+07	0.137

六、运行事件

2013 年，我国已投入商业运行的核电厂共计发生了 12 起国际核事件分级 0 级运行事件，没有发生 1 级及 1 级以上的运行事件。

2004—2013 年核电机组运行事件数量统计

INES 级别 / 核电厂名称		0 级运行事件										1 级运行事件									
		2004	2005	2006	2007	2008	2009	2010	2011	2012	2013	2004	2005	2006	2007	2008	2009	2010	2011	2012	2013
秦山核电厂		3	5	2	3	3	1	3	0	0	1	1	0	0	1	0	0	0	0	0	0
大亚湾核电厂	1 号机组	3	2	1	0	0	2	1	0	1	0	0	0	1	1	0	0	1	0	0	0
	2 号机组	5	1	0	1	1	0	1	0	0	0	2	1	0	2	0	0	0	0	0	0
秦山第二核电厂	1 号机组	4	0	1	0	2	1	0	1	0	1	0	0	0	0	0	0	0	0	0	0
	2 号机组	3	0	0	0	3	0	1	0	0	1	1	0	0	0	0	0	0	0	0	0
	3 号机组	/	/	/	/	/	/	6	2	3	1	/	/	/	/	/	/	1	0	0	0
	4 号机组	/	/	/	/	/	/	/	3	0	1	/	/	/	/	/	/	/	0	0	0
岭澳核电厂	1 号机组	1	3	0	2	1	1	0	1	0	0	0	1	0	0	0	0	0	0	0	0
	2 号机组	4	1	1	3	1	0	1	0	1	0	0	0	1	1	0	0	0	0	0	0
	3 号机组	/	/	/	/	/	/	15	2	2	1	/	/	/	/	/	/	0	0	0	0
	4 号机组	/	/	/	/	/	/	/	7	2	0	/	/	/	/	/	/	/	0	0	0
秦山第三核电厂	1 号机组	9	4	1	2	1	0	1	2	1	0	0	0	0	0	0	0	0	0	0	0
	2 号机组	5	4	1	0	3	0	1	2	1	0	0	1	1	0	0	0	1	0	0	0
田湾核电厂	1 号机组	/	2	7	4	1	3	1	1	1	1	/	/	/	1	0	0	0	0	0	0
	2 号机组	/	/	/	1	1	1	1	0	1	0	/	/	/	0	0	0	0	0	0	0
红沿河核电厂	1 号机组	/	/	/	/	/	/	/	/	/	0	/	/	/	/	/	/	/	/	/	0
宁德核电厂	1 号机组	/	/	/	/	/	/	/	/	/	5	/	/	/	/	/	/	/	/	/	0
合计		37	22	14	16	17	9	32	21	13	11	4	3	3	6	0	0	3	0	0	0

七、机组大修

2013 年，我国已投入商业运行的核电机组按计划共进行了 14 台 • 次换料大修。

2013 年商业运行核电机组大修情况

核电厂名称	机组号	大修轮次	工期	
秦山核电厂		14	2013.02.20—2013.04.29	68.30 天
大亚湾核电厂	1 号机组	116	2013.10.17—2013.12.01	44.93 天
	2 号机组	216	2013.04.12—2013.05.30	48.13 天
秦山第二核电厂	1 号机组	110	2013.03.30—2013.05.16	47.33 天
	2 号机组	209	2013.05.28—2013.07.02	35.29 天
	3 号机组	303	2013.10.25—2013.11.15	21.33 天
	4 号机组	401	2013.01.22—2013.03.18	55.50 天
岭澳核电厂	1 号机组	111	2013.01.21—2013.03.21	59.17 天
	2 号机组	211	2013.11.22—2014.01.17	56.29 天
	3 号机组	303	2013.04.30—2013.05.31	30.99 天
	4 号机组	402	2013.03.06—2013.04.11	36.68 天
秦山第三核电厂	1 号机组	107	2013.05.12—2013.06.05	24.70 天
	2 号机组		未安排大修	
田湾核电厂	1 号机组	106	2013.02.05—2013.03.10	33.39 天
	2 号机组	206	2013.04.13—2013.05.12	29.10 天
红沿河核电厂	1 号机组		未安排大修	
宁德核电厂	1 号机组		未安排大修	

2004—2013年商业运行核电机组大修工期统计

核电厂名称 \ 年份		工期（天）									
		2004	2005	2006	2007	2008	2009	2010	2011	2012	2013
秦山核电厂		/	43.4	28.30	75.83	/	37.23	56.29	40.83	/	68.30
大亚湾核电厂	1号机组	41.46	/	65.06	28.59	/	29.36	36.91	/	55.53	44.93
	2号机组	91.85	70.15	/	34.78	30.46	/	23.46	46.29	/	48.13
秦山第二核电厂	1号机组	74	32.4	32.8	51.83	55.33	88.58	/	65.67	51.71	47.33
	2号机组	/	55.8	39.1	40.38	47.25	39.08	41.58	31.08	39.71	35.29
	3号机组	/	/	/	/	/	/	/	63.92	32.67	21.33
	4号机组	/	/	/	/	/	/	/	/	/	55.50
岭澳核电厂	1号机组	36.6	54.8	33.1	58.98	25.92	29.92	19.70	28.65	20.79	59.17
	2号机组	77.4	33.8	35.8	33.05	27.49	33.49	22.94	29.56	18.38	56.29
	3号机组	/	/	/	/	/	/	/	79.03	35.93	30.99
	4号机组	/	/	/	/	/	/	/	/	68.13	36.68
秦山第三核电厂	1号机组	69.79	59.37	/	40.79	37.47	/	32.36	31.58	/	24.70
	2号机组	/	61.91	45.33	/	42.98	37.96	/	31.73	29.40	/
田湾核电厂	1号机组	/	/	/	/	108	55.37	46.55	48.04	47.90	33.39
	2号机组	/	/	/	/	66.3	50.17	44.09	39.2	44.24	29.10
红沿河核电厂	1号机组	/	/	/	/	/	/	/	/	/	/
宁德核电厂	1号机组	/	/	/	/	/	/	/	/	/	/

注：“/”表示该年度机组未安排大修。

八、2013 年运行核电机组 WANO 性能指标

2013 年核电机组 WANO 性能指标与 WANO 先进值、中值比较

机组	达到先进值水平指标数量	介于先进值、中值水平之间指标数量	未达到中值指标数量（名称）
秦山核电厂 1 号机组	7	3	4（UCF、UA7、US7、CRE）
大亚湾核电厂 1 号机组	10	1	3（UCF、SP2、CRE）
大亚湾核电厂 2 号机组	11	1	2（UCF、CRE）
秦山第二核电厂 1 号机组	9	3	2（UCF、SP5）
秦山第二核电厂 2 号机组	7	3	4（FLR、UA7、US7、SP5）
秦山第二核电厂 3 号机组	5	5	4（UA7、US7、SP2、CPI）
秦山第二核电厂 4 号机组	9	3	2（UCF、CPI）
岭澳核电厂 1 号机组	12	0	2（UCF、CRE）
岭澳核电厂 2 号机组	12	1	1（CRE）
岭澳核电厂 3 号机组	9	5	0
岭澳核电厂 4 号机组	10	4	0
秦山第三核电厂 1 号机组	10	3	1（CRE）
秦山第三核电厂 2 号机组	14	0	0
田湾核电厂 1 号机组	12	2	0
田湾核电厂 2 号机组	12	2	0
红沿河核电厂 1 号机组	10	1	3（GRLF、FR、CPI）
宁德核电厂 1 号机组	10	0	4（SP1、SP5、FR、CPI）

说明：UCF，机组能力因子；FLR，强迫损失率；GRLF，电网相关损失因子；UA7，临界 7000 小时非计划自动停堆次数；US7，临界 7000 小时自动停堆次数；SP1，高压安注系统性能；SP2，辅助给水系统系能；SP5，应急交流电系统性能；FR，燃料可靠性；CPI，化学性能；CRE，集体辐照剂量。

2013 年核电机组单项 WANO 单项性能指标统计

性能指标 \ 机组	秦山核电厂	大亚湾核电厂 1号机组	大亚湾核电厂 2号机组	秦山第二核电厂 1号机组	秦山第二核电厂 2号机组	秦山第二核电厂 3号机组	秦山第二核电厂 4号机组	岭澳核电厂 1号机组	岭澳核电厂 2号机组	岭澳核电厂 3号机组	岭澳核电厂 4号机组	秦山第三核电厂 1号机组	秦山第三核电厂 2号机组	田湾核电厂 1号机组	田湾核电厂 2号机组	红沿河核电厂 1号机组	宁德核电厂 1号机组	WANO中值	WANO先进值
机组能力因子（%）	81.61	86.83	85.93	85.79	88.74	93.50	84.28	82.94	88.58	90.11	88.95	89.91	99.86	90.70	89.14	99.90	99.95	86.99	93.53
非计划能力损失因子（%）	0.02	0.01	0.02	0.75	1.10	0.15	0.00	0.02	0.02	0.65	0.24	1.10	0.00	0.011	0.00	0.01	0.00	2.11	0.26
强迫损失率（%）	0.02	0.01	0.02	0.86	1.23	0.16	0.00	0.02	0.02	0.72	0.27	1.21	0.00	0.012	0.00	0.01	0.00	1.21	0.12
电网相关损失因子（%）	0.00	0.00	0.00	0.00	0.00	0.00	0.00	0.00	0.00	0.00	0.00	0.00	0.00	0.000	0.000	1.42	0.00	0.00	0.00
临界 7000 小时非计划自动停堆次数	0.97	0.00	0.00	0.00	0.88	0.84	0.00	0.00	0.00	0.00	0.00	0.00	0.00	0.000	0.000	0.00	0.00	0.00	0.00
临界 7000 小时非计划停堆次数	0.97	0.00	0.00	0.00	0.88	0.84	0.00	0.00	0.00	0.00	0.00	0.00	0.00	0.00	0.00	0.00	0.00	0.00	0.00
安全系统系能：高压安注系统性能	0.0003	0.0000	0.0000	0.0000	0.0000	0.0003	0.0001	0.0000	0.0000	0.0000	0.0000	0.0000	0.0000	0.0000	0.0000	0.0000	0.00230	0.0003	0.0000
安全系统系能：辅助给水系统性能	0.0001	0.0005	0.0000	0.0000	0.0000	0.0003	0.0000	0.0000	0.0000	0.0000	0.0000	0.0000	0.0000	0.0000	0.0000	0.0000	0.00000	0.0001	0.0000
安全系统系能：应急交流电系统性能	0.0002	0.0004		0.0189		0.0001		0.0000		0.0003		0.0000		0.0000		0.0003	0.04843	0.0016	0.0000
燃料可靠性（Bq/g）	0.037	0.037	0.037	0.037	0.037	0.037	0.037	0.037	0.037	0.037	0.037	0.037	0.037	0.037	0.381	163.444	250.441	0.4403	0.037
化学性能	1.00	1.00	1.00	1.00	1.00	1.01	1.03	1.00	1.00	1.00	1.00	1.00	1.00	1.00	1.00	1.39	1.01	1.00	1.00
集体辐照剂量（人•mSv）	494.84	891.7	877.1	362.28	362.28	226.16	226.16	1861.5	1376.7	251.8	325.1	502.20	128.15	283.15	183.50	0.005744	9.953	414	195.7
工业安全事故率	0.00	0.000		0.00		0.00		0.000		0.000		0.00		0.00		0.00	0.00	0.00	0.00
承包商工业安全事故率	0.00	0.000		0.00		0.00		0.00		0.000		0.00		0.00		0.00	0.00	0.00	0.00

注：□表示该指标没有达到 WANO 中值，□表示该指标介于 WANO 中值、先进值之间，■表示该指标达到 WANO 先进值。单项指标中值、先进值，为 2013 年第 1 季度至 2013 年第 4 季度年度值，根据 2014 年 3 月 26 日 WANO 网站数据库查询得到。

2005—2013年我国核电机组WANO指标综合指数统计

序号	年度	秦山核电厂	大亚湾核电厂		秦山第二核电厂				岭澳核电厂				秦山第三核电厂		田湾核电厂		红沿河核电厂1号机组	宁德核电厂1号机组
			1号机组	2号机组	1号机组	2号机组	3号机组	4号机组	1号机组	2号机组	3号机组	4号机组	1号机组	2号机组	1号机组	2号机组		
1	2005	95.16	96.66	83.82	85.52	78.83	/	/	87.94	91.88	/	/	79.87	85.30	/	/	/	/
2	2006	90.24	90.03	89.50	70.89	90.14	/	/	93.24	96.29	/	/	95.74	88.96	/	/	/	/
3	2007	90.99	100	96.60	68.28	95.41	/	/	93.28	91.88	/	/	98.17	99.47	/	/	/	/
4	2008	96.11	100	83.23	85.00	93.45	/	/	92.04	80.81	/	/	96.02	99.47	62.04	80.71	/	/
5	2009	94.52	98.70	93.48	90.01	93.39	/	/	94.46	92.26	/	/	99.46	99.17	72.26	86.19	/	/
6	2010	86.67	100	100	93.97	94.29	/	/	98.47	98.89	/	/	98.54	100	80.97	86.87	/	/
7	2011	92.14	100	96.67	87.50	96.00	79.92	/	98.52	100	N/A	/	98.87	99.42	93.45	90.94	/	/
8	2012	100	93.45	98.17	84.25	83.09	87.96	N/A	98.95	100	75.70	N/A	99.70	98.42	93.34	93.95	/	/
9	2013	98.49	98.77	98.24	91.90	80.32	91.85	93.88	85.93	91.93	96.60	88.59	100.0	100.0	95.92	95.57	N/A	N/A

注：使用WANO推荐的综合指数第四种方法计算，计算中考虑了大亚湾机组18个月换料期。N/A表示不满足方法四的要求。

在建核电项目进展情况

2013年，红沿河核电厂1～4号机组，宁德核电厂1～4号机组，福清核电厂1～4号机组,阳江核电厂1～6号机组，秦山核电厂扩建项目1、2号机组，三门核电厂1、2号机组，海阳核电厂1、2号机组，台山核电厂1、2号机组，昌江核电厂1、2号机组，防城港红沙核电厂1、2号机组，石岛湾核电厂高温气冷堆核电站示范工程，田湾核电厂3、4号机组等在建工程项目进展顺利，完成了年度任务目标。

一、红沿河核电厂1～4号机组

一、基本情况	
业主单位	辽宁红沿河核电有限公司
主要股东	中国广核集团有限公司、中电投核电公司、大连市建设投资公司
厂址	辽宁省瓦房店市红沿河镇东岗村
机组堆型	CPR1000
设计电功率	1118.79MW
开工日期	1号机组：2007年08月18日
	2号机组；2008年03月28日
	3号机组：2009年03月07日
	4号机组：2009年08月15日
计划完工日期	1号机组：2013年06月06日（商运）
	2号机组：2014年05月13日（商运）
	3号机组：2015年02月28日
	4号机组：2015年10月15日
二、建设亮点	
2013年,红沿河1号机组经过临界、并网、整治性小修后，于6月6日顺利实现商运。1号机组投产后全年未发生非计划停机停堆及执照运行事件，机组能力因子99.9%，6项WANO指标达国际先进值，取得了良好运行业绩。公司在保证1号机组稳定运行的同时，努力做好2号机组的移交接产及调试工作，并于11月23日顺利实现并网发电。2号机组热试准备工作状态全面优于1号机组同期水平，实现了“一台机组比一台机组好”的持续改进目标。3号机组冷试开始，各调试节点工作按照监管要求有序开展。	

红沿河核电厂 1～4 号机组里程碑完成情况

序号	里程碑	完成时间（1 号机组）	完成时间（2 号机组）	完成时间（3 号机组）	完成时间（4 号机组）
1	取得建造许可证	2007	2007	2009	2009
2	核岛（NI）第一罐混凝土	2007	2008	2009	2009
3	常规岛（CI）第一罐混凝土	2008	2008	2009	2009
4	泵站（PX）第一罐混凝土	2008	2008	2009	2009
5	BOP 安装开始	2008	2008	2010	2010
6	核岛（NI）安装开始	2009	2010	2010	2011
7	穹顶吊装	2009	2010	2011	2011
8	反应堆厂房（RX）环吊可用	2010	2010	2011	2012
9	常规岛（CI）安装开始	2009	2010	2011	2012
10	反应堆压力容器（RPV）到货	2010	2011	2012	2013
11	汽轮机首台低压缸到货	2010	2011	2011	2012
12	发电机到货	2011	2011	2012	2012
13	泵站进水	2011	2011	2012	
14	500kV 主变可用	2011	2011	2013	
15	冷试（CFT）开始	2011	2013	2013	
16	热试（HFT）开始	2012	2013	2013	
17	核燃料组件运到现场	2012	2013	2014	
18	取得装料许可证	2012	2013	2015	
19	装料开始	2012	2013	2015	
20	首次临界	2013	2013		
21	汽轮机冲转	2013	2013		
22	首次并网	2013	2013		
23	具备商运条件	2013			

二、宁德核电厂 1～4 号机组

一、基本情况	
业主单位	福建宁德核电有限公司
主要股东	广东核电投资有限公司、大唐国际发电股份有限公司、福建省能源集团有限责任公司
厂址	福建省宁德市辖福鼎市太姥山镇备湾村
机组堆型	CPR1000
设计电功率	1089MW
开工日期	1 号机组：2008 年 02 月 18 日
	2 号机组：2008 年 11 月 12 日
	3 号机组：2010 年 01 月 08 日
	4 号机组：2010 年 09 月 29 日
计划完工日期	1 号机组：2012 年 12 月 31 日
	2 号机组：2014 年 02 月 28 日
	3 号机组：2014 年 12 月 31 日
	4 号机组：2015 年 08 月 31 日

二、建设亮点

2013 年，宁德核电工程 4 台机组同步按序稳步推进，1 号机组于 4 月 15 日凌晨完成了 168 小时试运行考核，经福建省电力公司确认合格，开始投入商业运行；2 号机组于 2014 年 1 月 4 日首次并网，2014 年 5 月 4 日投入商运；3、4 号机组的建设有序进行，计划于 2015 年至 2016 年相继投入商运。

作为我国《核电中长期发展规划（2005—2020 年）》颁布后建设的第一个核电项目，宁德核电担负着承上启下，进一步推动我国核电自主化体系建设的重任，是目前我国百万千瓦级核电机组中自主化、国产化程度最高的核电站之一。以宁德核电项目建设为依托，一批重要设备制造和关键技术实现了自主化突破。宁德核电一期工程实施了包括首炉 18 个月换料在内的 16 项重大技术改进，同时也是国内首次采用国产全范围模拟机和首个应用主管道窄间隙自动焊技术的核电站。

宁德核电厂 1～4 号机组里程碑完成情况

序号	里程碑	完成时间（1 号机组）	完成时间（2 号机组）	完成时间（3 号机组）	完成时间（4 号机组）
1	核岛主设备供应合同或协议签订	2007	2007	2009	2009
2	TG 供应合同或协议签订	2007	2007	2008	2008
3	DCS 供应合同或协议签订	2007	2007	2009	2009
4	颁发建造许可证	2008	2008	2010	2010
5	核岛第一罐混凝土	2008	2008	2010	2010
6	常规岛第一罐混凝土	2008	2009	2010	2011
7	泵房第一罐混凝土	2008	2008	2010	2010
8	BOP 安装开始（GB）	2009	2009	2010	2010
9	核岛安装开始	2009	×	2011	×
10	核岛穹顶吊装	2009	2011	2011	2012
11	常规岛安装开始	2010	×	2012	×
12	核岛环吊可用	2010	2010	2012	2012
13	首个单系统（SDA）调试开始	2010	×	×	×
14	核岛 RPV 到货	2010	2011	2013	2013
15	常规岛首台低压缸到货	2010	2011	2012	2013
16	常规岛发电机到货	2010	2011	2012	
17	泵站进水	2011	2011	2013	
18	500kV 主变可用	2011	×		×
19	冷试开始	2011	2013		
20	热试开始	2012	2013		
21	核燃料组件到货	2012	2013		
22	颁发装料许可证	2012	2013		
23	装料开始	2012	2013		
24	首次并网	2012			
25	具备商业运行条件	2013			

注：× 为该机组没有此项里程碑。

三、福清核电厂 1～4 号机组

一、基本情况	
业主单位	福建福清核电有限公司
主要股东	中国核能电力股份有限公司、华电福新能源股份有限公司、福建省投资开发集团有限责任公司
厂址	福建省福州市福清市三山镇前薛村
机组堆型	M310
设计电功率	1080MW
开工日期	1 号机组：2008 年 11 月 21 日
	2 号机组：2009 年 06 月 17 日
	3 号机组：2010 年 12 月 31 日
	4 号机组：2012 年 11 月 17 日
计划完工日期	1 号机组：2014 年 07 月 31 日
	2 号机组：2015 年 01 月 15 日
	3 号机组：2015 年 08 月 31 日
	4 号机组：2017 年 03 月 16 日

二、建设亮点

2013 年，福清核电工程整体进展稳健、有序，工程安全、质量处于受控状态，工程建设管理不断加强，各机组取得了重要阶段性进展，1 号机组冷试顺利完成，2 号机组核回路冲洗完成，3 号机组主设备相继就位，4 号机组核岛、常规岛土建并进。

1 号机组处于调试高峰，顺利实现安全壳试验、500kV 主变可用、燃料到场、冷试、热试开始里程碑节点，以及盘车可用、非核蒸汽冲转等重要节点。

2 号机组逐步步入调试阶段，顺利实现汽机厂房具备安装汽轮机条件、1 号主泵泵壳就位、主控室可用、泵房进水里程碑节点，以及汽轮机扣缸、核回路冲洗、二回路联合打压等重要节点。

3 号机组处于安装高峰，顺利实现环吊可用、常规岛主行车可用、压力容器安装开始、220kV 倒送电、汽机安装开始里程碑节点，以及主管道焊接开始、主泵泵壳吊装就位等重要节点。

4 号机组处于土建高峰，顺利实现常规岛第一罐混凝土浇筑里程碑节点，以及核岛筒体第 13 层浇筑完成、常规岛筏基浇筑完成等重要节点。

福清核电厂 1～4 号机组里程碑完成情况

序号	里程碑	完成时间（1 号机组）	完成时间（2 号机组）	完成时间（3 号机组）	完成时间（4 号机组）
1	核岛主设备采购招投标启动	2007	×	2009	×
2	项目核准	2008	×	2010	×
3	可研报告上报	2008	×	×	×
4	PSAR 上报	2008	×	×	×
5	总承包合同签订	2008	×	×	×
6	初步设计完成	2008	×	×	×
7	建造许可证颁发	2008	×	2010	×
8	核岛第一罐混凝土	2008	2009	2010	2012
9	常规岛第一罐混凝土	2009	2009	2011	2013
10	泵房第一罐混凝土	2009	×	2011	×
11	BOP 安装开始	2010	×	×	×
12	核岛安装开始	2010	2011	2012	
13	穹顶吊装	2010	2011	2012	
14	常规岛安装开始	2011	2012	×	
15	70t 龙门吊可用	2011	2012	×	×
16	环吊可用	2011	2012	2013	
17	380t 龙门吊可用	2011	2012	×	×
18	常规岛主行车可用	×	×	2013	
19	反应堆厂房压力容器安装开始	2011	2012	2013	
20	主管道开始焊接	2011	2012	×	×
21	1 号蒸汽发生器就位	2011	2012	×	×
22	220kV 倒送电	2011	×	2013	×
23	发电机定子就位	2011	2012	×	×
24	FSAR 上报	2011	×	×	×
25	1 号主泵泵壳就位	2011	2013	×	×
26	汽轮机安装开始	2012	2013	2013	
27	主管道焊接完成	2012	×		
28	泵房进水	2012	2013		×
29	主控室可用	2012	2013		
30	500kV 主变可用	2013			
31	冷试开始	2013			
32	安全壳试验开始	2013		×	×
33	热试开始	2013			
34	核燃料进现场	2013			
35	装料许可证颁发				
36	开始装料				
37	临界许可			×	×
38	首次临界				
39	汽轮机冲转			×	×
40	首次并网				
41	临时验收				
42	商业运行	×	×	×	×

注：× 为该机组没有此项里程碑。

四、阳江核电厂 1～6 号机组

一、基本情况	
业主单位	阳江核电有限公司
主要股东	中国广核电力股份有限公司、广东核电投资有限公司、广东省粤电集团有限公司、中广核一期投资基金有限公司
厂址	广东省阳江市东平镇沙环村
机组堆型	CPR1000
设计电功率	1086MW
开工日期	1 号机组：2008 年 12 月 16 日
	2 号机组：2009 年 06 月 04 日
	3 号机组：2010 年 11 月 15 日
	4 号机组：2012 年 11 月 17 日
	5 号机组：2013 年 09 月 18 日
	6 号机组：2013 年 12 月 23 日
计划完工日期	1 号机组：2014 年 05 月 10 日
	2 号机组：2015 年 03 月 15 日
	3 号机组：2016 年 02 月 15 日
	4 号机组：2017 年 07 月 15 日
	5 号机组：2018 年 11 月 15 日
	6 号机组：2019 年 07 月 15 日
二、建设亮点	
1 号机组完成冷试、热试，装料、并网。在 1 号机组装料前仅用了 4 个月时间完成三废系统调试，在各项目中首次在装料前实现三废系统全面可用。 2 号机组实现 NCC、冷试。采取 NCC 试验分阶段冲洗，10 月 29 日 NCC 开始，11 月 8 日完成全部系统 NCC，冲洗水取样全部合格，12 月 30 日冷试开始。 3、4 号机组采用 CPR1000+ 技术方案，多项设计改进和施工新技术成功应用。3 号机堆腔注水 RPV 保温安装采用新工艺，7 月 1 日保温安装开始并顺利解决间隙过大问题。3 月 29 日 4 号机核岛截锥体自密实混凝土顺利实施，标志着自密实混凝土在核岛主体工程的首次成功应用。3KX 不锈钢水池采用自动焊工艺，在焊接质量的稳定性、焊接效率等方面提升显著。3 号核岛环形区施工逻辑优化，大部分房间在 FCD+33.5 移交，为关键系统安装创造条件。3 号常规岛汽机采用独立支撑系统和地脚螺栓悬挂安装的方案，实现汽机平台整体移交与发电机定子一次吊装就位。3、4 号机常规岛钢屋架双榀组合吊装，既增加了稳定性，又减少高空作业风险。 阳江核电厂 5、6 号机组建设三大特点，采用 ACPR1000 技术路线、DCS 核级设备首次应用集团自主研发的 FirmSys 平台、核岛安装首次由广东火电独立承担。 2013 年 9 月 18 日，5 号机组实现 FCD，2013 年 12 月 23 日，6 号机组实现 FCD，至此，阳江 6 台机组同时在建，阳江核电基地成为全球最大的在建核电基地。	

阳江核电厂 1～6 号机组里程碑完成情况

序号	里程碑	完成时间（1 号机组）	完成时间（2 号机组）	完成时间（3 号机组）	完成时间（4 号机组）	完成时间（5 号机组）	完成时间（6 号机组）
1	核岛浇筑第一罐混凝土	2008	2009	2010	2012	2013	2013
2	常规岛第一罐混凝土	2009	2009	2010	2011	2013	
3	核岛安装开始	2010	2011	2012			
4	核岛穹顶吊装	2010	2011	2012			
5	常规岛安装开始	2011	2011	2012	2013		
6	核岛环吊可用	2011	2011	2012			
7	汽轮机首台低压缸模块到货	2011	2012	2013			
8	发电机到货	2011	2012	2013			
9	泵站进水	2011	2012	2013			
10	RPV 与 SG 全部到货	2011	2012				
11	核岛主回路冷试开始	2013	2013				
12	核岛主回路热试开始	2013					
13	开始装载核燃料	2013					
14	首次核临界	2013					
15	首次并网	2013					
16	具备商业运行条件						

五、秦山核电厂扩建项目 1、2 号机组

一、基本情况	
业主单位	秦山核电有限公司
主要股东	中国核能电力股份有限公司、浙江浙能电力股份有限公司
厂址	浙江海盐秦山
机组堆型	M310
设计电功率	1080MW
开工日期	1 号机组：2008 年 12 月 26 日
	2 号机组：2009 年 07 月 17 日
计划完工日期	1 号机组：2013 年 12 月 31 日
	2 号机组：2014 年 10 月 28 日
二、建设亮点	
2013 年，是方家山核电工程建设的第 6 年，也是 1、2 号机组安装、调试的高峰年。2013 年度 12 个工程进度节点均圆满完成，工程安全、质量、进度、投资等方面均得到了有效控制，总体进展顺利，圆满实现了 2013 年度工程 JYK 考核节点。1 号机组先后实现 500kV 倒送电、核回路冲洗、新燃料进场、冷试开始等重大节点；2 号机组先后实现蒸汽发生器安装开始、泵房进水、燃料水池盛水试验、低压缸安装、500kV 主变可用等重大节点。	

秦山核电厂扩建项目1、2号机组里程碑完成情况

序号	里程碑	完成时间（1号机组）	完成时间（2号机组）
1	“四通一平”开始	2007	2007
2	提交建造许可证申请（包括PSAR等）	2008	2008
3	核岛负挖开始	2008	2008
4	项目核准	2008	2008
5	核岛防水层施工开始	2008	2009
6	建造许可证取得	2008	2008
7	核岛第一罐混凝土	2008	2009
8	常规岛第一罐混凝土	2009	2010
9	泵房第一罐混凝土	2009	2009
10	安全壳穹顶吊装	2010	2011
11	汽轮机厂房吊车可用	2011	2012
12	反应堆压力容器到货	2012	2012
13	凝汽器到货	2011	2012
14	发电机到货	2012	2012
15	反应堆厂房环吊可用	2011	2012
16	压力容器安装	2012	2013
17	辅助电源可用	2011	2013
18	提交首次装料申请	2012	2013
19	500kV主变可用	2013	2013
20	冷态试验开始	2013	
21	首次装料批准书取得		
22	首次装料		
23	首次核临界		
24	首次并网		
25	商业运行		

六、三门核电厂1、2号机组

一、基本情况	
业主单位	三门核电有限公司
主要股东	中国核能电力股份有限公司、浙江浙能电力股份有限公司、中电投核电有限公司、中国华电集团公司、中核投资有限公司
厂址	浙江省三门县
机组堆型	AP1000
设计电功率	1250MW
开工日期	1号机组：2009年04月19日
	2号机组：2009年12月15日
计划完工日期	1号机组：2015年12月31日
	2号机组：2016年12月31日
二、建设亮点	

2013年三门核电切实围绕“一切以工程现场为中心”的工作总基调，坚定不移地坚持和深化总承包模式下发挥业主作用的工作模式，加大力度敦促各方积极落实各项措施和兑现各项承诺，工程建设取得了重要进展。1号机组钢制安全壳顶封头就位、环吊可用、汽轮发电机扣缸、主管道焊接完成等重要里程碑节点顺利实现，蒸汽发生器、一体化顶盖、堆内构件、屏蔽厂房穹顶顺利吊装就位，核岛五大厂房结构封顶基本完成；2号机组下部设备和人员闸门安装就位、反应堆厂房135平台开始混凝土浇筑、核岛辅助厂房外墙混凝土浇筑全部完成，放射性废物厂房和柴油发电机厂房主体结构完工、钢制安全壳顶封头拼装完成、常规岛主要设备基本就位完成、汽轮机开始安装。

根据设计固化和关键主设备现实状况，三门核电以现场指挥部为平台，强化业主主导、深化各方合作，坚持安全第一、质量第一，重点加强核岛设计完工计划、主泵和爆破阀赶工计划监督和督促，加强对关键路径工作的预警，关注次关键路径的工作进展，做好全厂调试风险的分析、应对预案和调试执行工作，努力缩小上游设计和设备到货对项目整体进度的影响。

三门核电厂 1、2 号机组里程碑完成情况

序号	里程碑	完成时间 (1 号机组)	完成时间 (2 号机组)
1	框架性合同签订	2007	2007
2	钢衬建造合同授权	2008	2008
3	主合同签订	2007	2007
4	主合同生效	2007	2007
5	授权开工日	2007	2007
6	初步安全分析报告提交给业主	2008	2008
7	核岛开始负挖	2008	2008
8	模块预制厂	2008	2008
9	建造许可证	2009	2009
10	大吊车可用	2009	2009
11	第一罐混凝土	2009	2009
12	CA20 模块就位	2009	2010
13	CV 底封头就位	2009	2010
14	常规岛第一罐混凝土	2009	2010
15	CA01 模块就位	2010	2010
16	CV1 号环就位	2010	2010
17	CV2 号环就位	2010	2011
18	CV3 号环就位	2010	2011
19	汽轮机厂房吊车可用	2011	2012
20	反应堆压力容器到货	2011	
21	汽轮机区域开始安装	2011	2012
22	凝汽器到货	2011	2013
23	发电机到货	2011	2013
24	蒸汽发生器到货	2012	
25	汽轮机到货	2012	2013
26	CV 顶封头就位	2013	
27	厂用电母线送电	2012	
28	核岛环吊可用	2013	
29	除盐水可用	2012	2012
30	仪控用压缩空气可用		
31	最终安全分析报告	2012	
32	反应堆冷却泵到货		
33	操作员模拟机可用	2012	
34	反应堆冷却系统移交		
35	反应堆穹顶完工		
36	主控室可用	2014	
37	冷态试验		
38	凝汽器抽真空		
39	汽轮机准备冲转		
40	热态试验		

七、海阳核电厂 1、2 号机组

一、基本情况	
业主单位	山东核电有限公司
主要股东	中电投核电有限公司、山东省国际信托有限公司、烟台蓝天投资控股有限公司、中国国电集团公司、中国核能电力股份有限公司、华能核电开发有限公司
厂址	山东省海阳市大辛家
机组堆型	AP1000
设计电功率	1250 MW
开工日期	1 号机组：2009 年 09 月 24 日
	2 号机组：2010 年 06 月 20 日
计划完工日期	1 号机组：2014 年 05 月 31 日（合同时间）
	2 号机组：2015 年 03 月 31 日（合同时间）
二、建设亮点	
2013 年海阳核电项目克服堆内构件、环吊等关键设备到货延误问题，顺利实现了 1 号机组安全壳顶封头、穹顶就位；2 号机组压力容器、蒸汽发生器等国产化设备制造突破多项关键工艺，核岛 135’平台完工，常规岛厂房封闭基本完成，调试工作全面展开，供水供电系统完成调试并移交接产，临时主控室投入使用；积极推动仪控设计问题解决，成功在 5 月份实现模拟机可用。强化安全质量过程管控，通过强化“一级 QA、两级 QC”管理等手段，工程质量可用在控，未发生重大安全问题，质量检验一次合格率稳步提升。	

海阳核电厂 1、2 号机组里程碑完成情况

序号	里程碑	完成时间 (1 号机组)	完成时间 (2 号机组)
1	ATP 授权开工	2007	2007
2	获得建造许可证	2009	2009
3	最终安全分析报告提交	2012	2012
4	开始核岛负挖	2008	2008
5	第一罐混凝土	2009	2010
6	CI 第一罐混凝土	2010	2010
7	CA20 模块就位	2010	2010
8	安全壳底封头就位	2010	2010
9	压力容器交付至现场	2011	2014（计划）
10	安全壳顶封头就位	2013	2014（计划）
11	电站设施母线受电	2012	2014（计划）
12	主控室可用	2014（计划）	

八、台山核电厂 1、2 号机组

一、基本情况	
业主单位	台山核电合营有限公司
主要股东	中国广核集团有限公司、法国电力公司、广东省粤电集团有限公司
厂址	广东省台山市赤溪镇
机组堆型	EPR
设计电功率	1750MW
开工日期	1 号机组：2009 年 11 月 18 日
	2 号机组：2010 年 04 月 15 日
计划完工日期	1 号机组：2015 年 11 月 30 日
	2 号机组：2016 年 09 月 30 日
二、建设亮点	
2013 年台山核电工程以核回路冲洗（NCC）目标为抓手，全力推进 NCC 各项工作及 9 项年度工程重要里程碑。9 项工程重要里程碑进展总体顺利，除 2 号核岛主回路焊接完成受主设备到货影响未完成外，其余 8 项里程碑（2 号常规岛厂房结构封顶、1 号常规岛四缸扣盖开始、1 号泵房初具进水条件、2 号 NI 十字筏基以上厂房结构封顶、220kV 系统可用、BOP 子项及廊道土建施工基本完成、2 号常规岛三台低压下半缸就位、1 号核岛厂房封顶）均在年内实现。调试大纲编制完成，并于 2013 年 7 月提交国家核安全局；确定总体调试逻辑和首堆试验清单；220kV 电源和 GGR（汽轮机顶轴油）系统等已可用。	

台山核电厂 1、2 号机组里程碑完成情况

序号	里程碑	完成时间（1 号机组）	完成时间（2 号机组）
1	核岛设计采购合同签订	2007	2007
2	TG 供应合同签订	2008	2008
3	颁发建造许可证	2009	2009
4	NI 第一罐混凝土	2009	2010
5	CI 第一罐混凝土	2009	2010
6	HPX 第一罐混凝土	2009	2009
7	汽轮机基座开始施工	2010	2010
8	NI 安装开始（HL* 管道）	2010	2011
9	穹顶吊装	2011	2012
10	除盐水生产系统调试开始	2011	2011
11	主行车可用	2011	2012
12	环吊可用	2012	2013
13	汽轮机 LP1 模块到货	2011	2013
14	RPV 到货	2011	
15	发电机定子到货	2012	
16	1 号海底隧道完工	2012	
17	泵站进水	2013	
18	500kV 主变可用		
19	安全壳试验		
20	NCC 开始	2013	
21	CFT 开始		
22	HFT 开始		

九、昌江核电厂 1、2 号机组

一、基本情况	
业主单位	海南核电有限公司
主要股东	中国核能电力股份有限公司、华能核电开发有限公司、华能国际电力股份有限公司
厂址	海南省昌江县海尾镇塘兴村
机组堆型	CNP600
设计电功率	650MW
开工日期	1 号机组：2010 年 04 月 25 日
	2 号机组：2010 年 11 月 21 日
计划完工日期	1 号机组：2015 年 11 月 25 日
	2 号机组：2016 年 01 月 25 日
二、建设亮点	
2013 年，海南昌江核电工程建设扎实推进，安全、质量、进度、投资等各方面总体受控。1 号机组核岛安装向调试平稳过渡，四大控制总体受控；2 号机组核岛由土建阶段转入安装阶段，常规岛土建基本完成，安装工作开始；福岛改进、电价争取、联网二回和调峰研究等专项工作按计划推进，为项目投产运营和公司可持续发展打下坚实基础；公司精益化管理水平持续提升，JYK 一体化考核和管理提升活动初见成效；海关协调取得重要突破，在全国核电企业中率先获得“海关 AA 类企业资质”；现场综合办公楼、文档中心、培训中心全面投用，厂区面貌基本成形，全员进驻现场办公，工作和生活条件得到根本性改善。	

昌江核电厂 1、2 号机组里程碑完成情况

序号	里程碑	完成时间 (1 号机组)	完成时间 (2 号机组)
1	核岛第一罐混凝土	2010	2010
2	常规岛第一罐混凝土	2010	2011
3	泵房第一罐混凝土	2010	×
4	核岛开始安装	2011	2012
5	穹顶吊装	2011	2012
6	环吊可用	2012	2013
7	常规岛安装开始	2012	2013
8	压力容器就位	2013	
9	汽轮机安装开始	2013	
10	备用电源倒送电	2013	
11	泵房进水	2013	
12	主电源倒送电		
13	冷试开始		

注：× 为该机组没有此项里程碑。

十、防城港核电厂 1、2 号机组

一、基本情况	
业主单位	广西防城港核电有限公司
主要股东	中国广核集团有限公司、广西投资集团有限公司
厂址	广西壮族自治区防城港市光坡镇红沙潇，东经 108° 33′ 42″ ，北纬 21° 40′ 02″
机组堆型	CPR1000
设计电功率	1080MW
开工日期	1 号机组：2010 年 07 月 30 日
	2 号机组：2010 年 12 月 23 日
计划完工日期	1 号机组：2015 年 06 月 30 日
	2 号机组：2016 年 02 月 28 日
二、建设亮点	
2013 年 3 月 1 日，防城港核电站一期 1 号机组发电机定子成功运抵 1 号常规岛厂房并吊装就位，顺利实现了防城港核电项目 2013 年首个工程一级里程碑。1 号机组发电机定子由上海电气集团制造，额定转速 1500r/min，毛重 516 吨，长 12.48 米，宽 5.46 米，高 4.91 米，是常规岛最重要的大件设备之一。1 号机组发电机定子的成功就位，标志着发电机本体安装全面开始，为 1 号机组常规岛安装工程全面展开打下坚实的基础。	

防城港核电厂 1、2 号机组里程碑完成情况

序号	里程碑	完成时间（1 号机组）	完成时间（2 号机组）
1	场平工程开工	2009 年 01 月 19 日	×
2	核岛负挖工程开工	2009 年 04 月 28 日	×
3	RPV、SG 合同签订	2009 年 06 月 08 日	×
4	常规岛第一罐混凝土	2010 年 06 月 29 日	2011 年 01 月 07 日
5	核岛第一罐混凝土	2010 年 07 月 24 日	2010 年 12 月 23 日
6	DCS 合同签订	2010 年 11 月 08 日	×
7	泵站第一罐混凝土	2011 年 01 月 13 日	×
8	BOP 安装开始	2011 年 07 月 22 日	×
9	核岛安装开始	2012 年 01 月 11 日	×
10	安全壳穹顶吊装	2012 年 04 月 13 日	2012 年 12 月 26 日
11	常规岛安装开始	2012 年 05 月 09 日	×
12	首个单系统（SDA）调试开始	2012 年 08 月 07 日	×
13	反应堆厂房环吊可用	2012 年 08 月 28 日	2013 年 05 月 16 日
14	汽轮机首个 LP 模块到货	2012 年 07 月 23 日	2013 年 10 月 15 日
15	发电机定子到货	2013 年 02 月 28 日	2013 年 12 月 30 日
16	RPV 和 SG 全部到货	2013 年 12 月 31 日	
17	泵站进水	2013 年 09 月 13 日	
18	500kV 主变可用		×

注：× 为该机组没有此项里程碑。

十一、石岛湾核电厂示范工程

一、基本情况	
业主单位	华能山东石岛湾核电有限公司
主要股东	中国华能集团公司、中国核工业建设集团公司、清华控股有限公司
厂址	山东省荣成市石岛管理区宁津街道办事处辖区
机组堆型	高温气冷堆
设计电功率	211MW
开工日期	2012 年 12 月 09 日
计划完工日期	2017 年 11 月 09 日
二、建设亮点	
模块式高温气冷堆核电站具有固有安全性，保证反应堆在任何事故下，不借助能动的安全系统，不会发生堆芯熔化和放射性大量释放的严重后果，是世界首台具备第四代核能系统安全特性的商用核电机组，将引领世界第四代核电技术发展与进步。2013 年 3 月 17 日，高温气冷堆核电站示范工程核岛厂房底板混凝土浇筑完成；8 月 8 日，核岛厂房 -11.05m 楼板混凝土浇筑完成；11 月 21 日，核岛厂房 -5m 楼板混凝土浇筑完成；12 月 31 日，核岛厂房主体结构施工至 0m，年度目标按期实现。	

石岛湾核电厂里程碑完成情况

序号	里程碑	完成时间
1	核岛第一罐混凝土开始浇筑	2012 年 12 月 09 日
2	反应堆厂房 ±0.00m 板施工完成	
3	常规岛第一罐混凝土开始浇筑	
4	大件运输码头可用	

十二、田湾核电厂 3 、4 号机组

一、基本情况	
业主单位	江苏核电有限公司
主要股东	中国核能电力股份有限公司、上海禾曦能源投资有限公司、江苏省国信资产管理集团有限公司
厂址	江苏省连云港市连云区田湾
机组堆型	VVER
设计电功率	1120MW
开工日期	3 号机组：2012 年 12 月 27 日
	4 号机组：2013 年 09 月 27 日
计划完工日期	3 号机组：2018 年 02 月 27 日
	4 号机组：2018 年 12 月 27 日
二、建设亮点	

田湾核电厂 3、4 号机组是中俄两国在加深政治互信、发展经济贸易、加强战略协作的方针推动下，在核能领域又一重大能源合作项目，受到中俄两国政府的高度重视，也是日本福岛核事故后，国家核准开工建设的第一个新建核电项目。

3、4 号机组是在一期工程基础上，采用“翻版加改进”方式建设两台百万千瓦级的压水堆核电机组。核岛继续采用俄罗斯设计制造的 VVER-1000/428 型反应堆装置，常规岛采用国内设计和制造、额定功率为 1126MW 的半速汽轮发电机组。在安全方面，设计上采用了反应堆安全壳双层结构，安全仪控在四通道设置的基础上，又增加了 MASS 的安全仪控功能，安全分析结果表明，电厂设计寿命 $\geq$ 40 年，堆芯熔化频率 $< 1\times10^{-5}$/ 堆年，严重事故放射性物质向环境释放频率 $\leq 1\times10^{-7}$/ 堆年，符合三代机组安全标准。

3、4 号机组单台计划建设工期为 62 个月，两台机组间隔 10 个月，分别计划于 2018 年 2 月 27 日和 12 月 27 日投入商业运行。

田湾核电厂 3、4 号机组里程碑完成情况

序号	里程碑	完成时间（3 号机组）	完成时间（4 号机组）
1	建造许可证颁发	2012 年 12 月 26 日	2012 年 12 月 26 日
2	核岛第一罐混凝土	2012 年 12 月 27 日	2013 年 09 月 27 日
3	常规岛第一罐混凝土	2013 年 04 月 21 日	
4	UJA 厂房内部结构至 34 米板完成		

核燃料循环

发展现状

天然铀产业新布局、新机制、新项目取得重要进展，北方五大工程全面启动，南方两项重点工程进展顺利。中国核燃料有限公司正式挂牌成立， 核燃料重点项目有序推进，400吨压水堆燃料元件扩建项目形成产能，AP1000燃料元件生产线、高温气冷堆核电站示范工程燃料元件生产线建设按计划进行。铀资源、核燃料保障能力进一步加强。

铀矿勘查与采冶

一、中国核工业集团公司

（一）基本情况

2013年，地矿板块实现主营业务收入72.8亿元、同比增长18.6%，集团外主营收入55.6亿元、同比增长26.6%；完成利润总额4.59亿元。铀矿勘查完成钻探工作量61.8万米。

（二）大基地建设

蒙其古尔铀矿一期项目作为国内首个单矿产能300吨的规模化地浸铀矿山，提前一年完成主要生产工程。纳岭沟铀矿项目现场条件试验进展顺利，扩大试验钻孔工程、水冶设施按期建成。巴彦乌拉铀矿项目完成首采段勘探，扩大试验取得阶段成果，浸出进程平稳，正在开展钻孔施工。通辽钱家店铀矿Ⅱ块扩产项目新增近8000吨备案资源量，完成补充勘探和立项评估。蒙其古尔铀矿二期项目完成补充勘探。

居隆庵铀矿项目创造了月掘进94米的铀矿山记录，累计掘进563米；许家铀矿项目全年累计掘进315米，超额完成282米的年度计划。沽源铀矿项目基本实现连续稳定生产和经营现金流平衡。

（三）国内合作

与国土资源部、中央地勘基金针对大营铀矿重要合作开展多轮协商，拟订协议文本呈送国土资源部审查。与青海省国土厅就全面参与青海矿产地质调查、配置相关矿权等进行项目对接。与中石化组建中核石化铀业公司，掌控具备万吨级潜力的柴登铀资源基地，并解决了蒙其古尔铀矿二期矿权问题。与中石油签订通辽钱家店地区的全面合作协议。与神华集团就纳岭沟地区合作达成意向。与江铜集团签订铀资源开发利用战略协议。

与陕西核工业集团就华阳川、光石沟铀矿床开发的工艺技术、环保、搬迁等项目建设条件展开论证。与辽宁省核工业地质局就赛马铀矿床开发展开深入洽谈。与广西地勘局签署合作协议，推动资源苗儿山和全州摩天岭等地区重点铀成矿区矿权合作。

全年新增铀探矿权14个，延续76个铀探矿权，新获取4个采矿权。

（四）科技创新

建立了全国铀矿资源潜力动态预测评价技术体系；成功在相山矿田实施铀矿第一科学深钻，以2818.88米顺利竣工验收，项目获中国核学会2013年“十大核科技进展”奖。突破了地浸矿山多层矿体分层开采关键技术，蒙其古尔铀矿床多层矿体开发钻孔成本节约20%；解决了厚含矿含水层的有效浸出问题，进一步降低了纳岭沟铀矿床的开发成本。

“‘CO_2+O_2’原地浸出采铀工艺技术研究与应用”获国防科技进步一等奖和集团特等奖，“中国北方中新生代沉积盆地铀矿资源调查评价”获国土资源部科技进步一等奖。核工业北京地质研究院夏毓亮获第十三次李四光地质科学奖野外地质工作者奖。核工业北京地质研究院李子颖入选国土资源部首批科技领军人才、苏锐入选国土资源部杰出青年科技人才，铀矿成矿理论与深部找矿项目组入选国土资源部科技创新团队培养计划。地矿系统全年获得部级一等奖2项，国防科技二等奖3项、三等奖1项，获集团公司科技进步特等奖1项、二等奖3项、三等奖7项，申报专利40余项，获得专利授权25项。

（五）海外开发

尼日利亚阿泽里克铀矿项目就下一步走向、资金问题解决和争取国家政策支持等方面开展了大量富有成效的工作。纳米比亚铀矿风险勘查项目取得了较好的找矿成果，成为中央地勘基金中心“双50”计划的重要部分。津巴布韦铀矿项目开展外围地质工作，保证了矿权的有效性。

重启了投资纳米比亚LH铀矿项目工作，并与澳大利亚帕拉丁公司就并购价格及条件达成一致。与法国电力公司、法国阿海珐公司、加拿大Cameco公司开展会谈，探讨铀资源项目的合作。

全年完成天然铀贸易1145吨，实现主营业务收入9.52亿元，超额完成8亿元的年度计划。

（六）管理创新

实施了安全环保管理专项提升，天然铀矿山实现零工亡。安全标准化建设深入开展，16座矿井的“六大系统”全面建成。中核抚州金安铀业有限公司、中核赣州金瑞铀业有限公司草桃背铀矿、中核北方铀业有限公司青龙铀矿、中核韶关锦原铀业有限公司、新疆中核天山铀业有限公司七三七厂、新疆中核天山铀业有限公司七三九厂等6家矿山企业首次入选国家级绿色矿山试点单位。

推进天然铀生产“四优化、四达标”、工程项目建设管理“五锁定”、地浸钻探施工管理等标准化管理。11项成果获集团公司管理创新奖，其中两项为1等奖，并获优秀组织奖。

（七）队伍建设

选拔聘任第二批共29名总地质师、总设计师；公开招聘6名企业经营、财务管理、资源矿权、国际化经营方面的紧缺人才。

核工业二一六大队和新疆中核天山铀业公司张勇分获中央企业先进集体和劳动模范称号，核工业航测遥感中心团委获得“中央企业五四红旗团委”称号。

二、中国广核集团有限公司

2013 年 4 月 18 日，纳米比亚湖山铀矿项目正式开工。湖山铀矿项目是目前中国在非洲除银行业外最大的投资项目，该项目位于纳米比亚西部的纳米布沙漠地区。该矿为近十年来非洲、乃至世界铀资源勘查领域的重大发现之一。按最新的第三方资源量评估报告，位列世界第三。湖山铀矿矿山建设准备工作于 2012 年 11 月启动，全部的矿山建设工作计划于 2015 年年底完成。项目达产后在全球单体铀矿产能中排名第二。湖山铀矿项目全寿期在 20 年以上，生产总量可保证 20 台百万千瓦级核电机组近 40 年的天然铀需求，对保障我国核电站天然铀稳定供应具有重要战略意义。

2013 年，中广核积极推动获取国内铀矿开采资质工作，政府主管部门已明确表态支持中广核进入国内铀资源开采领域，并已受理地方政府和中广核的有关申请。中广核铀业新疆公司 2013 年取得铀矿系统最高级别的军工二级保密资质，新疆萨瓦甫齐铀矿获得环保部的坑道环评。中广核铀业广东公司麻楼矿权获得国土部储量备案证明，项目矿建准备工作稳步推进。

核燃料生产

核燃料各环节重点项目有序推进。陕西铀浓缩公司北区扩建二期、红华一期、中核建中核燃料公司元件项目、高温气冷堆核电站燃料元件线等产能建设项目完成重要节点。中核集团并购东方锆业、入股西部新锆，完成锆产业的研发生产布局。乏燃料运输容器项目完成力学验证试验，启动样机制造。后处理重大专项科研项目按计划推进，16 项科研项目已按计划完成 6 项。完成乏燃料后处理厂项目建议书和大型核燃料后处理厂 6 轮中法合同谈判。完成核材料、核燃料元件及配套设施工程咨询设计和工程总承包任务 50 余项。完成“核燃料芯块先进烧结系统”样机制造；完成干法转化生产装置的设备供货，使我国核燃料元件生产粉末生产工艺实现了“湿法”向“干法”的升级换代。

（一）抓 JYK 一体化，全面完成年度目标任务

中国核燃料总公司全面贯彻落实 JKY（计划、预算、考核）一体化工作，设立 JYK 管理专员和日常工作机构，编制下发了公司《JYK 管理实施办法》等四个专门制度，关注板块短板，增加主业产品单位成本、人均利润和资产负债率等个性指标，对成员单位实行分类考核；建立了日常跟踪、月度分析、季度考核兑现制度。

中国核燃料总公司全年实现主营收入 232.1 亿元、利润总额 13.1 亿元、EVA9.47 亿元，分别同比增长 13.49%、42.6%、33.09%，成本费用占比 96.57%，同比降低 0.93 个百分点，节能减排实现 0.98 吨标煤 / 万元工业增加值，比目标降低 10.9%；各项重点任务进展顺利，全年 54 个在建工程项目预算执行率达到 98.28%，远高于中核集团公司目标要求。

科技创新取得新成绩，全年共获得国

防科技进步奖一等奖1项、二等奖7项、三等奖5项；获得中核集团公司科技进步奖28项，其中一等奖2项、二等奖8项、三等奖18项；核八所谭松培获得中核集团公司“钱三强科技进步奖”表彰。

“十二五”规划进一步完善。根据国防科工局和集团公司的要求，分析发展现状，落实公司发展目标，组织完成了《核燃料产业发展“十二五”规划》中期评估和修订工作，重新明确了核燃料产业及各单位“十二五”发展目标和主要任务，明确了规划保障措施。

（二）抓体系建设，全面保障公司稳定发展

4月11日，中国核燃料有限公司完成改制注册，7月集团批复9家子公司股权划入核燃料公司。按照集团公司“三个主体，四个统一”要求和“三个中心”权责界面，对公司本部业务进行梳理，形成一级业务10项、二级业务70项，重新设立岗位33个，定员48人，组成10个部门，公开面向社会招聘法律、风险、市场开发等专业人员。

按照自主经营主体和市场主体要求，成立了市场部，梳理完成以公司本部为中心的经营体系建设方案和市场开发思路；推进模式创新，与用户探讨转化－浓缩－元件一体化销售，高温气冷堆项目完成谈判，国核示范工程项目正在同步推进；组织完成CAST、CPM产品鉴定，具备投入市场应用条件；与原子能公司合作，完成韩国2014年后五年补充分离功供应的能力验证等工作；推进USEC分离功销售，跟踪EDF英国核电项目和巴方新增核电项目的燃料供应；与AREVA、GE、TradeTech探讨分离功合作销售，建立国际销售渠道；继续实行通谈分签，基本完成AP1000元件销售合同谈判，推进红沿河元件生产转移，完成中核北方核燃料元件公司合格供应商评价。

以建设完整的核级锆产业研发、中试、工业化应用产业链，拥有自主技术和核级锆材品牌，建立国内为主、国际化可靠经济供应的锆合金体系为目标，制订并内部发布了《中核集团核级锆合金产业发展战略》。

通过换股重组，成为东方锆业第一大股东，并列入核燃料板块委托管理，7月27日完成了对董事会和高管的改组；通过对西部新锆增资扩股8000万元，核燃料公司成为西部新锆第一大股东，12月10日完成全部改组和注册，核燃料产业体系拥有了核级海绵锆、核级锆合金的研发、加工中试、工业化生产能力。12月，CAST的M5管材和CPM条带完成了产品鉴定；中法锆业合资项目完成LOI签署，核级锆产业体系建设取得重大突破，核燃料体系关键环节得到完善，锆产业对核燃料发展的技术和经济的制约将逐步得到解决，同时对核电自主化并走出去形成支撑。

（三）抓基础管理，全面提升公司管控水平

组织落实“989”精益成本管理实施方案，构建成本定额标准体系，制订主业产品降本路线图，发布“十二五”后三年主业成本目标；开展公司内部单位间、项目间成本对标，建立分离功对标数据库，实现成本透明化和管理经验共享。2013年主业产品成本下降明显，铀转化单位成本下降1.5%，分离功单位成本下降7.5%，压水堆元件单位成本下降2.9%，重水堆元件单位成本下降1.8%。

安全、环保、质量管理体系运行有效，安全环保风险、产品质量、工程质量总体受控，全年未发生死亡事故，未发生核安全、环保和质量事件。

编制发布《核燃料公司安全规划（2013—2020年）》、《核燃料公司质量发展纲要》，完成了《贫六氟化铀安全贮存与处理处置规划》和《核燃料产业放射性废物管理规划》编报；开展安全生产标准化达标工作。

按照“主业不增、辅业下降、总量减少”要求，严格管控板块人员总量，2013年板块员工总数净减868人，减幅为3.38%；注重优秀人才引进，板块全年完成校园招聘176人、社会招聘35人；加快实施“精英人才培养计划”；各单位通过主业能力增加和内部业务整合，人员结构进一步优化。

核能科研

国家重大科技专项

一、大型先进压水堆核电站

大型先进压水堆核电站国家重大专项，在政府有关部门的统一组织下，国家核电技术有限公司作为牵头实施单位，统一组织核电领域、装备制造业领域、科研院所、高等院校等各有关单位参加压水堆专项研发攻关工作，建立并逐步完善了重大专项组织管理体系，形成了行政和技术两条线的项目实施管理模式并有效运作。行政体系由重大专项办公室、各课题责任单位（课题负责人）和示范电站（项目负责人）组成；技术体系由重大专项总（副）设计师、总设计师办公室及各系统技术（副）总师和各课题技术负责人组成。各课题任务承担单位分别建立了压水堆专项课题组织机构和管理体系。

围绕压水堆重大专项总体目标要求和建设自主化CAP1400示范工程总体技术方案，组织各参与单位开展全面技术攻关和再创新，抓住制约我国核电发展的核心技术领域，集中力量开展重点攻关。基本形成了三代核电先进设计体系、工程建设管理体系、核电关键设备和材料制造体系、先进核电试验验证和关键国产软件开发体系，启动了先进核电标准体系的建设。

压水堆重大专项技术研发课题的质量进度总体符合计划要求，进展和成果在中国工程院组织的重大专项中期评估中得到肯定。非能动堆芯冷却系统性能验证试验（ACME）等六大关键试验台架均已建设完成并进入正式试验阶段，取得的试验数据有力地支撑了CAP1400的设计验证和安全评审。NuPAC平台原理样机研制已向美国核管会提出取证申请。

CAP1400示范工程获得国家发改委批准开展前期工作。CAP1400初步设计通过国家审查，施工图设计完成过半；CAP1400关键设备（材料）研发工作已取得了重要进展，CAP1400反应堆压力容器和蒸汽发生器大型锻件绝大部分已研制成功；CAP1400示范工程反应堆压力容器、蒸汽发生器、核主泵、汽轮发电机组等核岛和常规岛的关键设备均已投产制造；技术难度大的690 U形传热管研制成功并开始用于蒸汽发生器制造；示范工程施工用3000吨级大型履带吊车已自主研制成功。预计CAP1400重大专项示范工程设备国产化率将达到80%以上；示范工程厂址前期工作有序推进，已具备2014年开工建设的条件。

二、高温气冷堆核电站示范工程

高温气冷堆示范工程建造阶段同行评估顺利完成。通过查阅文件、人员访谈、现场巡视等方式，全面评估了华能集团石岛湾核电公司各管理领域的良好实践和待改进项，并对石岛湾公司整改措施的落实情况进行了持续跟踪督导。

示范工程项目实施有效管控。一是进度管控。固化了高温堆示范工程二级进度计划（B版）和里程碑进度计划（B版），建立了工程计划月度协调会、设备监造定期协调会等机制。有效监督各类、各级进度计划的执行情况，加大建安施工、设计供图、设备采购等各领域进度的跟踪协调力度，主体工程施工及设计等工作完成年度预定目标：核岛厂房按期施工至 ±0m 标高；反应性控制变更方案 8 月 5 日通过国家核安全局审评，控制棒壳管嘴锻环 12 月 19 日交货，堆芯壳底座组件开始制造；主氦风机、控制棒及其驱动机构等设备的研发和设计验证工作按计划开展；石墨堆内构件材料进口交保获得国防科工局批复；燃料元件生产线主体结构 7 月 16 日封顶，首批 20 万个成品石墨球生产及第三批石墨棒材进料检验完成；工程建设进度总体受控。

二是安全管控。全面梳理安全管理存在的薄弱环节，进一步健全了安全管理体系。有效运作分级安全监控体系，督导总包及现场参建单位履行安全管理责任。推行安全文明标准化施工，常态化开展日常监督、安全大检查及考核测评，建立了安全隐患 / 违章排查、整改网络。严格执行程序，有效落实安全风险源识别与分级控制。有效开展消防设施运行维护及防火监督，成立了联合治安专职巡逻队，委托建立了专职消防队，满足了现场消防、保卫工作的要求。建立设计审查数据库，梳理并定期更新设计变更与初步设计方案、核安全法规要求对比清单，保证设计安全裕度。完善经验反馈管理体系，从制度和人员两方面入手，规范开展根本原因分析，安全文化水平得到提升。

三是质量管控。全面梳理明确高温堆示范工程三方合作团队管理责任及接口关系，完善了相关工作流程和制度。常态化开展质量相关评估及监查 / 监督工作，发现问题有效整改。施工质量方面，系统开展施工技术准备，严格审查施工图及施工方案并有效执行，从源头上管控施工质量。工程设计方面，强化设计审查，积极开展设计优化，审查意见及修改建议均得到及时落实。设备采购制造方面，完成了对常规岛设备供应商等 102 家单位的供方评价工作，开展了设备制造商履约能力评估，从源头上保证设备制造质量；将风险防控嵌入监造管理流程，主设备制造质量全面受控；严格设备变更审查，实现合理决策；落实设备出厂验收控制，监督厂家做好设备验收交付前的养护工作，反应堆压力容器预埋件等重要设备实现零缺陷到货。

四是投资管控。优化调整了采购实施方案的报批流程，实施合并招标，提高了招标工作效率。以过程管控为重点，严格变更费用审查。组织完成了初步设计概算收口准备工作，具备审评条件；严格实施超概项目审批制度，实时掌控费用超支情况。有效开展融资工作，积极推进国拨资金归垫、基建长期贷款及短期贷款工作，保障资金需求，降低财务费用。严格控制预算外支出，制定了年度预算考核方案，提高了预算执行的权威性及考核的可操作性。年度投资控制和预算管理基本按计划执行，年度投资控制目标完成情况良好。

10月17日，国家科技重大专项课题"高温气冷堆技术工程化研究中心"正式通过国家能源局验收，正式投入使用，为开展高温气冷堆关键技术研究、设计研究、试验研究、制造和建造技术研究等提供较为完善的研发、设计、生产、试验基础平台，为高温气冷堆核电站示范工程顺利实施提供了有力支撑。

核能科研开发成果

一、中国核工业集团公司

（一）推进"龙腾计划"，实施管理提升，强化创新驱动发展战略

1. 重点项目进展顺利

落实创新驱动发展战略，突出节点控制和动态计划管理，重点项目相继实现重大节点：ACP1000初步设计通过核能行业协会组织的专家审查；ACP100完成总体技术方案；CF2辐照考验组件顺利入堆；乏燃料运输容器完成比例容器制造和跌落试验；2号专用设备完成1920台装架考核；铀资源勘查评价完成非洲中南部古老地块铀矿综合识别评价，五大基地勘查技术研究和钻探查证取得预期进展；铀矿采冶巴彦乌拉、纳岭沟等现场扩大试验顺利推进；反恐设备、小回旋加速器等取得突破性进展。进一步夯实集团核心竞争力。

2. 龙腾2020创新计划 逐步展开

成立"龙腾2020创新计划"办公室，发布实施管理暂行规定，明确组织架构、管理模式和职责分工，为全面推进工作奠定基础。完成3个示范工程（龙原、龙灿、龙翔）和12项核心能力提升项目实施方案的编制审查，深化细化技术路线研究，明确项目实施重点；优化实施方案和项目预算。

3. 管理提升，聚焦成果转化和创新激励

在创新政策研究、激励措施梳理、单位需求分析基础上，以"科技创新的体系和机制、实践和经验反馈"为主题，赴西北院、兵器集团总部、电科集团29所等进行调研，支撑管理提升聚焦为"进一步完善创新激励机制"。以"汲取先进、突出团队个人、加强成果转化、综合激励"为指导思想，确定以成果转化激励等为重点，形成《集团公司科技创新奖励激励措施（征求意见稿）》。

4. 谋篇布局，成果和知识产权管理取得新成绩

加强统筹策划，ACP1000、CF2知识产权分析评价报告通过专家审查；开展ACP1000海外专利布局，为开拓国际市场保驾护航。加强2013—2017年国家科技奖申报策划，提出2号专用设备、后处理中试、快堆等国家奖申报路线图。

5. 搭建平台，协同创新

签署中核集团与中科院科技合作框架协议，搭建ADS、钍基熔盐堆等领域的技术创新平台，提升基础创新能力。

（二）加强标准化建设，多方位支撑集团发展

加强集团级企业标准建设，为离心安装工程、安全生产达标考核提供技术规范；组织参加ISO、IEC国际标准化活动，组织与AFCEN、ASME等标准化组织交流，构建国际技术交流平台。

（三）依托重点项目，全面提升集团信息化水平

编发集团信息化登高路线图，分类指导各单位制订登高计划，组织年度信息化水平考核，成效显著。完成OA、BI升级，广域网新增20家接入成员单位，形成ERP系统前期成果。提出《集团公司管理信息化平台优化改进调研报告》，以“做优做牢军工涉密网，做大做强集团企业网”实施方案为核心，全面组织论证和征求意见。开展集团企业网总体架构设计、发布《集团商业应用网成员单位接入指引》。做好分类指导、制度建设、规范标准、岗位培训、重点应用和信息安全等重要和基础性工作。

二、中国核工业建设集团公司

中国核建承担的国家重大科技计划课题“AP1000核岛建造技术研究”全面完成。课题完成了AP1000核岛土建关键施工技术、安装关键施工技术、建造施工管理、信息及现场转化设计等领域的21项子课题和一系列关键技术攻关，共获得工法/标准19项、专利授权36项、计算机软件著作权8项。课题的完成为AP1000自主化依托项目顺利实施提供了坚实的基础，标志着我国已基本掌握AP1000自主化建造成套技术。

中国核建继续推动科技创新能力建设。启动中国核建研究院的组建筹备工作。制定科研考核等管理办法，不断完善研发和技术支持体系。全年共获得省部级科技奖7项，专利授权118项，其中发明专利10项、国家版权局计算机软件著作权登记3项。参与行业标准体系建设和核电厂建设工程预算定额等标准的编制工作。对外科研合作力度加大，先后与中国科学院、哈尔滨工程大学、南华大学、东华理工大学等院校建立产学研战略合作，与美国西屋等国外企业开展国际技术交流。

着力加强信息化建设顶层设计。组织有关部门和单位开展了信息化建设咨询工作，对集团公司及各成员单位信息化管理重点、难点进行了梳理，提出了符合集团公司现状和发展要求的信息化需求分析，规划、设计了总体信息化建设实施方案，形成了一系列支撑集团公司下一步信息化建设的技术成果。

三、中国广核集团有限公司

2013年，中广核科研投入总额达17.05亿元，同比增长4.92%。科研投入总额占主营业务收入比重高于国家对企业的要求（国资委发布的中央企业“十二五”科技创新战略实施纲要中到2015年的规划目标是科研投入占主营业务收入的2.5%）。

（一）核电自主化方面

2013 年，中广核继续与国内装备制造企业、科研机构、高等院校积极合作，开展了核级设备研制工作，完成了八大类 50 余种核级、非核级和核电站电气仪控板件的研制工作，完成了四大类 23 种核级电源、变压器的研制工作；自主设计制造的首台国产百万千瓦级核电站全范围模拟机已在宁德核电站投用；成功研制了具有自主知识产权的核燃料运输贮存系统换料机、地坑过滤器、控制棒驱动机构等工程样机。

2013 年，中广核新承接国家重大科技计划项目 10 项，争取到项目经费 2 亿元。2013 年 8 月，科技部高技术中心在北京召开“863”计划先进制造技术领域“核电行业重大工程自动化成套控制系统”课题项目验收会议，中广核承担的 4 个子课题全部一次性通过课题项目验收。

（二）知识产权及科技成果奖励

截至 2013 年底，中广核累计申请专利 1226 件，拥有有效专利 705 件，其中发明专利 230 件。2013 年，中国广核集团公司获得首批国家级知识产权示范企业称号，是核电行业唯一的一家；中广核工程有限公司获得国家专利运营试点企业称号；中广核工程有限公司“一种数字化棒位控制系统及其控制方法”获得第十五届中国专利优秀奖；中广核核电运营管理有限公司的发明专利“一种提高核电站应急电源可靠性的方法和系统”荣获深圳专利奖。

2013 年，中广核获得中国核能行业协会科技奖 10 项、中国电力科技奖 2 项、获得中国机械工业科学技术奖 1 项、全国电力职工技术成果奖 2 项。中广核内部评选出集团科技进步奖 25 项、集团技术改进奖 26 项。

2013 年，中广核新争取 115 项标准制定工作；与 ASME 开展标准合作，成立了第 11 卷中国国际用户组；与 AFCEN 开展RCC标准合作，建立RCC中国用户组。

（三）政产学研合作

2013 年，中广核积极推动与政府机构、科研机构、高等院校及相关企业开展科技合作与交流，以国家级研发中心为依托，将开放性建设作为发展重点，与中科院、清华大学、厦门大学、华北电力大学、上海交通大学、西安交通大学等在联合建设实验室、国家项目联合申报、合作开展科研项目等方面开展了深入的合作交流，在核级设备研发、制造、鉴定等方面的合作取得了丰硕的成果。

（四）国家能源研发中心

2013 年，按照中广核“十二五”科技发展规划要求，逐步构建国家级、集团级和成员公司级三级研发平台体系，7 个在建国家级研发中心，其中 6 个（包括一期项目）已基本完成建设任务并具备验收条件。

1. 国家能源核电工程建设技术研发（实验）中心

2013 年，研发中心获得深圳市高层次人才认定，产生国家级领军人才 1 名、地方级领军人才 2 名。

2013 年，依托研发中心开展的《核电站主管道自动焊接技术开发应用研究》，已完成技术方案开发并最终在工程项目中获得应用，一体化的数字化仪控系统设计验证工具开发方面取得了可喜成果，数字化仪控系统调试装置已获得初步应用示范，完成百万千瓦级核电站安全壳钢衬里模块化方案在阳江核电3号机组的应用，项目整体进展良好。

2. 国家能源先进核燃料元件研发（实验）中心

研发中心建设累计投资已完成2.4亿元，投资完成率36%；完成计算机软硬件建设、完成试验厂房及设施建设，研发中心一期建设任务基本完成。

3. 国家能源核电运营及寿命管理技术研发中心

国家能源核电寿命管理技术研发中心累计投入2.7亿元，采购大型实验仪器100余台/套，在苏州热工研究院原有基础上完成8个重点研发平台的建设，正在扩展建设国家能源核电运营及寿命管理技术研发中心，从寿命管理技术扩展到整个运营技术领域。

4. 国家能源核电站核级设备研发中心

研发中心建设累计投资已完成11.6亿元，投资完成率58%。LOCA模拟环境鉴定实验室和核电站安全壳内不可接近设备研发和试验中心一期等已完成建设并投入使用；核电站安全壳内不可接近设备研发和试验中心二期件建设已启动。

5. 国家能源核电站数字化仪控系统研发中心

累计投入1.5亿元，投资完成率为100%。一期项目（基础设施和4个核电站数字化仪控系统研发、验证平台）已完成建设并投入使用；二期项目建设已启动。

6. 国家核电厂安全及可靠性工程技术研究中心

2012至2013年度上半年完成投资2500万元，完成电气与绝缘实验室、状态监测与故障诊断实验室、流体加速腐蚀试验平台、环境监测平台建设，基本完成安全分析平台建设；2013下半年完成投资1300万元，完成了全部投资计划，已具备验收条件。

7. 中广核综合热工水力与安全实验平台

该平台是中广核先进核能研发体系的重要组成部分，是中广核自主核电站、核燃料开发设计的实验研究平台，也是国家自主核电站开发的主要专门核电工程实验室之一，是中广核开展核电研发技术合作的开放性平台和我国核电工程实验研究领域高级人才的培养和发展平台。该实验室计划投资6.12亿元，建设三大类16个实验装置项目，包括9个分离效应试验装置，4个整体效应试验装置和3个力学试验装置，预计2015年全部建成。到2013年底，已完成投资4.5亿元，建成5个实验装置（大型水力学试验装置、整体水力学试验装置、堆芯捕集器试验装置、大型热工水力综合试验装置、堆芯熔融物堆内滞留实验装置），正在建设1个试验装置（二次侧非能动安全实验装置）。

四、中国电力投资集团公司

中电投核电技术中心成功申报了国家

科技重大专项子课题，累计承担国家部委科技项目 12 项、集团公司软课题及科技项目 14 项。2013 年 11 月底正式获批“国家高新技术企业”。

中电投电力工程有限公司和物资装备分公司在参与海阳项目常规岛工程建设中能力和经验不断提升，并积极介入各项目前期准备工作。确定了白龙项目大业主大工程部的工程建设模式，推进工程公司和物资装备分公司核岛总承包能力的培育。远达环保组织完成了SRTF项目设计工作，主要设备已交付。

按照中电投集团 AP1000 核电标准化建设领导小组工作任务部署，完成了标准体系的顶层设计，编制了工作管理大纲和标准体系表，完成占总量 10% 的首批 134 份标准化产品编制。以海阳核电为依托，启动并开展了生产运行标准化工作，编制了生产准备和运行管理标准化产品清单及总体工作计划，确定了 16 个领域，包含 117份产品，2013年已完成18份产品编制。制定了核电前期项目安全（HSE）管理标准化大纲和大纲程序。编制了不符合项分类标准化文件。

五、国家核电技术有限公司

2013 年，公司系统内单位共获得国家和地方各类科技成果奖励 129 项，申请专利 320 项，获得专利授权 188 项，获得软件著作权 64 项；编制国家标准 28 个、行业标准 36 个；发表学术论文 715 篇。

2013 年，国家核电技术公司继续积极组织有关单位参与国家科技项目（课题）研发，取得了一系列进展成果。2013 年获得国家批准立项 16 项，其中公司系统内单位作为责任单位承担压水堆重大专项 9 项，作为参与单位参与国家其他科研项目（课题）2 项。

公司及所属单位已申请并获批准组建 11 家国家能源研发（实验）中心和省部级研发（技术）中心。其中 4 个国家级、7 个省部级。具体见下表：

序号	名称	认证单位	依托单位
1	国家认定企业技术中心	国家发改委	国家核电技术公司
2	清洁高效煤电成套设备国家工程中心	国家发改委	上海发电成套设备设计研究院
3	国家能源核级锆材研发中心	国家能源局	国核宝钛锆业股份有限公司
4	国家能源核电软件重点实验室	国家能源局	国家核电技术公司
5	机械行业发电设备工程技术研究中心	中国机械工业联合会	上海发电成套设备设计研究院
6	先进核电站常规岛北京市工程研究中心	北京市发改委	国核电力规划设计研究院
7	上海市清洁高效发电设备技术创新服务平台	上海市科委	上海发电成套设备设计研究院
8	山东核电设备制造有限公司技术中心	山东省发改委	山东核电设备制造有限公司
9	山东省生物质直燃发电工程技术研究中心	山东省科技厅	山东电力工程咨询院有限公司
10	上海市核电工程重点实验室	上海市科委	上海核工程研究设计院
11	陕西省核级锆材重点实验室	陕西省	国核宝钛锆业股份有限公司

核电工程设计、建造与管理

发展现状

2013年9月18日、9月27日、12月23日，阳江5号、田湾4号、阳江6号机组核岛主体工程先后正式开工。截至2013年底，我国在建核电机组31台，装机容量达到3403万千瓦，2013年完成工程建设投资609亿元，在建规模继续保持世界第一。其中，核电自主化依托项目世界首批AP1000机组建设在不断克服首次工程化的挑战中积极推进，台山EPR项目取得重大阶段性进展。

为适应核电规模化发展的形势，各核电工程公司积极推进专业化管理，核电工程建设国产化和自主化水平不断提升，工程总承包能力进一步增强；核电工程建设企业不断推进科技创新和管理创新，大力加强人力资源建设，确保了在建核电工程项目质量、进度和投资得到较好控制。

核电工程设计与管理

一、中国核工业集团公司

福清、方家山1号机组分别提前19天和16天实现热试、冷试摸高目标，核电工程公司牵头的ACP1000研发团队荣获中央企业先进集体称号，K2/K3项目签订设计总包合同，科技获奖数量及一等奖数量在集团及核能行业协会排名第一，总包项目安全质量总体可控，全年未发生安全质量事故和保密保卫事件，为全面完成“十二五”各项目标奠定了坚实基础。

（一）重点工作完成情况

福清、方家山1、2号机组在DCS和主泵到货进一步滞后的情况下，以68.5个月总工期为目标积极推进。核电工程公司专项组实行24小时轮班，在缺乏DCS关键设备的情况下，创造性地调整了安装调试的常规逻辑，提前完成安全壳整体密封试验、开盖冷试等工作，积极与核安全局沟通，冷试方案及两阶段热试方案得到了认可，完成了冷试及第一阶段热试的工作，共挽回工程进度3.5个月。福清1号机组于10月2日顺利完成冷试；12月24日热试第一阶段完成；12月31日，1号机组DCS 1E级机柜到场。福清2号机组12月5日NCC核回路联合冲洗圆满完成。方家山1号机组10月15日完成冷试；1月2日热试第一阶段完成。

福清3号机组压力容器已就位，主管道开始焊接；4号机组220kV辅助电源倒送电顺利完成。福清5号机组完成核岛负挖，现场已具备基坑验槽条件；除主泵、控制棒驱动机构及主管道外的其他长周期设备已完成合同签订工作。

海南昌江1号机组辅助电源倒送电、泵房进水、核岛厂房冷风、主电源倒送电节点均已实现；2号机组1号主泵泵壳已就位。

田湾3号机组常规岛提前69天实现开工目标；4号机组核岛提前30天实现FCD目标。

徐大堡1号机组核岛于11月18日完成基坑地质编录验证和现场检查工作，完成压力容器等重要设备的转移合同。

漳州核电项目的前期工作积极有序推进。继续开拓核工程前期市场，在模块式小堆、浮动堆、行波堆、快堆等先进堆型方面开发适应性厂址，推进核电站、大型乏燃料后处理厂的前期选址工作，全年开展前期项目20项、科研任务2项。

ACP1000项目54项科研设计中的34项课题已完成研发工作，转入工程实施阶段。科研开发和工程设计满足福清5号机组2014年6月实现FCD目标；K2、K3项目已完成总体设计和初步安全分析报告。

AP1000具备工程设计能力；已完成两评报告、可研报告审查和初步安全分析报告；环境影响报告已上报核安全局。完成常规岛初步设计，设计进展满足徐大堡项目开工要求。ACP100莆田示范工程已完成总体方案和初步设计报告。

（二）项目管理情况

一是建立项目总经理全面负责制，形成13项决议，加大项目总经理行政及经济授权，修订或重新编制了20个相关管理程序，明确项目总经理对“四大控制”全面负责。

二是持续推进国际对标，完成两批次33名项目关键岗位人才赴阿海珐大学参加为期6周的项目管理培训，推动项目管理各项工作逐步向国际先进水平对标看齐。

三是规范并标准化招标采购及合同管理，成立招标中心，建立覆盖招评标业务的全方位标准化管理体系程序，上线集团公司第一个集中采购电子信息化平台；建立完善主设备制造进度周期及数据库、重要设备制造关键环节数据库系统，逐步实现合同执行过程管理的规范化、标准化、精确化。

四是持续提升工程计划管理能力，借助P6平台工具，在设计、采购、土建、安装、调试三级计划之间建立逻辑关系，初步建立“一体化三级计划”管理体系，并在福清、方家山、海南、徐大堡项目实现全业务链“赢得值”管理应用。

五是不断完善多项目协调、管理机制，召开高层项目协调会，建立了多项目、板块间重大及共性问题的会议协调机制；建立项目监督、检查及评估机制，确定经验反馈体系优化方案；完善项目管理标准化程序清单和接口手册。

二、中国广核集团有限公司

（一）CPR1000技术路线

CPR1000是中广核在大亚湾核电建设基础上，经过全面消化吸收形成的比较成熟的二代加技术路线，目前已在广东岭澳核电站1～4号机组、辽宁红沿河核电站1～4号机组、福建宁德核电站1～4号机组、广东阳江核电站1～4号机组、广西防城港核电站1～2号机组上得到广泛应用。日本福岛核事故后，为满足在建电站安全改进要求，中广核结合福岛核事故经验反馈及NNSA要求，对所有在建CPR1000电站提出了多项福岛核事故改进行动，重点加强了超设计基准事故的预防和缓解措施，进一步提高了在建机组的安全性。

ACPR1000是中广核对照国际最新安全标准和国际核电领域最新经验反馈，开发的具备三代核电主要技术安全特征的核电技术路线。ACPR1000技术路线在CPR1000+的基础上增加了31项重大技术改进，拥有比较完善的严重事故预防和缓解措施，提升了机组对地震、水淹等极端外部事件的应对能力、超设计基准下电源和冷源的保障能力、严重事故的预防和缓解能力以及严重事故后环境监测和应急能力。2013年，ACPR1000技术路线初步设计基本完成，施工设计正式启动。采用ACPR1000技术路线的阳江核电站5、6号机组已于2013年9月获批并全面开工建设。

除阳江核电站5、6号机组之外，其余CPR1000项目的施工图设计工作基本完成，工程建设陆续进入设计服务、调试及接产移交阶段，部分项目已经投入商业运行。

（二）“华龙一号”技术路线

2010年，中广核启动了百万千瓦级核电站型号研发工作，立足于研发能够满足我国最新核安全法规（HAF 102）、美国用户要求文件（URD）和欧洲用户要求文件（EUR）的要求，具有完全自主知识产权，能够满足最新三代技术标准的百万千瓦核电技术堆型——ACPR1000+。

2011年日本福岛核事故的发生对全球核电发展产生了深远影响，在此背景下，2013年4月，国家能源局推动中广核和中核集团，在中广核ACPR1000+技术和中核ACP1000技术两种堆型研发成果的基础上，按照177堆芯和三个安全系列为原则，融合形成了“华龙一号”技术路线。

“华龙一号”初步设计工作已经完成，施工设计正在有序开展，预计示范工程2014年底具备开工建设条件。

（三）EPR技术路线

EPR技术路线作为中广核引进的三代核电技术，已经落地广东台山核电站一期项目，共建设两台单机容量为175万千瓦的核电机组。机组由中法联合设计、共同建造。机组建设工期为52个月，首台机组预计在2014年底实现装料。FSAR文件已提交NNSA审查，NNSA计划2014年9月完成评审。核岛土建详细设计基本完成，常规岛及BOP详细设计和供货进入收尾阶段，1号机组核岛主设备制造基本完成，1号机组核岛土建处于收尾阶段，1号机组常规岛进入安装高峰期，核岛、常规岛系统调试方案研究及调试准备工作逐步深入。

在台山一期项目引进、消化、吸收EPR技术基础上，中广核以自主设计建造为原则推进台山二期项目工作。正在开展初步设计工作，SDM1和D0图设计工作基本完成，设备设计完成约30%。

（四）AP1000 技术路线

中广核原计划在咸宁核电工程采取一次规划，分期建设的方式建设容量为 4 台百万千瓦级压水堆机组，工程拟采用 AP1000 技术方案。福岛事件后，咸宁项目已暂停，之后陆丰项目一期工程成为福岛事件后中广核首个 AP1000 项目。陆丰项目已在全面实施过程中。中广核工程有限公司负责陆丰核电一期工程常规岛及 BOP 范围的工程总承包、参与核岛分包设计，并为业主工程管理提供相关支持。

与陆丰项目同步，中广核内部正在全面引进、吸收、消化 AP1000 各项技转资料，通过开展标准设计，并结合外部支持和咨询，争取全面形成 AP1000 的自主设计能力。

三、中国电力投资集团公司

2013 年，山东海阳核电一期工程 84 个里程碑节点已完成 47 个。1 号机组实现了蒸汽发生器就位、CV 顶封头就位、屏蔽厂房 18 层浇筑完成、临时主控室投用等重要里程碑节点；1 号机组主要完成核岛安全壳顶封头就位，压力容器、蒸汽发生器、环吊等设备全部到场安装，主管道完成焊接，大宗材料安装 65%；常规岛土建施工完成，试扣缸完成；1 号机组 343 个调试移交包已有 54 个移交调试，供水、送电系统完成调试并移交生产。2 号机组实现了核岛 107′ 平台可用、稳压器到场、堆芯补水箱就位、常规岛主行车可用等重要里程碑；2 号机组核岛正在土建施工，安全壳临时顶盖就位，压力容器、蒸汽发生器国产化设备制造进展正常；常规岛厂房基本封闭。

红沿河核电一期工程继续稳步推进，1 号机组已实现临界、首次并网和 168 小时示范运行等重大里程碑，并于 2013 年 6 月 6 日正式投入商业运行；2 号机组完成冷试、热试、装料等重大里程碑，并于 10 月 24 日实现首次临界，11 月 23 日并网发电；3 号机组完成核回路冲洗；4 号机组陆续进入全面安装阶段。

彭泽核电项目主要进行厂址保护工作，持续开展 AP1000 核电工程建设标准化管理体系建设工作。

四、国家核电技术有限公司

2013 年，国家核电技术公司认真贯彻国家三代核电自主化战略部署，三条工作主线取得了新的重要进展，依托项目建设深入攻坚推进，CAP1400 研发设计和示范工程取得突破，技术引进与国产化工作成效明显。

由国家核电所属的上海核工程研究设计院和国核工程有限公司组成的国核联队承担了 CAP1400 示范工程、三门二期、海阳二期和陆丰一期核电项目的总承包工作。

AP1000 依托项目建设总体可控，三门 1 号、海阳 1 号机组先后实现了环吊可用、核岛顶封头及穹顶就位等重大里程碑节点，系统移交与调试准备工作按计划有序实施。

在完成对AP1000的引进消化吸收的基础上，国家核电为适应后续项目批量化建设的需要，组织开展了国产化AP1000标准设计工作，在已完成的标准设计初步设计的基础上，于2013年完成了国产化AP1000标准设计的核岛施工设计，并在三门二期、海阳二期和陆丰项目中开展应用。

加强了与美国AP1000项目之间建设经验反馈，项目建设、施工数据和管理经验得到及时总结。

在依托海阳一期项目的基础上，国家核电初步建立了较为完整的AP1000核电常规岛工程设计技术体系。

大型压水堆重大专项CAP1400示范工程目前已经获得国家发改委批准开展前期工作。具有自主知识产权的CAP1400初步设计通过由国家能源局组织的专家审查。

核电工程的建筑与安装

一、基本情况

2013年，中国核建承担的核电站核岛工程机组数量共达32台。其中新开工建设2台、完成穹顶吊装3台、完成冷试5台、完成热试4台、装料3台、投入商运2台。所有在建核电工程进展顺利，重大节点基本提前实现，安全质量处于受控状态。同时，中国核建积极推进核电工程施工总承包和一体化管理模式，组织开展核电工程项目管理相关领域的研究，对核电建造资源进行调整优化，协调优质资源在公司及子公司范围内有序流动。建立了核电工程大宗物资集中采购模式，促进物项采购优质资源的内部共享。

二、2013年度核电工程已完成的重大节点

（一）穹顶吊装3台

1. 三门核电站1号机组：CV顶封头2013年1月29日吊装，钢穹顶2013年11月23日吊装

2. 海阳核电站1号机组：CV顶封头2013年3月29日吊装，钢穹顶2013年12月15日吊装

3. 巴基斯坦C3项目：穹顶2013年3月6日吊装

（二）冷试7台

1. 红沿河核电站2号机组，2013年2月20日

2. 阳江核电站1号机组， 2013年3月25日

3. 宁德核电站2号机组， 2013年4月15日

4. 福清核电站1号机组， 2013年9月27日

5. 方家山核电站1号机组，2013年10月3日

6. 红沿河核电站3号机组，2013年12月27日

7. 阳江核电站2号机组， 2013年12月30日

（三）热试 5 台

1. 红沿河核电站 2 号机组，2013 年 5 月 10 日

2. 阳江核电站 1 号机组， 2013 年 5 月 14 日

3. 宁德核电站 2 号机组， 2013 年 8 月 02 日

4. 福清核电站1号机组第一阶段热试，2013 年 12 月 24 日

5. 方家山核电站 1 号机组第一阶段热试， 2013 年 12 月 31 日

（四）装料 3 台

1. 红沿河核电站 2 号机组，2013 年 9 月 3 日

2. 阳江核电站 1 号机组， 2013 年 10 月 26 日

3. 宁德核电站 2 号机组， 2013 年 11 月 11 日

（五）商运 2 台

1. 宁德核电站 1 号机组， 2013 年 4 月 18 日

2. 红沿河核电站 1 号机组，2013 年 6 月 6 日

（六）开工 2 台（FCD）

1. 阳江核电站 5 号机组， 2013 年 9 月 18 日

2. 田湾核电站 4 号机组， 2013 年 9 月 27 日

核设备制造

发展现状

在核电建设规模做出调整、企业订单下滑的新形势下，以东方电气、上海电气、哈电集团、中国一重、中国二重等为代表的核电装备制造企业，积极应对市场变化，加大技术改进和研发力度，努力完善核安全文化和质量保障体系，产品质量稳定性不断提高，较好地满足了在建核电工程建设的需要。AP1000 的一些关键设备自主研制取得积极进展。

在政府有关部门的大力支持下，以“全面推进、重点突破”为原则，以形成自主设计和制造后续机组设备能力为牵引，积极推进引进技术的消化吸收，通过依托项目建造、大型先进压水堆核电站重大专项的支持，重点解决我国核电发展中关键设备长期受制于人的突出问题，提升质量管理能力，推广国际标准体系应用，搭建经验交流平台，积极稳妥地推进三代核电关键设备的国产化和自主化。在三代核电自主化的道路上，逐步提升核电装备设计能力、制造能力和管理水平，一个较为完备的先进核电设备整机配套能力与供应体系业已形成，为有效支撑我国三代核电批量化发展和实施核电走出去战略打下了坚实的基础。

设备自主化研制生产

一、哈尔滨电气集团公司

（一）核设备制造方面取得的主要成绩

顺利完成制造 C3 蒸汽发生器，为 C4 项目，K2、K3 项目蒸汽发生器的顺利完工奠定了坚实的基础。三门 2 号机组堆芯补水箱于 2013 年 9 月底完成制造，创下了 8.5 个月的制造记录。海阳 2 号机组堆芯补水箱于 2013 年 5 月顺利运抵海阳核电码头，圆满完成制造任务。宁德 3 号机组稳压器于 2013 年 3 月顺利发运。阳江 3 号机组稳压器于 2013 年 10 月顺利发运。三门 2 号蒸汽发生器圆满完成管板与水室封头环缝局部热处理，保证了在国产化道路上的领先地位。三门 2 号非能动余排于 2013 年 5 月发运，关键工序的顺利进行为后续相关产品积累了宝贵经验。协调各方解决了咸宁 1 号蒸汽发生器抗振条、支撑板采购、低合金钢焊材复验及评定等技术问题，推进了咸宁合同转移至陆丰项目的进展。已解决石岛湾高温气冷堆蒸汽发生器大部分工艺难题，预埋件已完成制造并于 2013 年 11 月发往现场。

三门 2 号机组常规岛主设备全部完工，自主制造的首套百万千瓦级发电机通过型式试验。昌江 1 号机组高压主汽联合调节阀于 2013 年 12 月底发货，常规岛主设备全部完工。田湾项目已完成3号机组长周期原材料的采购工作，高压转子、2号低压转子已开始外协加工，转子锻件已进厂。海阳3号机组冷凝器中间管板钻孔完成，首根国产化汽轮机2号低压转子粗车进展顺利。

福清1号、方家山1号机组6台主泵完成交货、现场安装和冷热试车。AP1000追加主泵屏蔽电机顺利完成全部工艺评定、模拟件试制，转子部套、定子绕组下线取得良好进展。C3、C4核主泵关键部件独立制造取得突破，重要部件（油冷却器、油密封、高压冷却器）国产化研制与配套取得良好成果。电机支座在动装公司和电机公司的共同努力下完成制造。CAP1400主泵电机主要材料到货，主件进入生产制造环节。CAP1000主泵电机开始长周期材料采购。三门海水循环泵项目开工，哈电历史上吨位最大的电动机施工设计完成。高温气冷堆主氦风机施工设计完成。

（二）核能科研项目进展情况

锅炉公司：汽水分离器制造技术与工艺设计研究是“高温气冷堆核电站重大专项”课题中的一个重要组成部分，锅炉公司配合国核电力设计规划院及石岛湾核电站业主就启停堆系统设计的新方案进行论证，并重新签署了技术协议。大型压水堆核电站除氧器设计制造技术研究已完成专题任务合同书中全部研究内容，并进行了自验收工作，正在准备正式验收资料。

汽轮公司：国家科技重大专项“AP1000核电站大型半速饱和蒸汽轮机”，正在准备验收材料。

电机公司：完成了“第三代压水堆核电站半转速饱和蒸汽汽轮发电机组成套设备研制”中子课题“大型半速汽轮发电机关键技术研究”中由电机公司负责的三项专题，子课题达到了课题的预期考核指标。

重装公司：“AP1000蒸汽发生器制造技术”，已于2013年6月通过国家验收；“高温气冷堆核电站蒸汽发生器设备制造技术研究”课题在稳步进行。“高档数控机床与基础制造装备——第三代核电关键零部件蒸汽发生器管板加工用系列化刀具应用示范”课题，处于中期研究阶段。

动装公司：AP1000屏蔽电动泵制造技术（电机部分）包含15项子课题，现已完成工作任务的90%。CAP1400屏蔽电机主泵研制（电机部分）包含19项子课题，基本按照节点完成任务。

阀门公司：阀门公司获得“大型先进压水堆核电站重大专项”中“CAP1400主蒸汽安全阀”与“CAP1400主给水止回阀”两个课题。此项目作为科研样机，同时也是民用核承压扩证样机。另外，公司已基本完成了爆破阀转让资料的接收工作，关键的设计与制造技术已完成了消化吸收，启动了部分原材料的采购。

佳电公司：核级柴油应急发电机项目为首次研制，已完成发电机装配，正在进行出厂试验现场见证工作。K1类电机研制，目的是打破国外的技术垄断，已向国家核安全局递交扩证申请，完成了除LOCA试验外的全部试验。主氦风机的样机已经完成国产电磁轴承空气状态下的试验，正在进行机组试验，取得了阶段性成果。

北京核电设备设计研究院：1000MW等级压水堆核电站非能动余热排出热交换器的设计开发项目，依托于核2、3级取证，目前已完成了所有设计工作及各项报告的编制。1000MW等级压水堆核电站堆芯补水箱的设计开发，已完成了设计图纸的编制、设计输入评审、专项设计规范的编制及评审报告、尺寸计算及重心计算报告等。三代核电机组常规岛MSR系统管道研究，正在进行管道建模工作，为后续的MSR系统管道的设计工作打下坚实的基础。

二、东方电气股份有限公司

（一）主要核设备制造厂概况

1. 东方汽轮机有限公司（简称东方汽轮机）

东方汽轮机是我国从事电站动力设备和新能源领域开发与制造的国有大型骨干企业之一，在核设备制造方面主要制造核岛控制棒驱动机构及常规岛汽轮机。

2. 东方电机有限公司（简称东方电机）

东方电机是国内发电设备制造大型骨干企业之一，主要从事水轮发电机组、热能发电机（燃煤、燃气、核能）、风力发电机（组）、交（直）流电机、电站控制系统及军工产品的研发、设计、制造和服务，在核设备制造方面主要制造汽轮发电机及核电主泵电机等。

3. 东方电气（广州）重型机器有限公司（简称东方重机）

东方重机是我国大型核承压设备国产化的专业制造基地之一，主要生产百万千瓦级核电反应堆压力容器、蒸汽发生器、汽水分离再热器、非能动余热排出热交换器、稳压器等核电站核岛及常规岛主设备。

4. 东方锅炉股份有限公司（简称东方锅炉）

东方锅炉是我国大型发电设备制造和出口基地之一，主要制造核岛稳压器、堆芯补水箱、硼注箱、安注箱、重型支撑、堆顶结构等设备。

5. 东方阿海珐核泵有限责任公司（简称东方阿海珐）

东方阿海珐是东方电气股份有限公司与法国阿海珐集团（AREVA GROUP）下属的热蒙股份有限公司（JSPM）共同出资，为实现核反应堆冷却剂泵本地化而组建的合资公司，主要从事百万千瓦级压水堆核电站反应堆冷却剂泵及其驱动电机的设计、制造、检测、试验、销售及售后服务业务，并向核电站提供备品、备件。

6. 东方电气（武汉）核设备有限公司（简称东方武核）

东方武核是民用核电堆内构件设备制造商，主要制造核电站等各种用途反应堆堆内构件、各种容器设备所需的大型精密设备。

（二）核设备制造能力、业绩

东方电气具备完整的核岛主设备成套供货能力，已成功制造了中国首台百万千瓦级反应堆压力容器、蒸汽发生器、稳压器、主泵、安注箱、硼注箱等核岛主设备；为岭澳一期、岭澳二期、红沿河、宁德、阳江提供的核岛主设备运行良好；正在执行红沿河、宁德、福清、阳江、防城港、台山、三门、海阳、国核示范 CAP1400、徐大堡、陆丰等项目的核岛主设备供货合同；为红沿河核电站制造的控制棒驱动机构已经交货，为防城港核电站制造的堆内构件正在生产中。

此外，东方电气承接了岭澳二期、红沿河、宁德、方家山、福清、田湾、彭泽、台山、国核示范 CAP1400、徐大堡等核电项目的常规岛汽轮发电机组供货合同；为岭澳二期、红沿河、宁德提供的常规岛汽轮发电机组运行良好；为福清核电站一期 1 号机组和方家山核电站一期 1 号机组提供的常规岛汽轮发电机组非核冲转已完成。

同时，东方电气还承担了国家重大科技专项大型先进压水堆常规岛关键设备自主设计制造课题研究，自主开发出汽轮机 1828mm 低压末级长叶片。东方电气研制的 CAP1400 汽轮机末级模型叶片组的空气动力性能试验和动应力试验获得成功，这是近三十年来国内汽轮机制造企业首次在国内试验台独立自主进行的汽轮机叶片末级组热态试验，试验的成功完成对掌握大型核电汽轮机核心技术、验证设计方法，整体提升国内汽轮机行业的研发能力，推进核电汽轮机自主化工作具有重要的意义。

东方电气核电设备制造能力（单位：台）

	设备名称	年产能
核岛设备 NI	反应堆压力容器 RPV	4 ～ 6
	蒸汽发生器 SG	12 ～ 18
	堆内构件 RVI	4
	控制棒驱动机构 CRDM	4 ～ 6
	一回路主泵 RCP	12 ～ 18
	稳压器 PRZ	6 ～ 8
	余排 PRHRHX	6 ～ 8
常规岛设备 CI	汽轮发电机组 TG Package	6 ～ 8

（三）核能科研进展情况

1. 国家重大科技专项——大型先进压水堆

核岛部分；东方电气与上海核工程研究设计院签订了《CAP1400 蒸汽发生器研制课题联合协议》，并在上海核工程研究设计院牵头组织下开展课题申报工作，2013 年 4 月通过了国家能源局组织的专家评审。

常规岛部分：东方电气参加了国家重大专项常规岛关键设备自主设计和制造课题的研究，承担了“CAP1400 半速饱和蒸汽汽轮机研制”“CAP1400 半速汽轮发电机研制”等共 20 个专题的研究工作，2013 年 8 月签订了“CAP1400 半速饱和蒸汽汽轮机研制”“CAP1400 半速汽轮发电机研制”合同。2013年各专题的研发工作按计划进行。东方汽轮机、东方电机、东方重机开展了CAP1400项目汽轮机、发电机、MSR的工程设计。

2. 东方电气参加了国家重大专项《CAP1400控制棒驱动机构制造技术研究》《CAP1400堆内构件制造技术研究》课题申报，2013年获得国家能源局专家评审通过。

三、上海电气（集团）总公司

（一）核设备制造能力及业绩

上海电气核电产业涵盖核岛的压力容器、蒸汽发生器、稳压器、堆内构件、控制棒驱动机构、主泵到核二三级容器和装卸料机，常规岛的汽轮机、汽轮发电机等关键设备以及大型铸锻件、仪控仪表和主要辅机等设备制造和供货。

上海电气的核电产品覆盖了国内的所有核电站。在已投运的核电站中，包括秦山一期、巴基斯坦恰希玛一期和二期、秦山二期、秦山二期扩建、清华高温气冷堆、大亚湾、岭澳一期、岭澳二期、宁德、红沿河、阳江等，正安全可靠地运行着上海电气提供的核电关键和配套设备。在在建的核电工程中，包括巴基斯坦恰希玛三期和四期、昌江项目以及宁德、红沿河、阳江、方家山、福清等二代加核电项目，三门、海阳等三代AP1000项目和台山三代EPR项目以及高温气冷堆示范工程等，上海电气承制或交付了核电关键和配套设备。

上海电气建有临港和闵行两大核电制造专业化基地。临港基地是新建的特大、特重、超限的装备制造基地，聚焦核岛和常规岛组设备的制造，一期工程于2008年投产，二期扩能工程于2011年完工，使上海电气的核电关键设备的制造达到年产10套堆内构件和控制棒驱动机构、6套压力容器和蒸汽发生器、8台核电主泵、50台/套核二三级泵、6套常规岛半速汽轮发电机机组的能力。

为满足包括三代技术在内的百万千瓦级核电主设备向超大、超重、高技术发展的大型铸锻件需求，上海电气完成了核级大型铸锻件能力的改造，从而有能力提供最大铸锻件钢锭600吨、最大铸件450吨、最大锻件350吨，实现年产1000MW级核岛容器类重型设备（压力容器、蒸汽发生器、稳压器和主管道）的配套锻件6套和1000MW反应堆堆内构件锻件10套的目标。

适用于整个组织和所有雇员的核电质量保证体系在上海电气涉核企业中被严格实施，以确保所有活动符合相关的和具体的质量保证监管要求，而这将通过程序性的纪律和遵守国际和国内公认的质量标准予以保证。上海电气正在通过持续改进质量管理体系的有效性，以致力于集团核电产业发展目标的实现。

（二）核设备研发情况

上海电气聚焦自主三代技术、国家重大专项（大型先进压水堆和高温气冷堆）及先进核能系统的研发，设置了7个核电科研课题共58个子项。2013年，国家压水堆重大专项、市科委科研计划部分课题通过相应部委办验收。

通过科研攻关、产品开发，满足重大装备国产化的国家战略需求。这一技术能力通过近三年设备批量制造和产品交付的成功实践得到初步验证。为使核电技术能适应未来市场需求，上海电气积极参与了快堆和钍基融盐堆等堆型的前期研发。在常规岛方面，通过专项攻关，已拥有三种转子（整体转子、焊接转子和红套转子）制造技术，其中焊接转子和1710毫米长的叶片技术已在出口项目（K2、K3项目）中应用。1905毫米长叶片技术也在开发中。

坚持技术研发以项目为导向，以技术瓶颈为突破口。在高温堆项目中，承制压力容器、金属堆内构件、控制棒驱动机构、主氦风机、汽轮机和仪表及主控盘台等关键设备；在CAP1400项目中，承制蒸汽发生器、堆内构件、控制棒驱动机构、主泵和稳压器等关键设备，这些项目的承制大大加快了新技术的开发。

2013年，AP1000关键设备的一些制造难点相继攻克，如堆内构件吊篮筒体与下堆芯支承板精密焊接技术、吊篮筒体薄壁精密加工技术、控制棒驱动机构驱动杆细长轴加工技术等，为2014年出产AP1000国产化装备打下坚实基础。

四、中国第一重型机械集团公司

（一）核设备制造能力及生产业绩

中国一重是我国最早涉入核电产品制造的企业之一，是国内目前既生产全套锻件又生产核压力容器等核岛主设备的制造企业。其核电产品的研发、生产、制造伴随着中国核电事业的发展已经走过了四十多年的历史，先后为我国的核电工业提供了一大批核心的装备和关键材料。从第一套出口的商用核电站、第一台快中子增殖反应堆到第一台完全国产化的百万级商用堆，中国一重已经成为了国内最大的核电厂一回路主设备及其承压材料的生产制造基地。

中国一重的成套核电设备制造主要基地在大连棉花岛，该基地于1995年投入建设，目前已经建成了大型石化容器制造和核岛一回路产品制造基地。为了适应核电事业的发展，中国一重于2006年底在大连成立了核电石化事业部，统一归口管理中国一重的成套核电产品制造。中国一重大连基地现有11跨厂房，分南北两个厂区，作业面积达12万多平方米，最大起重能力为1200吨，拥有3000吨自备码头，拥有国内最大的10米×10米×24米热处理炉及探伤室。中国一重已经具备了为CPR1000堆型及三代AP1000、CAP1400堆型成套提供核电大锻件的能力。同时，EPR堆型的锻件也已经开始研制工作。中国一重的核岛关键设备——反应堆压力容器的制造合同量占国内所有核电站的70%以上。

2013年完成的核能项目主要有：三门2号，福清3号、4号，阳江3号、4号反应堆压力容器，福清核电泵壳，HEA项目反应堆压力容器，出口巴基斯坦30万千瓦反应堆压力容器及泵壳。

（二）核设备科研项目进展情况

1.AP1000压力容器制造的技术开发。

依托国内首台三代 AP1000 堆型压力容器——三门核电 2 号机组反应堆压力容器，开展三代核电自主制造技术研究，包括安全端焊接、quickloc 接管焊接、堆芯支承块焊接、整体加工技术、装配及水压技术等，目前已经成功完成国内首台三代 AP1000 堆型压力容器的制造。

2.HEA 工程反应堆压力容器制造技术开发。HEA 工程 RPV 融合了稳压器、蒸汽发生器、主泵的某些功能，因此同以往的核反应堆压力容器相比，是一个全新的结构，整体结构紧凑、复杂。是国家“十二五”期间重点国防科技项目。针对该产品的特殊性，在没有借鉴经验的条件下，一重成立了专项攻关小组，从产品整体制造方案到焊接专业制造方案进行了讨论，从产品整体制造工艺流程到每个焊接工序进行了优化，完成了该新型压力容器的制造技术开发工作。

3. 承担的重大科研课题有：国家“高档数控机床与基础制造装备”科技重大专项分课题，“先进焊接技术与装备创新能力平台”中的子课题，“重型部件焊接工艺与装备的工程试验验证与示范应用基地建设任务”。中国一重紧紧围绕“高档数控机床与基础制造装备”科技重大专项创新能力平台建设的目标，产学研用相结合，充分利用现有的国家级科研平台资源，紧紧聚焦发电设备、航空航天制造对先进焊接技术与装备的需求，在共性技术、应用基础技术及产品关键焊接工艺装备与配套材料的集成技术方面，整合并完善国内焊接技术研发与应用领域中的产学研用的优势资源，形成具有凝聚力与较强针对性的工艺、装备、材料为一体的技术研发、试验验证、成果转移、高级人才培养与聚集的创新平台，为行业提供共享的共性技术与应用基础技术，为企业提供关键技术与装备，成为本专项重点任务研究开发的重要技术支撑和人才集聚基地。

4. 核能研发（实验）中心建设。2011 年 9 月，由中国一重投资建设的具有国际一流水平的集焊工培训、检测、实验于一体的“中国一重能源装备大型铸锻件检测中心”在一重大连棉花岛制造基地竣工。该中心由焊工培训中心、焊接实验室、化学实验室、金相实验室、力学实验室、热处理实验室、图书馆、资料室、办公室及配套的公用动力设施组成，新建建筑面积 2492 平方米。

中国一重能源装备大型铸锻件检测中心项目的建成，对国家发展装备制造业、特别是能源装备制造业具有重大意义。新建成的检测中心，配备了世界最先进的检测设备，将成为国家一级物理化学性能、材料组织检测中心，为企业向用户批量稳定提供高质量的核电产品奠定了基础，为满足核电安全要求，不断提高对产品质量要求创造了条件。同时，由于检测中心紧邻生产一线，极大地缩短了检测周期和信息沟通的速度，对缩短制造周期和应对核电石化产品的增量都创造了条件。而且，依托检测中心的优良装备资源和人力资源，国家级核电焊工培训中心也将在此启动，这里将成为培训核电焊接技能人才的基地。

五、中国第二重型机械集团公司

2013 年，中国二重在以 AP1000 为代表的三代核电锻件及设备的研发上继续取得突破。AP1000 SG 上封头、水室封头性能合格、RPV 接管段、顶盖、筒身段、底封头、进出口接管、安注接管的完工等，标志着二重已具备批量供应 AP1000 RPV、SG、稳压器、补水箱全套锻件的能力。CAP1400 稳压器筒体、封头性能的完工，标志着二重已具备制造 CAP1400 锻件的能力。福清、方家山核电站反应堆冷却剂泵用含铜不锈钢锻件密封室、密封室盖的成功交货，为我国主泵国产化提供了坚实的保障。首套 CAP1400 堆芯补水箱设备制造正按计划执行中；后续项目 AP1000 主管道、支撑、CAP1400 主管道重大专项研制等项目正全力推进。

2013 年，二重积极组织人力物力，加大科研开发投入，完成新产品开发、科研项目、新产品试制及核电新材料等年度计划任务，开展了多项国家级、省级科研课题研究。完成了“核电关键设备超大型锻件研制”子课题 AP1000 SG 水室封头锻造和 AP1000 SG 管板（双真空冶炼）的验收；四川省重大技术装备创新科研项目——AP1000 蒸汽发生器大型筒体锻件研制课题已结题；完成专利申请 5 项，包括 3 项实用新型专利及 2 项发明专利。

在总结 2012 年 AP1000 核电锻件及主管道设备成功制造经验成果的基础上，清理固化成熟工艺技术，使二重核电制造技术水平大幅提升。核电类主要科研攻关成果如下：

1. 完成 CAP1400 堆芯补水箱封头锻件的研制、不锈钢锻件的研制等 9 项科研目标任务，掌握试验数据并指导 CAP1400 堆芯补水箱产品生产。

2. CAP1400 稳压器封头加工工艺研究。通过对 CAP1400 稳压器 1 号机组中的上、下封头加工工艺课题的论证分析，完全掌握 CAP1400 稳压器上、下封头的制造技术。

3. AP1000 反应堆压力容器支座设计技术研究。完成试验方案和质量计划编制，试板和试验件图纸绘制和制造工艺规范等文件的编制；完成试板和模拟件的制造；顺利通过上海核工程研究设计院课题验收。

4. CPR1000 铸造泵壳机加及水压试验工艺研究。进一步优化工艺，使各工序及工步的内容、留量更为合理，增强操作性。通过可靠的工艺方案及配套工装设备，满足铸造泵壳的制造要求，达到设计图纸各项技术指标及参数要求，有效地提高加工效率。

六、国家核电技术有限公司

在三代核电自主化的道路上，国家核电与国内装备制造企业一道，逐步提升核电装备设计能力、制造能力和管理水平，一个较为完备的先进核电设备整机配套能力与供应体系业已形成。

（一）超大型锻件制造技术

在面临国内尚无 AP1000 三代核电超

大型锻件制造能力，外方又拒绝转让锻件制造技术的情况下，国家能源局、国家核电和国内制造企业一起付出了巨大努力，进行了艰苦的科研和攻关，终于在冶炼、锻造和热处理三大主要锻件工艺上取得重大突破。并在此基础上，组织研制规格更大、技术参数要求更高的CAP1400用超大型锻件。目前，国内制造企业已经能够生产AP1000所需的所有锻件，CAP1400反应堆压力容器、蒸汽发生器等大型锻件也已陆续研制成功，在技术和工艺水平上已经达到或接近国际先进水平，产能和成本优势也日益显现。

（二）AP1000核岛关键设备（材料）国产化

目前，在依托项目核岛关键设备中，国内自主研发的主管道、钢制安全壳、安注箱、堆芯补水箱、稳压器等核岛设备均已按期交付安装；引进技术制造的压力容器、蒸汽发生器、堆内构件、控制棒驱动机构、一体化堆顶组件等核岛主设备已进入最后总装阶段，2014年上半年可陆续实现供货。核级锆材、核级电缆、部分核级焊材、安全壳钢板、双向不锈钢板等一批新材料也陆续研制成功，填补了国内空白。

经过6年多时间，国内相关大型设备制造企业已全面掌握了AP1000核岛主要设备的制造技术，依托项目四台核电机组的设备国产化率平均为55%，第四台机组国产化率预计将达到72%。

（三）AP1000壳内电缆研制成功

2013年4月25日，第一批壳内电缆完成了出厂验收试验；2013年11月29日，壳内电缆在上海电缆研究所成功完成了LOCA后浸没试验。经检验，试验样件在浸没试验后未出现护套脱落现象，满足了AP1000壳内电缆技术规范书的要求。至此，历经1年8个月的AP1000壳内电缆鉴定试验全部完成并取得了成功。壳内电缆的研制成功，表明我国已掌握AP1000核电壳内电缆设计、试验、制造等世界先进的技术，结束了我国核电电缆一直依赖进口的历史，为核级电缆国产化、自主化提供了重要的试验基础依据和支持。

（四）CAP1400关键设备（材料）自主化研制

依托于大型先进压水堆核电站重大专项，国家核电积极组织制造企业、科研院所、高等院校等开展关键设备材料研制，悉心培育三代核电设备自主化能力。目前，CAP1400关键设备（材料）研发工作已取得了重要进展，CAP1400反应堆压力容器和蒸汽发生器大型锻件绝大部分已研制成功；CAP1400示范工程反应堆压力容器、蒸汽发生器、核主泵、汽轮发电机组等核岛和常规岛的关键设备均已投产制造；技术难度大的690 U形传热管研制成功并开始用于蒸汽发生器制造；示范工程施工用3000吨级大型履带吊车已自主研制成功。CAP1400屏蔽主泵研制工作正在有序进行中，并于2013年11月进入样机制造阶段。CAP1400湿绕组主泵正在研制中，湿绕组主泵样机泵芯制造基本完成。已完成发电机转轴锻件锻后热处理，进入粗加工。预计CAP1400重大专项示范工程设备国产化率将达到80%以上。

核安全监管和核事故应急

核安全监管

2013年，核设施的运行安全和建造质量均处于良好状态，运行核电厂、研究堆、核燃料循环设施、放射性废物贮存和处理处置设施以及放射性物品运输活动均未发生国际核事件分级表（INES）1级及1级以上的安全事件或事故，核设施的运行事件和建造事件得到了妥善处理。

2013年，全国辐射环境质量总体保持良好。环境电离辐射水平保持稳定，核设施、核技术利用项目周围环境电离辐射水平总体未见明显变化。

一、能力建设

国家核与辐射安全监管技术研发基地建设取得突破。立项申请获得发改委原则通过，同意建设规模为92596平方米，基本建设投资74886万元；与北京市土地整理储备中心房山分中心签署基地建设用地土地开发补偿协议，缴纳土地补偿款，获得218亩建设用地的使用权。

加强监测能力建设工作，全部完成省级辐射环境监测机构能力评估；基本完成“2011年减排资金重点省市核与辐射应急监测调度平台及快速响应能力建设项目”，有序实施2012年项目，正式启动2013年项目。

二、强化管理

2013年，环境保护部（国家核安全局）加大监督检查力度和频度，不断增强监管的规范性，法规标准、规章制度的研究制定和发布出台取得进展，我国核与辐射安全水平进一步提高。组织实施了核与辐射安全大检查活动，对日本福岛核事故后安全改进行动的实施情况进行跟踪和检查。

加快运行核电厂运行经验反馈体系和安全性能指标评价体系建设，推进概率安全分析的应用，做好技术审评和现场监督。2013年运行核电厂未发生危及公众和环境安全的放射性事件；全年监测指标表明，各核电厂三道安全屏障的完整性均处于良好状态。加强在建核电厂建造、调试全过程的监督，做好相关技术文件的审评，加大建造事件和重大不符合项调查处理力度。做好研究堆日常核安全监督检查。2013年，两台核电机组建成后投入商业运行，两台核电机组获得建造许可证。

督促有关企业落实日本福岛核事故后核燃料循环设施综合安全检查整改要求，基本完成近期和中期整改要求。加快“两厂三院”的核设施退役与放射性废物治理项目的审查和审批；推动浙江神仙洞历史遗留放射性废物的处置等。推动全国核技术利用辐射安全管理系统的功能完善和推广使用；探索废旧放射源回收再利用。严格输变电类建设项目环境影响评价审批，推进输变电类建设项目环境监理试点工作，实现对项目的全过程管理。铀矿冶设施周围辐射环境质量总体稳定。组织召开全国辐射安全监管工作交流会。

依法从严加强核安全设备监管。组织召开全国民用核安全设备经验反馈现场会,组织开展核安全设备专项大检查和“违规补焊”专项整治行动。落实A/B角审查制度，妥善处理重大不符合项。

研究探讨公众宣传与信息公开工作方法，加强顶层设计，规范工作程序。探索新建核电厂公众沟通的有效方式，以徐大堡核电厂为试点，会同辽宁省政府、中核集团制定公众沟通工作方案和实施细则。

三、政策、规划、法规和标准

2013年，重点推进《核安全法》立法，形成专题报告，编制草案。开展“社会总风险下核电安全目标”等战略性政策研究，牵头做好精简行政许可工作，下放审批权限。梳理核与辐射安全监管三十周年经验，编制局史材料和理论总结文献。加强法规标准制修订管理。深入贯彻《核安全与放射性污染防治“十二五”规划及2020年远景目标》。强化科研工作，承担工程院《中国核能发展再研究》相关课题。协助对外交流，跟踪国际原子能机构（IAEA）安全标准制修订进展。

（一）核安全立法

积极开展立法前期工作，配合全国人大进行立法论证与现场调研，围绕《核安全法》的基础性问题和重难点问题，组织开展了17项专题研究和论证，形成了近40万字的研究报告。2013年9月党中央批复了全国人大党组提交的人大五年立法规划，《核安全法》被列为二类立法项目，首次进入国家立法规划。2013年12月，集中全系统力量开展集中编制，形成《核安全法》草案并提交人大环资委。

配合全国人大召开《放射性污染防治法》实施十周年纪念活动，回顾依法治核历程及核与辐射安全立法模式。

（二）行政审批改革

按照中央简政放权要求，提出《关于核与辐射安全监管行政审批职能优化的建议》，对行政许可进行了优化。根据国务院决定，将“医疗使用的I类放射源单位、制备正电子发射计算机断层扫描（PET）用放射性药物（自用）单位的辐射安全许可证核发”下放至省级人民政府环境保护部门。

回复有关军用、军工设施等若干项法律意见，承办《关于加强核安全监管的建议》等涉及核安全监管体制机制改革人大政协建议提案若干项。

（三）核安全规划

正式出版《核安全与放射性污染防治“十二五”规划及2020年远景目标》，制订该规划的国务院各相关部门分工方案以及环境保护部（国家核安全局）部内分工方案，明确责任，强化落实。开展《核安全规划》中期评估技术方案的专题研究，并最终完成该技术方案的制订。启动“十三五”核安全规划前期工作，开展“十三五”核安全规划编制办法及战略思路研究课题，征集了“十三五”核安全规划相关专题项目。

（四）法规标准制定、修订

采取加强论证、增强分总委员会衔接等措施优化审查机制，按计划召开四次法规标准审查会，共审议了23项次法规标准项目，发布了《γ辐照装置退役》等5项核安全导则，建立法规状态报告制度，按季度发布《法规状态报告》。

研究《核电厂质量保证安全规定》使用中存在的问题，明确方向和思路，成立修订工作组。对外征求意见并组织整理反馈。

推进标准制定、修订及管理，对核与辐射安全标准顶层设计形成初步构想；配合完成《大气辐射环境自动监测系统运行技术规范》等3项标准修订工作和《压水堆核电厂放射性固体废物处理系统设计》等5项标准审查报批工作；开展能源行业核电标准认可，根据《与核安全相关的能源行业核电标准管理和认可实施暂行办法》，制定《核安全相关的能源行业核电标准认可管理程序（试行）》，对国家能源局发布的标准《压水堆核电厂工况分类》进行了审查，经法规标准专家委员会审查，最终认可了该标准。

四、核材料管制和核设施实物保护

2013年，依据《放射性污染防治法》、《民用核设施安全监督管理条例》、《核材料管制条例》等相关核安全法规，依法履行对我国核设施核材料管制和实物保护监督管理、技术审评、核材料许可证核准等工作职责，持续加强相关法规标准导则的制订、修订工作。

（一）核材料许可证核准

对福建福清核电有限公司的核材料许可证申请文件、国家原子能机构核材料管制办公室的评审意见进行了技术审核和现场检查，完成了核准程序。

（二）核设施实物保护审评和监督情况

组织开展了对秦山核电基地核材料管制和实物保护系统监督检查。完成了红沿河3、4号机组FSAR阶段实物保护审评，完成了阳江核电站5、6号机组PSAR实物保护审评。完成了中核北方核燃料元件有限公司等效天然铀燃料棒束制造安全技术改造项目PSAR实物保护审评和AP1000核电站燃料元件生产线、压水堆燃料元件生产线续建工程最终安全分析报告实物保护审评；完成了中核建中核燃料元件有限公司节能减排和基础设施改造项目PSAR实物保护审评、核设施安全整改建设工程安全分析报告实物保护审评和TVS-2M燃料组件生产线技术改造工程安全分析报告实物保护审评。组织开展了秦山第二核电厂、阳江核电厂、宁德核电厂实物保护系统升级改造审评。完成核安全导则《核设施实物保护（试行）》修订工作。完成核安全导则《核设施实物保护视频监控系统》（报批稿）报批程序。

五、民用核安全设备监管

（一）行政审批

2013年，全年受理并立项审查的民

用核安全设备许可证申请单位共 62 家，无未受理或审查不合格的许可证申请单位。审查批准了 33 家单位的许可证申请，其中新取证单位 10 家、换证单位 15 家、扩证单位 8 家。同时完成了持证单位活动厂所和技术能力等方面变更申请的技术审查。截至 2013 年底，国内持有民用核安全设备设计、制造、安装和无损检验许可证的单位共计 193 家，其中核安全机械设备持证单位 140 家、核安全电气设备持证单位 48 家、无损检验单位 4 家、安装单位 13 家。

2013 年，全年受理并立项审查的进口民用核安全设备注册登记申请单位共 70 家，审查批准了 17 家单位的注册登记申请，无未受理或暂停审查的注册登记申请单位。截至 2013 年底，持有民用核安全设备设计、制造和无损检验注册登记确认书的单位共计 229 家，其中综合类注册登记单位 6 家、机械设备注册登记单位 160 家、电气设备注册登记单位 59 家、无损检验注册登记单位 4 家。

（二）进口设备安全检验

2013 年依法开展了进口民用核安全设备的安全检验工作。

口岸报检方面，共审查了 724 批次进口设备口岸报检文件，其中机械 521 批次、电气 203 批次；审查放行 704 批次，退回 20 批次。

开箱文件审查方面，共收到开箱报检文件 692 批次，其中机械 506 批次、电气 186 批次；审查放行 682 批次，退回 10 批次；参加开箱见证 121 批次。

（三）监督检查

2013 年，依据监督检查大纲和工作计划，共对国内单位实施了 39 次综合性检查，对境外单位实施了 2 次综合性检查。对国内单位进行了 7 次专项检查，对 10 家重点单位进行了核安全大检查，并且进行了 40 次违规补焊专项检查，对 890 次关键工序（其中 513 个为现场见证点）实施了检查点检查。目前已建立国内、美国和俄罗斯共 9 个驻厂监督办公室，长期派驻监督人员实施日常监督。通过监督检查，对发现的问题及时提出整改要求，对影响核安全的重大不符合项组织专家进行了审评和专项检查。

总体上，2013 年度民用核安全设备的设计、制造、安装和无损检验活动的质量基本处于受控状态。

六、辐射环境监测及管理

（一）辐射环境监测

如期完成省级辐射环境监测能力评估，推动各省辐射监测机构能力达标化建设。按计划完成剩余 17 个省份的监测能力实地评估，完满完成对全国 31 个省（区、市）的辐射环境监测能力评估工作，并将能力评估总报告印发各省（区、市）环保部门，指导其有针对性地开展下一步能力建设工作。评估结果表明，目前，全国大部分省（区、市）的辐射监测能力基本能够满足辖区内的辐射环境质量监测、重点核与辐射设施监督性监测和辐射环境应急监测的需要，但距核能核技术利用发展的需求还有较大差距，全国辐射环境监测能力还需要加快提升；少部分省份对辐射监测工作的重要性认识不足，未能形成有效的留住人才、鼓励人才政策制度。

继续抓好辐射监测与应急硬件能力建设，加快推动能力建设项目建设工作。基本完成2011年中央减排项目，有序开展2012年中央减排项目，正式启动2013中央减排项目。编制完成核电厂监督性监测系统建设技术要求和运行管理办法。基本完成新建核电厂监督性监测系统建设方案技术审查批复工作。

印发《“十二五”全国辐射环境监测体系建设工作方案》，指导各省（区、市）环保机构开展辐射环境监测能力建设；组织编制国控辐射环境自动监测站和国家级辐射环境监测能力建设项目建设方案。印发《2013年全国辐射环境监测方案》，完善各省国控监测点位和监测内容，做好国控网监测数据汇总、评价、反馈和报告编写工作。

完成2013年全国辐射环境监测培训任务，实施综合培训和操作技能培训2大类、41期，实际培训560人次。

（二）环境电离辐射

全国环境电离辐射水平保持在天然本底涨落范围内。辐射环境自动监测站实时连续γ辐射空气吸收剂量率均在当地天然本底水平涨落范围内。气溶胶、沉降物总α和总β活度浓度，空气中氚活度浓度均为正常环境水平。长江、黄河、珠江、松花江、淮河、海河、辽河、浙闽片河流、西南诸河、西北诸河、重点湖泊（水库）人工放射性核素活度浓度与历年相比未见明显变化，天然放射性核素活度浓度与1983—1990年全国环境天然放射性水平调查结果处于同一水平。地下饮用水及开展监测的省会城市集中式饮用水源地水中，总α和总β活度浓度均低于《生活饮用水卫生标准》（GB 5749—2006）规定的限值。近岸海域海水中，人工放射性核素锶-90和铯-137活度浓度均低于《海水水质标准》（GB 3097—1997）规定的限值。土壤中，人工放射性核素活度浓度与历年相比未见明显变化，天然放射性核素活度浓度与1983—1990年全国环境天然放射性水平调查结果处于同一水平。

1.运行核电厂周围环境电离辐射:2013年，辽宁红沿河核电厂和福建宁德核电厂的1号机组分别投入运行。秦山核电基地各核电厂、大亚湾/岭澳核电厂、田湾核电厂、红沿河核电厂和宁德核电厂外围各辐射环境自动监测站实时连续γ辐射空气吸收剂量率（未扣除宇宙射线响应值）年均值分别为100.8nGy/h、123.7nGy/h、99.9nGy/h、76.8nGy/h和98.1nGy/h，均在当地天然本底水平涨落范围内。核电厂外围气溶胶、沉降物、地表水、地下水和土壤等各种环境介质中除氚外其他放射性核素活度浓度与历年相比均未见明显变化。秦山核电基地周围环境空气、降水、地表水、井水及部分生物样品中氚活度浓度，大亚湾/岭澳核电厂和田湾核电厂排放口附近海域海水中氚活度浓度与核电厂运行前本底值相比有所升高，但对公众造成的辐射剂量远低于国家规定的剂量限值。

2. 民用研究堆周围环境电离辐射：中国原子能科学研究院、清华大学核能与新能源技术研究院、中国核动力研究设计院和深圳大学微堆等研究设施外围环境 γ 辐射空气吸收剂量率，气溶胶、沉降物、地表水、地下水和土壤中放射性核素活度浓度与历年相比未见明显变化；饮用地下水总 α 和总 β 活度浓度低于《生活饮用水卫生标准》规定的限值。

3. 核燃料循环设施和废物处置设施周围环境电离辐射：中核兰州铀浓缩有限公司、中核陕西铀浓缩有限公司、中核北方核燃料元件有限公司、中核建中核燃料元件公司和中核四〇四有限公司等核燃料循环设施及西北低中放废物处置场、北龙低中放废物处置场和青海国营二二一厂放射性填埋坑外围环境 γ 辐射空气吸收剂量率未见明显变化，环境介质中未监测到由上述企业生产、加工、贮存、处理、运输等活动引起的放射性核素活度浓度升高。

4. 铀矿冶周围环境电离辐射：铀矿冶设施周围辐射环境质量总体稳定。空气中氡活度浓度、气溶胶总 α 活度浓度、地表水及地下水中放射性核素铀和镭 -226 活度浓度未见明显变化。

七、核与辐射事故应急

2013 年，依法对民用核设施场内应急计划的审评和复审，核设施日常应急准备情况的监督检查、对场内综合应急演习的监督评价，有效加强了对核设施应急准备工作的监督管理。不断加强自身应急准备与应急响应能力，圆满完成多项核与辐射应急响应任务，保持高效应急响应能力。

（一）核设施应急准备工作监督管理

完成广东阳江核电厂首次装料前场内核事故应急专项检查和综合应急演习监督评估，印发检查报告。完成大亚湾核电基地、中核四〇四有限公司、清华大学核研院、中核兰州铀浓缩有限公司、中国原子能科学研究院、中核北方核燃料元件有限公司、中核陕西铀浓缩有限公司、中国核动力研究设计院核事故综合应急演习监督评估，印发检查报告。

（二）应急计划批复

完成广东阳江核电厂首次装料前场内应急计划审批。完成田湾核电厂、中核四〇四有限公司、中核建中核燃料元件有限公司、中国原子能科学研究院民用核设施核事故应急计划复审并批复。

（三）核与辐射应急、反恐和安保备勤

按照统一部署，顺利实施四川雅安 7.0 级地震辐射环境应急响应行动。圆满完成第三次朝鲜核试验东北边境辐射环境应急专项行动，为期近 60 天。响应行动前，周密制定应急专项预案及实施方案，调集大型移动实验室等高精尖辐射环境应急监测设施设备赶赴预设地点。响应行动中，科学开展辐射环境预警监测，密集实施辐射环境自动监测，注重舆情信息收集研判与应对，强化报告制度，第一时间向社会公众权威发布辐射环境监测数据并开展公众宣传。响应行动后，注重经验反馈，有效改进提升应对各类核与辐射和环境突发

事件能力和水平。

（四）核与辐射应急法规标准及预案制修订

基本完成核安全导则《核动力厂核事故应急演习》和《压水堆核电厂应急行动水平的制定》法规审查程序。修订发布《环境保护部（国家核安全局）核事故应急预案》和《环境保护部（国家核安全局）辐射事故应急预案》及其实施程序。出版《省级环保部门核与辐射应急监测演练情景设计》，印发《省级环保部门核与辐射应急预案编制格式与内容》规范性文件。

（五）应急响应能力有效维持

持续做好核与辐射事故应急响应工作，实行24小时应急值班制度。确保核与辐射应急值班体系运转有效、通信渠道畅通。整合核与辐射事故应急决策支持与指挥调度系统和应急监测调度平台。升级环境保护部（国家核安全局）应急指挥室视频显示终端和视频会议功能。科学开展环境保护部核与辐射安全监管系统应急培训，有效实施联动综合应急演习。

八、核与辐射安全相关人员资质管理

（一）核与辐射安全监管人员资质管理

为加强核与辐射安全监督检查人员管理，制订《核与辐射安全监督检查人员证件管理办法》（环境保护部令第24号），进一步规范核与辐射安全监督检查程序和行为。

截至2013年底，共举办6期国家核安全局核安全初任业务培训班，共354人通过培训并取得结业证书，其中中央本级349人参训；共举办7期核电培训班（核与辐射安全中级培训），共224人参训并取得结业证书，其中中央本级218人参训。

为提高核与辐射安全监管人员知识水平和管理水平，提升人才队伍素质，自2005年起在清华大学组织举办核能与核技术工程领域、辐射防护与环境保护方向工程硕士研究生班，截至2013年已举办5期，学员共计107人，其中中央本级17人。

（二）民用核安全设备焊工焊接操作工和无损检验人员资质管理

民用核安全设备焊工焊接操作工和无损检验人员由环境保护部（国家核安全局）授权相关单位进行考核工作，环境保护部（国家核安全局）进行监督，并根据法规要求进行发证或核准。2013年，14家焊工考核单位共举行项目考试192次，共计2850名焊工参加考试，共计5413项合格项目。5家无损考核单位共举行无损检验人员考试102次，其中包括射线、超声、磁粉、渗透、目视、泄漏及涡流等7个方法。

（三）民用核设施操纵人员资质管理

民用核设施操纵人员由相关单位部门或营运单位委托操纵人员考核单位组织考试工作，环境保护部（国家核安全局）进行监督，并根据法规要求颁发《民用核设施操纵人员执照》。截至2013年底，共计1470人持有核动力厂操纵人员执照，其中持《高级操纵员执照》543人，持《操纵员执照》927人；共计340人持有研究堆操纵人员执照，其中持《高级操纵员执照》143 人，持《操纵员执照》197 人。

发布实施《核动力厂人员的招聘、培训和授权》（HAD103/05—2013），在深入调研和广泛听取核设施营运单位意见基础上，编制完成《〈核动力厂运行岗位人员培训、授权与再培训大纲〉基本内容和要求》，要求相关营运单位试用该文件编制《核动力厂运行岗位人员培训、授权与再培训大纲》，进一步加强操纵人员培训，规范操纵人员资质管理。

（四）注册核安全工程师资质管理

2013 年，共有 2629 人报名参加注册核安全工程师考试人员，1884 人实际参加考试，444 人累计 4 门考试全部合格具备注册核安全工程师执业资格。截至 2013 年底，全国累计报考 17280 人次，共有 3129 人获得注册核安全工程师执业资格证书。

2013 年，共办理 1146 人次核安全工程师的注册事宜，其中注册申请和延续注册申请 1132 人次，变更注册 14 人次。

（五）知识管理

有序推进知识管理工作，组织出版了《注册核安全工程师基础读本》，编制完成了《核与辐射安全术语及释义（征求意见稿）》《核安全设备鉴定》，正在编制的教材有《注册核安全工程师继续教育教材之辐射防护》《核安全监管人员培训教材》《核安全文化培训教材》等。

（六）信息系统建设

国家核安全局人员资质管理信息系统经过前期开发、试运行阶段，现已全面投入使用，并运转正常。注册核安全工程师管理模块完成注册工作两个批次，共计 1264 人次。注册核安全工程师注册管理工作包括首次注册、延续注册、变更注册领域、证书打印等基本实现了信息化；民用核安全设备焊工、焊接操作工管理模块目前已实现焊工理论考试功能，其他功能如焊工项目考试、连续操作记录报送、焊工电子证书管理等正在开发中。

（本部分材料由国家核安全局提供）

核事故应急

2013 年，在党中央、国务院的坚强领导下，在国家核应急协调委的统一指挥下，各级核应急组织深入贯彻落实党的十八大精神，按照 2013 年国家核应急工作要点的要求，求真务实、开拓创新，不断增强忧患意识、使命意识和责任意识，以全面推进《国家核应急工作“十二五”规划》实施、宣贯落实《国家核应急预案》为主线，紧紧围绕核应急的工作方针、工作任务，积极推动《核电厂核事故应急管理条例》修订的立法工作，发布实施新修订的《国家核应急预案》，成功举办全国首次核应急宣传周活动，稳妥应对朝鲜第三次核试验对我国的影响，圆满完成嫦娥三号任务的涉核应急保障工作，着力推进核应急能力体系建设，不断强化核应急培训力度，努力提高核应急演习演练水平，深入拓展核应急领域国际和地区合作，为保障我国核事业的科学发展、安全发展作出了突出贡献，在确保社会和谐稳定、推动国民经济社会发展方面发挥了重要作用。

一、重要事件与活动

1. 朝鲜第三次核试验应对。根据《中华人民共和国突发事件应对法》和《国家核应急预案》确定的原则，国家核应急协调委有关成员单位针对朝鲜第三次核试验，有效、适度地开展了应对工作。国家核应急办制定了应对朝核专项工作预案，同时向协调委有关成员单位、相关省核应急组织作了部署。从事件发生开始，国防科工局与外交部密切协同，启动了国家核应急响应机制，组织开展应对工作：一是依据我国《突发事件应对法》，启动国家核应急响应急机制，开展了技术预判。二是积极协调外交部、环境保护部、卫生部、国务院新闻办、地震局、气象局、海洋局、总参作战部等协调委成员单位和中国工程物理研究院、中国原子能科学研究院等科研院所，加强对事件的监测、预报和预警工作。相关省核应急组织明确应对职责，严格工作要求，24 小时坚守值班，时刻保持与国家核应急办、省政府应急办、相关部门和地方政府的密切联系，做好个人剂量报警仪、辐射防护服等应急设备的准备；同时组织有关部门和专家密切关注事态发展，进行分析研判，并加强舆论引导，保证人民群众过好年。

2. 全国核应急宣传周活动。2013 年 4 月，国家核事故应急协调委员会向国务院报送了《国家核事故应急协调委员会关于组织全国核应急宣传周的活动方案》，计划组织全国核应急宣传周活动。遵照国务院领导同志的重要批示精神，以国务院发布修订版《国家核应急预案》为契机，国家核应急协调委于 7 月 3 日至 9 日组织成员单位、各省核应急管理机构及核设施营运单位开展了首次全国核应急宣传周活动。在中宣部的大力支持和新闻媒体的积极配合下，宣传活动顺利实施。据统计，参与本次宣传周活动的媒体近 30 家，举办各类专家讲座近 40 场，组织社会各界人士参观核设施近 2 万人次。环保部、能源局、卫生计生委等协调委成员单位，浙江、广东、江苏、辽宁、福建等省的核应急组织，中核集团、中广核集团、中电投集团、国家核电技术公司，秦山核电站、大亚湾核电站、田湾核电站、宁德核电有限公司、红沿河核电有限公司等核设施营运单位向社会公众印发各类宣传材料近 10 万份，国内外受众近十几亿人次，极大地促进了社会各界对于核应急工作的了解。

3. 嫦娥三号发射阶段核应急保障。2012 年 8 月，国家核应急办组织中国辐射防护研究院开展了《嫦娥三号任务发射阶段核应急专项预案》的研究起草工作。2013 年 11 月下旬，《嫦娥三号任务发射阶段核应急专项预案》发布实施。通过统一部署，国家及相关省级核应急组织安排专业处置力量集结待命，圆满完成了任务期间涉核应急保障任务。

二、规划与预案

1.2013 年 1 月，国家核事故应急办公室制订完成《2013 年国家核应急工作要点》。按照国务院关于应急管理工作的统一部署，2013 年国家核应急工作的总要求是：认真落实国家核应急工作方针，以全面落实《国家核应急工作“十二五”规划》、《国家核应急预案》为主线，着力推进法规标准体系、预案体系、指挥体系、技术支持体系、救援体系等五个体系建设，努力在重点目标上有突破、在工作机制上有创新、在核应急基础能力上有提升，进一步把全国核应急工作提升到一个新水平。

2. 修订版《国家核应急预案》发布。6 月 30 日，经李克强总理批准同意，国务院发布修订版《国家核应急预案》（以下称《预案》）。《预案》遵循国家突发事件应急管理理论和普遍规律，根据核应急工作面临的新形势、新任务和新要求，总结吸纳了近年来核应急准备与响应工作的实践经验，特别是日本福岛核事故的应对经验。新修订的《预案》主要包括七个部分的内容，分别对《预案》的编制目的、组织体系、核设施核事故应急响应等级、核设施核事故后恢复、其他核突发事件的应急响应、应急准备与保障措施、奖励与责任等方面的内容进行了详细规定。

3. 完善核应急预案体系。2 月 18 日，《海南昌江核电厂场外应急预案》通过国家核应急办组织的专家评审。6 月 14 日，《辽宁徐大堡核电厂一期工程厂址区域核应急方案》通过国家核应急办组织的专家评审。各级核应急预案的编制发布，为我国核应急预案体系的完善提供了重要支撑。

三、组织机构

2013 年，全国各级核应急组织不断加强队伍建设，将相关单位纳入核应急组织中，核应急队伍不断壮大。国家核应急办结合当前公众信息沟通工作的重要性，批准建立《核应急准备通讯》通讯员制度，各省级核应急组织、集团公司、核设施营运单位以及相关技术支持中心（分队）根据要求，认真组织开展核应急通讯员的推荐报名工作，加强核应急公众信息沟通队伍建设。

四、能力建设

2012 年底，我国“973”计划项目“核电站紧急救灾机器人的基础科学问题”正式启动。该项目就“机器人与核事故重载灵巧救灾任务适应性”“无网络环境核事故救灾机器人人机交互与自律协同”“救灾机器人信息采集与控制系统和防护”三个基础科学问题，分设六个课题开展研究。该项目的启动标志我国核事故救援机器人研制正式起步，为开发国家急需的核电站紧急救灾机器人提供科学理论和关键技术支撑。同时提升了我国核电站重大事故预防和快速响应与救援能力。

6 月 17 日，辽宁省核事故应急办公

室在沈阳召开辽宁省核应急指挥中心建设项目验收会，项目通过验收。

6 月 21 日，国家核应急办在北京组织召开《山东省核应急指挥中心建设方案》专家评审会。与会专家在听取汇报，并对方案进行认真审核后同意通过评审。

9 月 18 日，秦山核电新建应急控制中心（EM）正式投入运行。新应急控制中心建筑面积为 1768 平方米，设计为核安全Ⅰ类物项，可抵御地震、洪水等灾害。该中心的运行是秦山核电提升多机组、多堆型应急准备核应急响应能力的重大举措。

10 月，国家核应急响应技术支持中心组成场外核应急准备与响应评估准则研究课题组赴江苏、辽宁开展省场外核应急能力试点评估工作。评估结果初步验证了场外核应急准备与响应评估指标体系的针对性与合理性，也对省级核应急组织开展工作提出了建议。

10 月，海峡两岸核应急合作课题“两岸核电厂事故通报机制与场外核应急合作的对策”通过国家核应急办组织的专家验收评审。

12 月，江苏省“场外核应急指挥信息化系统”获中国核能行业协会科学技术三等奖，场外核应急方面科研成果获此殊荣尚属首次。

五、培训演习

6 月，海军海上核生化救援队开展了一次核事故应急救援演练。通过演练，实际检验了救援队执行海上核事故应急救援行动的内容、程序和方法，以及核生化应急救援特种装备的实战能力。同时，为海军各防化分队提供了相互交流、相互学习的平台，进一步促进了海上核生化应急救援队的全面建设。

9 月，中核四〇四有限公司开展了我国首次大型军企联合核事故应急演练。本次演习使用了机器人远距离处置、快速辐射监测、高空污染压制等新技术新装备，通过开展应急抢险、辐射监测、火灾控制、人员撤离、放射性污染物清理、伤员救治、现场洗消等一系列应急响应行动，强化了参演双方核应急理念，锻炼了应急队伍，检验了应急预案，开创了军企核应急合作的新模式。

9 月 25 日，国家卫生计生委在江苏、上海等地组织开展国家卫生应急综合演练。国家核事故医学应急救援专业队参加此次演练，并以优良的装备器材、快速的响应能力、高度的协调一致、精湛的技术水平充分展示了核应急救援队伍良好的精神风貌，赢得了演练观摩人员，以及国家卫生计生委领导的充分肯定和高度赞誉。

9 月 25 日至 27 日，第三期全国核应急管理干部培训班在辽宁沈阳召开。国内 16 个涉核省（市）的核应急组织、国家核应急响应技术支持中心、相关集团公司以及核设施营运单位有关同志参加了培训。

10 月 15 日，国家核应急辐射防护技术支持中心在中国辐射防护研究院开展专项核事故应急演习。演习以放射源散落并造成局部污染为模拟场景，重点演练了应急通讯、现场辐射监测、放射源搜寻和回收、辐射事故后果预测评价、应急工作人员的辐射剂量监测与控制、现场医学救护、人员设备和车辆的去污洗消等内容，充分展示了国家核应急辐射防护技术支持中心的综合响应与救援能力。

11 月 7 日，湖北省核应急委联络员培训班在武汉举办。培训主要讲授新版《国家核应急预案》的特点和主要内容，以及省级核应急预案修订工作中应该把握的原则。国家核应急协调委专家讲解核事故应急响应工作的启动与终止、指挥与协调以及公众信息沟通等工作中应注意的事项。

11 月 12 日至 13 日，国家核应急办在清华大学举办了国家核应急资源系统使用培训班。培训采取理论教学、交流讨论、实际操作等形式，针对应急基础知识、应急资源管理、核应急资源管理系统操作使用等内容进行了讲解。通过此次培训，初步为做好国家核应急资源普查、建立国家核应急资源数据库、应用国家核应急资源管理系统奠定了良好的基础。

六、国际合作

1 月 21 日至 24 日，国家核事故应急办公室和美国能源部核安保署联合在海南举办了中美核应急医学培训班。培训采取中美专家共同授课的方式，美方 3 位专家来自美国能源部辐射应急援助中心，中方的 3 位专家分别来自卫生部核事故医学应急中心、中国辐射防护研究院和核工业总医院。培训课程包括基本辐射防护知识、污染处置与剂量估算、辐射损伤症状与医学处理等共 22 章节，美国专家还作了核与辐射应急处置工作的现场示范和讲解。

2 月 11 日至 12 日，国际原子能机构副总干事 Denis Flory 主持召开机构核应急准备与响应高级专家组首次会议。国家核事故应急办公室副主任许平以专家组成员的身份参加了会议。会议通过了关于专家组会议机制和工作规则的建议，并向专家组介绍了国际原子能机构《加强国际核与辐射应急准备与响应系统行动计划》执行情况及《核安全行动计划》中涉及核应急准备与响应的相关内容，专家组成员还考察了机构核应急中心，就相关问题进行了深入讨论，提出了意见和建议。

4 月 26 日，国家核应急办在京组织召开加入国际原子能机构国际核应急救援网络（RANET）情况分析会。会议分析了当前核应急国家救援工作的机制及进展和我国现有的基础。同时进一步梳理核应急救援相关能力，为我国适时加入 RANET 提供必要的准备。

10 月 23 日，国家核应急办参加了国际原子能机构（IAEA）组织的年度 ConvEx–2a 演习。演习以参演国某城市遭受汽车炸弹袭击并初步怀疑炸弹含有放射性物质为模拟场景。国家核应急响应中心（国家原子能机构国家联络点）按照 IAEA 的要求及时接发相关信息，将事故情况、辐射监测数据、人员伤亡及救治情况以及是否需要国际援助等情况与 IAEA 进行确认和沟通。此次演习接近实战，对锻炼我国国家核应急组织的应急响应能力提供了很好的实践机会。

12 月 23 日至 27 日，巴基斯坦原子能委员会专家代表团访问了中国国家原子能机构。国家核应急办与巴代表团就中巴双边核应急合作进行了会谈。在 12 月 23 日的交流中，中巴双方回顾了核能领域合作的历史和成果，互相介绍了两国核能发展政策和现状。巴方表示，中方系统全面的介绍为巴建立和完善自己的核应急体系提供了有益的参考。12 月 24 日至 26 日巴方与中方分别就核医学救援、核电站核应急响应体系和能力建设、核应急辐射防护等相关领域的合作进行了深入的交流和探讨。

（本部分材料由国防科工局核应急与军工核安全监管司、国家核应急响应技术支持中心提供）

核专业人才培养和职工培训

核能行业人力资源建设不断加强，在职培训普遍实现了制度化、规范化，员工素质的不断提升、核安全文化体系的不断完善，满足了核能行业发展的需要。高等学校核专业建设稳步发展，教学质量有了进一步提高。

中国核工业集团公司

一、高端引领，打造高层次人才队伍

2013 年，中核集团围绕发展战略、注重高端引领，按照关键领域、重点工程和重大科研项目的实际需要，在人才队伍建设，特别是在高层次人才队伍建设方面，取得了积极进展。

2013 年，中核集团加大了高层次人才的遴选推荐，高端拔尖人才脱颖而出。组织遴选并申报了 2013 年度两院院士，推荐 15 名“百千万人才工程”国家级人选、10 名“国家特支计划”百千万领军人才人选，二一六大队王果入选“百千万人才工程”国家级人选，核动力院王广金荣获中国青年科技奖。此外，经人社部批准，52 人享受国务院特殊津贴，创历史新高。组织开展 2013 年度集团公司首席专家和科技带头人选拔工作，19 人通过专家评审。

中核集团积极开展海外人才引进，搭建海外人才第二梯队。组织开展国家“千人计划”、集团公司“百人计划”引进和培养工作，推荐 6 人申报第十批国家“千人计划”人选。完成 8 个系列职称评审，新认定高级职称 930 人。

同时，中核集团积极抓好职业标准体系建设、高技能人才培养。完善《国家职业分类大典》（核工业分册）职业体系，加强题库和教材建设；完成 4 个核特有职业培训教程审核、5 个培训教程初审；完成第二批首席技师推荐考评工作，4 人通过专家会考评；协调完成第十一届“中华技能大奖”获得者张换彬申报国家级技能大师工作；举办集团公司首届职工技能大赛；新认定高级技师 48 人。

二、加强培训，提高员工素质能力

2013 年，中核集团注重战略导向，推动“培训传导战略，培训转化管理”行动开展，加强教育培训，推进体系建设，切实提高员工综合能力。为更加有效推动 JYK 管理体系“落地”，集团公司分别面向成员单位主要负责人、中层干部举办 JYK 一体化管理培训班。先后举办了新任党组管理干部培训班、部门管理骨干和党组管理干部能力提升研修班，着力增强领导干部素质，提高综合能力。举办“境外矿产资源勘查开发高级管理人才培训班”，为集团公司境外矿产资源掌控能力提升培养人才。同时，还举办了核电设备进度控制、海外工程与风险控制、风光电及分布式发电项目等专题研修班。2013 年，中

核集团通过专题培训、调训、选学等方式，共培训经营管理人员5000人次。其中，领导人员达900余人次。

此外，中核集团健全培训体系，搭建全方位培训平台。认真落实《集团公司2013～2015年干部职工教育培训中期规划暨管理提升计划》，初步建立了“总部—各事业部—各成员单位”三位一体的教育培训层次，形成了以核工业大学、合作学校、咨询机构为支撑的全方位培训平台。同时，分别在南华大学、东华理工大学设立人才培训基地；拓展与境外培训机构和企业的合作关系，为境外培训项目打下基础。

中国核工业建设集团公司

一、搭建人才培养平台，组建管理学院（党校）

中国核建管理学院和党校于2013年3月正式揭牌成立。这是中国核建落实中央“大规模培训干部，大幅度提高干部素质”的要求，着眼于整合教育培训资源，建设学习型企业团队，实施人才强企战略，服务集团公司发展大局的重要举措。

中国核建党校是集团各级领导干部、技术和管理人员的培训基地和继续教育中心，承担着企业党组建设理论的研究等重要任务。管理学院是整合集团公司“国际核电高级管理人才培训基地、专业技术人才培训基地、高技能人才培训基地”的资源，实现顶层设计、统筹规划、信息共享的重要培训机构。中国核建管理学院（党校）的成立，对中国核建教育培训工作的开展具有重要的里程碑意义。

二、拓宽人才引进渠道，加强专业人才队伍建设

中国核建于2013年3月启动社会公开招聘，于6月底结束。34个中高级管理岗位及核专业性较强的岗位，共有近千人报名投递简历，其中系统内部员工约占20%，系统外人员约占80%。33%的人员来自于政府机构、事业单位及高等院校，30%的人员来自于大型国有企业。经过严格考察程序，最终实际录用39人。此次社会公开聘范围之广、人数之多、岗位之重要是中国核建历史之最，对在新时期新的条件下，创新人才选拔机制、广纳贤才、建设高素质的干部队伍具有开创性意义。

此外，中国核建联合教育部采取中心学校宣讲、组织招聘、辐射周边院校的方式在各相关高校举办专场招聘会。辐射院校近30所，覆盖了组团所到省市所有211院校及地方重点院校，受到了各院校的高度关注，在学生中引起强烈反响，树立了集团公司品牌形象，也为专业人才引进畅通了渠道，加强专业人才队伍建设奠定了基础。与清华大学、哈尔滨工程大学等院校建立良好关系，探索合作模式。

三、开展分层分类培训，加强专业人才培养

2013年中国核建组织完成干部教育培训41687人次，其中经营管理人才培训21125人次，专业技术人员培训20562人次，完成培训总人数占集团公司从业人员

总数的约71.8%。

1. 专业技能人才培养

加大职业技能鉴定力度，使专业技能人才培训和技能鉴定工作处于常态化。目前，中国核建已形成完整的技能人才培养、评价、鉴定、激励体系。2013年，分别在仪征、红沿河项目部、防城港项目部、宁德项目部、阳江项目部、台山项目部、田湾项目部等地开展电焊工、电工、钳工、冷作钣金工（铆工）、管工、木工、钢筋工、测量工、放线工、砌筑工等工种的中高级工鉴定。

创新技能人才培养模式，实施核电项目“千名班组长”、施工模拟培训、岗位大练兵等培训，制定《核电焊工培养规划及培养方案》，与职业技术学院（学校）签订培训协议，采用“订单式”定向培养的方式，实施岗前培训前移。

2. 多项目人才培养

以高温气冷堆示范工程建设历练为基础，开展核电项目经理培训、核能基础技术及安全知识培训；以国家重大专项科研任务为依托，在科研申报、项目进度跟踪、费用控制及校验点控制的科研管理，及科研实施、关键技术攻关过程中培养人才；利用岭澳二期、秦山二扩、红沿河等在建项目的有利条件，部署多项目人才滚动培养，实现人才的快速复制，满足后续项目对核电关键岗位人员的需求。

3. 中高层能力提升培训

着眼于建设一支掌握现代管理知识和管理模式，具有国际视野、传承和弘扬核建文化的中高层管理后备干部队伍，举办企业管理研修班。该班于2013年3月在京开班，共有1314人报名，首期开班录取746名。2013年共开办20余次，内容涵盖战略思维、核电工程管理等。针对集团公司及各成员单位核工程专业的领导干部、核电项目经理，组织开展专业技术人员核能利用与核工程管理高级研修班。依托国际原子能机构核电建设培训中心，组织4期培训，与来自30个国家的核电专家分享核电站施工管理经验教训、核电站先进施工技术、核岛安装质量管理等课程。服务集团公司“走出去”战略，开展国际英语、国际商务、项目经理培训班。

中国广核集团有限公司

一、培训实施情况

2013年，中广核工程有限公司（以下简称工程公司）全年面授课程开课6742期，累计培训101334人次，累计培训311550人时，全年网络课程学习累计26679人次，28833人时；2013年课堂教学与网络教学累计340383人时，占总工时比6.06%。

2013年，中广核各核电厂组织实施培训课程6107门、15607期、共计2568415.14人•时。全年网络课程学习累计492门、共计65851.92人•时；2013年课堂教学与网络教学累计2634267.06人•时。

二、人才培养情况

1. 核电工程产业链培训

为促进核电工程产业链企业间在培训、安全、质量管理领域上的共识，进一步加强产业链企业间的协同运作，有效提升核电工程产业链工人队伍的整体素质。2013年，工程公司牵头成立了AE培训联盟，并于2013年11月21日举办了联盟首届核电工程培训与人才培养年会，共23家核电工程产业链企业加盟。此外，2013年工程公司向产业链上下游企业开展了106期专项培训，内容包括安全、质量、项目管理、教员授课技巧、培训管理实务等课程，培养对象包括项目经理、专职QC人员、班组长、培训主管与教员等。

2. 岗位授权培训

为帮助员工胜任岗位，保障核电工程项目的高质建设，2013年工程公司继续严格执行“培训-考核-授权-上岗”制度，根据各工作岗位的岗位培训大纲为员工开展授权培训。截至2013年12月，全公司总计有3703人按岗位培训大纲要求完成培训和考核项目并获得授权。

3.AP1000人才培养

2013年，工程公司加速推进AP1000专业技术人才的培养，公司层面完成了7门AP1000系列培训课程的开发，并已面向公司员工开展十余期次培训。同时，为满足AP1000高端培训的需要，公司启动了AP1000模拟机、仿真机等培训设施建设工作。

4. 管理干部培养

2013年，工程公司针对各层级新任、在任管理干部以及年轻后备干部开展了白鹭系列培训项目，共组织培训了干部466人次，覆盖了90%以上的新任管理干部。

2013年，运营线试点实施了3期干部带队伍能力提升培训，开展了以“事故与系统”为主题的事业部管理干部安全复训（184人参与），首次在核电运营事业部层面开展组织实施中法核电高级经理研修班（中法共12人参与），开发并推广实施“项目管理”、“职业安全文化”、“管理巡视”、“管理者自我评估”等多个专项管理者安全文化与专项技能拓展培训。

5. 安全质量监督队伍培养

为建设一支“敢抓、敢管、能抓、会管”的安全质量监督队伍，基于安全质量监督人员能力素质模型，2013年工程公司开发并实施了安全质量专职人员能力提升培训项目，已完成培训10800人时，覆盖全公司90%的安全质量专职管理人员。

6. 核电工程国际化人才培养

为配合核电“走出去”的发展战略，2013年工程公司首批34名国际化储备班学员完成了第二阶段选拔工作，选拔出来的学员于2013年2月前往西班牙TECNATOM和TECNICAS REUNIDAS公司参加在岗实践。首批18名中基层管理干部国际化班学员经筛选后完成了海外标杆企业学习。

7. 员工安全文化及行为规范培训

2013年在持续提升员工安全技能、强化行为规范的同时，还在培训过程中进一步强调了管理层率先垂范的作用。在员工基本安全授权复训中实施以“管理层理论授课+安全员实操授课+网络课程”三合的创新型培训模式，有效提升了培训的针对性，同时首次在核电运营事业部层面全面组织开展全员安全文化震撼教育活动（员工参与率达98%以上）。此外还根据专业典型人因失效类型TOP3开展并设计课程，全面实施了针对性的开展防人因复训工作。

8. 运行人员培养

2013年围绕维持并提升执照人员能力，以“操作员能力拓展及补强”、“运行高岗位人员能力培养与提升”开展运行人员培训工作。全年各电厂共有129名反应堆操纵员、70名高级操纵员通过了考试。通过引进国际经验，开展值长/安工系列化培训课程体系建设，将逐步发展成为运行高岗位授权培训的标准化环节之一。此外，建成了国内首台严重事故模拟机并开展培训，有效地促进电厂严重事故应对水平的提升。

9. 维修人员培养

全年运营事业部培训中心实施1623期技能培训，15035人次参加，其中基础技能培训实施595期培训，4814人次参加。完成集团内核燃料换料人员培训与认证体系的建立，并实施首批31人的资质考核与认证工作，结束了必须送往法国EDF培训的历史；通过强化维修类老员工“一专多能”培训，创新性采用“基础技能培训+现场实习+技能强化培训”的创新模式开展维修类新员工的培养，助力于维修人员技能水平的拓展与提升；此外，建设完成核级主设备试验及培训平台，将逐步开展相关培训工作。

10. 新员工培养

2013年，依据新员工培训体系，在新员工培养工作中重点强化新员工企业文化的导入和综合素养的提升，同时进一步规范新员工培训管理及运作。核电运营事业部运营培训中心年内共计完成订单+联合培养（225名）、外部岗前培训（112名）新员工统筹管理，以及直接报到新员工（199名）岗前培训的组织实施；完成19期“白鹭破壳计划”培训的组织实施，2013届新员工参与学习计596人·次、2284人·时。

11. 新基地公司关键岗位人才培养

截至2013年底，事业部培训中心已陆续为台山、红沿河、宁德、阳江、防城港等新核电基地累计培养关键岗位人才3169名。

中国电力投资集团公司

中国电力投资集团公司高级培训中心积极开展核电专业化培训，充分借鉴国际核能管理良好实践，优化培训管理，全年完成核电专业培训8613人·日。中电投集团核电板块人才结构不断优化，人才队伍不断壮大。

国家核电技术有限公司

国家核电充分依托三代核电自主化事业平台，创造良好的人才发展环境。按照“经营管理、专业技术和操作技能”三支人才队伍建设的要求，设置了经营、管理、职能、研发、设计、工程、技术、操作和支持等九大序列，建立了多元化的职业发展通道和相配套的薪酬体系，不断拓宽员工的职业发展通道。

公司建立了覆盖全体员工的培训体系；组建国核大学，为员工搭建学习平台；建立推荐学习、培训、使用和待遇一体化机制；启动科技创新人才培养工程，选拔优秀创新人才，进行重点培养；制定《公司奖励条例》，鼓励广大专业技术人员创新创造。

制定了《国家核电高层次人才培养规划》，通过盘点公司人才梯队及运用科学系统的人才评估方法和选拔机制，进一步明确未来5年内国家核电高层次人才培养所需达到的数量目标、素质要求、培养对象和培养措施。认真总结三条工作主线中各专业高层次人才的培养路径，根据公司发展战略和业务要求，聚焦公司各板块核心业务，定位关键人才岗位能力需求，明确具体发展计划。规划中还明确了优秀青年人才的选拔、培养方法，并结合青年人才的成长规律和成才特点设计了重点培训项目。

国家核电根据三支人才队伍和九大岗位序列的人才类型与结构，设置支持重点人才发展的五力项目，即领导力、科技力、工程力、运行力和和国际力。2013年，国核大学组织实施各类重点培训项目112期，培训人次达5792人，为三条工作主线的扎实推进和公司的持续发展提供精神动力和智力支持。

根据《公司“十二五”人力资源规划》和《大型先进压水堆核电站重大专项任务目标文件》中关于重大专项综合目标和总体人才培养目标的要求，对813科技创新人才的选拔及培养方式进行了调整和优化，将重大专项科技人才分为三类，即科技力领军人才、科技力高级人才和科技力骨干人才，针对以上三类人群，形成了阶梯式的培训体系。

东方电气股份有限公司

东方电气加大人才发展投入，加快人才引进培养，优化人员结构，强化员工培训，努力建设一支思想硬、作风正、懂业务、会管理的人才队伍，进一步促进自主创新能力的提升，走人才引领、创新驱动、内在增长的发展道路。

2013年，员工培训紧紧围绕“完善机制、加强管理，提高素质”为中心开展工作，通过完善培训机制，优化培训流程，改进培训效果评估方法，重点在核安全文化、核质保体系、技术技能等方面开展培训，全年核电培训共计约32000人次。

中国第一重型机械集团公司

中国一重大连基地现有在册职工近1200人，其中专业技术人员共200余人，持有常规焊工、焊接操作工资格证书人员共168人，持有核焊工、焊接操作工资格证书人员共106人，持有常规无损检验资格证书人员共78人，持有核无损检验资格证书人员共 76 人。2013 年，重点加强了对相关人员进行核安全文化、ASME 手册、程序文件及规范、堆内构规程、各核电体系质保大纲的培训力度，并举办了“核安全文化相关知识竞赛”，有 63 人参加了竞赛，及格率达到了 100%。全年共进行了 23 次培训，培训课时 270 小时，有 3194 人次参加。通过大范围的宣贯与多层次的集中培训，进一步增强了员工对核安全文化的认知与认可，明确了组织、领导和个人在生产过程中所需承担的责任和义务，内化员工的行为，致力于使核安全处于最高优先的地位，为员工以后作出可靠的决策和良好的工作行为打下了坚实的基础。

中国第二重型机械集团公司

2013 年，中国二重以“吸引人、培养人、用好人，挖掘潜力，激发活力”为目标，优化核电生产人力资源配置。

积极开展技术岗位轮换培养。加强了现场处理技术问题的应急能力，使编制的工艺更注重结合生产实际，让工艺内容更具操作性、合理性、指导性，为生产任务顺利的完成创造了条件。累计完成焊工培训取证 306 项，其中焊工培训取得二百多项压力容器资质证和百余项核电资质证。

培训管理工作通过多项质保体系审核。按照核电产品的管理要求，先后通过了核电体系、ISO9000 质保体系的内部三次审核，通过了上核、东重、新时代、华北站、ASME 体系等外部单位的质保体系审核工作，所有培训资料均符合核电、ISO9000、ASME 的质保体系规定要求。

国际合作与两岸交流

政府方面

一、编制《“十二五”核与辐射安全国际合作工作方案》

根据《“十二五”环境保护国际合作工作纲要》的要求，结合《国家环境保护“十二五”规划》和《核安全和放射性污染防治“十二五”规划及2020年远景目标》，编制并发布了《“十二五”核与辐射安全国际合作工作方案》，为进一步落实环保国际合作纲要提供了明确指导和详细工作计划，形成各部门分工协作、以国际合作促进国内核安全监管能力提升的工作机制，有力地推动了核安全国际公约履约、双边合作、多边合作等机制的深入开展。

二、认真履行防扩散国际义务

向国际原子能机构及有关国家通报核履约年度报告；严格执行核进出口事务管理，编制并发布《核进口政府承诺管理工作手册》，审查出具核进口政府承诺49份，审查核两用品出口申请663单。

妥善应对敏感核问题。完成朝鲜第三次核试验有关应对工作；密切跟踪伊朗核问题进展；认真组织研究《不扩散核武器条约》履约报告、核术语与定义问题工作组等问题。

三、《核安全公约》履约

环境保护部副部长、国家核安全局局长李干杰作为《核安全公约》第五次审议会议主席与第六次审议会议官员进行交流，通过主席信函与官员分享了第五次审议会议周期内的重大事件、履约情况及其经验，实现了履约工作的顺利过渡，为第六次审议会议的召开奠定了基础。

完成《核安全公约》第六次国家报告的编写工作，并提交国际原子能机构供各缔约方评议。报告全面介绍了我国在福岛核事故后的改进行动及履行国际原子能机构核安全行动计划的良好实践。

参与《核安全公约》“有效性及透明度”工作组会议，全面了解各缔约方对修订公约及其指导文件的提案，积极参与谈判并表明立场，维护国家利益。

四、《乏燃料管理安全和放射性废物管理安全联合公约》履约

出席《联合共约》第一次届间会及专题工作研讨会，全面梳理各缔约方提案；在完成组建新一届中国国家报告编审委员会的基础上，召开第五次审议会议中国国家报告编审委员会启动会议，回顾了第四次审议会议以来的履约成果，确定了第五次会议国家报告的编写框架和国内任务分工，为履约工作做好准备。

五、多边领域

（一）与国际原子能机构合作

1. 9月16日至20日，国际原子能机构第57届机构大会在维也纳召开，国家原子能机构主任马兴瑞率团出席。大会期间组织举办“和平利用原子能、合建美丽

家园”主题展览，宣传中国坚定信心推动和平利用核能的政策，介绍中国核能及相关产业发展。我国参会人员广泛参加会议期间的全会和边会活动，积极参与各项议题的交流；还与国际原子能机构副总干事、经合组织核能署及法国、韩国、阿联酋等国核安全监管机构会面，向外方介绍中国核安全监管工作进展情况，就共同关心的议题交换意见，在多边舞台上进一步推进实质性合作。

2. 6 月 27 日至 29 日，国家原子能机构副主任王毅韧率团出席在俄罗斯圣彼得堡举办的 21 世纪国际原子能核能部长级会议，并作重要发言，全面深入地阐述了我国核能发展之路。

3. 7 月 1 日至 4 日，国家原子能机构副主任王毅韧率团出席在奥地利维也纳举办的国际核安保大会，并作大会发言，宣传了中国政府高度重视安保工作，严格履行核安保义务，广泛开展国际合作，积极提供对外援助的政策立场和有关措施。

4. 9 月 9 日至 13 日，国际原子能机构 9 月理事会在维也纳召开。会议审议了核安全、核安保、核技术合作等议题，并就伊朗、朝鲜等地区热点问题进行讨论。国家原子能机构副主任王毅韧就核安全议题进行发言，重申中国在核能发展中始终高度重视安全和核应急工作，并敦促日本及时、准确通报福岛核电站放射性泄漏事件的信息，尽快使事故得到有效控制。

5. 9 月 13 日，第 42 届亚太地区核科技合作协定（RCA）大会在维也纳召开。会议主要讨论了第 35 届 RCA 国家代表会议后续行动、RCA 项目执行情况、RCA 未来战略优先方向及 RCA 协定修订等议题。

6. 积极推动与国际原子能机构技术合作活动的管理协调，2013 年获批项目 9 项，获得援助资金 157 万欧元。组织学术交流会议 30 多场，推荐专家参加机构技术会议 592 人次。组织有关部门参与《基于创新核能系统和技术的研究堆容量和性能》技术文件制定，对原子能机构《安全标准丛书》、《核电厂仪器仪表和控制系统的设计安全标准》等数十份文件进行审查。2013 年，协调安排我国向机构技合基金捐款 343.2 万美元，积极鼓励国内科研院所派专家和教员为发展中国家提供培训服务，并努力协调接受国外学者进修及科学访问。承办国际原子能机构多项技术合作项目，并接待孟加拉等国监管机构人员来华访学，宣传中国核安全监管的良好实践，加强与国际同行的经验交流和共享，发挥在国际核安全舞台中的作用，为核能“走出去”创造条件。

7. 各核电企业积极与国际原子能机构（IAEA）和世界核电运营者协会（WANO）开展同行评估、技术支持活动，举办各种专题培训研讨班，并与法国 EDF 公司、美国 Exelon 公司，以及美国 Vogtle 电站、法国 CIVAUX 核电厂等开展技术交流和对标活动。通过多种形式的交流互访，提高了各核电企业的电站安全管理水平，确保了核电机组安全稳定运行。

（二）第六次中日韩核安全监管高

官会

11 月 28 日，第六次中日韩核安全监管高官会在杭州召开。环境保护部核安全总工程师刘华出席会议。本次会议是在日本福岛核事故两年后核污水泄漏问题持续发生且一直未有效解决的背景下召开的，主要关注福岛核事故经验反馈、核污水泄漏的信息公开和处理技术等问题。中国代表团在会上宣传我国核安全监管成就，提出强化高官会框架下的机制性技术交流的合作建议，体现中方对高官会机制的贡献。会议通过了三国核安全合作行动项目实施方案和会议纪要，表明了三国以务实的态度致力于信息交流和应急响应能力建设合作两个领域的优先行动。

（三）其他重大多边活动

1. 参与经合组织核能署管理的“核电厂多国设计评价计划（MDEP）”，参加其中的政策组会议、指导委员会会议及各工作组会议，并在华组织召开有关工作组活动。利用该机制为国内运行核电站的安全监管以及在建核电站提供经验反馈，提升了该机制对我核安全监管的借鉴和支撑作用，同时宣传了我国的良好实践。

2. 9 月 29 日，中国与经济合作与发展组织核能机构正式签署《中国国家原子能机构与经济合作与发展组织核能机构关于和平利用核能领域合作的联合声明》，开启了中国与经济合作与发展组织核能机构（OECD/NEA）合作的新篇章。

3. 11 月 19 日至 21 日，国家原子能机构秘书长王敏正作为中方理事，赴法国出席了国际热核聚变实验堆组织（ITER）第 13 次理事会。会议审批了总干事提交的系列管理文件，选举和任命了新一届理事会和相关委员会主席和副主席。来自欧盟、美国、日本、韩国、俄罗斯、印度和中国 7 个 ITER 组织成员的理事和代表，以及 ITER 组织总干事、副总干事和部门主管等高级官员出席了本次会议。

4. 12 月 18 日至 19 日，亚洲核合作论坛（FNCA）第 14 届部长级会议和高官会在日本东京召开，会议听取 FNCA 成员国国家报告、日本福岛核电站最新情况通报，重点讨论了 FNCA 项目的有效执行及成果应用、核安保文化开发等议题。来自中国、澳大利亚、韩国、日本、哈萨克斯坦等 13 个国家及国际组织的 50 余位代表参加了会议。

六、双边合作

（一）中俄合作

9 月 13 日，中俄总理定期会晤委员会核问题分委会第 17 次会议在俄罗斯莫斯科成功举行。国家原子能机构主任、分委会中方主席马兴瑞率团出席并与俄罗斯国家原子能集团公司总经理、分委会俄方主席基里延科共同主持会议。外交部、工信部、环保部、商务部、能源局、驻俄使馆及中核集团、中国核建、中物院等与俄方有关单位近 70 余人出席了会议。

在习近平总书记和李克强总理的推动下，中俄核合作取得重要进展。中俄两国加强核领域务实合作。在核燃料方面，双方签署了“田湾核电站 3、4 号机组和燃料供货合同”。在快堆方面，双方签署了中国实验快堆二、三炉燃料供货合同，为实验快堆后续正常运行提供了可靠的保障；签署了三明示范快堆项目框架合同准备工作商务合同。在核科技方面，召开了第三代核电技术交流会；成立了高温气冷堆工作组，双方就具体合作内容进行了磋商。双方举行了浮动堆工作组第三、四次工作会议。

（二）中美合作

4 月 15 ～ 16 日，中美和平利用核技术联合协调委员会第 8 次会议在北京举行。双方同意启动《中华人民共和国政府和美利坚合众国政府和平利用核能合作协定》续约谈判。

5 月 6 日，中美核安全合作指导委员会在京召开，双方探讨了围绕中国 AP1000 核电项目的年度合作计划；7 月 11 日，环境保护部副部长兼国家核安全局局长李干杰赴美出席中美战略与经济对话期间，与美国核管会续签了《中美核安全合作议定书》，巩固了合作基础，为后续交流提供进一步支持和保障。双方召开了中美和平利用核技术合作框架下核安全工作组会议，为学习借鉴美国先进经验和良好实践创造机会。

10 月 29 日，国家原子能机构与美国能源部在京联合举行仪式，共同见证中美核安保示范中心开工建设。国家原子能机构主任马兴瑞、美国能源部部长莫尼兹出席仪式并发表讲话。该项目是迄今为止两国政府直接投资的最大合作项目，建成后将成为亚太地区乃至全球最大、设备最齐全、技术最先进的核安保交流、培训中心，对提升中国及亚太地区核安保水平、推动核安保领域国际合作具有积极作用。

4 月 15 日，国家原子能机构副主任王毅韧会见了美国能源部军工管理局副局长安·哈灵顿，就中美核安保和核保障、核应急、放射性废物管理等领域的合作深入交换了意见。5 月 20 日，王毅韧会见了美国能源部副部长桑切斯率领的美国民用核能贸易政策代表团一行。双方就核损害赔偿责任机制、乏燃料与放射性废物处理处置、第四代核合作论坛（GIF）、美国出口核管制等议题交换了意见。5 月 23 日，王毅韧会见了美国能源部核能部长助理莱昂斯，就 AP1000 和 CAP1400 项目进展、中国原子能法立法程序、乏燃料与高放废物处理和处置、第四代核合作论坛（GIF）等议题交换了意见。双方表示将进一步推进核能技术开发、放射性废物管理等领域的交流与合作。

（三）中法合作

4 月 25 日，在中法两国元首见证下，国家原子能机构主任马兴瑞与法国原子能和替代能源委员会主席毕戈共同签署了《中国国家原子能机构和法国原子能和替代能源委员会第十一个和平利用核能合作议定书》。同时，中国核工业集团公司与法国阿海珐集团签署了中国大型商业后处理－再循环工厂项目合作意向书；中国广核集团有限公司与法国电力集团及阿海珐集团签署长期合作联合声明。根据联合声明，三方将在先进反应堆研发、核燃料及经验共享、核电站运维及性能提升等方面加强长期合作。

根据 2012 年双方高层达成的中法核

安全合作指导委员会会议纪要，分别于6月、9月和11月组织召开了中法EPR调试监督技术交流会议、核电厂十年定期大修研讨会、中法核安全法规交流研讨会、中法核应急及快速响应能力建设研讨会，以及中法强化核反应堆堆芯安全研讨会。

12月6日，中法核能合作30周年高峰论坛及中法核能合作发展经验交流会在北京人民大会堂举行。国务院副总理马凯与法国总理艾罗共同出席论坛。中法双方就共同关心的核燃料循环、乏燃料后处理、放射性废物安全、核安全、公众沟通等议题进行了讨论。同时，中法核能合作成就展在人民大会堂举行，参会的领导和嘉宾近300人参观了展览，对中法核能合作30年来取得的成就感到振奋。法国总理访华期间，中法两国总理决定，两国将“以共同开发第三方核电市场为新方向加强核能合作”。

10月21日至22日，第十次中法核能合作协调委员会会议在北京召开。会上，双方分别介绍了两国核能发展情况及相关政策，审议并签署了2013—2014年度中法拟开展的核能合作项目，并就有关国际核事务交换了意见。

（四）中英合作

10月，第5次中英经济财经对话期间，在国务院副总理马凯和英国财政大臣奥斯本的见证下，中英双方签署了《中华人民共和国政府和大不列颠及北爱尔兰联合王国政府关于加强民用核能领域合作的谅解备忘录》，中国国家能源局、英国能源与气候变化部共同组建了中英政府间核能合作工作组，推动合作在英国建设核电项目。

中国广核集团有限公司和中国核工业集团公司联合两家法国企业，与英国政府达成协议，将参与在英国西南部欣克利角兴建两台第三代压水堆核电机组。该项目投资总额约160亿英镑，中国两家企业将共同持股约30%至40%，这是中国核电企业联合国际核巨头首次进入发达国家的核电市场。

12月2日，国务院总理李克强与英国首相卡梅伦举行会谈时提出，中英要开展核电实质性合作，中方企业愿投资、参股甚至控股英方核电建设项目。卡梅伦表示，欢迎中国企业赴英投资，支持中方参股甚至控股英方核电建设项目。

（五）与其他国家的双边合作

成功签署了欧盟援助我国300万欧元核应急与核废物项目财务协议，顺利完成项目招标文本编制工作。

1月1日，《〈中华人民共和国政府和加拿大政府和平利用核能合作协定〉议定书》正式生效。

11月，国务院总理李克强访问罗马尼亚期间，双方签署了《中国国家能源局和罗马尼亚经济部能源署关于核电项目合作的谅解备忘录》，确定中国广核集团有限公司将参与罗马尼亚切尔纳沃德核电站3、4号机组的建设。

11月14日，国家发展改革委副主任、国家能源局局长吴新雄和苏丹共和国水资源与电力部部长奥萨玛·阿卜达拉·默罕默德在北京签署了《中华人民共和国政府和苏丹共和国政府和平利用核能合作协定》。与阿根廷、南非等国的核电合作意向谈判取得积极进展。

12月初,吴新雄率团访问沙特阿拉伯、哈萨克斯坦。在沙特期间，吴新雄会见了沙特石油矿产部部长纳伊米、核能和可再生能源城主席亚玛尼等，就中沙双方进一步巩固和深化能源战略合作，推进油气、核能、光伏领域合作达成多项重要共识。吴新雄与亚玛尼共同签署了《关于加强和平利用核能合作的谅解备忘录》，一致同意建立中沙核能合作联合委员会，在联合研究、核电项目、装备制造、人员培训等12个方面开展合作。在哈萨克斯坦期间，吴新雄会见了哈萨克斯坦副总理兼工业和新技术部部长阿谢特·依谢科舍夫，主持召开了中哈能源分委会第7次会议，双方决定建立核能合作工作组。

11月26日，由中国援建采用中国核工业集团公司自主研发的具有自主知识产权的三代核电技术的巴基斯坦大型核电项目在巴基斯坦南部港口城市卡拉奇举行启动仪式。巴基斯坦总理谢里夫亲自参加破土动工仪式。

部分企业集团

一、中国核工业集团公司

2013年中核集团国际合作成果显著，“引进来”“走出去”已经成为集团公司产业发展的重要支撑。

1. 国际合作深入开展。中法和平利用核能合作迎来30周年，集团公司与法国企业在科研和工业方面的合作取得丰硕成果。与俄罗斯、法国、美国、英国等核工业大国深入开展技术交流与项目合作，向沙特、哈萨克斯坦新兴核电市场国家进行核电产品推介。快堆、浮动式电站、行波堆等多个领域的合作也取得了新进展。

2. ACP1000核电技术出口实现突破。经过多年努力，2013年2月，集团公司出口巴基斯坦2台ACP1000核电机组项目合同正式签署，11月26日项目破土动工，我国自主知识产权的三代百万千瓦级核电技术实现了首次出口，是我国迄今为止最大的单个出口合同。集团公司还与巴方签署了后续核电项目建设的合作协议。

3. 国际核电市场开发取得积极进展。与法国电力公司签署英国HPC核电项目的投资合作意向书。继续推进阿根廷核电项目。牵头开展沙特核电出口工作，签署合作谅解备忘录。与苏丹签署合作协议，厂址前期准备工作正在开展。

二、中国核工业建设集团公司

1. 中国核建加快发展核能产业化，大力推动“走出去”，与多个国家就高温堆、低温堆技术产业化开展洽谈。与迪拜核能委员会签订了高温堆核电项目建设的谅解备忘录（MOU）；与南非核能代表团就建设高温气冷堆达成了合作意向，建立了互访和合作机制。

2. 中国核建与美国芝加哥桥梁钢铁公司（CB&I）、美国西屋电气公司等举行高层访问交流，初步达成了在核电工程建设、三废处理和核退役技术合作等领域深化合作的意向。

3. 由中国核建负责建设运行的国际原

子能机构核电建造国际培训中心（ICTC）开展了核电站EPC工程跨区域培训、核电站建造阶段实践经验区域培训，完成对两批次共计57位中外学员的培训。ICTC充分发挥了平台作用，为国际原子能机构及其成员国提供了核电建设高级管理人才培训，为中国核电“走出去”打下了良好基础。

三、中国广核集团有限公司

2013年，中广核抓住核电“走出去”的机遇，积极探索，在国际核电市场开发方面取得重大进展。一是英国项目“参股一个、控股一个”的目标取得了重大实质性进展。二是在中罗两国总理的见证下，与罗马尼亚国家核电公司签署了关于合作开发切尔纳沃德核电站3、4号机组的意向书。三是中广核响应政府主管部门的号召，作为发起单位，积极承接和开展中国核电技术装备“走出去”产业联盟的组建工作。

2013年4月18日，纳米比亚湖山铀矿项目正式开工。湖山铀矿项目是目前中国在非洲除银行业外最大的投资项目。该矿为近十年来非洲、乃至世界铀资源勘查领域的重大发现之一。按最新的第三方资源量评估报告，位列世界第三。项目达产后在全球单体铀矿产能中排名第二。湖山铀矿项目全寿期在20年以上，生产总量可保证20台百万千瓦级核电机组近40年的天然铀需求，对保障我国核电站天然铀稳定供应具有重要战略意义。

2013年，中广核在核电站安全运行领域、核电站设计建设领域、反应堆工程研究领域、燃料及放射性废物研究领域、新堆型领域、核技术应用等领域积极开展了众多的国际交流和合作。与法国CEA建立了在IVR、蒸汽爆炸等严重事故预防技术的合作关系，与法国电力公司（EDF）和阿海珐集团（AREVA）在电站运行、工程建设以及型号研发方面建立了长期战略合作关系，成为美国EPRI、法国MAI等研究机构的会员，参与相关专业领域课题研究，分享技术和经验。与ASME和AFCEN在核电标准方面建立了合作关系，ASME授权中广核牵头建立了ASME第十一卷中国国际用户组，AFCEN授权中广核头建立了RCC中国用户组，在国家核电标准建设方面充分发挥中广核的运行经验和技术积累。

四、中国电力投资集团公司

2013年，中电投集团积极开展核能领域国际合作与交流，与多个国际核能组织和多家国际知名核电企业均保持了密切的合作伙伴关系。通过交流互访，中电投集团及时全面了解了核电业界最新动态，提高了核电管理水平，在世界核电业界内树立了良好形象。

1. 中电投集团受IAEA委托承办了“新核电厂施工和调试经验反馈区域研讨会”及“数字化仪控调试与运行研讨会”活动，组织集团公司、国内外核电单位代表、政府相关部门官员、IAEA官员及专家近100名专业人员参会。通过这一系列交流研讨活动，及时全面地了解了全球核电领域的最新动态，学习了核电管理的先进经验，同时积极分享了中电投核电在

AP1000 工程建设上积累的宝贵经验。

2. 中电投集团受 WANO 委托在海阳举办了 3 次技术支持活动（TSM）。3 月和 7 月，由中电投核电有限公司协调对接 WANO 亚特兰大中心与山东核电一道，先后在海阳核电现场开展“核安全文化建设培训研讨班”、“WANO 启动前同行评估培训班”等 2 次技术支持研讨活动（TSM）；9 月，再次与 WANO 亚特兰大中心在烟台培训基地联合举办了“核电工程建设经验交流研讨会”。3 次交流研讨活动累计组织超过 100 人次参加，同时邀请近 30 名 WANO 常驻专家和国外核电企业专业技术人员。

3. 6 月 27 日，受 IAEA 和 CAEA 委托，中电投集团在烟台核电培训基地成功举办“2013 年度亚洲核安全网络 (ANSN) 运行安全专题组 (OSTG) 年会”，来自 IAEA、日本、泰国、孟加拉、印度尼西亚、越南和我国的 20 余位代表参加了会议。

4. 中电投核电有限公司（简称中电核）积极开展核能领域国际合作与交流，与国际原子能机构（IAEA）、世界核电运营者协会（WANO）、日本海外电力调查会（JEPIC）、美国杜克能源、美国西屋公司、美国南方核电运营公司、法国电力集团公司、西班牙核企联盟等核电机构和企业保持了密切的合作伙伴关系。通过交流互访，中电核及时全面了解了核电业界最新动态，提高了核电管理水平。

5. 中电投集团高度关注核行业发展趋势，积极参与核电前沿领域研究，努力提升集团核电科研开发和技术涵养能力。重点推进模块化小型反应堆（SMR）的国际合作，探讨研究合作模式与开发应用。1 月和 5 月，集团公司领导与中电核领导先后两次赴美与 Generation mPower 公司开展联合工作并完成有关协议签署事宜。集团领导在京多次会见 Generation mPower 公司和 NuScale 公司高管，双方就进一步合作的可行性、具体方式和内容进行了深入磋商。

五、国家核电技术有限公司

国家核电近几年分别在英国、南非、土耳其、越南、巴西、印尼、菲律宾等国家推介 CAP1400 核电技术，通过努力，具有自主知识产权的 CAP1400 已经取得了一定的国际影响力和美誉度，“走出去”工作稳步推进。

1. 英国：2013 年，国家核电与西屋合作，开展了 NUGEN 项目的有关收购工作。12 月 21 日，西班牙电力决定将其持有的 NUGEN 项目 50% 股权出让给东芝和西屋公司。国家核电与西屋公司达成合作共识，双方将于 2014 年启动会商 NUGEN 合作，商谈国家核电参与 NUGEN 股权投资、EPC 和电站运营问题。

2. 南非：在国家能源局的协调下，国家核电与中广核组建了中国核电联队，从政府层面主推 CAP1400 核电技术。利用 2013 年 10 月份中南双边对话能源分委会的机会，向南非提供了一揽子的建议方案。

2013 年 10 ～ 12 月期间，受国家核电邀请，南非副总统，能源部部长、副部长以及总司长等，南非公共企业部部长，南非核能行业协会代表团陆续访问国家核电及其下属单位和项目现场进行调研。南非高度重视我国在三代核电自主化发展过程中所形成的宝贵经验，希望能对其有关企业提供人员培训，并提出与国家核电签署培训协议的意向。

3. 土耳其：土耳其正在着手准备第三厂址的招标，土耳其有关部门对美国的 AP1000 技术表达了浓厚的兴趣，并邀请西屋公司赴土耳其开展了相关讨论。鉴于国家核电与西屋公司形成的良好合作关系，2013 年，国家核电与西屋公司共同编制了土耳其第三核电站项目建议书。

4. 其他市场情况：巴西、印尼、菲律宾、越南等市场，也是国家核电高度关注和重点跟踪开发的目标市场。2013 年，国家核电组织人力物力，独立或联合国际合作伙伴分别在上述市场进行了重点开发和品牌推介活动，取得了积极的效果，并已根据工作需要，设立代表处，适时推动后续工作。

六、哈尔滨电气集团公司

参与 ASME 第三卷标准委员会中国国际工作组的各项工作、会议。哈电集团共派员和组织参加会议 3 次，参与 ASME 标准修改提案投票 60 余人次。通过会议和交流，提升了哈电集团在业界的地位和影响力，同时也了解和掌握了 ASME 标准和三代核电的最新技术发展动态。

七、东方电气股份有限公司

2013 年 6 月 28 日，陆丰核电、国核工程与东方电气作为共同买方，与西屋电气在上海签订了陆丰核电项目 1 号机组 RVI 和 CRDM 设备供货合同。

与此同时，为顺利执行东方电气与国家核电签订的陆丰 2 号机组 CRDM、RVI 供货合同，东方电气、东方武核、东方汽轮机与西屋电气于 2013 年 7 月 2 日在上海签订了技术支持合同。

中国核能行业协会

一、圆满完成政府部门委托的国际合作业务

（一）认真履行职责，全力做好 GIF 联络办工作。

1. 3 月 2 日，GIF 联络办在成都组织召开了2013年中国加入GIF工作研讨会。来自科技部合作司、国家原子能机构，中科院基础局，中核集团，中广核集团，国家核电技术公司、清华大学核研院等 13 家单位的约 30 名代表出席了会议。

2. 协会作为协作单位，协助中广核于 3 月 4 日至 8 日在深圳组织举办了第六届超临界水堆国际研讨会。来自中、德、加、日、俄等 20 多个国家和国际组织的 120 多名中外专家学者分别就超临界水堆的堆芯及燃料设计、材料、化学及腐蚀、热工水力、安全分析等进行了专题报告和交流研讨。

3. 组织中国核动力研究院等 4 家单位的 6 名代表参加了 GIF 超临界水堆指导委员会会议，经多次协调，协助完成了《中国超临界水堆的设计和研发概况》报告。

4. 5 月 14 ～ 17 日，第 35 届 GIF 政策组会议和第 29 届 GIF 专家组会议在北京成功举行。来自中国、美国、法国、韩

国、俄罗斯、加拿大、日本、欧盟等GIF 12个成员国和IAEA、OECD/NEA GIF秘书处的共60名代表参加了会议。

5. 11月18～22日，GIF第36届政策组会议(PGM)、30届专家组会议(EGM)和GIF产业咨询高级委员会(SAIP)会议先后在比利时布鲁塞尔举行。来自GIF成员国、GIF秘书处和IAEA的观察员共约50多人出席上述会议。受科技部和国防科工局的委托，协会组织了中国核工业集团公司、国家核电技术有限公司、清华大学核研院、中国核能行业协会等单位的7名专家和代表分别参加了上述有关会议。

6. 组织研究提出对GIF钠冷快堆安全设计准则报告和安全设计导则编制的意见。

7. 继续参与GIF未来十年规划技术路线图的更新研究，确保中方在第四代核能系统合作框架中的话语权。

8. 受国家原子能机构和科技部国际合作司的委托，联络办先后于2013年10月和12月正式向GIF秘书处提交了国家原子能机构和科技部国际合作司关于同意修订GIF《超高温气冷堆核能系统国际研发燃料与燃料循环项目安排(PA)》和GIF《钠冷快堆系统综合与评价研发项目》协议条款修订的函，同意清华核研院和中国原子能科学研究院作为中方的项目执行单位签署上述项目安排。复函手续的完成，标志着中国加入GIF实质性研发合作项目得到进一步扩展。

9. 及时了解国内外核能研发信息，吸纳熔盐堆、铅基堆研究进入GIF活动管理。

10. 开发建设国内GIF信息交流平台，GIF中国专栏网页投入试运行。

11. 建立GIF国内联络员制度。同时，对联络员的职责做出了明确要求。

12. 翻译GIF 2012年度报告和相关资料。

（二）承担亚洲地区核合作（RCA）技术支持工作

1. 中国核能行业协会副秘书长龙茂雄于12月18～20日赴日本东京参加了FNCA第十四次部长级会议并代表中国政府做国家报告；于8月20～24日赴日本东京参加了FNCA第五次核电基础结构专家组会议；于3月18～21日参加在奥地利维也纳举行的“国家核电概况技术会议”。

2. 11月1日在京组织召开了年度项目协调员会议。会议总结了RCA项目的执行进展情况，对2014年项目做出了工作安排。

3. 受国家原子能机构的委托，协会承担了我国核电行业人力资源调查工作，组织完成了2010～2011年我国在运的15台机组人力资源的调查统计。

4. 根据国家原子能机构的授权，通过国家原子能机构网站，收集并整理RCA相关活动总结，为政府部门研究利用有关信息提供了支持。收集整理的RCA活动总结包括：应用稳定同位素进行食品追踪，工业过程单光子发射断层成像，聚合物的辐照加工，影像放疗，使用专有工具 WOCAT –LADA 对土壤肥力保持有效性的评估等。

二、精心组织国际活动

1. 由协会主办的第十届中国国际核电工业展览会于 5 月 23 ～ 25 日在上海成功举办，来自中、法、英、俄等 20 个国家和地区的 200 多家企业参展，其中法国、俄罗斯、西班牙、英国分别以国家展团的形式参展。展览总面积 13000 平方米，参观人数 8000 多人次。本届展会是在恢复新建核电项目后首次举办的国际核电专业展览会，对展示核能发展成就、推动我国核能发展、宣传核电知识、增强社会认知方面具有积极的现实意义。

2. 由协会和法国阿海珐集团共同主办的中法核燃料循环后端技术研讨会于在 9 月 16 ～ 17 日成都成功举办。国防科工局、能源局、核安全局、法国驻华使馆应邀出席会议并讲话。来自中法两国核能领域近 50 家单位的约 140 名代表参加了会议。

3. 积极参与中法核能合作三十周年系列活动的有关工作。12 月 6 日，中法核能合作 30 周年系列活动在北京人民大会堂隆重举行。协会负责“中法核能发展经验交流研讨会”的具体组织和安排等。中法核能发展经验交流会共宣讲报告 11 篇，内容涉及中法两国核能发展概况、反应堆与核燃料循环技术与管理、核安全与公众沟通等三个部分。来自中法两国核能领域的政府部门、企业、高校、研究院所的约 200 名代表参加了交流研讨会。

4. 协会与世界核大学（WNU）、清华大学共同主办的 2013 年世界核大学清华周于 7 月 8 ～ 12 日在北京举行，来自国内核能领域的政府部门、企业、研究院所、高等院校的 220 多名人员参加。研讨会主题是核能发展中的关键问题，来自世界核大学、法国电力公司、加拿大原子能有限公司等单位的资深专家共做报告 20 篇，全面介绍了核电厂选址、核燃料循环、核电经济性、废物管理、乏燃料运输、应急响应、福岛经验教训、新技术研发、核不扩散等核工业体系所涉及的知识。

5. 10 月 23 ～ 24 日，协会在北京组织召开了“核电厂更高的安全规范要求及解决方案国际研讨会”，来自国内外的 18 位专家就后福岛时代核电安全改进的要求、严重事故研究的国际最新观点、与超设计基准事故有关的压力测试程序与活动、IEEE 标准下的第三代反应堆电气贯穿件等内容作了专题报告。国内 45 家单位的 150 多名专业技术人员参加了会议，并就报告的内容与专家们进行了沟通和交流。

6. 2 月 28 日，协会与清华大学核研院在北京联合举办了电气贯穿件与核电安全研讨会，邀请了政府部门、相关核电公司、研究设计单位及美国、德国、法国等的 30 多个单位的 70 多位专家、代表参加会议。

2013 年，协会还协办了第六届国际超临界水堆技术研讨会、第二届中日核燃料循环学术研讨会等。

三、积极推进海峡两岸核能技术交流与合作

2013 年，协会将深化海峡两岸核能交流，推动务实合作作为重中之重。经协

会与台湾核能科技协进会共同安排，组织华能核电开发公司、中核核电运行管理公司秦山一厂中高层管理人员赴台湾电力公司及其核电厂进行核电厂对标管理交流和综合管理培训；在苏州组织举办了第二届海峡两岸核能合作研讨会，引进出版台湾《为何惧怕核能》一书，增进了两岸核能界的相互了解，密切了友好关系，建立了互信，促进了两岸务实合作取得重大突破。

四、积极拓展合作渠道，初步建立了与 WANO -HK 的联络关系

协会积极与 WANO 香港中心、巴黎中心进行联系，商讨在核电厂同行评估方面开展信息交流、专家派遣、联合评估等事宜。经过磋商，WANO-HK 邀请协会选派高级运行（SOP）专家参加宁德核电厂 2 号机组，方家山，福清 1、2 号机组的 OCP 评估。

五、加强与各国核能组织的交流与合作

一年来，协会接待美国机械工程师协会副总裁、英国核工业协会高级专家代表团等来访 16 次、50 多人次，有力地推动协会与其他国家行业组织的沟通与交流，促进了协会国际合作工作的深入开展。

同时，协会及时跟踪、了解国内外核能发展态势，根据企业业务特点和发展需要，积极推荐协会及会员单位的代表参加国际交流，为推进企业“走出去”牵线搭桥。先后协调安排中核集团公司、中广核集团公司等数家企业的约 20 多名人员参加了 3 月 27 ～ 29 日在法国巴黎举行的法国标准协会三年一度的核电厂部件设计、建造、监督标准与规范国际大会；推荐华能核电公司副总经理崔绍章、中广核王宏新等出席了 9 月 22 ～ 25 日在匈牙利布达佩斯举行欧洲核电会议等；选派协会有关人员参加西班牙“核电安全监管国际研讨会”、“RCA 核电厂在役无损检测培训班”、IAEA“新核电厂施工和调试经验反馈地区研讨会”。

根据日本原子力产业协会的邀请，协会派人出席了 4 月 24 ～ 26 日在东京举行的日本原子力产业协会第 46 届年会，并作为观察员出席了随后举行的首届“东亚核能论坛”。

国际热核聚变实验堆（ITER）计划

2013 年度，ITER 计划进入全面工程建设阶段，场址建设及采购包（部件）加工制造进度总体受控。年内，中方与 ITER 组织 (IO) 新签署 5 项采购包安排协议（PA），分别是《ITER 诊断系统径向 X 射线相机补充协议》《ITER 诊断系统 12 号赤道窗口集成补充协议》《ITER 诊断系统剩余中子通量监测器补充协议》《ITER 包层屏蔽模块采购安排协议》和《ITER 辉光放电清洗系统采购安排协议》。之后，中国国际热核聚变能源计划执行中心（以下简称“ITER 中心”）按照《中华人民共和国招投标法》和《中华人民共和国政府采购法》相关规定，与国内供应商签订新商业合同 13 份，金额 3.14 亿元。

2013年，新增一级供应商7家、主要二级供应商超过15家，其中，除中科院等离子体物理研究所、核工业西南物理研究院、西电集团等专业院所和国有企业外，还有荣信电气、山东泰开和常州安凯特等民营企业和合资企业。截至年底，中方采购包相关的商业合同累计达到54个，实物贡献额达到270kIUA（kIUA为1998年不变价“百万美元”）。

2013年，以科技部副部长曹健林为团长的中方代表团出席了ITER组织第十二届、十三届理事会和部长级理事会。此外，中方代表还分别出席了三次管理咨询委员会会议（MAC-S2、MAC-15和MAC-16）、两次科技咨询委员会会议（STAC-14和STAC-15）、两次财务审计委员会会议（FAB-12和FAB-13）和两次氚增殖包层模块项目委员会会议（TBM PC-09和PC-10）。在上述活动中，中方代表积极建言献策，本着对ITER计划负责的原则，协调各方利益，维护理事会的团结和ITER计划的整体发展方向，充分显示了我国政府对ITER计划项目执行和ITER组织管理的高度重视，展现了我国负责任的大国形象，有效地维护了中方的权益。

2013年，ITER中心总共参与27次高层协调会议，出席了4次高层议事协调周活动。这种高层协调机制有效保证了ITER采购包（部件）加工制造进度的总体受控。ITER组织的高层协调（IHCT）工作机制，包括IHCT视频会议和高层议事协调周（UIT）现场会议两类活动，旨在商讨解决采购包执行过程中出现的重大或涉及多边的技术、工期及接口等问题。此外，中方项目管理人员还通过参加ITER组织的管理工作组和技术工作组会议，提高了协调工作能力，解决了大量管理和技术领域问题。

一、ITER采购包管理

ITER中心根据PDCA管理理念，系统培训采购包执行团队骨干成员，全面提升管理水平，并对采购包的加工制造过程实行规范化、科学化管理，确保采购包任务顺利进展。

1. 系统培训采购包工作人员

为了全面提升ITER中心工作人员和国内主要供应商技术负责人的项目管理能力，ITER中心于6月至8月开办了项目管理培训班，全面介绍了项目管理知识理念，项目管理的标准流程规范与工具技术，并就计划制定与执行、进度与费用管控、资源协调、风险管理等环节进行具体分析。通过培训和讨论，参训人员对项目管理的知识体系有了详细的了解，学习了项目管理的基本理论和方法论。

8月27日至31日，ITER中心联合科技部人事司，在成都举办高层管理人才能力建设研修班。该研修班由国家人社部“知识更新工程专项”支持，目的是培养学员的全球视野和国际环境工作能力，来自全国各地32个单位的50名学员参加研修并完成学业。培训内容包括我国科技发展、基础研究近况、核聚变反应原理、托卡马克装置结构和原理、国际大科学工程项目管理流程和关键点，以及欧洲美术传世经典等内容。

为确保证ITER采购包加工制造任务顺利执行，推进国内核聚变研究项目的开展，ITER中心邀请英国ARCADIS公司的人因工程学专家于2013年9月中旬在北京为ITER中心的工作人员和主要供应商的技术负责人及设计员开办人因工程学专题培训。通过培训，受训人员不仅了解了国际项目管理各个环节的重要性，扩展了管理思路和视野，而且还提升了综合管理能力。

2013年度，ITER中心会同兴原公司，针对采购包质量要求、供应商质保需求、质量外审及上年度观察项/不符合项的落实情况等问题，各有侧重地举办了系列工程管理培训：3月对中科院等离子体物理研究所、核工业西南物理研究院、荣信电力电子公司及其二级供应商举办“质保需求调研及培训”；4月针对超导导体供应商及其部分二级供应商的需要开展“质量管理培训”；10月为13家单位举办“焊接及无损检测专项技术培训”；12月举办“ITER采购包质保工作经验交流与培训会”等。

2. 跟踪管理采购包研制过程

加强质量管理。2013年度，ITER中心共派出9个工作组、总计143人日对已签约供应商（含部分二级供应商）进行质量外审，共发现11个不符合项和159个观察项，责成供应商限期整改。ITER中心还通过顾客满意度调查、内部质量抽查（内审）和管理评审等项活动，持续改进和提高自身的质量管理水平。同时，ITER组织也对中方进行质量外审，确认ITER中心的质量管理体系完全适应ITER计划管理需要，并开具了5个表扬项，中方是2013年度唯一被ITER组织表扬的成员。

规范文档管理。为了规范工程文档管理，ITER中心于2013年度制定ITER计划相关的合同验收方案和设计图纸模板方案，建立采购包文件管理系统CIMS。目前，中方工程图纸可以通过网络向ITER ENOVIA设计数据库提交。据不完全统计，年内形成工程管理文档超过1000个，其中包括进度管理、质量管理、技术报告、月度报告、偏离申请等。

消化吸收核安全管理要求。2013年度，ITER中心跟踪ITER组织，深入了解法国新核安全法令实施、ASN审查及许可证后续工作等内容；整理完成有关的欧洲/法国核安全法律法规及IO相关要求；认真调研RCC-MR 2007规范并分析其对中方采购包的影响。

建立沟通及会议制度。为了便于与采购包供应商沟通和协调,ITER中心建立了采购包内部工作组会议、与供应商的双边例会、与供应商及ITER组织的三边周会和月度会议等会议制度，及时发现和解决采购包执行中出现各种技术问题。中心还制定了“采购包月进度”的提交、审核、分析及反馈的闭环处理制度，有效降低进度拖延风险。

推进信息平台建设。在参考2012年度网络流量及使用情况的基础上，ITER中心及时调整国内国际出口带宽，既保证网络业务的正常开展，又有效节省了网络资源和采购成本。ITER中心还加强信息系统安全等级保护工作，已完成信息系统安全等级保护定级、项目规划和技术方案设计等工作的论证。完成了设计平台升级改造、更新优化 VPN 设备，为中方协同设计的顺利开展提供了有力的保障。

强化知识产权管理。ITER 中心依托核工业专利中心，对 ITER 知识产权数据库进行详细的分析汇总，形成了《ITER 计划知识产权分析》和《ITER 国际合作知识产权管理规范研究》两项研究成果。与此同时，我国核聚变领域第一个国家标 GB/T 4960.9—2013《核科学技术术语第 9 部分——磁约束核聚变》已由国家标准化管理委员正式批准发布（中国标准出版社出版），并于 2013 年 7 月 1 日起实施。此外，各供应商也通过承担 ITER 采购包任务，提高创新能力，取得多项技术成果。

二、ITER 采购包研制工作进展

为顺利完成中方采购包年度目标任务，ITER 中心与 ITER 组织（IO）密切合作，以进度管理为抓手，通过效率分析、节点控制、文档交流、质量外审和派驻监造机构等形式，建立畅通的信息收集渠道和有效的评价机制，对供应商进行“全过程跟踪管理”，圆满地完成了 2013 年度 ITER 采购包工作目标。

1. 导体采购包：完成用于 15 根 Nb3Sn 和 NbTi 超导导体（含极向场导体、环向场导体、校正场线圈导体和磁体馈线导体在内）所需的约 58 吨超导股线的生产，完成超导导体不锈钢铠甲的接收测试与焊接检测、超导导体穿缆及综合性能测试、包装等项工作，其中 5 根超导导体已经顺利完成交付，另一部分超导导体正在等待 ITER 组织及其他方的发货通知。

2. 磁体支撑系统：完成了磁体重力支撑全尺寸样件及多维试验台联合验收工作；分批次完成特殊合金样件的对比试验；GS/PFCS/CCS 相关材料最终报告通过 IO 批准，相关资质认证工作完成；4K 低温拉伸、断裂韧性试验已完成批次均已通过验收；完成对 PFCS U 型盒的焊接路线评定及全尺寸试制样件的验收工作；关键工艺通过了评定，相应人员也取得了资质。

3. 诊断系统：开展了诊断采购包的“中子通量监测器”子系统的机械设计、远程控制设计、电子学和控制系统设计、系统灵敏度和中子学计算、RAMI 分析，完成中子通量监测器原型机的探测器及前置放大器设计和相关测试。与 ITER 组织签署了诊断采购包的“径向 X 射线相机”和“12 号窗口插件集成”两个子系统的采购安排协议，完成这两个子系统国内加工制造合同的谈判与报批程序。

4. 气体注入系统：汇集管道已经完成管道结构设计报告、初步热分析报告、RAMI 分析及汇集管道 3D 全模型，并于 7 月份完成接口设计评审。热力学优化分析、地震分析、管道检漏方案正在进行中。初步完成了 GFS GVB 内部磁敏感器件的磁屏蔽设计，正在进行磁屏蔽设计优化；完成功率关闭系统（FPSS）的初步布局设计；与弹丸注入系统（PIS）接口文件正在商讨过程中。

5. 校正场线圈：组织并完成全部校正场线圈生产设备的试运行、全部加工图纸绘制与审核、绕制工艺认证等工作，确定了线圈接头认证样品设计制备方法和样品测试方案，并全部通过ITER组织审批；完成包括导体短样绕制、SCC双饼绕制和B/TCC双饼绕制的工艺认证工作，通过ITER组织审核；完成所有加工图纸的审批工作；解决CC氦冷却进出口管的焊接难题；制定出超导接头的工艺方案；成功召开生产启动评估会议。

6. 磁体馈线系统：完成了磁体馈线认证阶段所有1800张加工图纸和近400份质量文件的审批；通过了高温超导电流引线的锡焊、高温钎焊、电子束焊接、压力焊接、真空压力扩散焊、超高精密换热器等关键工艺评定；联合完成电流引线/线圈低温测试大型平台调试；超低温绝缘工艺取得关键突破。

7. 变流器电源系统：完成电源测试大厅及平台的建设；为变流器电源系统遴选了直流开关、交流开关、电抗器和整流变压器等设备供应商；对各设备供应商的样机设计进行了评审，整流变压器、整流器单元、直流电抗器、直流开关、交流开关、局部控制器等设备样机在评审后设计得到了优化并研制成功，均已通过出厂测试，为集成试验做好了充足的准备。

8. 无功补偿及滤波系统：初步设计得到了ITER组织的认可和批准。中心通过公开招标的方式选定了本采购包电流互感器、隔离开关和电容器的供应商。成功研制80MVar无功补偿及滤波系统样机，并通过验收测试。

9. 脉冲高压变电站设备：设计资料的分析、转换工作进展顺利。完成35类电力设备的中英文版技术规范书编制并得到了ITER组织的认可和批准。中心组织召开了采购说明会，吸引了众多厂商参与投标。已经选定了电流互感器、电压互感器、电缆、主变压器、避雷器、断路器和隔离开关等设备供应商，并完成了合同签署工作。

10. 屏蔽包层系统：组织完成了ITER包层系统4.05个PPY（人年）的设计和分析任务，成功制造出高精度、高质量的全尺寸屏蔽块。解决了高热负荷第一壁的连接技术（包括激光焊接、热等静压链接），一次性通过了第一壁小模块的高热负荷实验，获得了IO的高度认可；成功调试中国首台高热负荷测试平台；顺利启动了半原型第一壁的制造。

11. 氚增殖包层模块（ITER-TBM）项目：氚增殖包层模块是核聚变堆的关键技术之一，积极参与ITER-TBM项目对我国核聚变能开发至关重要。

①精心编制实施方案。2013年是TBM立项工作的关键之年。年初由ITER中心牵头，组织核工业西南物理研究院、中科院等离子体物理研究所、中科院核安全所以及四川材料与工艺研究所等单位，编写了《中方ITER氦冷固态增殖剂实验包层系统项目实施方案》。科技部基础司先后两次组织国内专家对中方ITER-TBM技术和实施方案进行了咨询论证，针对我国未来自主设计氚增殖包层和建设核聚变堆的要求对实施方案进行补充和完善。其后，根据拟定的TBM采购安排协议（TBMA）中的数据指标，对中方实施

方案进行进一步的修订和完善。

②认真准备TBMA协议文本。年初，ITER中心责成核工业西南物理研究院，起草“中国氦冷锂陶瓷增殖剂实验包层模块（CN HCCB-TBM）采购安排协议”（TBMA）及其三个附件文本。其后，ITER中心和IO法律专家及技术官员一起，反复就CN HCCB-TBM采购安排协议（TBMA）及其三个附件的文本内容进行协商和讨论。为了确保2014年1月正式签署TBMA，中方完成并提交了HCCB-TBM的放射性核素清单和放射性剂量分析数据，更新并提交了HCCB-TBM初步安全分析报告，并最终确定了CN HCCB-TBM采购安排协议及其三个附件的正式文本。

③圆满完成国内立项程序。12月11日，经科技部部长办公会审议，批准中国HCCB-TBM项目的国内立项程序，责成ITER中心按计划完成TBMA签署。中国ITER-TBM的前期工作已经开始实施。12月3日至5日，ITER中心与IO在成都共同举办了TBM材料认证培训会议，标志着中国ITER-TBM的相关认证工作已经开始启动。

三、国际职员派遣与管理

2012年底，ITER组织首批国际职员合同到期，大批空缺职位面向七方公开招聘。为提高ITER组织中的中方职员比例，按照科技部领导关于“把对国际雇佣培训锻炼的工作推向社会，接纳更多的来自各行业的人才参与国际职员的竞争”的批示精神，2013年，中心聘请专业人力资源管理咨询公司，组建招聘顾问、辅导顾问和面试顾问专业团队，开展系统职位需求分析及应聘技巧培训，辅导候选人改进英语简历、提高面试水平和技巧。自2012年8月至2013年底，中方推荐了近1100人次参加ITER直接雇员的岗位竞聘，成功获得22个职位（直接雇员20人，博士后2人），截至2013年年底，中方职员增至33名（比例升至6%），是欧盟之外的第二大职员派出国。中方职员遍及ITER组织三大部门的八个司局，为全面掌握ITER大科学工程的管理和技术奠定了基础。

2013年，ITER中心向IO派遣12名访问学者，在七方成员中派遣访问学者最多。自ITER组织成立五年来，我国先后总共向ITER组织派遣了52名访问学者，涉及管理和技术的各领域，促进了采购包“采购安排协议”技术规格附件的完善和签署进展，锻炼和培养了来自研究院所和高校的年轻技术人员和专家，为我国核聚变能研发培养了人才队伍。另外，ITER中心推荐了20多名专家参与竞聘ITER组织15项外聘专家业务。经面试，一名专家成功获得ITER组织外聘专家合同。

核能骨干企业

中国核工业集团公司

2013 年，中国核工业集团公司（简称中核集团）各单位开拓进取，八个产业板块保持良好发展态势，确保了经济整体平稳增长。集团公司实现总产出 1027 亿元，同比增长 13%；完成主营业务收入 522 亿元，同比增长 3.0%；实现利润总额 82 亿元，同比增长 10.6%；经济增加值（EVA）52.6 亿元，比上年改善 3.8 亿元；成本费用率 91.9%；万元工业增加值综合能耗 0.496 吨标煤。截至 2013 年，中核集团已经连续 8 年获得国资委业绩考核 A 级。

一、改革发展

2013 年，中核集团以管理提升活动为契机，进一步完善管理模式，夯实管理基础。

现代企业制度建设迈出实质步伐。2013 年 3 月，集团公司董事会正式运作，到年底共召开 3 次定期会议、1 次临时会议和 5 次专委会会议，对 27 个事项进行了决策，在重大决策、内控管理、风险防范、经理层管理等方面的作用逐步凸显，进一步提升了集团公司重大决策的科学性、系统性和规范性。

三个中心管理模式进一步完善。三个中心组织架构稳步推进。出台了《进一步完善三个中心管理模式的指导意见》，进一步明确改革的路径、方向和要求，优化总部业务流程。结合集团公司董事会建设，发布新一版的《组织管理规程》，规范集团公司总部的组织架构、管理职责和工作分工。各项管理制度全面修订。科技总院成立，技术经济总院正式挂牌。

管理提升活动深入开展。按照“现代企业制度、计划—预算—考核一体化（JYK）、安全环保、采购管理、工程建设、科研创新、信息化管理”等七个重点专项，管理提升活动取得良好进展。JYK 在集团全面实施，体系建设得到优化，配套机制逐步建立。财务管理以全面预算管理、内控管理为主线，以 EVA 为价值标准，以 JYK 为抓手，加强财务信息化和财务队伍建设，逐步实现向全面预算的转变。围绕集团中心工作，审计“六大关注”取得成效。深化经济责任审计，促进合规经营。军工科研审计完成率在军工集团中名列前茅。选人用人机制进一步优化，部分成员单位通过内部竞争，选拔补充领导班子成员，取得良好效果。高层次人才队伍建设取得新进展，开展了新一轮首席专家和科技带头人聘任工作。2013 年，全集团有 52 人享受国务院特殊津贴，创历史新高。

安全环保和质量管理进一步加强。核与辐射安全继续保持良好纪录，环境安全受控，流出物达标排放，职业危害得到较好控制，工业安全生产形势处于平稳态势，杜绝了较大、重大生产安全事故。八二一厂落实安全管理责任制，员工责任意识、工作积极性和主动性显著提高，有效预防安全隐患，确保了安全环保稳定。深入开展铀矿冶环保整治专项行动，铀矿山安全整顿取得新进展。积极推行“卓越绩效管理模式”，质量意识和体系有效性进一步增强。江苏核电获得“全国质量奖”，是国内首家获此荣誉的核电企业。

二、重大项目

核动力产业取得新成绩。打造ACP系列自主品牌，推进海外市场开发。中原公司出口巴基斯坦恰希玛C3/C4项目按计划推进，C4机组提前实现穹顶吊装。核电工程公司着力提高工程总承包能力，在建项目年度里程碑节点全部实现。推进“产研用”结合，核仪器设备产业实力进一步增强。

核电保持安全稳定运行，在建项目加快推进。在核电机组集中大修的情况下，实现全年发电量513亿千瓦时，4台机组大修工期创本机组历史最优，田湾2号创世界同机型最短纪录。田湾4号机组浇筑第一罐混凝土，集团公司在建核电机组达到12台，总装机容量1253万千瓦，安全、质量受控。福建漳州、河北沧州等核电项目前期工作取得新进展。上市前的准备工作基本完成，正在等待IPO审核。核电运行公司管理模式进一步优化。

核燃料各环节重点项目有序推进。陕西铀浓缩厂北区扩建二期、红华一期、中核建中核燃料公司元件项目、高温气冷堆核电站燃料元件线等产能建设项目完成重要节点。并购东方锆业、入股西部新锆，完成锆产业的研发生产布局。

铀矿大基地建设深入推进。铀矿钻探完成工作量62万米。北方五大铀矿工程全面启动，蒙其古尔一期项目提前完成节点目标。蒙其古尔是国家“十二五”规划重点项目，是当前我国最大的铀矿产能建设项目，可以形成千吨级产能，对我国核电发展铀资源保障具有重要的意义。

核环保产业取得新进展。与阿海珐公司签署800吨后处理厂合作意向书，滨海厂址选址工作按计划推进。

同辐公司主营收入和利润增长率连续三年超过20%。三大医药基地建设稳步推进，辐照站、医药中心建设取得新进展，全国布局加快推进。国产钴-60首次实现出口。

中核控股发展继续保持快速增长。凯利公司核能产业服务的商业模式在集团内推广，核产业服务业务连续三年高速增长。医疗服务业继续保持较快发展，连续4年增长15%以上。

新能源产业加快发展。成功并购中海油风电公司，掌控风电资源约120万千瓦，规模和实力得到显著增强。集团公司新能源产业正在起步阶段。

三、走向海外

2013年中核集团国际合作成果显著，“引进来”“走出去”已经成为集团公司产业发展的重要支撑。

国际合作深入开展。中法和平利用

核能合作迎来30周年，集团公司与法国企业在科研和工业方面的合作取得丰硕成果。与俄罗斯、法国、美国、英国等核工业大国深入开展技术交流与项目合作，向沙特、哈萨克斯坦新兴核电市场国家进行核电产品推介。快堆、浮动式电站、行波堆等多个领域的合作也取得了新进展。

ACP1000核电技术出口实现突破。经过多年努力，2013年2月，集团公司出口巴基斯坦2台ACP1000核电机组项目合同正式签署，11月26日项目破土动工，我国自主知识产权的三代百万千瓦级核电技术实现了首次出口，项目合同金额约为500亿元，是我国迄今为止最大的单个出口合同。集团公司还与巴方签署了后续核电项目建设的合作协议。

国际核电市场开发取得积极进展。与法国电力公司签署英国HPC核电项目的投资合作意向书。继续推进阿根廷核电项目。牵头开展沙特核电出口工作，签署合作谅解备忘录。与苏丹签署合作协议，厂址前期准备工作正在开展。

四、重大创新

科技创新是增强核心竞争力的源泉和动力。集团公司着力加强科研体制机制创新，以“龙腾计划”为抓手，狠抓重点科研项目。科技投入持续增长，2013年研发投入达到19.8亿元，占主营收入的3.8%。

重点科研项目成果显著。“龙腾2020”科技创新示范工程和核心技术提升项目相继完成重大节点。ACP1000具有完全自主知识产权的三代核电技术实现设计定型，通过国家核安全局初步评估和中国核能行业协会组织的专家评审。ACP100小堆完成总体技术方案。60万千瓦示范快堆设计工作启动。2号专用设备三阶段研制通过验收，万台运行考核圆满完成。自主品牌燃料组件研发取得重大进展，CF2辐照考验组件顺利入堆，CF3模拟组件设计、加工制造完成验收，辐照组件完成集团级设计评审。铀矿第一科学深钻达到2818.88米，填补了我国深部找矿的空白。

基层单位科技创新扎实推进。与生产紧密结合的科技创新，优化了生产工艺，提高了生产效益。原子能院构建了以中国实验快堆等四大平台为核心的科技创新能力体系，30项科研成果获省部级以上奖励。蒙其古尔地浸多层矿开采技术取得突破，钻孔成本降低20%。全集团共获国家科技进步奖二等奖3项、国防科技奖一等奖3项，获专利授权535件。

科技创新体制机制不断完善。按照集团公司2012年科技创新工作会议的要求，加强成果转化和创新激励，对创新团队和关键技术人员的激励措施逐步完善，集团公司科技创新的活力和动力明显增强。信息化建设进程加快，完成集团公司信息化建设三期工程。

五、党建工作

不断提升党建工作科学化水平。深入贯彻党的十八大、十八届三中全会精神，开展十八大精神巡回宣讲，全系统组织宣讲活动600余场。深入开展“中核梦”助推“中国梦”系列活动。建立了党建工作例会制度。完善党群绩效考核。对1600多名党支部进行了网上党校培训。开展职工需求与关注点信息问卷调查。围绕降本增效，广泛开展群众性“三提高、三降低”活动。举办青年创新成果报告会和集团首届技能竞赛。推进企业文化建设。为弘扬核工业精神，出版了《核铸强国梦》，举办了纪念钱三强诞辰100周年活动，在中央电视台播放了纪录片《钱三强》，引起了广泛的社会影响。

党的群众路线教育实践活动深入开展。坚持党组带头，问题导向，开门搞活动，确保了“7个到位”：一是确保组织领导到位，抓好顶层设计；二是确保思想认识到位，将学习教育贯穿始终，党组集中组织了12次学习；三是确保问题查摆到位，开展走基层蹲点调研，通过10个渠道征求意见1159条；四是确保整风精神到位，深入开展谈心活动，开好党组专题民主生活会；五是确保整改落实到位，坚持边查边改，完成12项整改任务；六是确保专项整治到位，开展了十大“四风”突出专项整治活动；七是确保建章立制到位，建立健全19个方面40项制度、5项机制。针对群众提出的突出问题，逐一开展党组“四风”问题整改，推进“两转变两提高”。

纪检监察工作得到加强。落实中央八项规定，在全系统开展监督检查与业务招待费自查工作。以“三率”为抓手，强化对重点领域的监督制约。严肃查办违纪违法案件。完成对14家单位的巡视，抓好问题的整改落实。

中国核工业建设集团公司

2013年，中国核工业建设集团公司（简称中国核建）预计全年实现营业收入375.6亿元，同比增长22.4%；实现利润总额10亿元，同比增长25%。股份公司预计全年实现营业收入361.6亿元，同比增长22.8%，占集团公司营业收入的96.3%；实现利润8.5亿元，同比增长23.2%，占集团公司利润总额的85.3%。

一、核电和军工工程建设平稳有序

在核电工程建设领域，中国核建同时承担了32台核电机组的建设任务，装机容量超过3200万千瓦。其中新开工机组2台、实现穹顶吊装机组3台、冷试机组3台、投入商运机组2台。所有在建核电工程安全质量处于受控状态。同时，积极推动实施核电建造施工总承包模式，力争在徐大堡核电项目开展试点。

在军工工程领域，加强军工工程管理，完成在建工程建设任务，逐步建立了军工项目市场开发统计、跟踪与协调机制，大幅提高军工项目中标率。同时，为实现军品型号的突破和武器装备科研生产业务的拓展做了大量工作。

二、优化公司治理和上市发行申报工作取得关键进展

法人治理结构进一步完善。有效规范了董事会决策程序，董事会战略委员会、提名委员会、审计委员会和薪酬委员会运作情况良好。全年召开股东大会4次、董事会会议5次，形成涉及人事任免、组织机构设置、投资、收益分配等决议事项共41件。

规范引导子公司治理。建立了专职董事长、专职董事制度，董事会构成采取了以外部董事为主的模式，有效提高决策的质量。规范内设监事会建设，建立委派专职监事制度，加强对企业经营过程的监督。制定了有关规范和制度，全面指导子公司董事会运行，并组织了公司治理专题培训和宣贯，子公司治理能力不断提升。

全力备战A股发行申报工作。在筹备上市过程中，协调解决了资产规范性等法律问题和年度审计整改等财务问题，取得了国资委、证监会以及各级政府相关批文，完成了“董、监、高”辅导培训和验收考试。目前，根据证监会发行新规要求，股份公司确定发行申报的基准日为2013年12月31日，计划于2014年4月向证监会递交A股发行申报材料，上市申报各项工作准备就绪。

三、核能产业化扎实推进

山东石岛湾高温气冷堆示范工程稳步推进，已全面转入核岛主体结构施工阶段。在设计、采购、项目管理、现场建设和科研方面均有所突破。

积极加强与国家有关部委和地方政府的高层沟通，就推动高温气冷堆产业化进程达成诸多共识。江西瑞金等核电筹备处正式揭牌成立，60 万千瓦高温气冷堆商业示范工程选址方面进展顺利。与迪拜核能委员会就迪拜高温气冷堆核电项目的合作备忘录达成一致，海外核能市场开发取得突破。紧抓技术源头，与相关方就 60 万千瓦高温气冷堆核电项目有关设计工作的合作模式、分工、关键进度节点等进行深入交流，并积极推进总体方案设计合同谈判。

在低温堆产业化方面，与中电投电力工程有限公司正式签订协议书，初步确定相应厂址方案。

四、非核领域实现较大突破

按照集团公司发展战略，以提高利润率水平和拉长产业链条为目的，通过与地方政府和大型企业签署战略协议，运用投资带动建设的商业模式和工程总承包的管理模式，向高端化、规模化方向迈进，初步形成了以北京、湖北、重庆、江苏、江西、浙江、天津、广东、湖南等为中心的一批重点开发区域和项目团组。

在项目开发方面，以土地一级开发为重点的投资拉动型城市建设项目，发展较快、态势良好。以房地产、退养中心等为重点的二级开发，继续扩大规模，增长稳定。以水务等为重点的环保项目，发展步伐正逐步加快，初具规模。以参与城市化建设、大型石化项目等为重点的施工业务，持续承接，发展顺利。

五、国际化经营势头良好

积极开拓国际核电与非核市场。稳妥推进海外核电项目，巴基斯坦恰希玛项目进展顺利，卡拉奇核电项目 2 号和 3 号机组已于 2013 年 11 月 26 日破土动工。大力拓展非核市场，成功签订缅甸工程项目合同，东帝汶国家电力工程项目、伊拉克米桑油田项目开发情况良好，新加坡政府组屋等项目进度可控。全年处于建设和市场开发中的国际项目达到 50 个左右，境外业务共实现产值 23.6 亿元，同比增长 55.3%。

核电建设国际培训中心（ICTC）充分发挥平台作用，持续为国际原子能机构及其成员国培养一流的核电建设高级管理人才。全年先后两次培训来自 20 多个国家的 47 名学员。通过国际核电培训，有效提升了集团公司乃至中国核工业的国际影响力，助力中国核电“走出去”。

六、科技创新与信息化建设进展顺利

继续推动科技创新能力建设。启动中国核建研究院的组建筹备工作。制定科研考核等管理办法，不断完善研发和技术支持体系。承担的国家重大专项“先进压水堆和高温气冷堆”技术研究课题进展顺利，取得了一系列成果。全年共获得省部级科技奖 7 项，专利授权 118 项，其中发明专利 10 项，国家版权局计算机软件著作权登记3项。参与行业标准体系建设和核电厂建设工程预算定额等标准的编制工作。国内外合作力度加大，先后与中国科学院、哈尔滨工程大学、南华大学、东华理工大学等院校建立产学研战略合作，与美国西屋等国外企业开展国际技术交流。

着力加强信息化建设顶层设计。组织有关部门和单位开展了信息化建设咨询工作，对集团公司及各成员单位信息化管理重点、难点进行了梳理，提出了符合集团公司现状和发展要求的信息化需求分析，规划、设计了总体信息化建设实施方案，形成了一系列支撑集团公司下一步信息化建设的技术成果。

七、集团管控能力明显提升

紧紧围绕生产经营目标、发展目标和管理提升目标，注重向管理要效益，不断推进管理创新。以总部作为管理平台，逐步形成战略规划、投资决策、资源配置、风险防控和保障服务的集团化战略管控体系。

战略规划管理进一步科学化。提出了“以核为本、两业并重、适度多元”的发展战略，明确了“占据高端、资本助力、兼并重组”的发展路径，突出结构调整优化和业务适度多元化的重点，对成员单位发展给予顶层指导。研究搭建EPC总承包平台。整合内部资源，组建中核机械、中核建材、中核华辰等专业公司，专业化能力和价值链经营能力逐步提升。

内控和全面风险管理机制不断完善。加快内部控制体系建设，有效推动完善内控机制，开展内控缺陷整改，出台了一系列旨在加强投资、物资采购、合同管理等业务的制度和程序，进一步加强公司风险防控能力。

安全质量环保管理目标基本实现。以推进安全生产标准化达标工作为重心，健全安全管理机制，深化隐患排查治理，加大安全考核力度，杜绝了较大及以上安全生产死亡事故，减少了一般死亡事故。同时，严格落实行业、行政主管部门部署的各项质量工作要求，实现了全年质量、环境职业健康安全一体化目标。

财务管理转型取得实效。积极应对偏紧的货币市场形势，着力优化财务结构，创新融资模式，形成多元化的融资渠道。完善资金结算中心功能，深入推进降本增效工作，持续开展财务绩效评价和对标管理。加强对财务核算和管理不规范问题的整改落实，完成筹建财务公司前期准备工作。

业绩考核体系进一步完善。完善考核指标体系，实施差异化考核，把产值指标和新签合同额指标，以及各单位存在的突出问题作为短板指标加入企业负责人经营业绩考核指标体系。实施投资规模测算，为集团公司合理确定未来投资规模、平衡投资与考核关系提供决策依据。

商务法律实行一体化管理。整合商务法律资源，组建商务法律部，对内妥善解决商务法律争议，对外积极推进重大法律纠纷案件的办理，法律服务企业生产经营的环节进一步前移，广泛参与重大投资项目的审核论证，着力加强企业法治文化建设，不断建立健全法律风险防范机制，为集团公司改革发展提供了比较有力的商务法律支撑。

八、人力资源建设迈出新步伐

拓宽人才引进渠道，不断深化干部人事制度改革。根据发展需要，集团公司确定了包括总部部门主任和成员单位总经理在内的34个岗位面向社会进行公开招聘，共有近千人报名。此次公开招聘的范围、规模、层次开集团公司先河，实现了广开进贤之门、广纳天下英才的目的。

搭建集团公司人才培养平台。成立中国核建管理学院（党校），并将四川核工业技师学院划归管理学院直属管理，初步构建了集团公司“三层六线”的教育培训体系。举办企业管理研修班和各类专题培训班20次，培训2000余人次，以教育培训促进人才队伍建设，支撑转型升级。

建立员工多元化薪酬福利体系。全面推动并统一组织集团公司各成员单位建立企业年金制度，提高职工退休后养老水平，有效激励和留住优秀员工。同时，集团公司积极开展年轻干部挂职交流工作，畅通干部成长通道。

九、党的群众路线教育实践活动深入开展

根据中央的部署和要求，集团公司作为第一批开展党的群众路线教育实践活动。在中央督导组的指导和帮助下，集团公司党组认真贯彻落实中央指示精神，以落实“八项规定”为切入点，围绕纠治“四风”问题，扎实抓好教育实践活动各个环节工作，全面改进作风，不断将教育实践活动推向深入。

十、党的建设和企业文化建设有声有色

集团公司党组成立了总部党委和各直属党委，创新党建管理，坚持党建思想政治工作与生产经营相融合，做到围绕中心、服务大局，提升企业管理水平。深入开展争先创优等活动，表彰一批先进集体和劳动模范，增强了党员的责任意识和基层党组织的战斗力，并充分发挥工会、共青团等群众组织的作用。

扎实推进反腐倡廉各项工作。通过逐级签订责任书，明确各部门主体责任，推动落实党风廉政建设责任制。认真开展惩防体系建设检查验收，并推动整改。加强反腐倡廉教育宣传，完善反腐倡廉制度体系，推动相关工作制度化、规范化。认真办理信访举报件，规范信访、案件信息管理，加强纪委书记履职管理和纪检监察干部队伍建设。

大力宣传贯彻中国核建企业文化核心理念，有效展示品牌形象。相继推出“一本读本、一本画册、一本内刊”等“三个一”亮点工程，并借助内外部媒体，大力宣传企业创新与品质。加强内部和谐建设，创新人文关怀工作方式。积极承担社会责任，坚持依法诚信经营，积极参与扶贫和捐助等公益事业，提升公司社会形象。

中国广核集团有限公司

一、基本概况

2013年，中国广核集团有限公司（简称中广核）牢牢把握稳中求进的总基调，认真落实“保增长”要求，坚持“安全第一、质量第一、追求卓越”的基本原则，以提高发展质量和效益为中心，努力践行“三实两基”，积极倡导“一次把事情做好”的核心价值观，加快转变，着力提升，核电安全生产业绩持续创优，核电工程建设稳步推进，业务经营、市场开发、科技研发等各方面取得令人振奋的进展，体制机制、管理方式和思想作风持续转变，为顺利实现中广核“十二五”规划目标，确保中广核可持续发展奠定了坚实的基础。

2013年，中广核首次在央企负责人任期经营业绩考核中获得A级，同时获得“业绩优秀企业奖”和“节能减排优秀企业奖”。

二、主要指标

截至2013年底，中广核拥有在建核电机组16台，在建装机容量1880万千瓦；在运核电装机833万千瓦，同比增长36%，占全国在运核电装机的56%；在运风电装机435万千瓦，同比增长40%；太阳能光伏发电项目发电装机51万千瓦，同比增长80%；水电控股在运装机147万千瓦，同比增长25%。全年完成上网电量754亿千瓦时，同比增长27%；其中，核电上网电量554亿千瓦时，非核能源上网电量首次达到200亿千瓦时。

截至2013年底，中广核总资产达到3156亿元，净资产达到862亿元，资产负债率始终控制在75%之内；全年实现营业收入353亿元，经济增加值（EVA）达到51亿元，较好地实现了国有资产的保值增值。

三、改革发展

1. 实施核电基地业主公司标准化配置方案。

2013年，中广核在大亚湾核电站运营管理经验基础上，对标国内外核电运营标杆企业，结合多基地、多机组运营实际，完成了核电基地业主公司组织机构标准化方案，有效地解决了基地业主公司组织机构设置各异、职责交叉的问题，为实现中广核运营管理标准化、专业化、电厂组织机构扁平化工作打下了扎实的基础。

2. 理顺核电板块成员公司薪酬管理。

在现有资源不增加的前提下，通过统一核电板块各成员公司的薪酬结构和同职级薪酬设计标准，缓解了核电板块公司间薪酬过度差异化的问题，有效提高了核电新成立公司人力资源管理效率和信息系统集成效率，为中广核内部人才市场平台的形成创造了条件。

3. 实行管理层三年经营业绩考核激励方案。

通过对成员公司高管三年经营业绩考核期内每一年的绩效奖金作部分延期，并根据最终经营业绩考核结果相比延期奖金0至5倍兑现，充分调动管理层积极性，激励成员公司完成中广核中长期战略目标。

4. 改革专业技术人员岗位聘任制度。

通过颁布《集团专业技术岗位聘任管理制度》，首次从制度层面明确了专业技术岗位职业发展通道和聘任管理要求，也是集团层面首份覆盖全体技术岗位聘任的管理制度，为中广核后续技术岗位聘任管理指明了方向，对鼓励员工沉下心来钻研技术具有重要意义。

四、重大项目

1. 核电生产运行

2013年，广东大亚湾核电站、福建宁德核电站、辽宁红沿河核电站8台在运核电机组保持零跳机跳堆，实现了“8台机组、8个零”的优异成绩。其中中广核自主设计的宁德核电站1号机组国产化率达到80%，红沿河核电站1号机组国产化率高达75%，两台机组投运当年就实现了零跳机跳堆，50%的WANO指标超过世界平均水平。大亚湾核电基地6台机组61%的WANO指标进入世界先进水平，52%的WANO指标进入世界前1/10水平。截至2013年12月31日，大亚湾核电站1号机组、岭澳核电站1号机组分别连续安全运行4022天、2941天，在全球64台同类型机组中名列第一、第二。岭澳核电站2号机组大修创造了18.38天的最短大修工期纪录。

2. 核电工程建设

CPR1000方面，辽宁红沿河核电站1号机组、福建宁德核电站1号机组投入商运，并实现了“质量高、工期短、投资省”的目标：工期处于全球同类机组前1/7水平，其中宁德核电站1号机组以59.5个月工期位列第三，红沿河核电站1号机组工期为69.5个月，去除6个月冬歇期后位列第九。红沿河核电站2号机组、阳江核电站1号机组、宁德核电站2号机组实现首次并网，全力冲刺商运目标；阳江核电站2号机组、红沿河核电站3号机组顺利完成冷试，按2014年商运目标推进各项工作；其余各机组按计划推进土建、安装工作。

ACPR1000方面，阳江核电站5、6号机组开工，并首次应用ACPR1000技术，阳江核电基地成为全球同时在建机组数量最多的基地。

EPR方面，台山核电站1号机组85%设备已经发货，项目进展全面超越早于本项目开工的国际同类项目。

AP1000方面，陆丰核电站获得福岛核事故后国家第一个变更技术路线的新项目路条，正式按AP1000技术开展项目前期准备工作。2013年，工程领域进一步完善了“大工程管理”模式，不断加强与运营公司、业主公司、设备制造企业的协同，不断完善与上下游的经验反馈机制，核电批量化建设实力居国内领先地位。

3. 科技研发

一是在大力推进 ACPR1000+ 研发的基础上，在国家相关部委的领导下，与中核集团合作研发的“华龙一号”完成了初步设计并启动施工设计，在我国核电发展三十年历史中，首次形成了具有完全自主知识产权的三代核电技术，增强了我国在国际核电市场的竞争力和话语权。

二是研发出我国首个具有完全自主知识产权的通用核级 DCS 平台，该技术全面适用于三代先进压水堆及四代高温气冷堆，打破了美、法、日等核电强国对核级 DCS 产品的长期垄断，将首次应用于阳江 5、6 号机组建设。

五、市场开发

在国内市场开发方面，一是推动阳江核电站 5、6 号机组正式开工建设，两台机组首次采用自主开发的 ACPR1000 技术，完全满足国家“十二五”核安全规划要求。二是陆丰核电站获得福岛核事故后国家批准的首个路条。三是积极推动国家出台了核电标杆电价定价机制。四是续签大亚湾核电站 20 年内销电合同，保证了长期稳定收益；增加核电送香港电量，开创了核电供港新模式。五是风电全力出击，全年进入国家核准的计划容量达到 192.7 万千瓦。

在国际核电市场开发方面，一是英国项目“参股一个、控股一个”的目标取得了重大实质性进展。二是在中罗两国总理的见证下，与罗马尼亚国家核电公司签署了关于合作开发切尔纳沃德核电站 3、4 号机组的意向书。三是作为发起单位，积极承接和开展中国核电技术装备“走出去”产业联盟的组建工作。

六、重大创新

1. 搭建内部人才市场

2013 年 10 月，中广核搭建起内部人才市场。首次赋予员工内部就业选择权，基本实现人才无障碍流动，拓展了员工职业发展空间。2013 年，集团范围内公开聘任 86 人次，核电板块内部公开聘任 71 人次，核电板块内部公司间总流动 134 人次，核电板块内员工通过公开聘任自由流动率达到 53%，内部人才市场管理体系初见成效。

2. 企业文化建设

以传承大亚湾优秀文化为起点，首次确立了中广核企业文化理念体系和行为规范，树立了以“一次把事情做好”为核心价值观的文化理念体系，以及“率先垂范、善于经营、关爱员工、公正廉洁”的管理人员行为规范和“诚信透明、专业规范、有效执行、团队协作”的员工行为规范。

3. 强化安全管理

一是全面推行各领域安全、质量、环境标杆建设，建立并推进实施标准化及国际标杆评价手册，建立和形成了具有中广核特色并能反映相应领域特点、可复制推广的安全、质量、环境标准化评估体系。二是制订了《中广核集团安全监督队伍建设能力评估方案》，从公司层面和个人层面的四个维度进行评估，深入推进以专家型和坚持原则型为目标的安全监管队伍建设。

七、党建工作

坚持以深化“三实两基”作风建设为抓手，党组带头、上下联动，聚焦“四风”方面的突出问题，扎实开展党的群众路线教育实践活动，得到了国资委第三督导组的充分肯定。集团公司党组成员先后45人次跑现场、进班组、到社区，与干部员工、离退休老同志、社区居民进行沟通交流。集团公司党组提出整改措施29项、成员公司提出整改措施687项；集团总部会风文风明显改进，集团文件会议数量以及会议费用持续降低，成员公司定期向集团公司报送的报告报表减少62%。

坚持以党的十八大精神为指导，修订完善党建发展规划，推动“五好”工程建设，充分发挥党委在企业发展中的政治核心作用及基层党组织和广大党员的先锋模范作用，标准化党支部建设达标率超过70%。推动党员干部带头贯彻落实“三个提倡、三个反对”，努力解决干部作风短板问题，成员公司“三实两基”作风建设任务完成率超过90%。成立中广核集团党校，初步建立了党建工作教育、理论研究平台。组织召开职代会，审议通过薪酬管理规定等涉及员工切身利益的重大事项，推进企业民主管理。

坚持以严明的纪律保证中央和国务院国资委重大决策部署的贯彻落实，始终把执行党的纪律特别是政治纪律摆在突出位置，始终在思想上、政治上、行动上同党中央保持高度一致。一是坚决贯彻落实中央“八项规定”精神，研究制定了落实中央“八项规定”的实施细则，开展了专项监督检查，落实情况纳入审计、财务、办公厅等部门的经常性监督，健全了职务消费、薪酬管理、业务招待费管理以及办文办会等相关管理制度。2013年，中广核会议费同比下降21%、业务招待费同比下降21%、差旅费同比下降11%、办公费同比下降37%。二是围绕重点领域开展专项监督，全年共完成专项审计和效能监察203项，直接挽回或避免公司发生经济损失1863万元。明确了经济责任审计结果与干部的任期考核、任用挂钩，进一步落实责任追究。三是加大监督体制机制创新力度，探索并初步建立起了具有中广核特色的“三位一体”监督工作体系（“三位”是指制度、教育和惩处三个反腐败工作核心要素；“一体”是指责任逐级落实，全体领导干部共管担责的工作机制），为中广核监督工作明确了未来一个时期的工作思路。四是开展针对性廉洁从业教育，针对不同教育对象，分别编制了廉洁从业网络教材。扎实推进廉洁文化建设，中广核在“中广核企业文化共识”中，明确对企业管理人员提出了“率先垂范、善于经营、关爱员工、公正廉洁”四条行为规范；中广核工程有限公司积极培育安全型廉洁文化，其经验被国务院国资委纪委刊发交流；福建宁德核电有限公司制作“秉持六廉”

电视公益广告，被福建省纪委推广。2013年，中广核经营运作合法合规和干部廉洁从业考核总体情况良好，全年没有发生重大的经营运作违法违规事项和腐败案件，没有出现一票否决的问题。

八、信息化建设

2013年，中广核以国资委《关于加强“十二五”时期中央企业信息化工作的指导意见》和2013年中广核信息化重点工作计划为指引，稳步实施和推进信息化各项工作的开展。一是全面查找管理信息化短板，梳理和提炼了中广核信息化工作16项重大问题，并制定了改进措施。二是完成国际一流企业信息化对标和集团信息化规划编制工作。三是深化ERP系统应用成果，加快ERP解决方案的标准化建设，与集团战略管理和经营监测系统（BMS）进行集成。四是加强了成员公司信息化顶层设计的指导，组织开展多场成员公司信息化总体实施方案评审会议。五是加强集团信息化预算统筹和管理，按照“集中投资与共享使用”和“按受益大小分担”原则制定年度信息化预算和项目，完善信息化预算跟踪系统。

九、履行社会责任

一是创新开展核电公众沟通和参与机制。2013年，中广核开展了六大核电基地公众开放体验日活动和8期“微旅游”活动，全年共400多位公众代表到各核电基地参观体验；全年召开6场新闻发布会，推出国内首个“核安全信息公众平台”，发布国内核电企业首份安全发展白皮书；开通“中国广核报”公众微信，建立中广核官方微博矩阵，可覆盖7500多万网络人群。

二是完善面向社会公众的科普教育活动。2013年，在全国新建8个核电展厅，全年接待公众超过20万人次；推动红沿河核电基地周边31所中小学核电科普知识进教材、进课堂；与果壳网联合建立了“核里的宇宙”网络科普专区，全年访问量超过100万人次。

三是履行中央企业社会责任，积极开展扶贫及各项对外捐赠工作。2013年共开展了13项捐赠活动，合计对外捐赠1946.9万元人民币，主要用于开展扶贫帮扶工作。

中国电力投资集团公司

2013年，中国电力投资集团公司（简称中电投集团）以项目发展为重点，狠抓安全和质量管理，全面推进工程建设，加强集约化和专业化能力建设，较好地完成了年度各项目标任务。红沿河核电1号机组顺利商运，实现中电投集团核电控股运行机组零的突破。同时取得了一批优质项目资源，核电专业化能力稳步提升，人才队伍不断壮大，中电投集团核电产业逐步进入良性发展格局。截至2013年底，中电投集团控股运行核电机组容量112万千瓦，参股运行机组权益容量108万千瓦，控股在建机组总容量586万千瓦。

一、继续深化落实管控一体化

一是深化产权股权结构调整。年初，在完成7家所属单位资产关系调整的基础上，着眼于中电投集团核电专业化能力建设，完成参股中电华元和山东核环保的股权结构调整。开展了中电投集团所持上海禾曦能源股权注入中电核工作，进一步统一核电资产管理，为实现滚动发展奠定了基础。

二是完善核电管理制度。核电部、各项目公司和专业化公司认真对照核电管控一体化要求，积极开展制度修编和宣贯。10月底核电部组织对山东核电、工程公司、成套公司和广西核电进行了核电管理制度评估，提出了整改意见70条。

三是积极开展信息化建设。根据中电投集团核电产业特点和管控要求，固化集团公司核电管控要求和AP1000标准化成果，启动核电产业信息化系统建设，认真组织调研和顶层设计，编制了《核电板块信息化顶层设计方案》等。山东核电公司作为集团ERP系统首批重点实施试点单位之一，已完成上线试运行。

二、持续加强安全质量管理

一是高度重视核安全文化建设。全系统开展了领导干部带头宣讲核安全文化活动，各单位、各级领导干部在各自主管范围内带头学习，带头宣讲，形成全员学习和践行核安全文化的氛围。

二是加强监督检查力度。扎实开展隐患排查治理、打非治违、防灾避险、防止重大人身伤亡事故等一系列专项安全检查活动，发现并整改安全隐患。海阳项目全年未发生重伤及以上人身伤亡事故，未发生责任性轻伤事故，施工现场的安全质量状况得到持续改善。

三是加强了海阳项目安全质量管理和重大不符合项的处理，开展核级设备重大不符合项的安全审评工作，工程质量总体受控。

四是通过组织项目公司和各参建单位及施工承包商开展安全管理学习观摩活动，进一步规范海阳核电项目的现场安全

管理。

五是全面启动中电投集团核事故应急响应和支援体系建设。成立了中电投集团核应急指挥中心建设领导小组，完成应急指挥中心建设方案和应急支援方案的编制，核事故应急预案通过专家组审查。

三、扎实推进在建工程建设

海阳核电项目1号机组实现了核岛穹顶就位，完成了主管道焊接、常规岛土建施工和汽轮机试扣缸等重要节点。2号机组核岛135平台完工、安全壳临时顶盖就位、常规岛厂房基本封闭。

生产准备工作全面推进，全厂共有66个包移交调试，263人获得调试授权，92人获得预备操纵员资格。

红沿河项目一期工程上网电价获批，1号机组2013年6月6日正式投入商业运行，2号机组11月23日实现并网发电，3号机组完成冷试，4号机组进入全面安装阶段，核岛主回路重型设备全部就位。

四、高效开展沿海项目前期工作

山东海阳3、4号机组社会稳定公示和选址阶段环评文件公示分别顺利完成。压力容器、蒸汽发生器、TG包等长周期设备制造开工；3号机组核岛基坑验槽完成，现场开工准备有序推进。广西白龙项目积极争取“路条”，同步开展“两评”“可研”报告编制，并开展相关准备工作。广东湛江项目已取得国家能源局、地方政府和广州军区的支持。正在浙江省内普选核电厂址。

五、有效开展内陆厂址保护

内陆各核电项目积极开展公众宣传和厂址保护工作。彭泽项目全面实施厂址保护方案，并与九江市政府签署厂址保护协议，落实厂址保护规划。完成了跨省核应急对策与技术课题研究成果的验收工作。湖南小墨山项目开展了“院士行”活动，与地方政府签订核电厂址区域移民搬迁协议，全面开展厂址区域移民搬迁准备。重庆涪陵项目取得重庆市发改委批复文件，确保了涪陵项目作为重庆首核的优势。吉林赤松、广西桂东、辽宁桓仁、广东云浮等项目也开展了大量工作，厂址得到有效保护。

六、核电专业化能力进一步提升

中电投电力工程公司和物资装备分公司在参与海阳项目常规岛工程建设中，能力和经验不断得到提升，并积极介入各项目前期准备工作。白龙项目大业主大工程部工程建设模式的确定，推进了工程公司和物资装备分公司核岛总承包能力的培育。远达环保组织完成了SRTF项目设计工作，主要设备已交付。高培中心积极开展核电专业化培训，充分借鉴国际核能管理良好实践，优化培训管理，全年完成核电专业培训8613人日。核电技术中心成功申报了国家科技重大专项子课题，累计承担国家部委科技项目12项、集团公司软课题及科技项目14项。2013年11月底正式获批“国家高新技术企业”。集团公司核电板块人才结构不断优化，人才队伍不断壮大。

七、全面开展AP1000标准化建设

按照中电投集团AP1000核电标准化建设领导小组的部署，完成了标准体系的顶层设计，编制了工作管理大纲和标准体系表，完成占总量10%的首批134份标准化产品编制。以海阳核电为依托，启动并开展了生产运行标准化工作，编制了生产准备和运行管理标准化产品清单及总体工作计划，确定了16个领域，包含117份产品。2013年已完成18份产品编制。制定了核电前期项目安全（HSE）管理标准化大纲和大纲程序。编制了不符合项分类标准化文件。

八、高度重视国内外合作

积极参加IAEA、WANO、中国核学会和核能行业协会组织的各类交流和培训活动。受IAEA委托，承办了“新核电厂施工和调试经验反馈区域研讨会”及“数字化仪控调试与运行研讨会”；受WANO委托，在海阳举办了3次技术支持活动（TSM）。中电投集团委托核能行业协会组织对海阳项目实施调试领域同行评估。利用电机工程学会核能发电分会平台，积极为集团公司核电发展营造良好外部环境和有效沟通渠道。

国家核电技术有限公司

2013年，国家核电技术有限公司（简称国家核电）认真贯彻国家三代核电自主化战略部署，依托项目建设，深入攻坚推进，CAP1400研发设计和示范工程取得突破，技术引进与国产化工作成效明显，公司超额完成年度经营指标，企业实力和能力稳步提升。

一、依托项目建设总体可控

三门1号、海阳1号机组先后实现了环吊可用、核岛顶封头及穹顶就位等重大里程碑节点，系统移交与调试准备工作按计划有序实施。

公司在项目建设中始终坚持安全第一、质量第一，不断克服首堆建设诸多突发问题和困难，全面掌握主回路焊接等一系列关键施工技术，三代核电项目管理能力持续提升。

二、CAP1400重大专项研发及示范工程扎实推进

压水堆重大专项技术研发课题的质量进度总体符合计划要求，进展和成果在中国工程院组织的重大专项中期评估中得到肯定。非能动堆芯冷却系统性能验证试验（ACME）等六大关键试验台架均已建设完成并进入正式试验阶段，取得的试验数据有力地支撑了CAP1400的设计验证和安全评审。NuPAC平台原理样机研制已向美国核管会提出取证申请。

CAP1400示范工程获得国家发改委批准开展前期工作。CAP1400初步设计通过国家审查，施工图设计完成过半。汽轮发电机等20项长周期设备研制进展顺利，屏蔽电机主泵已启动样机试制，压力容器、蒸汽发生器、稳压器等核岛主设备均已开工制造。蒸汽发生器用690U形管国产化研制完成。示范工程厂址前期工作有序推进，已具备今年开工建设的条件。

三、设备和材料国产化能力持续提升

通过依托项目和重大专项拉动，除主泵、爆破阀的国产化工作正按计划推进外，AP1000设备已基本实现国产化，CAP1400关键设备逐步实现自主设计与制造。

依托项目主管道、稳压器、钢制安全壳等关键设备完成国产化制造；压力容器、蒸汽发生器、堆内构件等首台国产设备即将完成；屏蔽主泵国产化工作有序推进；爆破阀国产化研制采购合同正式签订；AP1000壳内电缆研制成功。公司核级锆材生产线全线贯通，掌握了锆铪分离、核级海绵锆产品加工等多项关键技术，填补了国内空白。

AP/CAP核电设备供应体系逐步完善，

截至目前已有109家企业通过公司的合格供应商认证，面向全球的三代核电设备供应链体系正在形成。

持续深化与ASME、IEEE等国际标准组织的合作，积极参与有关国际标准的制定，提升了中国在世界先进核电标准制定上的话语权。

四、产业基础与平台建设持续优化

以推进“七大基础、五大平台”建设为重点，围绕三代核电产业链的关键环节和主营业务重点领域能力提升，进行了总体规划和全面部署，公司核心技术实力和创新发展能力不断提升。

三代核电自主化、批量化建设能力已经形成。完成国产化AP1000标准设计的核岛施工设计，并在后续AP1000项目中开展应用。加强了与美国AP1000项目之间建设经验反馈，项目建设、施工数据和管理经验得到及时总结。依托海阳一期项目，初步建立了较为完整的AP1000核电常规岛工程设计技术体系。

公司科技创新体系日渐成熟。协同100多家核电企业、装备制造企业、科研院所，构建起涵盖12个关键技术领域的完整学科体系。公司系统11个技术中心获得国家级或省部级资质认证。一个以市场为导向，产学研相结合，覆盖核电、常规电、设备与材料等领域的科技创新体系已经成形。

重点生产、基建项目建设按计划推进。上海核工院三期工程、国核运行青浦基地、国核研究院未来科技城、上海成套院EQ中心等项目建设陆续进入竣工阶段。

五、经营工作迈上新台阶

2013年公司实现收入和利润分别同比增长20%和16.9%，超额完成国资委的考核指标，经营业绩位居科技型央企第二名。成本费用控制有效，盈利质量进一步提升。

核电“走出去”步伐有力。积极把握全球核电发展机遇，全力争取政府支持，深化与西屋及国内核电企业在国际市场开发方面的合作，重点加强了南非、英国等潜在国的市场推介。与西屋合资成立国核维科核电技术服务公司（国核服务），为打造AP1000、CAP1400全球设备供应链体系搭建了平台。公司已在美国、南非、巴西、土耳其等10个国家设立了海外分支机构或办事处，海外市场开发与信息网络初具规模。

六、企业管理基础进一步夯实

深入贯彻国资委管理提升工作各项要求，推进重点领域专项突破，进一步夯实了管理基础。

安全生产形势持续保持稳定。公司系统全年未发生目标控制的安全生产事故、职业病事故、环境事件和质量事故。锆管专项生产任务圆满完成。

人力资源管理能力进一步提升。完成

总部部门职能职责和岗位设置优化，科学构建多元化职业发展通道，三支人才队伍结构进一步优化。开展职能管理序列岗位任职资格认证，年度培训计划和重点培训项目稳步实施。

公司一体化信息平台建设进一步加强。持续推进信息化集中统一管理，信息编码系统、文档系统、合同管理系统等上线运行，进一步规范了各级业务管理的整体业务流程，公司信息化继续保持了国资委评价 A 级水平。

全面推进内控与风险管理体系建设，确定重点联合监督项目，“大监督”工作机制初步形成。发布并实施《2013 年预算编制手册》，全面预算管理进一步深化。资质建设成效显著，有效支撑了公司各业务板块的领域拓展。商密管控体系完成构建，并在中央企业首家开展信息安全攻防演练。

七、公司党建工作进一步加强

教育实践活动成效明显，制定了 87 项整改措施，提出 26 项制度建设计划，扎实推进了专项整治及建章立制工作。同时，推进党风廉政建设和作风建设，进一步落实“八项规定”，在文件、会议、接待、出国管理等方面进行严格规范，业务招待费、会议费等同比下降 20% 以上。

以学习贯彻党的十八大和十八届三中全会精神为重点，深化实施党建工作协调会、党建政研会、基层党内民主等党建基础工作，构建“大党建”工作格局。深入推进企业文化宣贯和落地工作，为公司科学发展提供精神保障和组织保障。

中国华能集团公司

一、2013年主要工作情况

（一）扎实推进管理体系建设，夯实管理基础

按照国际原子能机构GS-R-3《设施和活动的管理体系》要求，借鉴质量、环境和职业安全国家标准，吸收内部控制管理体系的先进理念，着力构建一体化的综合管理体系。内容覆盖公司管理领域，并兼顾未来一段时间的工作需求。一套顺应现代核电企业要求的管理体系初步形成。按照分阶段逐步深入的原则，以风险内控管理培训为起点，以流程梳理为抓手，以风险识别为重点，使风险内控体系与综合管理体系浑然一体。

（二）加强监督指导，履行核电专业化管理职能

组织开展同行评估。积极协助中国核能行业协会组织对示范工程建造阶段的同行评估。通过查阅文件、人员访谈、现场巡视等方式，全面评估了石岛湾公司各管理领域的良好实践和待改进项，并对石岛湾公司整改措施的落实情况进行了持续跟踪督导。

积极参与行业交流。认真履行WANO会员义务，参加WANO双年会，沟通信息，扩大交流。利用核能行业协会、核学会、电机工程学会核能分会等平台，积极参与活动，展示华能核电形象，为华能发展核电创造良好的外部环境。

按照统一部署推进核应急工作，参加国家核安全局牵头成立的核电集团公司核事故应急支援工作联合工作组，参与调查、研究并起草核电集团公司核事故应急场内快速救援队伍和基地建设的总体要求和技术方案。

进一步完善参股股权管理，将海南核电19%的股权转让给核电公司，为进一步理顺核电管理体制、优化股权管理创造了有利条件。

（三）以核电发展战略为指引，有序推进项目开发

稳步推进沿海项目前期工作，继续做好内陆项目厂址保护。通过总结和提炼核电前期工作中的成功经验，研究行业新标准和新要求，借鉴行业先进经验，完成了重点支持课题——核电项目前期开发技术导则。该研究成果有利于实现核电前期工作的规范化管理，减少项目前期开发的盲目性，提高前期工作质量和效率。

（四）深化内部管理，进一步提高管控能力

稳步开展创一流与管理提升，确定了全面风险管理等10个领域，制定了专项管理提升工作计划，计划执行情况良好，实现顺利转段。

初步建立了综合计划管理系统，各项管理工作的PDCA循环已基本建立，综合计划管理运转良好。通过按月分析、按周分解，可以第一时间准确掌握公司各项工

作的推进情况，对产生偏离的工作迅速采取纠偏措施，有效提高了管理水平。

（五）加强队伍建设，优化组织和人员结构

核电公司组织机构调整顺利完成，由5个部门增加为8个部门。人才发展规划稳步实施，组织编写了《华能核电人才发展规划》，摸清人才现状、分析面临形势，明确新时期核电人才发展的目标，提出相应的保障措施。

培训工作深入开展，对全员进行了培训需求调查问卷，形成了公司各岗位培训需求分析报告，制定了专业岗位培训计划。举办了集团公司核电知识培训班，使集团公司各部门、系统各单位增加了对核电的了解与支持，为核电发展营造良好的环境。

制定了绩效管理系统实施方案，初步建立了绩效指标体系及相关制度，通过试点逐步导入全员绩效考核管理体系。

（六）创新开展党的建设，各项工作取得实效

围绕“贯彻十八大、奋力创一流”主题，组织党员以多种形式学习党的十八大精神。严格执行中央“八项规定”，抓住制度建设、制度执行和监督检查三个关键环节，将中央禁令细化为制度、落实于行动、固化进流程。公司在改进调查研究、文风会风、宣传报道、规范出访、厉行节约等方面均取得实效。

党风廉政建设常抓不懈。一是以行动化为主线，通过把目标分解为计划并转化为行动，层层落实党风廉政责任。二是以程序化为依托，通过把防控措施内化为管理程序、外化为管理行动，扎实开展廉洁风险防控。三是以情景化为手段，通过开展警示教育、个性化承诺，不断加强廉洁从业教育。四是坚持前置化，防止发生违法违纪案件。五是坚持系统化，推进纪检监察制度建设。六是坚持常态化，加强纪检监察队伍建设。

二、石岛湾高温气冷堆核电站示范工程进展情况

（一）项目管控

1. 安全管控

全面梳理安全管理存在的薄弱环节，进一步健全了安全管理体系。有效运作分级安全监控体系，督导总包及现场参建单位履行安全管理责任。推行安全文明标准化施工，常态化开展日常监督、安全大检查及考核测评，建立了安全隐患/违章排查、整改网络。严格执行程序，有效落实安全风险源识别与分级控制。有效开展消防设施运行维护及防火监督，成立了联合治安专职巡逻队，委托建立了专职消防队，满足了现场消防、保卫工作的要求。建立设计审查数据库，梳理并定期更新设计变更与初步设计方案、核安全法规要求对比清单，保证设计安全裕度。完善经验反馈管理体系，从制度和人员两方面入手，规范开展根本原因分析，安全文化水平得到提升。

2. 质量管控

全面梳理明确高温堆示范工程三方合作团队管理责任及接口关系，完善了相关

工作流程和制度。常态化开展质量相关评估及监查/监督工作，发现问题有效整改。施工质量方面，系统开展施工技术准备，严格审查施工图及施工方案并有效执行，从源头上管控施工质量。工程设计方面，强化设计审查，积极开展设计优化，审查意见及修改建议均得到及时落实。设备采购制造方面，完成了对常规岛设备供应商等102家单位的供方评价工作，开展了设备制造商履约能力评估，从源头上保证设备制造质量；将风险防控嵌入监造管理流程，主设备制造质量全面受控；严格设备变更审查，实现合理决策；落实设备出厂验收控制，监督厂家做好设备验收交付前的养护工作，反应堆压力容器预埋件等重要设备实现零缺陷到货。公司顺利通过了国家核安全局组织的三次核安全检查及集团公司组织的两次安全监督检查，质保体系运转有效，有效贯彻了核安全检查的意见和要求，工程建设质量可控、在控。

3. 进度管控

固化了高温堆示范工程二级进度计划（B版）和里程碑进度计划（B版），建立了工程计划月度协调会、设备监造定期协调会等机制。有效监督各类、各级进度计划的执行情况，加大建安施工、设计供图、设备采购等各领域进度的跟踪协调力度，主体工程施工及设计等领域工作完成年度预定目标：核岛厂房按期施工至±0m标高；反应性控制变更方案8月5日通过国家核安全局审评，控制棒壳管嘴锻环12月19日交货，堆芯壳底座组件开始制造；主氦风机、控制棒及其驱动机构等设备的研发和设计验证工作按计划开展；石墨堆内构件材料进口交保获得国防科工局批复；燃料元件生产线主体结构7月16日封顶，首批20万个成品石墨球生产及第三批石墨棒材进料检验完成；工程建设进度总体受控

4. 投资管控

优化调整了采购实施方案的报批流程，实施合并招标，提高了招标工作效率。以过程管控为重点，严格变更费用审查，维护了公司利益。组织完成了初步设计概算收口准备工作，具备审评条件；严格实施超概项目审批制度，实时掌控费用超支情况。有效开展融资工作，积极推进国拨资金归垫、基建长期贷款及短期贷款工作，保障资金需求，降低财务费用。严格控制预算外支出，制定了年度预算考核方案，提高了预算执行的权威性及考核的可操作性。年度投资控制和预算管理基本按计划执行，年度投资控制目标完成情况良好。

（二）综合管理取得实效

1. 创一流与管理提升

按照集团公司“专项提升、协同推进”阶段的总体要求，紧密围绕管理提升活动主题，开展了“双对标”、管理部门审查、流程梳理和优化等各项工作；第二阶段137项专项措施计划全部得到落实，于9月份转入“持续改进、总结评价”的第三阶段。管理体系建设领域，全面完成了年度程序编制和升版工作；9月份，公司顺利通过了核能行业协会组织的同行评估，相关整改工作全面启动。初步建立了风险内控体系，制定了内控测评制度，完成了

内控手册编制，风险管理系统一期功能上线运行。修订了公司绩效考核标准，发布实施了年度组织绩效指标表，量化了组织绩效指标体系，促进了工作效能提升。着力提升物业和交通等工作的规范化水平，服务质量进一步提高。

2. 培训工作与人力资源管理

制订了培训中心发展规划，确立了中长期工作目标；高温堆示范工程预备操纵员 21 人取得 HTR–10 高级操纵员执照、29 人取得 HTR–10 操纵员执照；全年完成培训项目 116 项，年度培训计划完成率为 95.86%，培训效果评价及监督有效落实。全面加强领导班子建设、中层干部培训与考核、后备干部推荐与培养等工作，按计划完成了人力资源评估、首批科级负责人试用期考察、专业技术资格评审、员工绩效管理平台上线准备等工作。认真开展工程建设领域突出问题专项治理及招投标监督工作，未发生违规违纪事件。完成了内部职能调整，系统梳理了法务防范和管控的内容、范围和重点；全面参与重大合同协议的谈判及审核工作，有效防范了法律风险。

3. 信息文档与文化宣传

工程项目管理信息平台（PMS）获得电力行业信息化成果一等奖和电力行业企业管理创新成果优秀奖。简化宣传报道形式，加大舆情监测力度，积极开展核电科普教育宣传，获得山东省三星级科普教育基地称号；政研论文《聚能文化价值理念转化实践与研究》获得中央企业企业文化理论研究成果二等奖。

中国华电集团公司

截至2013年底，中国华电集团公司（简称中国华电）装机容量为11269万千瓦，其中，火电8555万千瓦、水电2085万千瓦、风电等其他能源629万千瓦，清洁能源装机比重接近三分之一；资产总额为6500亿元人民币；年发电量为4700亿千瓦时。

一、2013年工作情况

主要指标创出历史新水平。实现销售收入2118亿元，同比增长14.4%；完成发电量4700亿千瓦时，同比增长8.1%；控股煤矿产能6495万吨/年，同比增长43%；完成供电煤耗313.2克/千瓦时，同比下降3.6克/千瓦时；二氧化硫、氮氧化物排放总量同比分别下降13.04%和10.34%。在世界500强排名第389位，较去年上升了44位。

资产结构持续优化。清洁能源装机比重接近三分之一，水电、气电装机在同行业中保持领先，千万吨级煤矿达到4个，公司转型升级步伐明显加快。

管理效能稳步提升。按照国资委统一安排，深入推进“双提升”、“创一流”，强化组织领导，推进专项提升，突出标杆管理，抓好管理诊断，顺利完成各环节工作，在加强投资管理、理顺管理关系、强化燃料管理、推行新能源集中管控、抓好全面预算管理等方面都取得了新的成效，公司信息化达到国资委A级水平。

教育实践活动成效明显。按照中央统一部署，集团总部参加了第一批党的群众路线教育实践活动，开展了8个专项整治，健全完善24项作风建设制度。

二、核电发展情况

2013年，中国华电稳步做好核电前期管理工作，一是坚持引进和培养相结合的原则，利用集团公司参股的福清、三门项目为平台，积极参与现场项目管理，学习核岛设计管理、设备采购等内容，做好人员培训和储备工作；在公司系统内优选干部和技术人员，加强培训，积极培育核安全文化，进行核电建设、运行管理培训，储备核电人才。二是加强与中国核工业集团公司、国家核电技术有限公司等单位的合作交流，共同推动有关项目早核准、早开工、早投产，为公司核电投资开发奠定良好基础。三是积极组织参加核能行业协会组织的年会、核电展、论坛等相关活动，加强与核电界的有关管理部门和专家交流和沟通，商谈核电发展的有关问题，探索新的发展思路，共同争取管理部门的帮助和支持。四是做好国内在建和运营核电项目设备供应和技术支持工作。华电工程团队始终贯彻“安全第一、质量第一”的核电管理理念，用稳定的质量和良好的服务，在顾客当中树立了良好的品牌形象。

三、今后发展目标

中国华电到2020年总的发展思路是，适应国内外能源发展的大趋势，以创造价值为使命，以可持续发展为主题，以转型升级为主线，以全面深化改革为动力，充分利用国内国际两个市场、两种资源，坚持发电为主体，煤炭、金融、工程技术等产业协同发展，坚持区域布局差异化、产业发展集约化、企业经营最优化，坚持做优主体产业、做强优势产业、做好新兴产业，加快调结构、优布局、补短板、上水平，全面提升发展质量、经营效益和企业形象，建设“价值华电、创新华电、绿色华电、阳光华电、幸福华电”，实现“国内领先、世界一流”的愿景目标。总的改革思路是，贯彻落实中央全面深化改革决定和国资委国企改革方案，适应公司战略发展需要，按照“四个有利于”的原则，全面深化公司改革，争取用三到五年的时间，建立起“战略导向明确、治理结构优良、集团管控科学、体制机制高效、基础管理扎实、风险防控有力”的具有华电特色的管理体系，实现公司治理体系和治理能力现代化。

中国大唐集团公司

一、2013 年工作概况

（一）经济效益创历史最好水平

中国大唐集团公司（简称中国大唐）始终坚持以经济效益为中心，狠抓关键环节，开源节流、降本增效。及时完善并严格执行电量专项考核办法，调动抢发电量积极性。集团公司全口径发电量同比增长 1.41%。加强电煤供需形势分析，规范采制化管理，积极开展入厂验收监管系统、数字化煤场、数字化标准化实验室“三大项目”建设试点，有效控制了燃料成本。加大直接融资力度，深化集中招标采购，加强内部审计和效能监察，促进增收节支。集团公司全年利润创历史最好水平。

（二）资产负债率创六年来新低

坚持把“一保一降”作为经营工作首要任务，把降低负债率作为重中之重，制定并加快落实十项“组合”措施。通过严控投资规模，创新投资模式，加大还贷力度，盘活存量资产，积极争取政策等方式降低负债率。2013 年末，集团公司资产负债率创六年来新低。

（三）安全生产保持平稳局面

认真落实国家有关安全生产工作部署，按照“全覆盖、零容忍、严执法、重实效”总体要求，深入开展安全生产大检查，对 21150 项问题实施分级监控、挂牌督办，实现了整改工作闭环控制。创新载体，突出特色，广泛开展“安全生产月”活动，营造了浓厚安全氛围。持续深化“两落实”督查及“打非治违”专项工作，强化发包工程及外来人员管理，违章指挥、违规作业现象得到遏制。深入开展设备“降缺陷、降非停、创金牌”活动，加强隐患排查治理，设备可靠性显著提升，13 台机组荣获全国“可靠性金牌机组”称号，占获奖机组总数的 29%。强化煤矿、煤化工、液氨等高危领域风险管控，保持了安全稳定局面。发电、供热、煤矿、煤化工生产和基建等均未发生较大及以上人身和设备事故，圆满完成了迎峰度夏、迎风防寒以及重大节日、重大活动保电任务，有效应对了芦山地震、强台风、洪涝等自然灾害。

（四）结构调整取得积极进展

精心调整并认真落实“十二五”产业发展规划。核准项目中，东南沿海优质项目达 37.5%。甘肃庆阳和陕西府谷基本确定为煤电基地项目。宁德核电 1 号机组并网运行，在役核电权益容量实现“零”的突破。亭子口水电 1、2 号机组分别提前 5 个月和 9 个月投产。虎山火电两台机组均提前 2 个月投产。岩滩扩建工程提前 12 个月投产，创同类型工程最快速度。10 个光伏项目年底前全部投产。克旗煤制气作为国家首个煤制气示范项目成功投运并实现向首都稳定供气。金融板块和科技板块实现利润都有较大幅度增长。海外业务成效显著，太平江水电克服重重困难，全面恢复并连续稳定生产，完成发电量8亿千瓦时。柬埔寨电网项目正式进入商业运营，斯登沃代水电站6台机组投产发电。老挝、印尼等前期项目稳步推进。

（五）资本运作取得阶段性成果

全面推进资本运作7+1重点项目，进一步加强了与大型煤炭企业的战略合作，与晋煤集团重组华银攸县能源公司已完成各项审批工作；与山西焦煤签署合作框架协议，推进了有关存量项目、前期项目以及煤炭供应合作事项；与陕煤化集团在规范合作电厂管理的基础上，进一步拓展合作领域，启动了有关项目及资本市场合作。加快盘活闲置土地，实现收益8亿元。同时，按照国资委统一部署，启动了清理和处置低效无效资产工作，制定了相关工作方案和分类界定标准，组织了初步调查和复核确认工作。

（六）节能减排和科技信息工作取得显著成绩

积极履行资源环境责任，大力推广成功经验、典型做法和节能先进技术，促进了节能指标的持续优化。2013年，集团公司供电煤耗同比降低2.3克/千瓦时；发电厂用电率同比降低0.22百分点；单位发电油耗同比降低1.54吨/亿千瓦时。25台机组荣获全国“能效对标优胜机组”称号，占获奖机组总数的15%。加快推进环保设施改造，全面完成了环保部下达的治理任务，火电机组脱硝装备率达到67%，146台机组实现脱硫无旁路运行。污染物全部达标排放。科技创新体系不断健全，命名了25家“创新型试点企业”，集团公司作为唯一中央发电企业入选首批12家“国家专利运营试点企业”。全年新增授权专利657件，国际专利实现“零”的突破。创新成果不断涌现，27项荣获国家及行业科技进步奖，20项荣获行业管理创新成果奖。信息化建设步伐明显加快，成功晋级中央企业信息化水平“A级”企业。

（七）管理提升取得实质成果

认真落实专项提升、管理诊断下基层、制度建设和总结评价4个工作计划，实现了管理提升活动的全方位、全覆盖、全过程、全参与。制度建设取得阶段性成果，梳理修订制度142个、标准61个、流程105个。以降本增效和提高效率为重点，推进优化设计与优化运行制度化、规范化管理和成果共享。积极推进“三个中心”建设，成立了招投标中心，生产、资金、燃料、物资等精益管理水平明显提升。开展了13项专题调研工作，推进了部分成果转化，组建了核电公司和科技产业公司，初步理顺了管理体制，整合了相关资源。

（八）党的群众路线教育实践活动取得突出成效

通过学习教育、听取意见，查摆问题、开展批评，整改落实、建章立制“三个环节”，全面梳理集团公司及分子公司领导干部“四风”突出问题，找出了制约发展的关键问题，召开了高质量专题民主生活会，制定了整改方案、专项整治方案和制度建设计划，逐项展开落实，特别是在改进文风会风、精简检查评比、厉行勤俭节约等方面取得突出成效。会议数量同比下降30%，文件简报同比减少9.2%，检查考评由75项精简至9项，业务招待费和会议费同比分别降低26.75%、44.54%。

（九）干部人才队伍建设和思想政治工作持续深化

干部队伍建设加速推进，完成了两个批次集团公司部门主任级和副主任级干部的调整。持续推进人才队伍建设，人才创新创业基地用地申报成功，4名“千人计划”专家落地科研院。严格落实党风廉政建设责任制，持续推进廉洁文化建设，加强重点领域廉政风险管控，各级干部廉洁从政意识明显增强。成立新闻中心，加大宣传力度，强化舆情监控，为推进集团公司中心工作营造了良好氛围。加强企业文化创新，赋予了企业文化新的内涵。充分发挥工会、共青团组织优势，通过“大唐杯”劳动竞赛等主题活动，进一步激发了广大职工立足本职、建功立业。

二、核能方面的主要成绩

（一）核电公司揭牌成立

集团公司2013年第六次党政联席会原则通过了核电部提交的核电管理体制优化方案，同意成立中国大唐集团核电有限公司。10月30日，陈进行董事长、王野平总经理共同为核电公司成立揭牌。核电公司作为集团公司统一的核电产业经营和管理平台，负责核电及相关产业的开发、投资、建设、运营、技术服务等工作，标志着集团公司核电专业化管理体制已基本建立，为集团公司进军核电提供有力的组织保障。

（二）参股项目取得突破

参股44%的宁德核电1号机组于4月15日商运，实现了集团公司在役核电权益容量“零”的突破，2号机组也于11月11日开始装料。参股的徐大堡核电项目股比增加了4%，达到24%，有望2014年开工建设；与中核集团就庄河项目在等比控股、轮流并表等关键问题上达成共识并签署协议。

（三）规划修编基本完成

根据国家核电发展形势的变化和集团公司核电发展现状，启动了集团公司核电发展规划修编。新修编的规划用“三步走”方式分别提出了到2015年、2018年和2020年大唐集团核电产业达到的目标，以及实现这些目标所需的保障措施。规划提出，到2020年大唐集团的核电总权益容量要达到1000万千瓦，并实现控股建设和运营核电项目的远景目标。

（四）前期项目稳步推进

坚决贯彻“价值思维、效益导向”原则，按年度计划严格控制各前期项目工作节奏，稳步推进各项前期工作。目前，宁德二期已进入国家核电发展规划保护厂址目录；庄河、阳西、株洲、峡江、钟祥等5个厂址作为重点论证厂址进入国家核电发展规划；其他前期项目也取得不同程度进展，在贵州等省份启动了选址工作。

（五）能力建设逐步开展

程序体系方面，制定了《核电管理制度和程序体系建设规划方案》，并按计划实施，已完成集团公司层级八项制度和规章的编制。人员培训方面，举办了第三期核电高级管理人员培训班，6 个分（子）公司的 22 名核电人员参加了培训。技术服务方面，选派了一批专业骨干参与中核集团昌江和福清项目的核电调试工作，以干代培，储备人才。业务素质提升方面，举办“核电讲堂”，首期讲堂陈进行董事长、王森副总经理全程出席，陈进行董事长针对核电发展提出明确要求。

（六）合作公关取得进展

项目合作方面，在核电部前期谈判工作的基础上，集团公司分别与中核集团和中国核建签订战略合作框架协议。政府公关方面，与国家能源局核电司等主管部门和中国核学会、中国核能行业协会等组织积极沟通，主动汇报集团公司核电管理体系及项目开发进展情况，争取理解和支持。

中国国电集团公司

一、研究核电发展动态，编制发展规划

根据中国国电集团公司（简称中国国电）规划编制工作的统一部署，启动、开展集团公司核电发展专项规划研究工作，制定了切实可行的“十二五”“十三五”发展目标、重点任务以及保障措施，在此基础上形成《集团公司核电发展规划（2013—2020年）》初稿。

开展广泛内外部调研，编制形成集团公司核电工作调研报告，报告内容涵盖了我国核电发展现状、新版核电中长期发展规划解读、集团公司核电前期工作进展情况以及当前五大发电集团核电业务概况。

二、有序推进大型堆核电项目前期工作

2007年，中国国电开始开展漳州核电项目的前期工作，2011年11月，和中核集团联合成立项目公司，中国国电股比为49%。《核电中长期发展规划（2011－2020年）》经国务院常务会议讨论通过后，福建省人民政府和中核集团先后于2012年底、2013年初向国家发改委行文申请将漳州厂址增列为国家“十二五”开工备选项目。2013年11月26日，国家能源局以《关于漳州核电项目开展厂址保护及相关论证工作的复函（国能核电[2013]449）》批复，同意开展后续工作。目前，漳州核电正在积极进行“四通一平”的相关准备工作，争取以2015年为节点开工建设。湖南衡阳核电项目，正在开展可研阶段部分长周期的专题研究。2013年7月2日，中核国电湖南衡阳核电筹建处正式揭牌，后续将就联合筹建处工作模式、协调机制等具体事宜与中核集团进行协商。安徽核电项目年初完成初可研评审收口工作。江西上饶、河南平顶山核电项目积极开展初可研评审前的各项准备工作。浙江舟山核电项目完成厂址普选评审准备。

三、大比例参股小型堆示范工程项目

为有效巩固中国国电司在小型堆业务方面已建立的优势地位，积极配合中核集团推动ACP100多用途模块式小型反应堆国内首堆项目（莆田示范工程项目），并成功实现大比例参股，占股达48%。目前，正在积极开展项目“路条”的申请工作。

中国长江三峡集团公司

一、2013年工作回顾

（一）三峡工程安全高效运行10周年

自2003年蓄水运行以来，三峡工程防洪、发电、航运、抗旱、补水等综合效益充分发挥，为经济社会发展作出了重大贡献。2013年，通过合理安排蓄水时间，统筹实施三峡、向家坝、溪洛渡三库联调，三峡工程连续第四年成功实现175米试验性蓄水目标。精心组织三峡升船机建设，土建施工进入收尾阶段，主体设备制造全部完成，船厢结构拼装完工并吊装到位，设备安装进入高峰期。2013年，三峡工程荣获全国质量“卓越项目奖”和“国际百年工程项目奖”。

（二）金沙江两座世界级水电站投产发电

历经10年艰苦奋战，高质量完成溪洛渡、向家坝水电站主体工程建设任务，完成两库区近18万移民的搬迁安置和两座新县城、23座新集镇的建设任务，两座世界级水电站按期实现蓄水发电目标。2013年，两电站创造了年投产装机1164万千瓦的纪录，约占全国全年新增水电装机的40%。其中，溪洛渡水电站投产12台77万千瓦的特大型水电机组，年投产装机达924万千瓦，刷新单座电站年投产规模世界纪录。三峡金沙江川云、云川公司挂牌成立，金沙江水电开发体制进一步完善。

（三）新能源业务快速发展

通过创新工作思路，多举措强化管理，全方位挖潜增效，新能源业务实现快速发展，经营形势企稳向好。全年新增投产装机140万千瓦，装机规模同比翻番。实行“区域加要素”管理，加强协同配合，资源获取能力明显增强。加大市场营销力度，弃风弃光情况有所好转，年利用小时数逐年提高，度电利润逐年增加，盈利能力逐步增强。

（四）国际业务稳健发展

国际承包业务稳中有进，新兴市场开拓取得突破。在建项目稳步推进，进展顺利；多个水电项目建成蓄水，运行情况良好；国际投资业务基本完成海外市场布局。葡电公司全年经营情况稳定，连续第二年实现既定收益目标。

（五）企业管理水平持续提升

进一步健全法人治理结构，规范董事会运作机制，充分发挥董事会重大决策、风险管控、监督执行作用，自觉接受国务院派驻监事会的检查监督，集团公司各项重大决策和部署得到贯彻落实。按照国资委统一部署深入开展管理提升活动，并将中央“八项规定”精神严格贯彻落实到企业管理中。进一步加强成本管理，降本增效取得明显成效，处于中央企业领先水平。全面风险管理和内控体系建设取得重要进展，集团层面的内控体系整体框架初步形成。

（六）党的群众路线教育实践活动扎实开展

紧紧围绕“凝心聚力、转变作风，为建设国际一流清洁能源集团提供坚强保障”的主题，以贯彻落实中央“八项规定”精神为切入点，聚焦“四风”突出问题，全面抓好“学习教育、听取意见”“查摆问题、开展批评”“整改落实、建章立制”三个环节各项工作。

二、核电方面主要工作

为实现能源业务的可持续发展及创建国际一流清洁能源集团的目标，三峡集团公司将发展核电作为重要战略方向进行研究，并成立核电办公室，参与海岛核电、地下核电等研究工作。

三峡集团非常重视与国内外核能企业开展合作与交流，扩大在核能领域的影响力。三峡集团先后与中核集团、中广核集团及国家核电等单位签订战略合作协议，积极寻求在核电等清洁能源领域的合作；与法国电力签订战略合作协议，在人才培养、水电、新能源开发等方面开展合作，期间委托法国电力公司对集团内中高层开展核能项目管理培训。

2013 年，三峡集团以副理事长单位加入中国核能行业协会，三峡集团公司副总经理、党组成员毕亚雄当选为协会副理事长。三峡集团积极参加中国核能行业协会组织的年会、核电展等活动，通过行业协会平台加强与政府机构及业内同行的交流和沟通。

哈尔滨电气集团公司

一、基本情况

哈尔滨电气集团公司（简称哈电集团）是在原哈尔滨“三大动力厂”（哈尔滨电机厂、哈尔滨锅炉厂、哈尔滨汽轮机厂）、阿城继电器厂及哈尔滨绝缘材料厂的基础上组建的，我国最大的发电设备、舰船动力装置、电力驱动设备研究制造基地和成套设备出口的国有重要骨干企业集团之一。

哈电集团拥有2个国家级工程（技术）中心、1个国家重点实验室、2个院士工作站、4个博士后工作站。基本形成了以各主机厂设计（工艺）部门为核心的“产品制造技术”层，以国家级工程（技术）研究中心等为核心的“研究开发”层，以院士（博士后）工作站与高校（科研院所）协作为载体的“上游技术”层的技术创新体系，关键装备和制造技术能力达到国际先进水平。

二、市场开发取得全新成果

一是签订三门3、4号，海阳3、4号，陆丰1、2号机组AP1000主泵屏蔽电机（共计12台）合同，哈电将通过该项目完成AP1000关键设备的完全自主化。二是签订K2、K3项目蒸汽发生器供货合同，为集团公司大力拓展海外市场夯实基础。三是签订CAP1400、福清5、6号机组辅机项目合同。锅炉公司将自主研发的百万千瓦等级除氧器喷嘴成功推向市场。四是成功获得秦山二期设备检修所需的MSR衬板供货合同，为公司在核电备品备件和售后服务领域开创范例。五是取得了国内电机采购项目的绝大部分核级电机订单。

三、核设备制造方面取得的主要成绩

顺利完成C3蒸汽发生器的制造，为C4项目、K2/K3项目蒸汽发生器的顺利完工奠定了坚实的基础。三门2号机组堆芯补水箱于2013年9月底完成制造，创下了8.5个月的制造记录。圆满完成海阳2号机组堆芯补水箱制造任务，并于2013年5月顺利运抵海阳核电码头。宁德3号机组稳压器于2013年3月顺利发运。阳江3号机组稳压器于2013年10月顺利发运。圆满完成三门2号蒸汽发生器管板与水室封头环缝局部热处理，保证了在国产化道路上的领先地位。三门2号非能动余排于2013年5月发运，关键工序的顺利进行为后续相关产品积累了宝贵经验。协调各方解决了咸宁1号蒸汽发生器抗振条、支撑板采购、低合金钢焊材复验及评定等技术问题，推进了咸宁合同转移至陆丰项目的进展。已解决了石岛湾高温气冷堆蒸汽发生器的大部分工艺难题，预埋件已完成制造并于2013年11月发往现场。

三门2号机组常规岛主设备全部完工，自主制造的首套百万千瓦级发电机通过型式试验。昌江1号机组高压主汽联合调节阀于2013年12月底发货，常规岛主设备全部完工。田湾项目已完成3号机组长周期原材料的采购工作，高压转子、2号低压转子已开始外协加工，发电机定子机座正在焊接，转子锻件已进厂。海阳3号机组冷凝器中间管板钻孔完成，首根国产化汽轮机2号低压转子粗车进展顺利。

福清1号、方家山1号机组6台主泵完成交货、现场安装和冷热试车。AP1000追加主泵屏蔽电机顺利完成全部工艺评定、模拟件试制，转子部套、定子绕组下线取得良好进展。C3、C4核主泵关键部件独立制造取得突破，重要部件（油冷却器、油密封、高压冷却器）国产化研制与配套取得良好成果。电机支座在动装公司和电机公司的共同努力下完成制造。CAP1400主泵电机主要材料到货，主件进入生产制造环节。CAP1000主泵电机开始长周期材料采购。三门海水循环泵项目开工，哈电历史上吨位最大的电动机施工设计完成。高温气冷堆主氦风机施工设计完成。

四、核能科研项目进展情况

锅炉公司：汽水分离器制造技术与工艺设计研究是“高温气冷堆核电站重大专项”课题中的一个重要组成部分，锅炉公司配合国核电力设计规划院及石岛湾核电站业主就启停堆系统设计的新方案进行论证，并重新签署了技术协议。大型压水堆核电站除氧器设计制造技术研究已完成专题任务合同书中全部研究内容，并进行了自验收工作，正在准备正式验收资料。

汽轮公司：国家科技重大专项“AP1000核电站大型半速饱和蒸汽轮机”，正在准备验收材料。

电机公司：完成了“第三代压水堆核电站半转速饱和蒸汽汽轮发电机组成套设备研制”中子课题“大型半速汽轮发电机关键技术研究”中由电机公司负责的三项专题，子课题达到了课题的预期考核指标。

重装公司：“AP1000蒸汽发生器制造技术”，已于2013年6月通过国家验收；“高温气冷堆核电站蒸汽发生器设备制造技术研究”课题在稳步进行。“高档数控机床与基础制造装备——第三代核电关键零部件蒸汽发生器管板加工用系列化刀具应用示范”课题，处于中期研究阶段。

动装公司：AP1000屏蔽电动泵制造技术（电机部分）包含15项子课题，现已完成工作任务的90%。CAP1400屏蔽电机主泵研制（电机部分）包含19项子课题，基本按照节点完成任务。

阀门公司：阀门公司获得“大型先进压水堆核电站重大专项”中“CAP1400主蒸汽安全阀”与“CAP1400主给水止回阀”两个课题。此项目作为科研样机，同时也是民用核承压扩证样机。另外，公司已基本完成了爆破阀转让资料的接收工作，关键的设计与制造技术已完成了消化吸收，启动了部分原材料的采购。

佳电公司：核级柴油应急发电机项目

为首次研制，已完成发电机装配，正在进行出厂试验现场见证工作。K1类电机研制，目的是打破国外的技术垄断，已向国家核安全局递交扩证申请，完成了除LOCA试验外的全部试验。主氦风机的样机已经完成国产电磁轴承空气状态下的试验，正在进行机组试验，取得了阶段性成果。

北京核电设备设计研究院：1000MW等级压水堆核电站非能动余热排出热交换器的设计开发项目，依托于核2、3级取证，目前已完成了所有设计工作及各项报告的编制。1000MW等级压水堆核电站堆芯补水箱的设计开发，已完成了设计图纸的编制、设计输入评审、专项设计规范的编制及评审报告、尺寸计算及重心计算报告等。三代核电机组常规岛MSR系统管道研究，正在进行管道建模工作，为后续的MSR系统管道的设计工作打下坚实的基础。

五、国际合作情况

参与ASME第三卷标准委员会中国国际工作组的各项工作、会议。哈电集团共派员和组织参加会议3次，参与ASME标准修改提案投票60余人次。通过会议和交流，提升了哈电集团在业界的地位和影响力，同时也了解和掌握了ASME标准和三代核电的最新技术发展动态。

六、今后发展目标

（一）树立用户至上的观念

建立用户至上的观念，将提高用户满意度作为市场营销工作的准则。要从产品性能、质量、工程进度等方面入手，全面提高服务质量，切实满足用户需求。更要在项目执行过程中树立用户至上的观念，尊重并尽量满足用户的要求，帮助用户解决好问题。

（二）项目管理要突出满足用户需求

摆正产品质量和进度的关系，以质量保进度，始终围绕用户的这个要求做好各项工作。

注意项目管理的有效性，制订细致的、切实可行的项目计划。要建立风险分析和预警机制，对项目执行中可能出现的影响里程碑节点的瓶颈问题及重大问题，要有预见性，事先做好预案，采取有力措施及时加以解决，更要注意避免由于准备不足和管理不善而导致非瓶颈问题转变为瓶颈问题，影响三级计划的顺利执行。

注意项目实施的有效性，对各工序进行细致分析，做到排产合理、均衡。

各公司严格落实核电一把手负责制，对在手重点项目，必须有领导专项负责，狠抓项目进度落实，杜绝“等、拖、靠”等现象。同时要理顺项目管理链条中各部门和人员的关系和职责，做到分工明确、管理顺畅、快速响应、没有盲区。

（三）建立完善的核电质保体系、贯彻核安全文化理念

用核安全文化的思想指导一切核电相关工作。首先加强各企业核电质保部门和队伍建设，提高核电QA和QC人员素质，切实建立健全完善的核电质保体系。其次

各涉核企业的高层、中层领导干部要带头转变观念，加强核安全文化的学习和培训，并将核安全文化的培训和宣贯深入到基层和一线生产班组，注重实效，避免流于形式。第三要加强对核电供方的控制。不仅要重视核电供方的选择、评价和业绩管理，还需注重供方提供产品的质量验证，向供方传递质量保证要求，重视供方核安全文化建设。第四加强核安全文化建设提高整体管理水平。

东方电气股份有限公司

2013年东方电气股份有限公司（简称东方电气）坚持"三个转变"，即由注重规模扩张向注重效益增长转变、由注重产能提高向注重技术进步转变、由制造型企业向制造服务型企业转变的指导思想，团结拼搏，攻坚克难，开拓进取，各项工作取得新进展。产销水平继续维持高位，市场开拓实现新突破，海外项目有序推进，水电、火电、核电、气电、风电、环保及工程总承包多元化产业稳固发展，全年实现营业收入424亿元，上缴税金30亿元，在手订单1370亿元。

2013年，东方电气在核电市场营销、项目执行等方面均取得重大进展：获得了徐大堡核电站的核岛主设备、常规岛汽轮发电机组供货合同；由东方电气提供核岛及常规岛汽轮发电机组的宁德1号机组、红沿河1号机组分别于2013年4月18日、2013年6月6日投入商业运行。

一、2013年核电工作回顾

（一）多项举措并举，大力开拓核电市场

在市场竞争激烈的情况下，东方电气紧密跟踪市场动态，加强与用户的沟通，适时调整营销策略，多项举措并举，大力开拓核电市场。通过系列措施的采取，获得了沿海徐大堡核电站的核岛、常规岛汽轮发电机组供货合同；获得了陆丰核电站的CRDM/RVI设备供货合同；获得了福清核电站5、6号蒸汽发生器，常规岛汽轮发电机组供货合同。

（二）强化设备交货和现场服务管理，全力确保核电投运

加强项目设备交货管理，特别是针对影响设备交货的关键部套进行重点跟踪，确保设备交货满足现场进度需要。2013年完成交付的有压力容器(RPV) 2台、蒸汽发生器(SG) 9台、稳压器(PRZ) 3台、主泵14台、汽轮机3台、发电机3台、汽水分离再热器(MSR) 7台。

同时积极做好现场服务工作，在项目现场设立服务基地、指定现场总代表，及时配合用户处理安装、调试过程中发生的问题，为保证机组顺利投运发挥了重要作用，赢得了用户好评。2013年4月18日，宁德核电站1号机组顺利投入商业运行；6月6日，红沿河核电站1号机组顺利投入商业运行；11月23日，红沿河核电站2号机组汽轮发电机组一次并网成功；12月20日，福清核电站1号机组汽轮发电机组非核冲转成功；12月25日，方家山核电站1号机组汽轮发电机组非核冲转成功；12月27日，宁德核电站2号机组汽轮发电机组冲转一次成功。

（三）继续加强质量管控，全力推进集团化管理

全面启动民用核安全设备质量监督工作，正式向涉核子企业派驻质量监督人员；

发布《东方电气核电经验反馈工作实施管理办法（试行）》，并协调各子企业建立、完善核电经验反馈体系。全力推进集团化管理，2013 年 1 月 18 日，国家核安全局发布了国核安发 [34] 号文，授权许可东方电气作为开展民用核安全设备活动许可管理的国内首家试点单位。

（四）积极培育核设备设计力量，稳步提升设计能力

2013 年 1 月，与清华大学签署了高温气冷实验堆设备的设计供货合同；4 月，与中国原子能科学研究院签订钠冷实验快堆的联合研制合同；9 月，与中科院上海高等研究院签订了钍基熔盐实验堆的联合研发合同。

二、核电国产化进展及今后发展目标

(一) 国产化取得新进展

2013 年产出 2 台压力容器、9 台蒸汽发生器、3 台稳压器、3 台汽轮机、3 台发电机、7 台汽水分离再热器等核电设备，同时，AP1000 产品全面进入制造阶段，EPR 产品全面进入交付阶段，东方电气成为同时批量化生产二代加和两种三代机组成套设备的企业，东方电气的核电产品及配套日趋完整。

(二) 自主研发取得突破

1. 东方电气参加了国家重大专项“大型半速饱和蒸汽汽轮机、大型半速汽轮发电机等设备关键共性技术研究课题”的研究，承担了子课题“CAP+ 核电站大型半速饱和蒸汽轮机技术方案及关键技术研究”，2013 年底各专题已经按计划完成了自验收工作。

2. 东方电气参加了国家重大专项常规岛关键设备自主设计和制造课题的研究，承担了子课题“CAP1400 半速饱和蒸汽汽轮机研制”“CAP1400 半速汽轮发电机研制”“CAP1400 常规岛主要辅机研制”等共 20 个专题的研究工作。2013 年各专题的研发工作按计划进行。东方汽轮机、东方电机、东方重机开展了 CAP1400 项目汽轮机、发电机、MSR 的工程设计。

3. 东方电气参与了国家重大专项“CAP1400 控制棒驱动机构制造技术研究”“CAP1400 堆内构件制造技术研究”课题申报，2013 年获得国家能源局专家评审通过。

(三) 核电产业的发展目标

1. 坚定不移地拓宽核电市场，搭船出海，实现东方电气核电“走出去”战略目标。

2. 坚定不移地实施创新驱动战略，培育设计力量，提升自主创新能力。

3. 坚定不移地提高质量管理水平，全面推行核电产品质量管理理念建设。

4. 坚定不移地改进生产管理，千方百计解决资源瓶颈问题，确保重点项目按期交货。

5. 坚定不移地加强品牌建设，以高品质核电设备和全方位服务满足用户需求。

上海电气（集团）总公司

自2006年核电新一轮发展以来，上海电气（集团）总公司（简称上海电气）累计承接包括CNP1000、CPR1000等二代改进和AP1000、EPR、CAP1400等三代以及高温气冷堆等不同堆型的核电主设备（压力容器、蒸汽发生器、稳压器、堆内构件、控制棒驱动机构、主泵、汽轮机和汽轮发电机）制造共计232台/套。在近三年的设备制造和交付集中期，在制主设备一直维持在60～70台/套水平。国产化自主制造初具产业规模，专业基地和产能效益得到有效发挥。

2013年，上海电气核电工作总体平稳，亮点是多种类产品制造进展顺利、批量化生产模式有效运作。以建设世界级工厂为目标，引进先进管理理念，寻求管理提升的有效途径，在质量管理中重视技术含量、预防导向和全员覆盖，项目管理中重视科学计划、常态管理和刚性执行，在淡定中创造上海电气核电设备出产峰期的辉煌。

一、2013年工作回顾

（一）核电项目管理

上海电气核电项目管理以提高质量管理水平、稳定产品质量为主线，突破技术瓶颈，发挥扩能优势，平衡出产能力，为批量生产态势下核电多项目管理开创良好的运作模式。2013年，集团开展以全面提高企业管理水平、全面改变核电项目执行状况为目标的核电“百日行动”专题活动，在保证制造质量前提下，挖掘管理潜力，加快项目进度，提高企业效益，确保工程需求，通过项目计划的精细化、项目管理流程的优化升级，推动项目管理水平的整体提升。

2013年，实际交付或完工主设备达38台/套，与2012年的26台（套）比较，增加了46%，数量再创历史新高，整体保持了“出产高峰年、管理常态化”的良好态势。面对多堆型、多批量、资源冲突、周期偏紧的局面，涉核企业利用集团“核电百日行动”“质量月”等活动，以不影响工程节点为底线，基本实现了当年必需的出产任务，满足了工程需求，并保持质量稳定，批量出产能力得到了验证。其中尤以上海电气核电设备有限公司当年完工或交付18台蒸汽发生器的成绩令人印象深刻。

1. 核岛主设备

——上海电气核电设备有限公司共交付或完工20台主设备(18台蒸汽发生器、1台压力容器和1台稳压器)，完成全部二代改进项目及三代EPR蒸汽发生器。

——上海第一机床厂有限公司交付或完工14套(7套堆内构件和7套控制棒驱动机构)。

2. 常规岛主设备

——上海汽轮机厂完成阳江3号汽轮机交付；恰希玛3号、防城港2号汽轮机部分发货。

——上海发电机厂完成阳江3号、恰希玛3号、防城港2号发电机交付；阳江4号发电机部分发货。

3. 其他

——上海电气凯士比核电泵阀有限公司交付了20台核二三级泵。

——上海电站辅机厂交付核岛设备27台、常规岛29台/套。

——上海自动化仪表股份有限公司完成或交货应急柴油发电机组控制柜1套、驱动棒电源控制柜3套、各类小三箱3000余台、AP1000辐射检测系统4套、阀门约200台、执行机构约100台，各类仪表11000台左右（其中AP1000项目3000台左右）。

——上海起重运输机械厂有限公司交付了宁德4号装卸料机等9台设备，另有福清3号装卸料机等2台设备完工。

——上海重型机械厂有限公司完成各类核电锻件54件计749吨。

（二）核电质量管理

2013年核电质量管理重点是提高体系管理水平、转变工作方式、提高监督有效性和覆盖面。各涉核企业质量体系运转正常，不符合项数量得到一定程度的控制，质量管理总体上得到业主首肯。到目前为止，已交付现场的主要设备质量比较稳定。

质量管理的工作抓手落在：

1. 开展对质量管理体系的适宜性、充分性、有效性评价。

2. 完善质量预警机制、质量处理机制；优化质量奖惩体系，完善质量考核问责制。

3. 开展专项监查，并进行量化评估。

4. 建立不符合项原因分析和损失统计制度。

5. 抓住典型案例，剖析根源，制定整改措施。

通过相关程序文件、管理制度的修订完善和质量月系列活动的开展，进一步推动质保体系的完善和质量控制水平的综合提升。

（三）核电技术进步

上海电气聚焦自主三代技术、国家重大专项（大型先进压水堆和高温气冷堆）及先进核能系统的研发，设置了7个核电科研课题共58个子项。2013年，国家压水堆重大专项、市科委科研计划部分课题通过相应验收。

通过科研攻关、产品开发，满足重大装备国产化的国家战略需求。核电装备制造技术能力通过近三年设备批量制造和产品交付的成功实践得到初步验证。为使核电技术能适应未来市场需求，上海电气积极参与了快堆和钍基融盐堆等堆型的前期研发。在常规岛方面，通过专项攻关，已拥有三种转子（整体转子、焊接转子和红套转子）制造技术，其中焊接转子和1710毫米长的叶片技术已在出口项目中应用。1905毫米长叶片技术也在开发中。

坚持技术研发以项目为导向，以技术瓶颈为突破口。在高温堆项目中，承制压力容器、金属堆内构件、控制棒驱动机构、主氦风机、汽轮机和仪表及主控盘台等关键设备；在CAP1400项目中，承制蒸汽发生器、堆内构件、控制棒驱动机构、主泵和稳压器等关键设备。这些项目的承制大大加快了新技术的开发。

2013年，相继攻克AP1000关键设备的一些制造难点，如堆内构件吊篮筒体与下堆芯支承板精密焊接技术、吊篮筒体薄壁精密加工技术、控制棒驱动机构驱动杆细长轴加工技术等，为2014年出产AP1000国产化装备打下坚实基础。

（四）核电市场成果

2013年核电市场好于预期，截至12月底，新承接订单约39.5亿元。囊括了CAP1400示范工程，福清5、6号等6套堆内构件设备订单，在CAP1400、“华龙一号”核电技术市场上实现了新的突破。

二、今后发展目标

（一）建设 世界级工厂 ，提升技术和管理能级

核电制造企业的素质和能力提升已成为核电发展中当务之急之一。有鉴于此，集团明确涉核企业的战略导向：具有国际视野，推进产业发展，争创国际一流。通过创新能力、制造能力、管理能力、盈利能力等指标对比，强调持续进步的定性定量结合、强调完善硬件能力和激励提升软实力的结合；提倡集团相对统一和企业各有侧重；提倡全面诊断评估和全方位对标赶超。

（二）推进全面质量管控，开展有效质量活动

为了进一步培育核电文化和弘扬创业精神，企业将继续开展“质量年”活动，实施“百日行动计划”，以“降低NCR、降低废损率、管理扁平化、手段科学化”为抓手，加强全员对“核电无小事”的核安全文化再认识，注重核安全文化素质的培养和实践考核，强化企业质量体系建设；同时将全面推进精益管理，严格按照核电设备制造规范，完善核电质量控制体系。

（三）跟踪市场信息，寻找核电供货机遇

密切跟踪国内和国际市场，加强信息交流，发掘设备供货商机。积极参与外方的合格供方评审工作，争取参与国内外设备项目的投标。重视与国外公司的项目合作，争取将合作扩大到国外项目中，提高企业核产品的全球市场适应能力。

（四）建立用户为主的服务系统，以业主需求作为企业的追求

核电制造业的发展得到了业主们的大力支持和鼓励。在项目实施过程中，业主们提供了大量可圈可点的软实力方面的支持，其中包括管理建议和严格督查。当前，企业更要坚持问题导向，建立业主为主的服务响应系统，认真听取业主意见和建议，以业主的需求作为自己的追求。

（五）让信息化带动产业化，提高信息技术对企业效益的贡献度

要建立和完善经验共享平台，加强行业交流，重视同行经验，推进信息向生产力转化的进程，提高信息技术对企业效益的贡献度。

中国第一重型机械集团公司

近年来，中国第一重型机械集团公司（简称中国一重）依托“大型石化容器及百万千瓦级核岛一回路主设备国产化项目”，结合在制的 CPR1000、ACP1000、CAP1400 等百万千瓦级反应堆压力容器等主要产品，积极开展自主创新，在整合国内现有技术、科研和生产能力的基础上，自主研发百万千瓦级核电反应堆压力容器，努力改变我国百万千瓦级核电关键设备制造技术受制于人的局面，实现百万千瓦级核电反应堆压力容器的国产化研制，提升了企业核电制造整体技术水平。经过几年的努力，目前已经掌握了百万千瓦级反应堆压力容器核心制造技术，实现了百万千瓦级核反应堆压力容器的专业化、批量化制造。

2013 年，中国一重的核电产品制造进入了又一个高峰，同时在制的核岛一回路主设备近 30 台（套）。全年完成了 6 台各种堆型反应堆压力容器的交货任务，完成了 10 台主冷却剂泵泵壳的交货，商品产值共计 9 亿元。2014 年，中国一重还将有 18 台压力容器、10 台堆芯补水箱以及 3 台蒸汽发生器在制。

一、在核设备制造方面取得的主要业绩

近年来，中国一重在国家发改委、能源局等部门的大力支持下，在国内率先开展了大型核电设备主体材料的国产化研制工作，自主创新了适合企业的核电制造工艺路线。经过多年的努力，在核能装备制造方面形成了优势，中国一重目前的制造水平和装备能力处于国际领先地位，已成为全球唯一的既具备核岛铸锻件制造能力又具备核岛成套设备制造能力的核电产品供应商，也是国内唯一能够提供全套第三代核电大型铸锻件的企业，核压力容器和核电大型铸锻件国内市场占有率在 80% 以上。

中国一重积极开展百万千瓦级核能装备的自主开发，全面推行生产过程信息化管理，实现了信息化、自动化、专业化的有效融合，已形成年产 5 台（套）百万千瓦级核岛一回路主设备、10 套核岛一回路设备及 5 套常规岛设备所需大型铸锻件的能力，推动了我国核能装备大型铸锻件的产业化进程。目前，中国一重已全面掌握了三代核电核反应堆压力容器、蒸汽发生器、稳压器等核岛关键设备所需铸锻件的制造技术，顺利实现了“二代加”核岛锻件的批量化生产，并成功研制出我国首台拥有完全自主知识产权的百万千瓦级反应堆压力容器——红沿河 1 号机组反应堆压力容器。AP1000 核电项目也取得了重大突破，已能够成套供应 AP1000 反应堆压力容器、蒸汽发生器、堆芯补水箱及稳压器等主设备所需的全部锻件，并于 8 月 5 日在大连制造基地成功发运了首台国产

化第三代核电技术AP1000三门2号反应堆压力容器。

中国一重超大型钢锭技术处于国际领先水平，在国际上首次创新开发出6包合浇技术，研制成功世界最大的715吨特大型钢锭。利用此钢锭锻造出一支AP1000低压转子锻件和一段加长锻件，模拟锻造出重量达到CAP1400核电转子的锻件，为核电锻件实现超大型化奠定了坚实的基础。同时，AP/CAP蒸汽发生器水室封头锻件，CAP1400RPV一体化顶盖、下封头锻件，内外带法兰的一体化RPV接管段锻件，AP/CAP蒸汽发生器锥形筒体，特厚巨型管板胎模等超大型锻件的锻造技术处于国际领先水平。

二、主要核电设备生产情况

中国一重利用40多年核电主设备的研制经验，通过大量的科研攻关和工艺试验，完全掌握了百万千瓦级反应堆压力容器制造的核心技术，填补了国内大型核电主设备制造多项技术空白，实现了由“中国制造”到“中国创造”的跨越式发展，突破了国外一直垄断的大型核电主设备核心制造技术的局面，为国家和民族工业发展作出了贡献。

一直以来，大型核电设备主体材料国产化率不高，是制约我国核电快速发展的主要瓶颈。中国一重利用已掌握的核电主体材料研制的工程经验，在国内率先开始大型核电设备主体材料国产化的研制工作。近一年多来，对冶炼、锻造、热处理等工艺技术进行了大量攻关和工艺试验，完全掌握了大型核电设备主体材料制造的关键技术，实现了国内首套百万千瓦级主体材料的国产化目标，突破了大型核电设备主体材料依赖进口受制于人的局面。首套国产化大型核电设备主体材料的冶金质量完全达到了合同技术规格书的要求，研制的技术水平国内领先，世界先进。

红沿河核电站项目。中国一重经过两年多的不懈努力，完成了完全拥有自主知识产权的国内首套百万千瓦级反应堆压力容器——红沿河1号机组压力容器的研制，经检测，产品质量完全达到合同技术规格书的要求。

三门核电站项目。三门2号反应堆压力容器的研制成功，标志着中国一重已经完全具备了为我国三代核电建设标准化、批量化、规模化发展提供成套装备的能力，完全改变了我国核电重大技术装备所需关键设备和大型铸锻件受制于人的局面。三门2号核反应堆压力容器及反应器的顺利完成，为我国核电事业的持续健康发展注入了新的动力，更为世界了解中国新一代核电技术的发展提供了新的窗口。

三、今后核电制造的发展目标

加强核安全文化建设，全面提高核能装备质量。我国大型核电项目设备制造起步较晚，在核电安全文化、技术水平、质量管理等方面，同国外成熟的核电设备制造企业相比还存在着一定的差距。虽然目前我们的装备水平提升较快，但对先进设备使用的熟练程度和操作经验仍略显不足，制度体系建设仍有待完善，管理水平还有很大的提升空间。中国一重将严格按照“四个凡事”的要求，全面加强核安全文化建设，加大培训力度，不断提高全员的质量意识和核安全意识，使核安全文化理念深入人心。同时，进一步完善核能装备质量保证体系，不断提升相关人员的管理水平和操作水平，全面提高核能装备的制造质量。

攻克设备制造难关，全面实现核能装备国产化。今后，中国一重将更加注重核能装备的自主研发工作，加大对核能领域高层次人才的引进力度，建立专项研发团队，解决核能装备研发设计中的瓶颈问题，提高企业的研发能力。重点加强对核蒸汽系统的科研开发，配置相关学科的技术力量，努力在核压力容器、蒸汽发生器、稳压器、堆内构件的设计制造方面实现新的突破，满足国家加快核能装备国产化的整体要求。

提高企业整体能力，全面实现核能装备产业化。中国一重经过近些年的高速发展，在核能装备研发设计能力、生产制造能力、质保体系建设、员工整体素质上都有了很大的提高，已经具备了批量化提供核电锻件的基础条件。今后，中国一重将按照批量化提供核能装备的要求，进一步提高企业的整体制造能力，努力实现核能装备的产业化目标。一是加大技术改造力度，用信息化、自动化、专业化逐步完善和提升富拉尔基大型铸锻钢基地、大连核电设备制造基地的制造能力，实现产能最大化；二是着力解决影响批量化生产的技术问题，积极推广近净成形技术，在保证产品质量的前提下，稳步提高核能产品的加工效率；三是加强对广大员工的培训力度，规范核能装备生产流程，不断提高一线员工的技术水平和综合能力。

中国第二重型机械集团公司

2013年，中国第二重型机械集团公司（简称中国二重）以“加大市场开拓、强化管理效率、突出运行机制、提高研发能力”为年度方针目标，大力开展核电科研和项目管控活动，加快核电生产能力建设步伐，在核电锻件和设备生产制造领域均取得了新的突破。

一、2013年度核电产品总体情况

2013年，中国二重在以AP1000为代表的三代核电锻件及设备的研发上继续取得突破。AP1000 SG上封头、水室封头性能合格、RPV接管段、顶盖、筒身段、底封头、进出口接管、安注接管的完工等，标志着中国二重已具备批量供应AP1000 RPV、SG、稳压器、补水箱全套锻件的能力。CAP1400稳压器筒体、封头性能的完工，标志着中国二重已具备制造CAP1400锻件的能力。福清、方家山核电站反应堆冷却剂泵用含铜不锈钢锻件密封室、密封室盖的成功交货，为我国主泵国产化提供了坚实的保障。首套CAP1400堆芯补水箱设备制造正按计划执行中；后续项目AP1000主管道、支撑、CAP1400主管道重大专项研制等项目正全力推进。

开拓市场，争取订单。2013年的核电市场形势与2012年相比有所下滑，国内各核电制造厂家均面临产能过剩的问题，市场形势十分严峻。中国二重职工直面挑战，倡导“核为大、核优先、核严格、核发展”原则，遵循市场规律，合理配置资源，加强核电产品市场份额占有率，开发新市场。

确保运行，强化管理。2013年，公司为提高生产管理水平，确保产品按期交货，加强核电项目管理，注重生产计划、产品计划编制的可行性和科学性，经过对各核电项目的系统分析，统筹考虑交货周期、技术准备、设备负荷，合理编排计划。提高核电锻件交货准点率，赢得市场认可。

注重科研，优化工艺。核电产品的特点是批量小，技术要求高，新技术多，交货周期短。公司实行精细化管理，克服外部文件资料严重拖期，信息不全的困难，统筹安排，用最短的时间完成各项目技术准备任务。

严格质保，加强体系。中国二重在核电质保工作中以“塑造品牌、提升意识、健全机制、强化考核”为工作方针，加强核电质保体系建设，从源头抓起，提高技术准备质量，加强现场质量控制与监督，完善质量考核体系。

二、核电产品研制情况

2013年，中国二重积极组织人力物力，加大科研开发投入，完成新产品开发、科研项目、新产品试制及核电新材料等年度计划任务，开展了多项国家级、省级科研课题研究。完成了“核电关键设备超大型锻件研制”子课题AP1000 SG水室封头锻造和AP1000 SG管板（双真空冶炼）的验收；四川省重大技术装备创新科研项目——AP1000蒸汽发生器大型筒体锻件研制课题已结题；完成专利申请5项，包括3项实用新型专利及2项发明专利。

在总结2012年AP1000核电锻件及主管道设备成功制造经验成果的基础上，清理固化成熟工艺技术，使中国二重核电制造技术水平大幅提升。核电类主要科研攻关成果如下：

1. 完成CAP1400堆芯补水箱封头锻件的研制、不锈钢锻件的研制等9项科研目标任务，掌握试验数据并指导CAP1400堆芯补水箱产品生产。

2. CAP1400稳压器封头加工工艺研究。通过对CAP1400稳压器1号机组中的上、下封头加工工艺课题的论证分析，完全掌握CAP1400稳压器上、下封头的制造技术。

3. AP1000反应堆压力容器支座设计技术研究。完成试验方案和质量计划编制，试板和试验件图纸绘制和制造工艺规范等文件的编制；完成试板和模拟件的制造；顺利通过上海核工程研究设计院课题验收。

4. CPR1000铸造泵壳机加及水压试验工艺研究。进一步优化工艺，使各工序及工步的内容、留量更为合理，增强操作性。通过可靠的工艺方案及配套工装设备，满足铸造泵壳的制造要求，达到设计图纸各项技术指标及参数要求，有效地提高加工效率。

三、核电产品质量管理提升

2013年公司质量工作贯彻“塑造品牌，提升意识，健全机制，强化考核”质量工作方针，圆满完成质保体系完善与维护、质保监督、检验技术准备、现场检验、见证联检、完工报告编制等各项工作任务，主要工作如下：

1. 协调国家核安全局华北站、特检所、用户、业主对核容产品制造过程见证监督、重点产品质量控制方面发挥了重要作用，完成了ASME核电换证工作，建立核电、压力容器质量趋势分析系统。

2. 加强首台核电成套设备CAP1400补水箱的监督控制工作。CAP1400补水箱是公司承制的首个成套核电设备，质量部履行对核电制造的监督，制定并组织了该设备制造过程监督工作。

3. 及时完成了国家核安全局相关资料报送工作。为国家核安全局及时掌握中国二重相关核电产品制造活动提供了依据。

四、核电人才培养和培训情况

2013年，公司以“吸引人、培养人、用好人，挖掘潜力，激发活力”为目标，优化核电生产人力资源配置。

积极开展技术岗位轮换培养。加强了现场处理技术问题的应急能力，使编制的工艺更注重结合生产实际，让工艺内容更具操作性、合理性、指导性，为生产任务顺利的完成创造了条件。累计完成焊工培训取证306项，其中焊工培训取得200多项压力容器资质证和百余项核电资质证。

按照核电产品的管理要求，先后通过了核电体系、ISO 9000质保体系的内部三次审核，通过了上核、东重、新时代、华北站、ASME体系等外部单位的质保体系审核工作，所有培训资料均符合核电、ISO 9000、ASME的质保体系规定要求。

五、2014年工作目标及重点措施

2014年是中国二重体制机制“调整理顺”后，实现三年扭亏目标的第一年，中国二重全体干部职工将坚定信心、迎难而上，提高工作质量和运行效率，细化目标流程，增强外部沟通协调，全力以赴地开展好各项工作。

充分利用降本增效活动平台，强化基础管理工作，实现低成本战略。通过积极发动职工查找降本增效的管理短板，制定可行措施，强化降本增效项目的科学性和可操作性。同时围绕班组降本增效的重点环节，确定符合班组实际的降本增效指标和内容，使降本增效工作取得实实在在的经济效益，推动二重降本增效目标的实现。

加强生产的管理和组织，明确责任分工，加大沟通协调力度，最大限度地实现出产销售任务。确保各个项目顺利推进。

严格质量风险管控措施，确保重点产品质量。做好每一个项目质量控制和监督管理工作，减少质量风险，确保产品符合要求。进一步加强项目化管理运作。通过对重点产品、用户急需产品，制订二级里程碑节点计划，并以此对相关责任单位的三级分解进度计划进行有效的监管和控制，以确保项目目标的实现。

借力国家核电建设重启的市场趋势，加大市场开拓、强化管理效率、突出运行机制、提高核电研发能力。努力提高公司核电产品制造技术水平，继续加大基础性工艺研究，结合核电产品的生产技术难点开展研究，提升技术实力，为国家核电建设再立新功。

行业协会与学会

中国核能行业协会

2013年，中国核能行业协会围绕“抓好一件大事、搞好两个服务、做好三个核心业务、加强四项建设”，积极开展工作。

一、抓好一件大事——围绕行业发展重大问题开展研究，积极建言献策

2008年以来，中国核能行业协会一直致力于内陆核电建设的有关课题研究，2012年受6个内陆核电建设单位和两个集团公司委托，协会组织50多位专家和工程技术人员，开展了“内陆核电厂环境风险的评估研究”的课题研究工作。研究涉及内陆核电厂环境及公众关注的8个方面的问题，通过广泛深入调查和大量深入的分析研究，于2013年3月底完成课题研究，形成了19份研究报告。4月2日，中国核能行业协会在北京召开了课题报告专家评审会，以叶奇蓁院士为组长的20余名专家参加了会议。专家组认为，这一课题成果，对内陆核电厂和环境影响给出了较为全面、科学、客观的评价，为消除社会公众对内陆核电建设的疑虑提供了依据，为政府有关部门对内陆核电建设进行决策提供了有力支持。5月31日，协会在湖南举办了内陆核电厂环境影响评价课题研究成果发布会。在该课题研究的基础上，6月份，中国核能行业协会和中国工程院相关院士、专家以“尽快启动内陆核电项目建设的建议”为题，给国家有关部门和领导写信，提出尽快启动首批内陆核电项目的三条建议。“内陆核电厂环境风险的评估研究”工作，为我国内陆核电的建设起到了一定推动作用，也为核电公众宣传积累了经验。

二、搞好两个服务——努力做好为政府部门和会员单位服务

（一）为政府服务方面

1. 组织完成了5个课题的研究工作。

（1）受国务院应急办委托，完成了“核电灾害风险及应对研究”课题研究工作。

（2）按照中国工程院组织开展的“我国核能发展的再研究”总课题组的要求，完成了子课题“我国核电发展支撑能力评估”“我国核电经济性初步分析”的研究工作。该课题获国家能源局软科学研究优秀成果一等奖。

（3）受国家核安全局委托，承担了国家核安全局“核与辐射安全、监管与技术支持”项目中5个子项：“核安全术语及释义”“核电厂概率安全评价同行评估”“核电厂严重事故管理同行评估”“我国核电基地周围公众宣传和教育的评估”“核安全许可制度”等课题的研究与项目实施工作。

（4）受国防科工局委托，开展了“我国核燃料保障战略重大问题研究”工作。

（5）受国防科工局科技委委托，与中国核动力研究设计院合作开展了“我国舰船核动力发展研究”工作。

2. 为政府部门提供服务工作。

受国家核事故应急办公室委托，提供了核应急演习评估技术服务；积极推进《原子能法》立法工作；受科技部和国防科工局的委托，做好第四代核能系统国际论坛（GIF）联络办工作；完成国家原子能机构委托的相关工作。

（二）为会员单位服务方面

1. 做好企业委托的课题研究工作。

受中广核集团研究中心委托，开展“核电体制与技术路线跟踪研究”；受华能集团公司委托，提供华能管理体系文件评审及核电发展战略咨询服务；受中电投集团委托，承担了中电投核事故应急管理体系建设课题项目。

2. 继续做好国际合作与两岸交流工作。

(1) 顺利举办第十届中国国际核电工业展览会。

2013 年 5 月 23 ～ 25 日，第十届中国国际核电工业展览会在上海举办，来自 17 个国家和地区的 200 多家企业参展，其中法国、俄罗斯、西班牙、英国分别以国家展团的形式参展。本届展览总面积为 13000 平方米，参观数量约为 8000 人次。本届展会是在恢复新建核电项目后首次举办的国际核电专业展览会

（2）进一步加强了国际合作。

协会积极加强国际间的联系与合作，跟踪国际核电发展态势，增进了了解，扩大了交流，为会员单位搭建了交流合作的平台。

举办 2013 年世界核大学清华周培训研讨会、中法核燃料循环后端技术研讨会；加强与国际原子能机构（IAEA）、亚洲核合作论坛（FNCA）等国际组织的紧密合作；积极与 WANO 香港中心、巴黎中心进行联系，商讨在核电厂同行评估方面开展信息交流、专家派遣、联合评估等事宜；参加日本原子力产业协会第 46 届年会暨首届东亚核能论坛。

（3）继续推进海峡两岸核能技术交流与合作。

2013 年，根据会员单位的需求，协会进一步加强与台湾核能科技协进会的务实合作，深化海峡两岸核能交流。组织华能核电开发公司 12 人赴台湾电力公司进行为期 10 天的核电专业管理培训；组织秦山第一核电厂赴台开展核电厂对标管理交流；积极引进台湾《为何惧怕核能与辐射》一书的版权；组织举办第二届海峡两岸核能合作研讨会。

3. 按计划推进“三刊一网”工作。

“三刊一网”是协会与会员单位交流的重要平台和对外宣传的重要窗口。

《中国核能》会刊 2013 年进行了改版，调整了栏目设置和组织机构，加大了自我采写的力度，将触角延伸到会员单位，利用自己的平台为会员单位服务。全年出版了 6 期。《核能新闻》电子月刊共按期编辑出版了 12 期。《中国核能年鉴（2013 年卷）》编辑出版工作按期完成。协会网站及时上传各类新闻信息近 3000 条，点

击率继续保持稳定增长的态势，由年初的304万次上升到2013年底的365万余次。

2013年，协会加强了媒体宣传报道工作。2013年围绕内陆核电厂环境影响评估研究课题评审会、第十届中国国际核电工业展览会、内陆核电成果发布会等协会几项重点工作，密切与新闻记者的联系，及时通报行业信息，取得了良好的效果。

加强对公众的宣传工作，让公众了解核电，是福岛核事故后一个重要的经验，2013年协会开展了对公众的宣传工作。组织院士、专家在辽宁葫芦岛市为当地干部、群众进行了3场科普讲座；在第十届中国国际核电工业展览会上，首次设立了科普长廊、通过发放《话说核电——阿核的博客》动漫书籍、视频交互系统、实物沙盘、核电站仿真漫游、科普讲座、媒体互动等创新手段，加强了核能科普宣传；编制我国核电季度运行报告，并向社会公众发布。

4. 认真做好会员单位委托的其他工作。

依托协会专家委员会的技术优势，协会为会员单位进行了各方面的技术服务工作：

(1) 组织各种技术鉴定会和审查会。全年共组织科技成果鉴定72项。受大亚湾核电营运管理有限责任公司、中国核工业集团公司、中科华核电技术研究院、沈阳鼓风机集团核电泵业有限公司等的委托，分别组织了资产报废技术鉴定、ACP1000初步设计审查会、小堆市场前景研究报告评审、防城港核电站RRA辅助电机的拆解见证等多场技术审查。

（2）提供技术咨询服务。组织宁德3号RCV结管母材冲击试验结果异常处理专家咨询会；与中核能源公司就高温气冷堆示范工程总承包的人力规划工作进行面对面沟通和讨论；召开中广核铀资源综合利用专家咨询会；组织专家对昌江核电技术报告提出咨询意见。

（3）围绕行业发展关注的问题，举办相关专题研讨会。与清华大学核研院在北京联合举办了电气贯穿件与核电安全研讨会；举办核电厂更高的安全规范要求及解决方案国际研讨会；与中国科学院金属研究所在沈阳联合主办了第十三届核电站材料与可靠性研讨会；与成都市人民政府联合主办了小型核动力堆论坛；针对核电行业相关产业链各领域、各环节共同关注的质保问题，组织召开了核电质保分级研讨会及质量工作组会议。

三、做好三个核心业务——核电厂同行评估及经验交流、中国核能行业协会科学技术奖评审、核能行业质量保证培训及项目经理人员培训

（一）核电厂同行评估及经验交流

1. 核电厂同行评估

进行了海南昌江核电项目工程建设同行评估、评估回访，阳江核电项目工程建设管理改进情况跟踪回访，华能山东石岛湾高温气冷堆核电站示范工程土建施工阶段同行评估，山东海阳核电项目调试

启动领域专项评估等5场核电工程建设项目的同行评估；实施了中核运行三厂人员绩效领域专项评估、山东海阳核电厂装料前(PSUR)同行自评估的技术支持；举办了二期核电工程建设项目同行评估培训班；完善了核电厂同行评估五年（2013—2017）工作计划。

2. 核电厂经验反馈

协会依托中国核电运行信息网（CINNO网），在核电运行领域建立起较完善的信息报送、分析和反馈机制，及时将我国在役核电机组的定期生产报告、运行事件（含内部事件）报告、业绩指标报告进行归纳总结，并及时跟踪国际相关信息，丰富核电运行经验反馈数据库资源，实现了行业内基础性、专业化运行信息的交流和共享。

同时，结合行业需求，编制印发了4期《运行核电厂生产季报》、4期《中国核电项目建设信息季报》；印发了《2012年中国核电厂关键业绩指标报告》《中国运行核电厂事件经验反馈报告（2012年）》《中国核能行业协会核电建设与运行年度报告（2012年度）》，为委员会成员单位优化核电运行管理和深化核电工程建设经验交流提供了参考依据和外部反馈环境。

3. 软课题科研项目研究

委员会继续推进软课题科研项目的研究工作。按照立项计划，及时与项目承担单位沟通，了解工作进度，并提供必要指导与帮助。

4. 行业专题工作组

委员会通过专题工作组的形式，构建行业专家队伍，培育和提升各环节的专业化核心能力。2013年，分别召开了核电厂同行评估及经验交流委员会行业专题工作组组长座谈会、核能行业核电厂调试启动工作组会、AP1000核电厂标准化调试大纲专家研讨会、2013核能行业质量保证分级研讨会、第四次核能行业质量管理工作组会议、核能行业核级泵技术研讨班、核电厂调试启动研讨会、2013年核电厂调试启动专题工作组第二次组长会、小型反应堆控制棒驱动研讨会等。

5. 继续完善委员会工作体系

按照《核电厂同行评估及经验交流管理办法》的有关规定，完成了委员会的换届工作。5月16日，核电厂同行评估及经验交流委员会换届暨第三届委员会第一次会议在京召开。会议审议通过了《第三届核电厂同行评估及经验交流委员会组成方案》，选举产生了新一届委员会。

（二）科技奖评审工作

5月23日，在中国核能行业协会2013年年会上，向2012年度协会科技奖的获奖项目颁发了获奖证书。

6月6日，中国核能行业协会科学技术奖第二届设奖者委员会2013年会议在京召开，会议审议并通过了《中国核能行业协会科学技术奖励办法（修订稿）》和新一届设奖者委员会及评审委员会组成名单。设奖者委员会换届之后，设奖单位由原来的7家增加至10家，奖励基金由每年230万元增加至340万元。

为进一步改进协会科技奖评审工作，

提高信息化管理水平，协会开发并建立了科技奖管理信息系统，做到了项目资源、专家资源、评审工作一体化，进一步提高了评审工作的效率和质量。

2013 年，经过 3 年多的努力，协会获得了推荐国家科技奖的资格，实现了新的突破。

（三）各项培训工作

举办了 5 期质量保证培训班、3 期项目管理培训班，完成了压水堆核电站核岛机械设备设计与建造法则（RCCM）培训、AP1000 基础知识强化培训、首期 AP1000 仪控电气培训。共培训学员 780 余名。

四、加强四项建设

（一）专家委员会的建设

为进一步发挥专家的作用，提升专家委员会的工作效能，对专家委员会进行了调整。组织和策划了铀资源专业组工作会议和核燃料循环专业组工作会议。

（二）核能行业的自律建设

在前几年工作的基础上，2013 年经过进一步的调查研究，提出了《关于开展自律与诚信创建活动的实施方案》及《中国核能行业行规行约（建议稿）》。

（三）信息化专业委员会的建设

第二届常务理事会第二次会议决定，协会设立信息化专业委员会。8 月 22—23 日，中国核能行业协会信息化专业委员会成立大会暨首届核能行业信息化工作交流会在北京举办。

（四）协会的组织建设和秘书处的建设

协会进一步加强组织管理工作。按有关规定按时召开了负责人会议、理事会、常务理事会及组织管理委员会、经费管理委员会等会议。通过有关会议，审定了 22 家单位的入会；新增副理事长单位 1 家、常务理事单位 1 家；理事单位变更为一般会员单位 2 家，常务理事单位变更为一般会员单位 1 家；选举副理事长 1 人、常务理事 1 人；调整副理事长人选 1 人、常务理事人选 3 人、理事人选 3 人；研究了两年未缴纳会费单位及因体制改革、单位合并等原因 13 家单位自动退会的处理意见。

中国核学会

2013年，中国核学会紧紧抓住国家"十二五"加强社会组织建设的有利时机，立足国家核工业发展规划和核科技发展形势，以"开放、创新、求实"为总体原则，以"三勤一实"为工作方法，本着"做好服务，成就价值"的理念，按照中国科协全国学会能力提升要求，强化现代社会组织管理意识和经营理念，以"三服务一加强"为工作主线，团结各专业分会、省核学会以及广大核科技工作者，服务大局，开拓创新，重点突破，提升能力，开创了学会工作的新局面。

一、学会组织建设

6月8日，中国核学会第八次全国会员代表大会在京召开。会议审议通过了第七届理事会工作报告，选举产生了第八届理事会、常务理事会。中国工程院院士李冠兴再次当选为理事长，12人当选为副理事长，王德林当选为秘书长，197人当选为理事，其中65人为常务理事。在随后召开的核学会第八届理事会第一次会议上，王乃彦、王大中、胡思得、钱绍钧、黄国俊被授予荣誉理事长称号，丁中智、杨长利、邱爱慈、彭先觉、穆占英被授予名誉理事长称号，王少阶等19人被授予中国核学会荣誉理事称号。此次会议还审议通过了《中国核学会章程》《中国核学会团体会费缴纳标准与管理办法》等。李冠兴作了核学会第七届理事会工作报告。会议还表彰了于雷等12名优秀学会工作者，聘任了丁中智等10人为中国核学会高级顾问。

根据民政部和中国科协要求，学会完成各项年审评估要求，2013年获得二等奖。

二、国内学术交流

9月10日至13日，由中国核学会主办，哈尔滨市人民政府、哈尔滨工程大学共同承办的2013年学术年会在哈尔滨成功召开。来自我国核工业及配套产业、核基础科学研究、核应用技术、核信息、核经济管理等领域的知名专家、教授及青年学者等1200余人参会，26位院士亲临大会。会议发表了由中国核学会评选出的"中国十大核科技进展（2011.6.30—2013.6.30）"。会议期间还举办了核产业发展论坛以及以"传承科学精神——纪念玻尔模型建立100周年"为主题的青年论坛。大会评选出优秀论文70篇，其中一等奖8篇、二等奖23篇、三等奖39篇，另评选出优秀青年论文8篇。

通过中国核学会学术年会的平台，展示和交流了两年来我国核科技各个学科领域的创新成果，增加了业内专业人才的沟通与交流，促进了核科技人才的进步与成长。

11月6日至8日，第十届中国核学会

“三核”论坛在江西省南昌市召开，共有约230位核领域内专家、学者参会。本届论坛的主题为“加快发展我国的核科技、核应用、核经济”。会议征集论文168篇，112篇论文入编《第十届全国“三核”论坛论文选集》，12篇论文被选为大会交流报告。

三、国际学术交流

4月17日至19日，第二届中国（国际）核电仪控技术大会在西安成功举办。来自国际原子能机构、国家原子能机构、国家核安全局、中核集团、国家核电、中广核集团，高等院校、国内外仪器仪表企业的300余名代表参加了本次会议。会议共收到学术论文近180篇，遴选出13篇优秀论文。

7月29日至8月2日，第二十一届国际核工程大会在成都召开。来自全球30多个国家和地区的1300余人参会。本次会议的参会论文、参会人员数量均为史上最高。其中，参会的中国代表数量超过750人，中国口头报告超过600篇，充分反映了中国核电发展的良好势头。中国核学会副秘书长刘长欣获得ICONE组织贡献奖；清华大学学生贺颖摘得大会学生竞赛单元最高奖Akiyama奖桂冠；最佳论文奖首次以钱三强先生的名字命名。

2013年，学会还支持主办了第四届东亚放射性废物管理论坛（北京），协办第十七届国际辐射加工大会（上海）、2013年水堆燃料性能会议（曼彻斯特）等。

四、两岸交流

12月16日至20日，由中国核学会、财团法人核能科技协进会共同主办，台湾电力有限公司承办的第十三届海峡两岸核能学术交流研讨会在台北召开。本次赴台代表团由中核集团总工程师、中国核学会副理事长雷增光任团长，共有19名大陆专家组成。来自中核集团、中国核建、中广核集团、中电投集团、国家核电、中国华能、清华大学，台湾地区原子能委员会、放射性物料管理局、核能研究所、台湾电力公司、新亚建设开发公司、中兴工程咨询公司、亚炬企业股份有限公司、新竹清华大学、台北科技大学等单位的60多名代表参加了会议。研讨会期间，与会的两岸专家就核电站建造、核电管理、核安全文化、高校人才培养、高放废物处置、公众沟通等议题进行了广泛的交流和研讨。

4月23日至24日，第一届两岸非动力核技术应用研讨会在台湾省台中县成功举办。研讨会由中国核学会核工业技术应用分会、中华核能学会核医学分会联合主办，来自两岸20余家单位的100多名专家和技术人员参加了会议。研讨会交流了26篇报告，内容涵盖核医学、中子应用与检测、辐射测量与监测、辐照加工等。

五、科学普及活动

2013年，中国核学会荣获中国科协“全国学会科普工作优秀单位”和“全国科普日活动特殊贡献单位”称号。2013年，直接参加学会各种核科普活动的人数超过30000人。4月，承办中国科协第26期“科学家与媒体”面对面活动；启动首届“魅力之光”杯全国中学生核电科普知识竞赛。5月，组织6名院士开展“绿色核能 给力湖南”院士行科普活动。6月，中国核学会第八届科普咨询教育工作委员会成立。7月，参加中国科协“第四届科技场馆展品与技术设施国际展览会”；组织艺术家参观中国原子能科学研究院；举行首届“魅力之光”杯全国中学生核电科普知识夏令营活动。9月，参加全国科普日活动北京主场活动，组织核能科普专区。中共中央政治局常委、中央书记处书记刘云山和李源潮、郭金龙、韩启德等领导参观了核能科普专区；选拔33名京区科技爱好者参观中国原子能科学研究院。11月，完成“快堆——核能可持续发展的选择”优秀科普资源项目。

六、中国科协会员日

12月12日至15日，中国核学会按照中国科协的统一部署，结合学会自身特色，积极组织开展了以“核与民生”为主题的系列会员日活动。中国核学会秘书长王德林一行3人先后赴河南郑州、湖北武汉两地相关单位，走访慰问一线科技工作者，重点了解了核农学、核医学及相关分会的现状和发展需求。

12月25日，中国核学会组织学会在京会员共约50人参观了中国科协在国家博物馆举办的“科技梦•中国梦——中国现代科学家主题展”。

七、舆论宣传

2013年，学会特别加强了媒体宣传策划报道，主动邀请媒体关注核产业、核科技进展情况。国内各大媒体网站积极宣传核科技创新成果，为产业发展营造良好舆论环境。

学会主管的学术期刊《核科学与工程》出版四期，增刊两期，影响因子稳居同类期刊前列。

八、服务创新型国家和社会建设

12月，组织17名院士和专家参加核用硼材料开发鉴定会及应用研讨会，发挥学会项目评价、咨询作用，有力推进我国核用硼矿建设与辐射防护材料国产化进程。2013年，“重点技术领域专利信息数据库建设”项目进展顺利，共选出19家单位参与项目，完成3164篇专利信息的遴选，完成了1148篇专利文献的标引，组织专家对国家知识产权局知识产权发展研究中心承担的“加速器领域美国在华专利布局及我国的对策研究”项目进行初期评估，获得中国科协年终考核第一名。

九、决策咨询

受国家能源局委托，组织业内相关企业和专家，撰写我国核燃料产业规划发展相关报告，为政府制定产业发展政策提供科学依据；为国家能源局《核科普宣传三年行动方案》提供建议，有利于提高行业整体科普效果。

十、国际交往

与国际原子能机构、世界核协会、美国核学会、欧洲核学会、西班牙核学会、美国机械工程师学会、日本机械工程师学会等近 10 个重要核能组织会面，交流信息，共享经验，并更新合作协议；加强与跨国企业的交流，为国内企业交流与合作搭建桥梁；与美国西屋公司、法国阿海珐集团、法国电力公司、韩国斗山重工集团等业界重要公司企业进行了互访。

积极推荐我国专家走向国际舞台，争取国际话语权，扩大国际影响力。中国核学会妇女工作委员会副主任、国家核电技术公司副总经理马璐成为国际核妇女理事会理事；中国核电工程有限公司副总经理姜宏成为美国机械工程师学会国际委员会委员；中国核学会青年工作委员会委员宋代勇成为国际青年核理事会中国国家唯一代表。

中国核仪器行业协会

中国核仪器行业协会由原国家经济委员会批准，于1987年6月30日正式成立，是核工业部第一个全国性行业协会。协会现任会长（理事长）、法定代表人为中核集团公司总经理助理李晓明，常务副理事长马宇箭，秘书长姜宏。协会会员总数170余个，单位会员86个，理事单位39个，常务理事单位17个。

协会的业务主管单位是国家国防科工局，挂靠单位是中国核电工程有限公司。协会开办有“中国核仪器行业协会网站”，为会员进行学术交流搭建了桥梁。

近年来，协会积极组织活动，对于核仪器业内的技术交流起到了良好的促进效果，涌现出了一批高水准的学术论文。

一、召开协会第四届会员大会

2013年3月29日，中国核仪器行业协会第四届会员大会暨第一次理事会会议在北京召开，协会各会员单位代表77人出席了会议。大会选出第四届理事会。

协会第四届理事会召开了第一次会议，选举邱建刚为第四届会员大会理事长，选举马宇箭为常务副理事长，选举李军博、王锋、李元景、王国宝、杜向阳、刘杰、刘继平、许州、邹树梁、邱韶阳、王焕玉、吕冬宝、江国进为副理事长。选举姜宏为秘书长。

协会第四届会员大会确定协会总体目标是：学习贯彻科学发展观，努力探讨办会的新思路，实践办会的新机制，大力推进协会自身建设的健康发展，以会员的需求为办会的宗旨，实现民主管理、行为规范、自律发展的运行机制，在全体会员单位的共同努力下，把协会办成一个会员单位信赖，政府满意的优秀协会。协会基本工作方针是：联络政府、沟通用户、服务行业。

二、积极贯彻和宣传第四届会员大会精神，加强协会建设

协会秘书处根据协会实际情况，分解和落实工作任务，有针对性地制订和完善了各项规章制度，如将多项制度合并成综合管理制度，并按国家国防科工局的要求，在安全保密网络方面加强制度建设。

6月，根据中核集团公司提议，协会理事长由集团公司总经理助理李晓明担任。

协会第四届会员大会通过的章程修订稿和会费管理办法，经国家民政部的审核，获得批准。

三、继续做好行业交流平台工作

协会的重要功能之一就是发挥行业平台作用，使行业内能够进行交流。

2013年，协会举办两次较大规模的

学术活动。一是在第四届会员大会期间组织报告会。二是从5月份开始组织核仪器应用论文征集评选活动。协会成立了评选委员会,共评选出一等奖4篇、二等奖9篇、优秀奖25篇。

9月,协会组织与核电有关的部分单位,参加中国机械工业联合会举办的2013年北京国际核电展。

11月1日,协会召开了第二次理事会暨核仪器应用学术交流会。

中国核工业教育学会

中国核工业教育学会挂靠在中国核工业集团公司，秘书处设在核工业管理干部学院。学会现有会员单位 70 余家，约 80 名会员代表及理事，会员单位主要为核工业企事业单位及国内涉核专业大学。

一、筹备理事会换届，积极开展相关工作

根据学会章程规定，2013 年秘书处积极开展学会理事会换届的各项筹备工作，完成了会员代表的重新确认及相关文案准备等工作。

二、开展教育培训质量标准体系研究

为进一步提升核工业教育培训的科学化、标准化和规范化，2013 年，学会与核工业大学（核工业管理干部学院）共同组建了“基于 ISO 10015 的核工业教育培训质量标准体系建设”课题组，课题研究以 ISO 10015 国际培训质量标准为依据，按确定培训需求、设计和策划培训、提供培训及评价培训结果的培训过程流程，以及对培训全过程的监视和改进等模块，结合核工业教育培训的特点，开展具有核工业特色的培训标准化研究。目标是使其能科学有效地指导未来核工业教育培训工作的开展，规范相关工作的有序进行，减少教育培训中的盲目性，提高教育培训的投入产出比。该研究课题在 2013 年完成了面向中核集团核电、核燃料、矿冶等几家单位的培训需求问卷调查及相关调研报告的撰写，取得了一些阶段性成果。

三、探索教育培训模式的创新

2013 年，核工业大学提出“咨询式培训模式”的研究与尝试。学会与核工业大学对外合作与开发部共同参与了相关研究与研讨。

咨询式培训模式也称顾问式培训模式，是通过咨询诊断调研，找出目标企业和培训对象存在的问题，为其量身设计有针对性的培训课程，并借助管理技术和工具将培训内容落地，以提升企业实际管理水平。咨询式培训与传统式培训的最大区别在于培训课程前的诊断咨询，培训课程和内容是针对培训对象存在的问题而设计的，而不是将有关课程简单搬上讲台。培训目标是预计培训效果的实现，其关键在诊断、重点在设计、效果在评估。

此项研究确定了调研访谈、组织设计、培训实施、效果评估及效果跟踪等为今后核工业大学进行咨询式培训的五步模式。咨询式培训模式目前已在核工业大学的培训中得到了一定的应用。

四、研究建立教育培训的闭环式效果评估方法

2013 年，学会利用秘书处设在核工业大学的优势，与核工业大学人力资源研究中心一道，借助一些培训项目，开展了教育培训闭环式效果评估的实证研究。

中国核工业档案学会

一、开展各项政治学习活动

认真学习党的十八大及十八届三中全会的有关文件，以“提升管理、找准问题、转变观念、形成共识”为目标，深入总结档案事业改革发展历程，紧密联系核工业档案事业的发展，针对档案工作面临的新形势新问题，围绕“推动档案工作持续发展，提升档案服务能力”的主题，分析、查找存在的问题，促进档案学会的进一步发展。

二、业务活动

1. 做好档案学会理事会的换届改选工作。8月，以信函的形式召开核工业档案学会第三届理事会第三次理事会议，选举新一届的档案学会理事会领导成员候选人。

2. 9月，在北京召开核工业档案学会第四次会员代表大会，选举产生了核工业档案学会第四届理事会。

3. 5月—6月，在四川成都举办核工业第十四期档案人员上岗培训班，邀请四川大学文秘档案学院5位教授授课。共有中核集团、中核建设集团、中国工程物理研究院的118人参加了为期20天的培训，完成了5门课程的学习。

4. 开展核工业档案学会档案学术论文的征集及优秀论文评选工作，共征集论文99篇，评选出26篇档案优秀论文。航测遥感中心、核电工程公司、四〇四公司3个单位获档案学术论文征集优秀组织奖。

5. 开展核电文档系统标准建设工作。

6. 完成档案学会2012年年检工作；接受国家国防科工局对档案学会清理、治理小金库的专项检查和对档案学会的保密工作检查。

7. 召开核工业档案地区协作组会议。

8. 组织召开核工业档案学会第四届理事会第一次理事会议。

会员风采

中国核工业建设集团公司

中国核工业建设集团公司(简称中国核建)于1999年在原中国核工业总公司所属部分企事业单位基础上组建，是中央管理的国有重要骨干企业，是经国务院批准的国家授权投资机构和资产经营主体，主要职责是“承担核工程、国防工程、核电站和其他工业与民用工程建设任务”。2004年，国资委批准集团公司主业为“军工工程，核电工程、核能利用，核工程技术研究、服务”。

在军工工程领域，中国核建承担了大量的国防科技工业军工建设任务，积累了丰富、先进的工程技术和管理经验，在高精尖和技术、保密等要求较高的军工建设领域以及核军工工程领域形成了独特的优势，忠诚履行了国家赋予的保军责任。

在核电工程建造领域，中国核建安全、优质、高效地完成了我国压水堆、实验快堆、重水堆等多种不同堆型核电站的建造，具有30万、60万、70万、100万千瓦级各个系列机组的建造能力与业绩，完成了巴基斯坦恰希玛核电站一期、二期工程建造，同时已经具备AP1000、EPR先进压水堆建造能力；形成了具有国际先进水平的核电建造管理模式，承担着我国大陆所有在建核电站核岛部分的建造任务。“中国核建”已经成为国内一流、国际知名的核电建设品牌。

通过产学研结合，开拓以高温气冷堆、低温核供热堆为代表的核能利用业务，逐步实现了产业升级，提升了核心技术水平。高温气冷堆示范电站已经开工建设。积极开拓核技术服务市场，努力实现公司产业链延伸的目标。面向市场，承揽大型民用工程建设，开展环保工程投资等多项业务。

中国核建秉承“责任、安全、品质、卓越”的企业核心价值观，弘扬“创新发展、勇当国任”的企业精神和“至诚至信、惟专惟精”的经营理念，坚持科学发展，突出“两业并重，适度多元”的战略思想，保持并加强具有竞争优势的核心能力，不断优化产业结构，加快产业链延伸，积极拓展新业务领域，统筹兼顾国内外两个市场，发挥公司整体优势，努力打造决策科学、管理高效、机制灵活的新型现代企业公司。

中国核能电力股份有限公司

中国核能电力股份有限公司由中国核工业集团公司控股，联合中国长江三峡集团公司、中国远洋运输（集团）总公司和航天投资控股有限公司共同出资设立。

截至2013年底，中国核能电力股份有限公司拥有控股子公司13家，参股公司1家；控股在役核电机组9台，装机容量650.6万千瓦；控股在建核电机组12台，装机容量1253万千瓦。

中国核能电力股份有限公司经营范围涵盖核电项目的开发、投资、建设、运营与管理，核电运行安全技术研究及相关技术服务与咨询业务等领域。

目前运营核电站包括：我国第一座自主设计、建造、被誉为“国之光荣”、安全稳定运营22年的秦山核电站，我国第一座自主设计、建造、运营、管理的大型商用核电站——秦山第二核电站，我国第一座实现了核电工程管理与国际接轨的重水堆核电站——秦山第三核电站和我国第一座采用全数字化仪控系统的核电站——江苏田湾核电站。目前正在投资建设的有全球首台三代核电AP1000的浙江三门核电工程、福建福清核电工程、海南昌江核电工程等等。

中国核能电力股份有限公司建立了完善的人才培养体系，已培养和形成了一支近8700人的员工队伍，拥有高素质的核电工程管理、生产运营和经营管理人才队伍。

按照国家“在确保安全的基础上高效发展核电”的方针，本着对国家、对核事业高度负责的精神，中国核能电力股份有限公司始终坚持“安全第一、质量第一”，将安全生产作为公司发展的生命线，创造了近80堆年安全无事故的核电运行业绩。

在核工业完整产业链体系的支撑下，中国核能电力股份有限公司将秉承“事业高于一切、责任重于一切、严细融入一切、进取成就一切”的核工业精神，践行“开放、包容、合作、共赢”的理念和“追求卓越、挑战自我”的价值观，致力于为企业创造价值、为股东创造利润、为员工创造幸福、为社会创造财富，树立安全清洁、高效环保、勇担责任的核电企业形象。

华能山东石岛湾核电有限公司

华能山东石岛湾核电有限公司成立于2007年1月，由中国华能集团公司、中国核工业建设集团公司、清华控股有限公司共同出资组建，负责我国具有自主知识产权的20万千瓦级高温气冷堆核电站示范工程的建设与运营管理，并以示范工程为依托，统筹开发建设石岛湾核电基地。

石岛湾核电厂址位于山东省荣成市石岛管理区，厂址条件优越，已作为规划保护新建厂址列入《国家核电中长期发展规划(2011—2020年)》中，除建设20万千瓦级高温气冷堆示范工程外，还规划建设6台百万千瓦级压水堆核电机组（其中与国家核电技术有限公司共同开发建设大型先进压水堆示范工程CAP1400机组2台），规划总容量逾800万千瓦。建成后，对促进我国核能技术进步、推动第四代核电新技术的开发应用、保障地方经济社会可持续发展、早日实现中国核电“走出去”战略目标具有重要意义。

高温气冷堆具有固有安全性、系统简单、发电效率高、用途广泛、有潜在经济竞争性等特点，在国际上受到广泛重视，是能够适应未来能源市场需要的具有第四代先进核反应堆特征的堆型之一。示范工程已于2013年12月9日正式开工建设，计划2017年底投产发电，目前工程建设进展顺利，工程安全、质量、进度、投资控制实施有效。

公司成立以来，以推动我国高温气冷堆核电技术产业化示范为己任，致力于建设国际领先水平的商业化示范核电站、培养高素质的核电人才队伍、形成科学规范的核电管理体系和构建以核安全为核心的优秀企业文化，努力为华能核电事业长远发展提供人才、管理、文化支撑。

施工现场

厂区大门

厂前区全景

中国科学院金属研究所

中国科学院金属研究所（简称金属所）是国内较早开展核用材料研制和核用材料环境行为研究的单位，是我国最早拥有核电高温高压水环境模拟设备的四个单位之一，在模拟高温高压水实验设备设计和制造方面有独特的优势和基础，在核电材料的安全评价方面有长期的积累。自上世纪80年代以来，长期从事核电材料的环境腐蚀失效行为、机理与控制技术的研究。近年来作为首席和责任单位承担了国家重点基础研究计划“973”核电项目（两项）、大型先进压水堆科技重大专项课题、中科院重大科研仪器研制项目和国际合作等相关项目。在核电高温高压水环境模拟、原位测量与分析、核电材料服役损伤行为与机理、在线监测检测原理与方法、腐蚀损伤安全评价与寿命预测技术等方面形成了独特的优势；形成了以院士为首、国家“973”首席科学家为学术带头人，杰出青年基金获得者、中科院“百人计划”与引进国外优秀人才为科研骨干、研究生为生力军的高素质科研队伍；先后与英国、美国、加拿大、法国、日本、韩国等国际著名核电研究机构建立了长期合作关系，是美国核管会（NRC）牵头建立的核电老化前瞻管理国际组织（IFRAM）的国际委员，日本核与工业安全局核电安全项目国际专家组成员，并与国内核电研究、设计、运行、监管、材料制备优势单位保持着紧密的合作。目前是轻水堆材料环境促进开裂国际合作组织（ICG-EAC）成员、亚太地区环境促进开裂合作组织成员、中国核能行业协会理事单位、核电站老化管理专家组副组长单位。

金属所是目前我国核电高温高压水模拟实验室中装备最好的单位，在2010年和2014年分别建立了“辽宁省核电材料安全与评价技术重点实验室”和“中国科学院核用材料与安全评价重点实验室”，近年来发表核电相关论文90余篇，申请发明专利28件（已授权21件）。

核电高温高压循环水模拟及原位测试装置

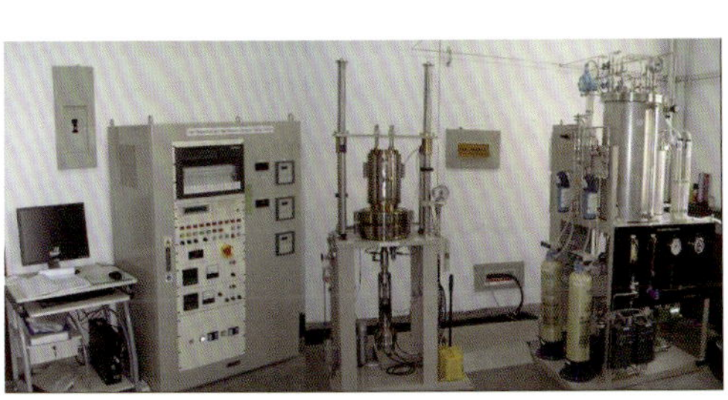

核电高温高压循环水应力腐蚀试验装置

核电高温高压水原位电化学、原位划伤、原位磨损实验装置

南华大学

明德 博学 求是 致远

南华大学是由工业和信息化部、国家国防科技工业局、中国核工业集团公司、中国核工业建设集团公司与湖南省人民政府共建，具有56年办学历史的综合大学。学校由原隶属核工业部的中南工学院、核工业第六研究所与原隶属湖南省的衡阳医学院合并组建而成，坐落在湖南省衡阳市市区，分为红湘、雨母两个校区，占地面积近3000亩，交通便捷，环境优美，是读书治学的理想园地。

学校有直属学院26个、4所直属型附属医院、13所协作型附属医院。学校设有本科专业73个，博士学位授权学科、专业点18个，硕士学位授权学科、专业点124个，专业硕士学位授权点79个，并设有一级学科博士后科研流动站3个，具有推荐优秀本科生免试攻读硕士研究生和硕博连读资格。中国核工业集团公司授予学校“十五”、“十一五”期间为中国核工业培养和输送人才突出贡献奖。

学校是教育部批准的卓越工程师、卓越医生教育培养计划单位，是国家级大学生创新创业训练基地，中国人民解放军（海军）后备军官选拔培训基地，湖南省人民政府批准的本科一批招生院校。

学校现有在校学生37000余名，本部现有教职工2300余名，其中教授、副教授1200余名；有国家级突出贡献中青年专家、享受国务院政府特殊津贴专家88名，有省部级学科学术带头人、教学名师、优秀中青年专家220余名；特聘两院院士10名。

56年来，学校为国家及地方输送了14万余名高素质专门人才，培养了一批以中国科学院院士、省部级领导、大型企业负责人为代表的学界巨子、政界精英、行业领军人物。

南华大学正在为创建省内一流、国内知名、具有国际影响、特色鲜明的高水平教学研究型大学而努力奋斗。（文中数字截至2014年6月30日）

雨母校区总体鸟瞰图

红湘校区大门

国防科工局与湖南省人民政府共建学校签约

红湘校区广场全景图

中国核工业二三建设有限公司

中国核工业二三建设有限公司（简称中核二三）是中国核建所属重要成员单位，创建于1958年，是中国规模最大的核工程综合安装企业、国际上唯一一家连续30年不间断从事核电建设的大型企业、经国家住房与城乡建设部核定的施工总承包一级企业，是国际原子能机构（IAEA）授权的全球唯一的“核电建设国际培训中心”。作为国家高新技术企业，中核二三还设有北京市博士后（青年英才）创新实践基地工作站。

在新中国核工业开创之初，中核二三作为骨干力量，完成了“两弹一艇”的建设任务。在经济建设领域，中核二三作为核电建设主力军，完成了国内几乎全部核电机组的安装建设。当前，中核二三积极践行转型升级及“走出去”战略，加强技术研发及知识产权保护，强化人才队伍建设，努力拓展产业链，形成了集设计、建造、物资采购、培训于一体的国际化核电建设体系。同时，积极拓展军工、民用市场，扩大市场份额，形成同步发展的新格局。此外，中核二三明确了“促进经济效益，做好三大业务，推动三大转型，提升五种能力”的工作思路，致力于将公司打造成为具有投融资能力、设计研发能力、EPC总承包能力的国际型工程公司。

50多年来，中核二三在核工程、核电建设工程、核电检修、航空航天、石油化工、轻工纺织、房屋建筑、市政、环保、建材、汽车、火电、电子、医药等领域创造了多项优良纪录，拥有“核电站大厚壁管道窄间隙全位置自动焊接方法”等多项高科技专利技术，先后百余次荣获包括中国建设工程质量最高奖——“鲁班奖”在内的国家级及省部级以上奖项，多次被党和国家领导人誉为重大工程建设的“国家队”“铁军”。

海南昌江核电2号机组压力容器吊装就位

国际原子能机构总干事天野之弥访问中核二三公司

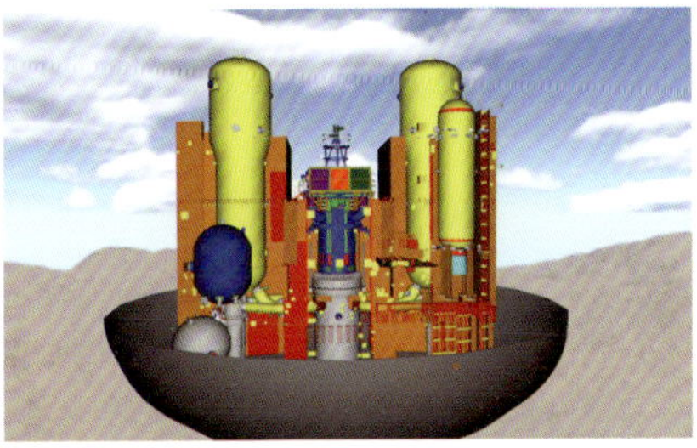

AP1000三代核电核岛三维设计

安装完成的岭澳核电站堆芯

建设中的福建宁德核电站

东华理工大学

东华理工大学（原华东地质学院）是江西省人民政府与工业和信息化部、国家国防科技工业局、国土资源部、中国核工业集团公司共建的一所具有地学和核科学特色，以理工为主，经、管、文、法、艺、教兼备的多科性大学。学校是中国人民解放军海军后备军官选拔培训基地和中国核工业集团公司、中国核工业建设集团公司人才培养基地。

学校现有南昌和抚州两个校区，占地面积2000余亩，图书馆藏书200多万册。学校设有20多个教学单位和一个独立学院（长江学院）。学校现有在校生30000余人（含留学生），拥有1个博士学位授权一级学科，1个博士后科研工作站，14个硕士学位授权一级学科，71个硕士学位授权二级学科，其中1个国防紧缺学科、14个省部级重点学科、2个江西省高水平学科、2个江西省示范性硕士点，并具有工程硕士专业学位和同等学力人员硕士学位授予权。

学校现有教职工2200余人，教授、副教授600余人。教师中有中国工程院双聘院士、俄罗斯自然科学院外籍院士、国家杰出青年科学基金获得者、井冈学者、东华学者，具有博士学位的有350余人，博士生导师20余人。中国工程院钱七虎院士担任名誉校长。

学校拥有“核资源与环境”国家重点实验室培育基地、放射性地质与勘探技术国防重点学科实验室、国际原子能机构参比实验室等12个国家级、省部级重点实验室，3个省级研究生创新基地，4个省部级科技创新团队。学校坚持开放办学，与美国、俄罗斯、日本、澳大利亚等20多个国家的高校、科研院所建立了校际交流和学术联系，并互派留学人员。

长期以来，东华理工大学秉承“明德厚学、爱国荣校”的校训，培养了十万余名各类专门人才。当前，学校正在为实现建设特色鲜明的高水平核工业大学目标而努力奋斗。

图书馆

东华理工大学抚州校区

教学楼

东华理工大学南昌校区

海南核电有限公司

2013年是海南核电砥砺前行、奋力拼搏推动工程进度的关键之年，是持续探索、深度参与总承包工程管理模式的重要之年，更是公司勇于开拓华南核电新项目、承接中核集团广东战略的开局之年。

2013年，海南核电围绕中核集团公司重点战略任务和年度重点工作，全体干部员工协力同心、锐意进取，工程建设与公司管理实现预定目标，深度参与联合协作的工程管理模式成效显著，圆满完成集团公司重点战略考核目标及公司20个内控节点，现场工程建设扎实推进，四大控制总体受控，1号机组设备交货进入全面收尾阶段，完成压力容器、主泵泵壳、堆内构件、汽轮机等重要设备交货。1号机组核岛安装取得阶段性进展，年度完成率87.4%，主管道焊接提前20天完成。主回路、主设备安装工作创造同类型机组核岛安装最短工期记录，基本满足1号机组冷试进度要求。“福岛改进”“电价争取”“联网二回”和“调峰研究”等专项工作按计划推进，为项目投产运营和公司可持续发展打下坚实基础；公司精益化管理水平持续提升，JYK一体化考核和管理提升活动初见成效；“7S”全面预算管理体系获中核集团公司、中国核电效能监察一等奖；海关协调取得重要突破，在全国核电企业中率先获得“海关AA类企业资质”；现场综合办公楼、文档中心、培训中心全面投用，厂区面貌基本成形，全员进驻现场办公，工作和生活条件得到根本性改善。2013年，公司还获得了中核集团科学技术三等奖、优秀QC小组一等奖、海南建省25周年经济科技优秀集体等多项荣誉。

1号机组压力容器吊装就位

1、2号机组全范围模拟机通过现场验收

1号机组稳压器吊装就位

海南昌江核电现场

中国仪器进出口（集团）公司

中国仪器进出口（集团）公司（简称中仪公司）隶属于中国通用技术（集团）控股有限责任公司，成立于1955年，是我国最重要的从事高科技机电仪产品进出口贸易的大型国有企业。注册资金3亿元，在职员工673人，银行授信额度11亿元。

近年来，为实现跨越式发展，中仪公司积极推进转型升级发展战略，形成了广电技服业务、电子信息业务、医疗卫生业务、商贸服务业务等四大板块。公司拥有各类经营资质，例如军队和各部委授予的各类甲级招标、进口业务经营证照等共计30项。

核电业务发展定位：打造成为专业化商品供应链综合服务商。

公司是最早从事仪器进出口业务的专业外贸公司，也是国内最早从事集成类服务项目的大型央企，与众多国内外知名品牌的仪器供应商建立了紧密的长期合作关系。

方案咨询与设计：在项目启动前期，可根据需求提供项目招投标方案的规划、项目整体方案设计、产品选型、设备配置、方案评审等咨询服务。

人员培训：可根据需求为操作人员提供设备培训服务，通过理论结合实操的方式实现包括现场培训、工厂学习等服务。

设备提供：可提供便携式应急仪表、标准仪器间设备、仪表校验类设备、实验室设备、辐射监测设备等。可根据需求提供设备的委托（或协助）计量服务，包括计量机构的选择、相关资费的资讯、设备的委托送检等。

物流运输：中仪公司在北京、广州、上海拥有保税库、公共库、海关监管仓库、自由仓库及运输车辆。其中报税库可为设备临时进口、设备培训等提供更为快捷、便利的条件，在大连、天津、上海、广州等地拥有物流分支机构、合作伙伴、大型综合外贸仓库及运输车辆。

项目业绩：截至目前，已成功承揽宁德、阳江、防城港和台山调试用仪器仪表采购项目；福清和秦山调试工具及仪器仪表采购项目；秦山仪控设备采购项目、中电普瑞特高压电网技术和设备自主研发项目；中核烟囱气态流出物取样代表性科研实验测量仪表采购项目，累计中标金额达1.5亿元人民币。

国核自仪系统工程有限公司

国核自仪系统工程有限公司由国家核电技术有限公司与上海自动化仪表股份有限公司合资组建，其中国家核电投资 51%，自仪股份投资 49%，是国家核电技术有限公司的成员单位。

公司致力于成为仪控领域专业化和综合性解决方案供应商，从事核电站及相关工业领域仪控系统研发、设计、生产、集成、调试以及全寿期服务的专业化公司。

公司是美国西屋公司转让 AP1000 数字化仪控系统技术的指定受让方，以及大型先进压水堆核电站重大科技专项数字化仪控课题的牵头单位和实施主体，全面参与世界首批 AP1000 依托项目工程建设，消化吸收西屋先进仪控系统集成、测试和全寿期服务技术，并负责后续 AP1000 项目和 CAP1400 示范工程仪控系统的建造。

2012 年 12 月 25 日，签订《CAP1400 压水堆示范工程国产化仪控设备研制采购合同》

2013 年 6 月 10 日，公司和洛克希德马丁公司签署《RPS 工程样机合作开发和设备制造合同》

主要产品介绍：

NuPAC（反应堆保护系统及其平台）：公司和美国洛克希德·马丁公司联合研发的新一代基于 FPGA（现场可编程门阵列）技术的核电厂安全级仪控系统平台，其独特的系统结构设计使安全性和可靠性得以全面提升。该平台是中国首个获得美国核管会评审受理、具备完整自主知识产权的核电厂安全级仪控系统平台。

NuSIM（核电站仪控系统验证平台和模拟机）：用于核电站控制室及人机界面、数字化仪控系统和关键仪表、核电厂规程的开发和验证。

NuRIC（控制棒控制系统和控制棒位置指示系统）：自行研发的 AP1000 棒控棒位系统，与国内现有设备相比具有技术先进性的优势。

NuBAC（多样性驱动系统）：该系统是反应堆保护系统的多样性后备设备，具有实施纵深防御的重要安全功能，是提高核电机组安全性的重要装备。

NuPAC（反应堆保护系统及其平台）

NuSIM（核电站仪控系统验证平台和模拟机）

2011 年 6 月 30 日，签订《AP1000/CAP1400 核电后续项目仪控合作框架协议》

大事记

中国核能行业 2013 年度十大新闻

一、宁德核电站 1 号等核电机组先后投入商运或并网发电

据中广核集团报道，4 月 18 日，宁德核电站一期 1 号机组正式投入商运。6 月 6 日，红沿河核电站 1 号机组正式投入商运。11 月 23 日，红沿河核电站 2 号机组实现首次并网发电。

二、阳江核电站 5 号机组等新的核电工程先后开工建设

9 月 18 日，阳江核电站 5 号机组核岛浇筑第一罐混凝土，主体工程正式开工。

9 月 27 日，田湾核电站二期工程 4 号机组核岛比计划提前 1 个月实现开工。至此，我国重启核电后，国务院审议核准的第一个新建核电项目——田湾核电站二期工程（即田湾核电站 3、4 号机组）主体土建施工全面展开。

12 月 23 日，阳江核电站 6 号机组核岛主体工程正式开工。至此，阳江核电项目 6 台机组已全部开工建设。

三、核电“走出去”战略取得重要突破

据《环球时报》报道，11 月 26 日，巴基斯坦大型核电项目在巴南部港口城市卡拉奇举行启动仪式，巴总理谢里夫亲自参加破土动工仪式。该核电项目由中国援建，采用由中核集团自主研发的具有自主知识产权的 ACP1000 三代核电技术，预计 6 年内完工，建成后有望缓解巴基斯坦长期以来的能源危机。

四、大亚湾核电站 1 号机组实现连续安全运行 4000 天，创造了国际同类型核电站单机组安全运行最高纪录

据中广核集团报道，截至 2013 年 12 月 9 日，大亚湾核电站 1 号机组实现连续安全运行 4000 天。自 2002 年 1 月 12 日以来，该机组连续 11 年无非计划停堆，保持国内核电站单机组安全运行最高纪录，并在国际同类型 64 台机组中排名第一。

五、中法两国核能领域合作稳步发展

据新华社报道，4 月 25 日，在中国国家主席习近平和法国总统奥朗德的见证下，工业和信息化部副部长、国家原子能机构主任马兴瑞与法国原子能和替代能源委员会主席毕戈共同签署了《中国国家原子能机构和法国原子能和替代能源委员会第十一个和平利用核能合作议定书》。

在中法两国元首的见证下，中国核工

业集团公司与法国阿海珐公司签署了中国大型商业后处理－再循环工厂项目（简称“后处理大厂项目”）合作意向书。

中广核集团（CGN）与法国电力集团（EDF）及阿海珐集团（AREVA）在北京签署长期合作联合声明。根据联合声明，三方将在先进反应堆研发、核燃料及经验共享、核电站运维及性能提升等方面加强长期合作。

据《人民日报》报道，中法核能合作 30 周年高峰论坛 12 月 6 日在北京人民大会堂举行。国务院副总理马凯与法国总理艾罗共同出席论坛。马凯致辞时强调，30 多年来中法核能合作稳步发展，成绩斐然。中法双方在核燃料循环前端、核反应堆、核燃料循环后端及核安全 4 个支柱领域具有广泛的合作前景，尤其是在国际核电市场开发方面拥有广阔的合作空间。

六、内陆核电多项研究成果向社会发布

5 月 31 日，中国核能行业协会召开发布会，向社会发布了有关内陆核电的多项研究成果，并就我国公众和有关政府部门对内陆核电建设涉及的安全及环境影响问题作出了回答。这些成果是在核能协会组织的《内陆核电厂环境影响的评估》课题研究的基础上取得的，成果的发布受到社会各界和媒体的广泛关注，也为政府有关部门启动内陆核电建设提供了科学依据。

七、中国铀矿第一科学深钻取得多项创新成果

7 月 17 日，中核集团在江西相山铀矿大基地宣布，中国铀矿第一科学深钻项目顺利终孔，钻探深度达 2818.88 米，突破了以往 1200 米的找矿深度，填补了我国铀矿深部找矿的空白，缩短了与国外铀矿深部勘查的差距。此次技术的突破，拓展了铀资源的找矿空间。

八、核能领域一批重要科技成果获奖

据中国核能行业协会网站报道，共有 61 项核能科技成果获 2013 年度中国核能行业协会科学技术奖。其中，《中国百万千瓦核电自主化依托项目－岭澳核电站二期工程》《AP1000 反应堆冷却剂管道安装与焊接技术研究》两个项目获得一等奖；另外有 14 个项目获得二等奖，45 个项目获得三等奖。

据中核集团报道，由中国核工业地质局牵头完成的《中国北方中新生代沉积盆地铀矿资源调查评价》项目，荣获 2013 年度国土资源部科技进步奖一等奖。

九、江苏核电、中原建分别荣获全国质量奖和鲁班奖

11 月 3 日，据《中国核工业报》报道，在全国质量奖颁奖大会上，江苏核电有限公司荣获中国质量协会颁发的全国质

量奖，这是中国核电首次登上全国质量奖的殊荣榜。

12 月 5 日，据中国核工业建设集团网站报道，作为“河北尚义龙源风电场（150MW）工程”参建单位，中国核工业中原建设有限公司荣获由中国建筑业协会组织评审、国家建设部审定的 2012—2013 年度中国建设工程鲁班奖。

十、高温气冷堆核电站示范工程燃料元件生产线奠基

据中电新闻网报道，3 月 16 日，中核北方核燃料元件有限公司高温气冷堆核电站示范工程燃料元件生产线奠基。这是世界上第一条工业规模的商用球形燃料元件生产线。

2013 年中国核能行业大事记

1 月 1 日，《〈中华人民共和国政府和加拿大政府和平利用核能合作协定〉议定书》正式生效。

1 月 5 日，全球首套 AP1000 核电站柴油发电机组在陕西柴油机重工有限公司下线，填补了三代核电柴油发电机组国产化的空白。

1 月 5 日，国家核安全局正式向三门核电有限公司下发了《关于颁发三门核电有限公司一类放射性物品运输容器使用批准书的通知》《关于批准中核集团三门核电有限公司燃料组件（美供）运输核与辐射安全分析报告书的通知》，标志着三门核电首炉燃料组件运输容器取证工作和新燃料组件运输方案的审查工作顺利完成。

1 月 7 日，2013 年全国能源工作会议在京召开。

1 月 7 日，国土资源部发布消息：内蒙古中部大营地区发现目前国内最大规模的铀矿床，控制铀资源量跻身世界级大矿行列。

1 月 7 日，从上海交通大学获悉，国家“973”计划项目“核电站紧急救灾机器人的基础科学问题”已正式启动。

1 月 10 日，中共中央政治局委员、广东省委书记胡春华到台山核电现场调研。

1 月 10 日，中电投集团与广东省人民政府在广州举行战略合作框架协议签字仪式。广东省政府支持中电投集团依托第三代核电技术在广东投资开发核电项目。

1 月 11 日，中核核电运行管理有限公司组织进行了秦山核电专业化改革后的首次场内综合应急演习。

1 月 11 日，广西壮族自治区党委书记彭清华到防城港核电站调研，就核电选址、温排水影响等情况与防城港公司进行了交流。

1 月 13 日，国务委员刘延东在山东调研核电国家科技重大专项实施工作时强调，大力实施创新驱动发展战略，强化政产学研用紧密结合，积极稳妥推进核电科技重大专项，为我国能源结构调整，可清洁能源发展提供有力支撑。

1 月 14 日，AP1000 核岛设备设计相关任务包技术资料“落地”中核集团，标志着中核集团 AP1000 引进消化吸收工作又迈出了坚实步伐。

1 月 14 日，方家山核电站 2 号机组第二台主设备——稳压器成功吊装就位。

1 月 15 日，中核集团中国核电工程有限公司与东方电气股份有限公司在北京签订了福建福清核电 5、6 号汽轮发电机组设备供货合同。

1 月 16 日，红沿河核电站 1 号机组首次达到临界，标志着 1 号核电机组正式进入带功率运行状态。

1 月 16 日，中核集团三门核电工程 1 号机组环吊主小车吊装就位，至此三门核电 1 号机组环吊的吊装工作全部完成，为钢制安全壳顶封头就位创造了条件。

1月17日，环境保护部副部长李干杰在京会见了巴基斯坦原子能委员会主席安萨尔·帕维一行，双方就共同关注的中巴核安全及核电项目合作等议题交换了意见。

1月18日，国家科学技术奖励大会在北京隆重召开，胡锦涛、习近平、温家宝、李克强、刘云山等出席大会并为获奖代表颁奖。中核集团先进核能技术创新工程、地浸砂岩铀矿快速评价技术及应用、堆用锆合金关键基础研究三项成果荣获2012年度国家科技进步二等奖。

1月19日，三代核电自主化依托项目三门核电站1号机组反应堆压力容器一体化顶盖顺利吊装就位。

1月20日，福清核电工程2号常规岛汽轮机低压外缸下半顺利就位，标志着福清核电2号常规岛汽轮机安装正式开始。

1月20日，中共中央政治局委员、广东省委书记胡春华到阳江核电现场调研，希望阳江5、6号机组能够尽快开工，早日建成。

1月21日，秦山三核乏燃料干式贮存设施第二批（3、4号）模块顺利通过建安工程竣工验收，为后续开展调试和装料试运行打下了良好基础。

1月21日，中国核工业建设集团公司承建的巴基斯坦恰希玛核电站二期工程项目荣获中国建筑业协会颁发的“中国建筑工程鲁班奖（境外工程）”。

1月21～24日，国家核事故应急办公室和美国能源部核安保署联合在海南举办了“中美核应急医学培训班”。

1月23日，福清核电站首条500千伏送出线工程全线贯通。为福清核电站首台机组并网发电打下基础。

1月23日，台山核电1号机组主管道射线探伤工作顺利结束。

1月23日，中国政府网发布消息，《国务院关于印发能源发展“十二五”规划的通知》于2013年1月1日正式下发。《规划》提出，到2015年，运行核电装机达到4000万千瓦。

1月23～24日，中国核工业集团公司在京召开2013年度工作会议。会上，中核集团董事长、党组书记孙勤作了题为《稳中求进，创新发展，为打造强大核心竞争力而奋斗》的工作报告。

1月24日，由中国能源建设集团有限公司浙江火电建设公司承建的方家山核电1号机组500千伏第二阶段倒送电顺利完成。

1月25日，宁德核电站2号机组开盖冷试正式开始。此次试验包括安全注入系统、安全壳喷淋系统等系统的功能试验。

1月28日，方家山核电工程1号常规岛电动主给水泵顺利就位。

1月29日，三门核电1号机组钢制安全壳顶封头顺利吊装就位。至此，1号机组反应堆厂房内所有大型模块和设备已全部就位，核岛施工进入全面安装阶段。

1月31日，中核能源科技有限公司与中电投电力工程有限公司在京正式签署了《吉林白山核供热堆项目工程建设总承包联合体协议书》。

2月6日，辽宁红沿河核电站1号机组首次冲转成功，各项指标优良，为该核电机组早日并网发电创造了有利条件。

2月7日，由中国一重承制的大型先进压水堆国家重大专项CAP1400反应堆压力容器接管段锻件成功通过各项性能测试，各项指标均满足CAP1400反应堆压力容器的设计要求，并达到了国际领先水平，

2月10日，海阳核电项目1号机组堆内构件运至海阳核电现场。

2月16日，中国二重承制的巴基斯坦C4项目稳压器锻件完工发运。

2月17日，辽宁红沿河核电站1号机组并网发电。

2月17日，环境保护部副部长李干杰在京会见了巴基斯坦原子能委员会主席安萨尔·帕维一行，双方就共同关注的中巴核安全及核电项目合作等议题交换了意见。

2月21～22日，财政部、发改委、工信部等部委在京组织召开了三代核电项目进口设备免税专家审查会。会议形成了专家意见，供有关部门制定政策时参考。

2月22日，三门核电2号机组反应堆压力容器支撑吊装引入并开始安装。标志着2号机组核岛主设备安装正式启动。

2月22日，国家重大专项CAP1400 RUV湿绕组主泵设计评审会在上海核工院举行，并通过评审。

2月25日，国务院副总理、中俄能源合作委员会中方主席王岐山与俄罗斯副总理俄方主席德沃尔科维奇举行会晤，会晤后，王岐山与德沃尔科维奇共同签署了《中俄能源合作委员会双方主席会晤纪要》。中俄将加强核能合作，同步推进核电站、空间堆、浮动堆、快堆以及在第三国建设核电站等一揽子合作。

2月25日，环境保护部副部长李干杰会见土耳其能源与自然资源部副部长阿特金先生。

2月25日，中国核工业建设集团公司与上海浦东发展银行在沪签署战略合作协议。

2月27日，苏阀－福斯核电设备（苏州）有限公司举行了开业典礼。该公司是由中核苏阀科技实业股份有限公司与美国福斯流体控制公司共同投资设立的一家企业，致力于研发、设计、制造包括主蒸汽隔离阀（MSIVs）在内的核电站用的核一级、核二级及其他民用核电的阀门和部件及其相关产品。

2月27日，中国二重与国核工程公司成功签订两台CAP1400堆芯补水箱设备供货合同。

3月1日，广西防城港核电站1号机组发电机定子吊装就位。

3月2日，由科技部国际合作司和国防科工局系统工程二司主办，中国核能行业协会和中国核动力研究设计院承办的2013年中国参与第四代核能系统国际论坛（GIF）工作研讨会在成都举行。

3月2日，红沿河核电2号机组发电机穿转子工作顺利完成。

3月4日，山东海阳AP1000核电机组蒸汽发生器A成功就位。

3月4～7日，由中科华核电技术研究院主办，中国核能行业协会协办的第六届超临界水堆国际研讨会（ISSCWR-6）在深圳召开。

3月4日，红沿河核电4号机组发电机定子吊装工作顺利完成。

3月6日，宁德核电站1号机组首次带电至满负荷，发电机各项性能参数优良。

3月7日，中核四〇四有限公司极低放固体废物填埋场工程投入试运行，并填埋了第一批极低放废物。

3月8日，中广核集团与中国电力建设集团有限公司在北京签署战略合作协议。

3月9日，福清核电1号机组安全壳整体密封与强度试验顺利结束，取得圆满结果。

3月11日，红沿河核电3号机组第二台蒸汽发生器顺利就位。

3月12日，徐大堡核电一期工程第二次前期准备工作汇报会暨总承包合同签字仪式举行。

3月12日，福清核电3、4号机组两台220千伏辅助变压器一次性成功吊装就位。

3月13日，中核四〇四有限公司铀转化生产线通过开车评审。

3月13日，国家发展改革委办公厅印发《关于同意广东陆丰核电一期工程调整为AP1000技术方案的函》，标志着中广核集团首个AP1000项目正式落户陆丰。

3月14日，三门核电站1号机组第2、3、4台反应堆冷却剂泵运抵三门核电码头。

3月15日，海阳核电1号机组压力容器一体化顶盖成功吊装就位。

3月15日，中电投集团联合广西区发改委向国家发改委报送了《关于开展广西白龙核电站前期工作的请示》。

3月16日，中核北方燃料元件有限公司高温气冷堆核电站示范工程燃料元件生产线奠基。

3月19日，中核集团ACP1000堆腔注水冷却系统非能动试验典型工况在中国核动力研究设计院取得圆满成功。

3月19日，海阳核电站1号机组第二台蒸汽发生器顺利吊装就位。至此，该机组两台蒸汽发生器已全部完成引入。

3月20日，江苏田湾核电站3、4号机组工程项目外贸代理委托协议签字仪式在京举行。

3月22日，方家山核电工程2号机组主管道焊接施工正式开始。

3月23日，海阳核电站1号机组环吊顺利吊装就位。

3月24日，三门核电2号机组首台汽水分离再热器顺利吊装就位。

3月25日，中电投集团在京召开2013年核电工作暨核电安全工作会议。

3月25日，由大连重工承制的我国首台国产化AP1000三代核电技术反应堆厂房用燃料装卸料机，经过170多项的精密试车试验后正式下线。

3月25日，国资委组织召开中核集团建设规范董事会工作会议，宣布了国资委新任命的中核集团外部董事名单并颁发聘书。中核集团公司董事长孙勤代表集团公司与外部董事签订了服务合约。

3月26～27日，中俄第三代核电技术合作首次工作会议在成都举行。双方就三代核电技术、堆内核测系统、核技术服务和核电产品等领域的合作进行了讨论交流。

3月28日，中国能源建设集团有限公司浙江火电公司承建的方家山核电2号机组主变压器顺利就位，标志着2号机组电气一次设备安装全面展开。

3月29日，中核集团与中国大唐在京签署了全面战略合作框架协议。

3月29日，中核集团地矿事业部与中石化集团华北分公司签署了《中核石化铀业有限公司合资协议》，意味着两大集团在铀资源勘查开发方面的合作将进入实质阶段。

3月29日，海阳核电站1号机组总重约为800吨的安全壳顶封头一次性吊装就位，安全壳成功封顶。

3月31日，大型先进压水堆核电站重大专项CAP1400非能动堆芯冷却系统试验设施（ACME）台架完成了主回路水压试验，标志着台架建安工作结束，系统全面进入冷态调试阶段。

4月3日，国家能源局副局长吴吟会见了美国商务部副部长弗朗西斯科·桑切斯，双方就推动中美在能源领域的务实合作、美国核电代表团访华等问题交换了意见。

4月4日，大亚湾核电运营公司在法国电力公司（EDF）2012年度国际同类机组安全业绩挑战赛上，再次摘取“能力因子”和“核安全/自动停堆”两项第一名。

4月7日，三门核电站1号机组完成了主冷却剂管道所有焊口100%厚度的实体焊接。

4月7日，中国能源建设集团有限公司东电一公司承建的红沿河核电站3号常规岛1000兆瓦汽轮机1号低压缸扣盖一次成功。至此3号常规岛所有汽轮机扣盖全部结束。

4月8日，哈电动装公司研制的中国首台具有自主知识权、用于方家山核电工程核主泵电机成功发运。

4月9日，中核集团与浙江省能源集团在杭州签署了全面合作相关协议。

4月14日，高温气冷堆首次大件吊装——屏冷水A型模块顺利吊装就位，标志着高温气冷堆蒸发器舱室–8米以下屏冷水吊装完成。

4月15日，宁德核电站1号机组正式投入商业运行。

4月15～16日，中美和平利用核技术联合协调委员会第8次会议在北京举行。双方同意启动《中华人民共和国政府和美利坚合众国政府和平利用核能合作协定》续约谈判。

4月16日，中国核工业二三建设有限公司取得北京市四部门联合颁发的高新技术企业认证证书，成为“国家高新技术企业”。

4月17～19日，由中国核学会与中国仪器仪表学会联合主办的第二届中国

（国际）核电仪控技术大会在西安召开。

4 月 18 日，中央政治局委员、国务院副总理马凯视察国家核应急响应中心，工业和信息化部部长、国家核应急协调委主任苗圩，工业和信息化部副部长、国防科工局局长马兴瑞等陪同视察。

4 月 18 日，中广核集团所属纳米比亚湖山铀矿项目开工，这是目前中国在非洲最大的矿业投资项目。

4 月 19 日，中核集团自主研发的具备完整自主知识产权的先进压水堆核电站 ACP1000 初步设计通过了国家核行业权威鉴定。专家一致认为：ACP1000 的技术和安全指标达到了国际上三代核电机组的同等水平，设计、建造能够完全实现自主化。

4 月 19 日，东方电气与中国原子能科学研究院签订了快堆蒸汽发生器、中间热交换器研制合同。

4 月 20 日，新疆中核天山铀业公司蒙其古尔采铀工程项目土建工程开始浇灌第一罐混凝土，标志着该工程进入了土建施工阶段。

4 月 21 日，田湾核电二期工程 3 号机组汽轮机厂房底板浇筑第一罐混凝土，常规岛开工仪式在现场举行。

4 月 22 日，中核集团总经理钱智民在京会见了阿根廷核电集团董事 R.Quintana 一行。中核集团副总经理吕华祥与阿根廷核电集团董事 R.Quintana 共同主持召开了核电合作第一次高层协调会。

4 月 25 日，国防科工局在京组织召开《原子能法》立法工作座谈会。

4 月 25 日，在中国国家主席习近平和法国总统奥朗德的见证下，工业和信息化部副部长、国家原子能机构主任马兴瑞与法国原子能和替代能源委员会主席毕戈共同签署了《中国国家原子能机构和法国原子能和替代能源委员会第十一个和平利用核能合作议定书》。

4 月 25 日，在中国国家主席习近平和法国总统奥朗德的见证下，中核集团董事长孙勤与法国阿海珐公司总裁吴赛(Luc Qursel) 在北京签署了中国大型商业后处理 – 再循环工厂项目合作意向书。中广核集团与法国阿海珐集团（AREVA）和法国电力集团（EDF）签署了长期合作联合声明，联合声明称三方将在先进反应堆研发、核燃料及经验共享、核电站运维及性能提升等方面加强长期合作。

4 月 25 日，国家能源局组织中核集团和中广核集团在北京召开了自主创新三代核电技术合作协调会。两大集团就合作的任务、目标、原则和运作方式等达成了一致意见，表示将共同推进我国自主创新三代核电技术发展。

4 月 26 日，福清核电 1 号机组主蒸汽系统联合压力试验圆满完成。

4 月 26 日，江苏上上电缆集团在江苏溧阳市举办成果发布会，宣布成功研制生产出具有自主知识产权的三代核电 AP1000 核电站安全壳内电缆，并即将应用于我国三代核电自主化依托项目首台 AP1000 机组——浙江三门核电站 1 号机组建设。

4 月 26 日，国家工商行政管理总局正式核准“中国广东核电集团有限公司”

名称变更为“中国广核集团有限公司”，集团名称变更为“中国广核集团”。

4月27日，中核集团百万千瓦级核电站首炉燃料组件首次出厂验收会举行。会上，中核建中燃料元件有限公司为福清核电厂1号机组首炉生产的两种丰度的燃料组件和相关组件合同产品实物和文件均符合合同和验收大纲的要求，顺利通过了出厂验收。

5月2日，由中核集团自主研发的具备完整自主知识产权的先进压水堆核电站——ACP1000初步设计通过鉴定。专家一致认为：ACP1000的技术和安全指标达到了国际上三代核电机组的同等水平，设计、建造能够实现自主化。

5月2日，国家核电技术有限公司与美国西屋电气公司共同出资成立的国核维科核电技术服务（北京）有限公司在北京正式成立。

5月2～4日，由上海电气核电设备有限公司承担的大型先进压水堆及高温气冷堆核电站重大专项“AP1000蒸汽发生器制造技术”课题顺利完成预验收。

5月3日，国家能源局在京组织召开能源重大战略问题调研工作启动会。国家发展改革委副主任、国家能源局局长吴新雄出席会议并讲话。能源局计划启动18项重大能源战略问题开展调研。

5月3日，有“中国铀矿第一科学深钻”之称的相山铀矿科学深钻核能开发项目，顺利达到2818.88米的深度终孔，完成既定的目标任务。

5月3日，海阳核电1号模拟机完成了由西屋公司向山东核电的移交，标志着海阳项目1号模拟机已具备操纵员培训条件。

5月5日，我国五大核电集团在深圳大亚湾核电基地共同签署《核电集团间核电厂核事故应急相互救援框架合作协议》，在核事故应急领域形成整体合力，共筑核安全纵深防御底线。中广核集团核事故应急救援队同日挂牌成立。

5月7日，中国科学院等离子体物理研究所宣布，该所通过国际合作研制成功的中国首个超导托卡马克试验装置（HT-7）正式退役。

5月8日，海阳核电2号机组1号、3号低压转子抵达现场。至此，海阳核电2号机组三支低压转子全部到场。

5月11日，中国核工业建设集团公司与福建省莆田市政府在京签署了战略合作框架协议。同时，中国核建莆田核电筹备处揭牌成立。

5月15～16日，第九届中国核能国际大会在北京召开，本次大会的主题为“核电重启：挑战与机遇”。

5月16日，核电厂同行评估及经验交流委员会换届暨第三届委员会第一次会议在京召开。

5月16日，我国三代核电首台完成制造国产化的EPR机组蒸汽发生器——台山蒸汽发生器在东方电气（广州）重型机器有限公司的专用码头发运。

5月17日，由中国核动力研究设计院设计、烟台台海玛努尔核电设备有限公司生产的百万千瓦级压水堆核电厂ACP1000

锻造主管道通过专家委员会鉴定。

5月18日，三门核电工程1号机组低压缸转子全部吊装就位。

5月20日，环境保护部副部长李干杰会见美国商务部副部长弗朗西斯科·胡安·桑切斯。

5月20～21日，在世界核电运营者协会（WANO）第十二届双年会上，中广核总经理张善明荣获第八届核能卓越奖。

5月22日，由中核集团地矿事业部、中石化华北分公司合资成立的中核石化铀业有限公司在内蒙古额尔多斯揭牌，召开了第一次股东会暨董事会。

5月22日，中核集团海南昌江核电工程1、2号机组220千伏辅助电源倒送电一次成功。

5月23日，中国核能行业协会2013年年会在上海召开。

5月23日，深部铀矿科学钻探竣工研讨会在江西相山召开。于5月3日终孔的相山科学深钻核能开发项目共取得了铀铅锌铜多金属矿突破等十大成果。

5月23～25日，由中国核能行业协会主办的“第十届中国国际核电工业展览会”在上海世博展览馆举行。这是我国核电重启后首次举办的国际核电工业展览会。

5月25日，三门核电1号机组汽轮机低压外缸扣缸成功，标志着该机组汽轮机3只低压缸扣缸目标全部实现。

5月25日，昌江核电1号机组220千伏倒送电圆满成功。

5月27日，中国核工业建设集团公司与临沂市政府签署战略合作框架协议。

5月30日，由东方重机生产制造的红沿河4号机组反应堆压力容器在东重专用码头顺利发运。

5月31日，中国核能行业协会在湖南益阳市召开发布会，向社会发布了有关内陆核电的多项研究成果，并就我国公众和有关政府部门对内陆核电建设涉及的安全及环境影响问题作出了回答。

5月31日，中核集团和中国海洋石油总公司在京签署了战略合作框架协议。

5月31日，国产核级海绵锆首次发货，标志着我国核级海绵锆的生产空白得到填补，同时也标志着国家核电与西屋公司在核级锆材领域的合作取得重大成果。

6月1日，全国人大常委会副委员长向巴平措率全国人大常委会民族区域自治法实施情况专题调研组到防城港核电站调研。

6月2日，中核集团与海南省政府、南方电网公司、华能集团在海南海口签署了海南跨海联网二回工程合作协议，为解决海南电网“大机小网”，保障海南昌江核电项目投产后的安全运行和经济效益迈出坚实步伐。

6月5日，红沿河核电项目3号机组主管道焊接全部完成。

6月6日，辽宁红沿河核电站一期工程1号机组投入商业运行。

6月6日，红沿河核电项目2号机组热态功能试验顺利结束，开始装料前的准备工作。

6月6日，中国核能行业协会科学技

术奖第二届设奖者委员会 2013 年会议在京召开，10 家设奖者单位的代表出席了会议。

6 月 8 日，中国核学会第八次全国会员代表大会在京召开。会议审议通过了第七届理事会工作报告，选举产生了第八届理事会、常务理事会。

6 月 8 日，东方电气股份有限公司牵头编制的《压水堆核电厂蒸汽发生器设计制造规范》及《压水堆核电厂反应堆冷却剂泵设计制造规范》两项核电标准，在北京通过了由能源行业核电标准化技术委员会组织的专家评审。

6 月 10 日，国家核电技术公司所属国核自仪系统工程有限公司与美国洛克希德・马丁公司在美国华盛顿签署《RPS 工程样机合作开发和设备制造合同》，双方将采用第一阶段合作开发的 NuPAC 平台，联合开发新一代核反应堆安全级数字化仪控系统。（RPS 即反应堆保护系统）

6 月 17 日，由保定天威保变电气股份有限公司研制生产的山东海阳核电站 1、2 号机组 7 台配套用 442WVA/500KV 主变压器顺利完成制造任务，并全部一次通过试验。

6 月 18 日，中国核能行业协会专家委员会铀资源专业会议暨全国放射性矿产地质管理办公室主任会议在沈阳召开。来自有关单位的 45 名专家和代表出席了会议。

6 月 21 日，中核集团在甘肃铀浓缩基地宣布，中国核工业关键技术——铀浓缩技术完全实现自主化，并成功实现了工业化应用，达到了国际先进水平。

6 月 23 日，阳江核电 1 号机组热试成功。

6 月 26 日，CAP1400 首个大型综合试验台架正式通过调试验收。

6 月 27 ～ 28 日，国家环保部副部长、国家核安全局局长李干杰分别到中核集团八二一厂和核动力研究设计院检查指导和安全工作。

6 月 27 日，国内首次乏燃料厂内转运成功实施：从大亚湾核电站转运的 26 组乏燃料组件卸入岭澳核电站 4 号机组乏燃料水池内。

6 月 27 日，辽宁徐大堡核电一期工程两台 AP1000 百万千瓦级核电汽轮发电机组设备供货合同签字仪式在东方电气集团公司举行。

6 月 28 日，广东陆丰核电一期工程 1、2 号机组 AP1000 堆型控制棒驱动机构和堆内构件设备供货合同签字仪式在国核工程有限公司举行。

6 月 29 日，海阳核电 1 号核岛环吊完成所有载荷试验项目，标志着 1 号核岛环吊可用。

6 月 30 日，三门核电 1 号机组汽轮机高压缸上半缸吊装就位，标志着高压缸扣缸完成。

6 月 30 日，经李克强总理批准同意，国务院发布修订版《国家核应急预案》。

7 月 1 日，中核集团与苏丹水资源与电力部签署了中核集团与苏丹水电部关于核电项目合作的相关谅解备忘录。

7 月 2 日，国家发改委网站发布称，

国家发改委已下发通知，对新建核电机组实行每千瓦时 0.43 元的标杆上网电价。

7 月 3 日，修订版《国家核应急预案》已获国务院批准并向社会公布。这是新时期指导我国核应急工作的权威性文件。

7 月 3 日，“全国核应急宣传周”活动正式启动。

7 月 5 日，国核保险经纪有限公司揭牌仪式在北京举行。国核保险经纪有限公司是中国核电行业第一家获批设立的全国性保险中介机构。

7 月 7 日，全国人大常委会副委员长吉炳轩一行视察山东海阳核电。

7 月 8 日，中广核惠州核电有限公司成立揭牌仪式在惠州举行。惠州市政府与中广核集团公司签署深化合作补充协议，并就进一步加深与中广核集团战略合作、积极推动核电等清洁能源的开发交换了意见。

7 月 8 日，由中国核能行业协会、世界核大学、清华大学共同主办的 2013 年世界核大学清华周研讨会在京举行。

7 月 9 日，在 AP1000 国产化控制棒驱动线落棒试验评审会上，由上海核工程研究设计院与上海交通大学组成的试验团队顺利完成了 AP1000 驱动线落棒性能验证试验。这也是在国际上首次获得 AP1000 系列堆型驱动线落棒试验结果。

7 月 10 日，海南昌江核电项目 1 号机组反应堆压力容器顺利完成水压试验，各项数据均满足设计规范要求。

7 月 10 日，中广核与中国邮政储蓄银行签署了战略合作框架协议，双方将在核电、风电、太阳能、水电等项目融资以及现金管理等多方面开展合作。

7 月 15 日，国家核安全局向岭东核电公司颁发岭澳核电厂 3、4 号机组运行许可证。这是国家 CPR1000 机组获颁的第一个运行许可证，标志着机组结束了核安全法规要求的试运行，进入正式运行阶段。

7 月 17 日，中核集团在江西相山铀矿大基地宣布，中国铀矿第一科学深钻项目顺利终孔，以 2818.88 米的钻探深度，突破了 1200 米的找矿深度，这一突破填补了我国铀矿深部找矿技术的空白。

7 月 17 ～ 19 日，山东海阳核电项目 3、4 号机组工程可行性研究报告审查会在烟台市召开。

7 月 23 日，包括中国科学院、中国工程院、法国科学院等国际核能领域的约 200 名核专家集聚合肥，参加核能安全技术高峰论坛，研究如何促进核能高效安全等内容。

7 月 24 日，我国首座商用重水堆核电站——秦山三期核电站已全面建成并安全运营十周年，两台机组累计发电 1159 亿千瓦时。

7 月 24 日，福清核电 3 号机组首台蒸汽发生器吊装就位。

7 月 24 ～ 28 日，由中国核学会主办的首届“魅力之光”杯全国中学生核电科普夏令营在浙江省圆满结束。

7 月 26 日，环保部副部长李干杰在京会见了美国核管制委员会副主席乔治·阿波斯特拉齐斯一行，双方就共同关注的中美核安全及核电项目合作等议题进行了交流。

7月27日，福清核电第一台应急柴油机首次启动成功。

7月30日～8月2日，第二十一届国际核工程大会在成都开幕，大会以“绿色核能，保障世界”为主题。本届大会吸引了来自20多个国家和地区的专家、学者、工程技术人员约1200人参会，共设置了15个平行技术分会场和10个专题讨论会。

7月30日，天威保变为广西防城港核电站一期工程自主研制的首批4台400MVA/500kV单相升压主变压器全部一次试验合格，主要性能指标达到国内领先水平。

8月1～2日，国家核安全局在中电投集团烟台核电培训基地组织召开了核电集团公司核事故应急支援联合工作组会议。

8月2日，福清核电第一台主泵电机顺利吊装就位于1号机组反应堆厂房主泵间。

8月7日，中广核集团发布了首份《安全发展白皮书》，承诺将每年8月7日确定为其下属各核电基地的“公众开放体验日”。

8月9日，方家山核电工程1号柴油发电机组首次启动成功。

8月15日，中国核建与中国科学院在京签署了科技合作框架协议。协议涉及核技术应用、核研究基地及设施建设、先进核反应堆技术研发、军工工程技术的研发和应用等多个重点技术领域。

8月16日，宁德核电站2号机组热态功能试验正式启动。

8月21日，徐大堡核电项目堆内构件、控制棒驱动机构、压力容器和蒸汽发生器设备供货合同正式签订。

8月22日，国家发改委副主任、国家能源局局长吴新雄一行到中核集团调研并听取意见。

8月22～23日，首届中国核能行业信息化工作交流会议在北京召开。

8月23日，海阳核电项目1号机组乏燃料容器吊车顺利完成工厂验收试验，标志着AP1000依托项目首台国产乏燃料容器吊车的工厂制造工作全部完成。

8月27日，国家核电技术有限公司巴西代表处在里约热内卢揭牌成立。

8月27日，海南核电1号机组堆内构件出厂验收会议在上海第一机床厂有限公司召开。

8月28日，中国核工业建设集团公司与哈尔滨工程大学签署了战略合作框架协议。

8月31日，国家发展和改革委副主任、国家能源局局长吴新雄赴大亚湾核电基地调研。

9月5～6日，国家环境保护部副部长、国家核安全局局长李干杰赴大亚湾核电基地调研。

9月5日，三门核电一期工程废水处理厂房顺利完成并整体移交。

9月9日，国际原子能机构理事会在维也纳召开会议，中国新任理事王毅韧在会上发表讲话，敦促日本尽快控制福岛核电站放射性废水泄漏问题。

9月11日，以“机遇与挑战”为主题的中国核学会2013年学术年会在哈尔滨召开。来自我国核工业及配套产业、核基础科学研究、核应用技术、核信息、核经济管理等领域的知名专家、教授和青年学者1200余人及20余位院士出席大会。

9月11日，中国核学会评选的首届“中国十大核科技进展(2011.6—2013.6)”揭晓。

9月13日，中俄政府首脑定期会晤委员会中俄核问题委员会分会第17次会议在莫斯科召开。会议期间，讨论了建设田湾核电站5～8号机组等问题，双方签署了一项议定书。

9月14日，中共中央政治局常委、中央书记处书记刘云山以及李源潮、郭金龙、韩启德等领导，在参加全国科普日北京主场活动时莅临核能专区，并听取了我国自主三代核电技术ACP1000和中国实验快堆等相关情况介绍。

9月14～15日，由中国核能行业协会和成都市人民政府联合主办的“2013成都小型动力堆论坛”在成都举办，来自有关政府部门、小堆潜在用户和核能相关单位的领导、专家、代表共250余人出席了会议。

9月14～17日，由中国核能行业协会和中国科学院金属研究所联合主办的第三届核电站材料与可靠性国际研讨会在沈阳召开。来自核电公司、研究设计院所、核电装备业、大学等54家国内外相关单位的120多名专家及学者参加了会议。

9月14日，方家山核电2号机组汽轮机2个低压缸扣缸顺利完成。

9月16日，国际原子能机构第57届大会在维也纳召开。中国国家原子能机构主任马兴瑞在会上强调，中国的核能发展政策是“和平利用”“安全第一”。

9月16～17日，由中国核能行业协会和法国阿海珐集团共同主办的中法核燃料循环后端技术研讨会在成都举办。来自中法两国核能领域近50家单位的约140名代表参加了会议。

9月18日，阳江核电站5号机组核岛浇筑第一罐混凝土，主体工程正式开工。

9月18日，秦山核电新建应急控制中心正式投入运行。

9月22日，由国家核事故应急办公室主办的广东核电安全发展研讨会在深圳召开。

9月23日，方家山核电工程2号机组主管道冷热段全部焊接完成，提前22天实现了节点目标。

9月23～25日，中电投集团在山东烟台组织召开核电工程建设经验国际交流研讨会，专家就核电工程建设及AP1000项目建设过程中出现的问题进行了深入探讨。

9月25日，中核内蒙古矿业有限公司在包头揭牌成立。这标志着中核集团国内第一个区域内天然铀开发的法人实体和市场竞争主体开始正式运行。

9 月 25 日，目前世界最大单机容量的核能发电机——台山核电站 1 号 1750 兆瓦核能发电机由东方电气东方电机有限公司完成制造，并从四川德阳市顺利发运。

9 月 27 日，田湾核电站 4 号机组核岛浇筑第一罐混凝土，比计划提前 1 个月开工建设。

9 月 29 日，上海核工程研究设计院与国核工程有限公司组成的国核联队与中广核集团陆丰核电有限公司在上海签署陆丰核电厂一期工程核岛总承包合同框架协议。

10 月 10 日，重庆市发改委印发了《关于将涪陵（石佛）核电列为重庆市优先建设核电项目的函》（渝发改能函〔2013〕471 号），明确同意将涪陵（石佛）核电作为重庆市优先建设的核电项目列入重庆市能源中长期发展规划。

10 月 11 日，工业和信息化部副部长、国防科工局局长马兴瑞赴大亚湾核电基地调研。

10 月 12 日，中核抚州金安铀业有限公司水冶厂堆浸场地（山南）正式投入运行。

10 月 14 日，国家核安全局发布《关于释放辽宁红沿河核电厂 2 号机组首次临界控制点的通知》。监督检查的结果表明，该机组已具备首次临界的条件。

10 月 14 日，红沿河核电站 3 号机组发电机转子顺利穿入发电机定子。

10 月 15 日，第 5 次中英经济财金对话期间，在国务院副总理马凯和英国财政大臣奥斯本的见证下，《中华人民共和国政府和大不列颠及北爱尔兰联合王国政府关于加强民用核能领域合作的谅解备忘录》在北京签署。中国国家能源局、英国能源与气候变化部共同组建了中英政府间核能合作工作组。

10 月 16 日，中核集团在中国原子能科学研究院举办纪念钱三强先生诞辰百年回顾展。

10 月 18 日，福清核电 2 号机组汽轮机 2 号低压缸扣缸工作顺利完成。

10 月 19 日，江苏核电有限公司、中国原子能工业有限公司、俄罗斯燃料元件公司（TVEL）在京签订了“田湾核电站 3、4 号机组核燃料供货合同”及“田湾核电站 3、4 号机组反应堆配件（锆材）采购框架合同”。

10 月 21 日，法国电力集团公司宣布，将联合法国阿海珐核电集团和中国两家核电企业，在英国西南部欣克利角兴建两台第三代压水堆核电机组。

10 月 21 日，环境保护部对阳江核电厂 1、2 号机组环境影响报告书（运行阶段）作出批复。

10 月 22 日，红沿河核电 4 号机组首台蒸发器成功吊装就位。

10 月 23 ～ 24 日，中国核能行业协会在北京举办了“核电厂更高的安全规范要求和解决方案”国际研讨会。来自 45 家单位的 150 多名专业技术人员参加了会议。

10 月 23 日，台山核电项目 1 号发电机定子顺利吊装就位。

10月25日，由中国核能行业协会核电厂同行评估及经验交流委员会组织，为期一周的山东海阳核电项目调试领域专项评估圆满结束。

10月25日，国家核安全局向阳江核电有限公司颁发阳江核电厂1号机组《首次装料批准书》（国核安证字第1312号），批准阳江核电厂1号机组首次装料活动。

10月26日，国家核电工程公司与沈鼓集团核电公司、哈尔滨电气动力装备公司签订“后续CAP1000核电项目部分主泵采购合同”，合同总额超过25亿元。

10月27～28日，三门核电2号机组两台堆芯补水箱先后成功吊装就位。

10月28日，南非副总统莫特兰蒂（Mr. Kgalema Petrus Motlanthe）带领着该国的能源部代表团来到国家核电技术有限公司总部，参观了CAP1400的最新进展，并表示对双方合作前景给予期待。

10月29日，中国国家原子能机构与美国能源部在京联合举行仪式，共同见证中美核安保示范中心开工建设。

10月29日，福清核电2号机组汽轮机高中压上缸体吊装就位，高中压缸扣缸工作顺利完成。

10月30日，财政部经建司发布了2013年拟支持的智能制造装备项目名单，百万千瓦级压水堆核电站安全技术数字化控制系统研发与应用项目列入其中。

10月30日，中国大唐集团核电有限公司揭牌仪式暨集团公司与中国核工业建设集团公司战略合作框架协议签字仪式在京举行。

10月31日，据国家能源局网站消息，根据《国家能源局关于建立服务能源企业科学发展协调工作机制的通知》（国能综合[2013]185号）要求，国家能源局综合司印发《服务核电企业科学发展协调机制方案》。

11月3日，据《中国核工业报》报道，在全国质量奖颁奖大会上，江苏核电有限公司荣获中国质量协会颁发的全国质量奖。

11月3日，全国政协副主席、民革中央常务副主席齐续春到防城港核电基地调研。

11月4日，国家能源局发布核电重大项目验收管理制度。

11月5～6日，由中国核能行业协会和财团法人核能科技协进会（台湾）共同主办的第二届海峡两岸核能合作研讨会在苏州举办。来自海峡两岸核能领域39家单位的近百名代表参加了会议。

11月8日，国家核安全局批准宁德核电2号机组首次装料。

11月9日，首届核电海盐论坛暨核电建设与地方发展座谈会在浙江海盐举行。

11月12日，由中国核能行业协会第四代核能系统国际论坛（GIF）联络办公室组织的GIF《钠冷快堆安全设计准则》《钠冷快堆安全设计导则》专家研讨会，以及GIF路线图更新（TRU）研讨会在京召开。

11月12日，核电半速1200兆瓦级汽轮发电机在哈电集团（秦皇岛）重型装备有限公司成功下线，这是我国在AP1000

第三代技术上研发制造的首台产品。

11 月 14 日，国家发展改革委副主任、国家能源局局长吴新雄和苏丹共和国水资源与电力部部长奥萨玛·阿卜达拉·默罕默德在北京签署了《中华人民共和国政府和苏丹共和国政府和平利用核能合作协定》。

11 月 19 日，三门 AP1000 核岛堆内构件冷装实验成功完成。

11 月 21 日，我国首家基于核电产业链、以提升核电建设者素质为内容，保障核电建设安全与质量为目标的产业培训联盟——"AE 培训联盟"在中广核大亚湾核电基地成立。

11 月 21 日，东方电气阿海珐核泵有限责任公司举行中国首套核电主泵轴密封成功制造庆典仪式。

11 月 21 日，福清核电 3、4 号机组里程碑节点——220 千伏辅助电源倒送电一次送电成功。

11 月 22 日，中核集团技术经济总院揭牌成立。

11 月 23 日，红沿河核电站一期 2 号机组首次并网发电。

11 月 23 日，随着三门核电站 1 号机组核岛厂房穹顶吊装完成，第三代核电 AP1000 首堆的土建基本完工。

11 月 25 日，在李克强总理与罗马尼亚总理维克托·蓬塔的共同见证下，在罗马尼亚总理府签署了《中华人民共和国国家能源局和罗马尼亚经济部能源署关于核电项目合作的谅解备忘录》。同时，中广核董事长贺禹与罗马尼亚国家核电公司总裁 Daniela Lulache 签署了合作开发切尔纳沃德核电站 3、4 号机组的意向书。

11 月 26 日，由中国援建采用中国核工业集团公司自主研发的具有自主知识产权的三代核电技术的巴基斯坦大型核电项目在巴基斯坦南部港口城市卡拉奇举行启动仪式。巴基斯坦总理谢里夫亲自参加破土动工仪式。

11 月 29 日，第七次中日核安全信息交流会在杭州召开。

11 月 29 日， AP1000 核电壳内电缆成功完成了 LOCA 后浸没试验，满足了 AP1000 壳内电缆技术规范书的要求。

11 月 30 日～12 月 1 日，全国政协原副主席、农工党中央原常务副主席李蒙一行来湘考察湖南桃花江核电项目。李蒙表示，汇集意见后向中央建议尽早启动内陆核电项目。

12 月 1 日，国家发展改革委副主任、国家能源局局长吴新雄和沙特阿拉伯王国原子能与可再生能源城主席亚玛尼在利雅得签署了《中国国家能源局和沙特阿拉伯王国原子能与可再生能源城关于加强和平利用核能合作的谅解备忘录》。

12 月 2 日，国务院总理李克强在人民大会堂与英国首相卡梅伦举行会谈时提出，中英要开展核能实质性合作，中方企业愿意投资、参股甚至控股英方核电建设项目。卡梅伦表示，欢迎中国企业赴英投资，支持中方参股甚至控股英核电建设项目。

12 月 2 日，环境保护部副部长、国

家核安全局局长李干杰在京会见了法国阿海珐集团执行副总裁兼亚太区总裁欧道博，双方就共同关心的问题交换了意见。

12 月 2 ～ 6 日，在哈萨克斯坦召开了中哈能源合作委员会第七次会议。会议期间，中核集团与哈萨克斯坦原子能工业公司签署了合作协议。

12 月 4 日，中国、日本和韩国就建设“核事件信息交换系统”达成协议，以便突发如福岛核事故那样的紧急事件，各方能及时交换信息。

12 月 6 日，中法核能合作 30 周年高峰论坛在北京人民大会堂举行。国务院副总理马凯与法国总理艾罗出席论坛并致词。

12 月 8 日，法国总理艾罗到台山核电厂参观访问。

12 月 9 日，福清核电 2 号机组反应堆厂房第三台冷却剂泵泵壳顺利吊装就位，标志着 2 号机组 EM2 一回路 8 台重型主设备已全部就位。

12 月 9 日，法国总理艾罗参观了台山核电站。

12 月 10 日，国防科工局副局长王毅韧到大亚湾核电基地考察指导工作。

12 月 10 日，中核集团与中国科学院在京签署了《中国科学院与中国核工业集团公司科技合作框架协议》，建立了科技战略合作伙伴关系。

12 月 14 日，全国政协副主席、科技部部长万钢出席国家核电“重大专项汇报暨核电创新发展研讨会”。

12 月 15 日，海阳核电 1 号机组屏蔽厂房穹顶吊装成功。

12 月 16 日，中国核能电力股份有限公司对外发布其公司董事长及法定代表人变更的公告。钱智民担任该公司董事长，并由此成为该公司新的法定代表人。

12 月 17 日，全国人大常委会副委员长路甬祥率四川地区“创新设计发展战略研究”课题研究组，到中国核动力研究设计院调研指导工作。

12 月 18 ～ 19 日，由上海电气核电设备有限公司承制的台山 EPR 核电机组两台蒸汽发生器正式发运。这是上海电气成功研制的首台三代蒸汽发生器。

12 月 19 日，国资委副主任徐福顺一行到中国核动力研究设计院调研指导工作。

12 月 20 日，中国太平保险集团有限责任公司与中国广核集团有限公司正式签署战略合作协议。

12 月 23 日，阳江核电站 6 号机组核岛主体工程正式开工。至此，阳江核电项目 6 台机组已全部开工，中广核在建核电机组数量 16 台，在建核电总装机容量 1878 万千瓦。

12 月 23 ～ 27 日，巴基斯坦原子能委员会专家代表团访问了中国国家原子能机构。

12 月 25 日，方家山核电工程 1 号汽轮发电机组一回路非核蒸汽冲转取得圆满成功。

12 月 27 日，宁德核电 2 号机组冲转一次成功。

12 月 27 日，国家发展改革委副主任、能源局局长吴新雄到红沿河核电现场调研，就二期项目进展、设备国产化、ACPR1000技术特点等与有关人员进行了交流。

12月30日，中国核工业建设集团公司暨股份公司2014年度工作视频会议在京召开。

核能协会
活动报道

核能协会活动报道

核电厂同行评估委员会秘书处召开工作会议

1月16日，中国核能行业协会在北京召开了核电厂同行评估及经验交流委员会秘书处工作会议。委员会秘书长、副秘书长，以及委员会技术支持单位代表、秘书处有关人员参加了会议。

会议主要讨论了《第三届核电厂同行评估及经验交流委员会组成方案》《核电厂同行评估及经验交流工作经费分摊标准与使用管理办法（2012年修订稿）》等文件，研究了委员会2013年主要工作安排，并听取了核动力运行研究所和苏州热工研究院承担的部分软课题研究项目的进展情况汇报。

内陆核电厂环境影响评估课题研讨会在京召开

1月23～24日，中国核能行业协会在京召开了内陆核电厂环境影响评估课题研讨会，来自国家核安全局、环保部核安全中心、相关核电公司和研究设计院所等13个单位的28位专家、代表参加了会议。课题负责人、协会副理事长赵成昆主持了研讨会。

内陆核电厂环境影响评估课题，是中国核能行业协会为促进我国内陆核电建设，于2012年初组织6家内陆核电建设单位、华能集团及中广核工程公司共同筹资的研究项目。主要研究人员来自苏州热工院、环保部核与辐射安全中心、上海核工程研究设计院、中国核电工程有限公司、清华大学和中国核能行业协会。

会议认真听取了课题组周如明等7位专家的阶段性研究成果和进展情况汇报，肯定了课题研究取得的进展，一致认为，本课题对增强政府和公众对内陆核电厂的安全置信度具有积极的促进作用。专家们针对内陆核电厂严重事故环境风险的评估方法、案例研究、确保水资源安全的应急预案、排放口下游浓度控制等主要议题，以及课题研究中的难点和问题展开了热烈的讨论。

协会负责人座谈会在京召开

1月24日，中国核能行业协会负责人座谈会在京召开，协会理事长、副理事长，名誉理事长、副理事长和部分常务理事共22人出席了会议。国家发改委原副主任、国家能源局原局长、协会名誉理事长张国宝，国防科工局副局长、协会副理事长王毅韧，国家核安全局副司长赵永康等与会并讲话。

座谈会由协会理事长张华祝主持。会议就我国核电发展趋势、协会2013年重点工作和如何发挥协会作用等，进行了研究和讨论，对协会今后的工作提出了许多好的意见和建议。

核电厂同行评估委员会负责人座谈会在京召开

1 月 24 日，中国核能行业协会核电厂同行评估及经验交流委员会负责人座谈会在京召开。委员会副主任委员单位及秘书处支持单位代表参加了会议，协会理事长兼委员会主任张华祝主持了会议。

会议听取了《2012 年核电厂同行评估与经验交流工作总结》，讨论了《第三届核电厂同行评估及经验交流委员会组成方案》《核电厂同行评估及经验交流工作经费分摊标准与使用管理办法（2012 年修订稿）》等文件。本次会议为委员会 2013 年工作的开展，以及第三届委员会换届选举等打下了良好的基础。

张华祝应邀访问法国阿海珐亚洲总部

1 月 31 日，中国核能行业协会理事长张华祝应邀访问了阿海珐集团公司亚洲总部，并与亚洲区总裁欧道博先生进行了会谈。双方就中法两国未来核电发展的前景坦率地交换了意见。

张华祝谈到，阿海珐公司长期以来与中国相关企业保持着密切的合作关系，通过技术转让使中国同行逐渐形成了自主建设能力。张华祝对此表示赞赏，并希望未来能够继续加强交流与合作。

欧道博说，中国是世界核电发展的火车头，阿海珐公司希望能更多地参与中国的核电建设，并与中国合作伙伴一起共同开发国际市场。

三代核电项目进口设备免税专家审查会在京召开

2 月 21 ～ 22 日，财政部、发改委、工信部等部委在京组织召开了三代核电项目进口设备免税专家审查会。来自行业协会、研究院所、制造企业的专家，以《国内投资项目不予免税的进口商品目录》为主要依据，对三门核电一期、海阳核电一期、台山核电一期工程项目以及田湾 3、4 号机组进口设备申请免税清单进行了审查，将国内能够生产，或不满足《目录》条件的设备进行了梳理。经过仔细审核和反复讨论，会议形成了专家意见，供有关部门制定政策时参考。

电气贯穿件与核电安全研讨会在京举办

2 月 28 日，中国核能行业协会和清华大学核研院在京联合举办了电气贯穿件与核电安全研讨会。来自国家核安全局、环保部核与辐射安全中心、相关核电公司、研究设计单位及美国、德国、法国等的 30 多个单位的 70 多位专家、代表参加了会议。

国内有关专家就 AP1000 电气贯穿件设计思路、ACP1000 的电气贯穿件标准、电气贯穿件在高温气冷堆上的应用、国内核电厂安全壳电气贯穿件标准等内容作了专题报告。美国电气和电子工程师协会（IEEE）专家介绍了福岛事故后国际上为改进安全壳在严重事故下的应对措施所进行的思考；德国肖特集团介绍了玻璃封装技术在核电厂电气贯穿件中的应用。与会代表围绕核电厂电气贯穿件的设计思路、鉴定标准、材料应用、产品特点等进行了深入热烈的讨论与交流。

电气贯穿件是核电厂安全壳的重要组成部分，电气贯穿件性能对保证安全壳密封性、防止和减少放射性物质大量释放至关重要。这是国内第一次召开针对核电厂电气贯穿件的行业性的专业交流会议，对深化行业人员对电气贯穿件技术、产品与标准的认识，熟悉和了解电气贯穿件相关国际国内情况起到了很好的推动作用，对进一步制定和完善国内电气贯穿件有关标准也有积极意义。

2013 年 GIF 工作研讨会在成都举行

3 月 2 日，由科技部国际合作司和国防科工局系统工程二司主办，中国核能行业协会和中国核动力研究设计院承办的“2013 年中国参与第四代核能系统国际论坛（GIF）工作研讨会”在成都举行。来自科技部国际合作司、高新技术与产业化司、国防科工局系统工程二司、中国核能行业协会、中国核工业集团公司、国家核电技术有限公司、中国原子能科学研究院、清华大学核研院、中国核动力研究设计院、中科华核电技术研究院、上海交通大学、中科院基础科学局、中科院上海应用物理研究所等国内 10 多家单位的约 30 名代表参加了会议。

科技部国际合作司副司长陈霖豪指出，在过去的一年，我国先后完成了加入 GIF 钠冷快堆系统运行与安全研发项目的签署程序，加入高温气冷堆系统制氢、燃料与燃料循环研发项目的签署授权，加入 GIF 超临界水堆系统安排的专家论证，启动了有关申请程序；GIF 联络办在加强国内参与单位的协调与联络，整合国内研究力量，共享国际合作资源等方面发挥了重要作用，为国内参与 GIF 工作提供了有力支撑，促使国内 GIF 工作取得很大的进展。目前，中国在参与 GIF 工作方面已经步入务实合作的重要阶段，希望国内重点研发领域利用 GIF 平台学习借鉴 GIF 方法学等研究成果，通过开展务实合作，提高中国在 GIF 中的话语权和影响力，为我国核能的长期发展做好技术储备。科技部高新技术发展与产业化司调研员曹学军再次重申了“协同创新”的建议，希望各参与单位要加强协调，密切合作，形成合力。国防科工局于晓丽代表刘永德副司长致辞，对 2012 年中国在 GIF 工作中所取得的成果表示肯定，并希望参与单位能充分交流经验和成果，为 GIF 工作献计献策。

与会专家分别介绍了 2012 年 GIF 专家组、产业咨询高级委员会的相关情况；清华大学核研院和中国原子能科学研究院分别介绍了中国参与 GIF 框架下超高温气冷堆和钠冷快堆系统安排的进展情况及2013年的工作计划；中核集团、中广核集团、上海交通大学分别介绍了各自承担的国内超临界水堆的研究进展情况；中科院介绍了参加GIF熔盐堆会议的情况。此外，会议还就GIF未来十年规划技术路线更新、产学研结合、快堆研发、中国未来参与GIF的战略与力度等问题进行了讨论。

信息化专业委员会筹备工作会在京召开

3月7日，中国核能行业协会信息化专业委员会筹备工作会在北京召开，中国核工业集团公司、中国核工业建设集团公司、中国广东核电集团有限公司、中国电力投资集团公司、国家核电技术有限公司、中国华能集团公司等单位负责信息化工作的领导共15人参加了会议。

为大力推进工业化与信息化深度融合，促进核能行业信息化水平整体提升，在中国核工业集团公司、中国核工业建设集团公司、中国广东核电集团有限公司、中国电力投资集团公司、国家核电技术有限公司、中国华能集团公司倡议下，经2012年11月20日召开的中国核能行业协会第二届常务理事会第二次会议审议通过，中国核能行业协会设立信息化专业委员会。

与会代表就组建信息化专业委员会和下一步如何开展信息化工作进行了认真的研究和讨论。会议通过投票，选举田佳树为中国核能行业协会信息化专业委员会主任委员；张建奎、邹来龙、王洪涛、郑万永、朱卫列为中国核能行业协会信息化专业委员会副主任委员；肖心民为中国核能行业协会信息化专业委员会秘书长。

第六届超临界水堆国际研讨会在深圳举行

3月4～7日，由中广核集团公司中科华核电技术研究院主办、中国核能行业协会协办的“第六届超临界水堆国际研讨会（ISSCWR–6）”在深圳举行。

来自科技部、中国核能行业协会、中广核集团公司、中国核动力研究设计院、西安交通大学、上海交通大学等国内相关研究设计单位、高等院校，以及国际原子能机构（IAEA）、第四代核能系统国际论坛（GIF）等国际组织和加拿大、德国、英国、捷克、俄罗斯、日本、欧盟等120多名专家、代表参加了会议。

在为期三天的研讨会上，中外专家学者分别就超临界水堆的堆芯及燃料设计，材料，化学及腐蚀，热工水力，安全分析等进行了专题报告和交流研讨。

超临界水堆（SCWR）是一种运行在水的热工超临界点（374℃，22.1MPa）以上、进行直接能量转换循环的高温高压水冷堆。高温单相的冷却剂使反应堆具有较高的热效率，同时简化了装置，提高了经济性。2002年，超临界水堆被第四代核能系统国际论坛（GIF）推荐为第四代核能技术中唯一的水冷堆堆型。为保证研发阶段超临界水堆技术的多样性，堆芯同时考虑采用热中子能谱和快中子能谱；堆本体结构同时考虑压力容器和压力管结构。预计到2025建成30—150万千瓦的示范堆项目。

近年来，欧盟、加拿大、日本、俄罗斯和中国等先后开展了超临界水堆的关键科学问题和关键应用技术的基础研究，工业应用技术的研发，以及概念设计、热工水力、燃料与材料、水化学研究等，并建立了相应的试验装置。本次研讨会是展示超临界水堆研发技术成果，开展技术交流，探讨关键技术问题和解决途径，畅想发展蓝图的重要平台，对促进超临界水堆技术的研发和加强国际交流与合作将起到积极的推动作用。

超临界水堆系统指导委员会会议在深圳举行

3月8日，第四代核能系统国际论坛（GIF）超临界水堆（SCWR）系统指导委员会会议在深圳举行。超临界水堆系统指导委员会主席、德国卡尔厄斯鲁理工学院教授Thomas Schlenber，超临界水堆热工和安全、材料和化学项目管理委员会主席以及加拿大、俄罗斯、欧盟、GIF秘书处和国际原子能机构的代表等参加了会议。中国核能行业协会GIF联络办、中国核动力研究设计院、中科华核电技术研究院、国家核电技术有限公司、上海交通大学派观察员出席了会议。

会议审议批准了2012年系统指导委员会的总结报告和行动计划；听取了超临界水堆系统安排和项目安排，热工水力与安全、材料与化学研发项目安排进展，以及由欧盟牵头，中国和加拿大参与的燃料性能考验（ＦＡＴ）临时项目管理委员会关于该项目计划的准备情况报告。

欧盟、加拿大、俄罗斯的代表分别介绍了各自超临界水堆技术的研发情况，国际原子能机构代表介绍了2008年IAEA发起的超临界水堆协调研究项目（CRP）所取得的研究成果，开展超临界水堆热工水力，材料与水化学研究新的协调研究项目计划、申请程序，以及未来与GIF的合作。第七次超临界水堆国际会议将由国际原子能机构承办，发展中国家代表可申请参会费用资助。中国核动力研究设计院热工水力研究所副总工程师黄彦平代表中方在会上介绍了中国超临界水堆的设计和研发状况。报告所展示的中国在超临界水堆技术研发和设计方面取得的成果和科研能力受到与会代表的一致赞赏。会议希望中国尽快加入GIF超临界水堆系统安排，交流信息，分享研究成果。指导委员会主席Thomas Schlenber教授表示，中国在超临界水堆方面做了大量技术研发工作，实际上通过双边合作已经参与了GIF超临界水堆的相关研发。今年是GIF超临界水堆研究项目下一个5年计划的开始，希望中国尽早完成加入GIF超临界水堆系统安排的法律程序，再行选择确定需要参加的具体研发项目，为推动超临界水堆技术发展作出不可或缺的贡献。

中国核能行业协会第二届经费管理委员会第一次会议召开

3月20日，中国核能行业协会第二届经费管理委员会在北京召开了第一次会议。经费管理委员会主任杨岐主持会议，协会副理事长兼秘书长马鸿琳出席会议。经费管理委员会5名成员（或委托人）参加了会议。会议审议通过了秘书处《中国核能行业协会2012年财务预算执行情况和2013年财务预算报告》，同意提交理事会第二次会议审定。

核电厂调试启动工作组会议在沪召开

3月27日，为总结核电厂调试启动工作组2012年工作，研究安排2013年重点工作，由中国核能行业协会主办，国核工程有限公司调试中心和核电厂调试启动工作组共同承办的2013年核电厂调试启动工作组会议在上海召开。

会上，调试启动工作组汇报了2012年的工作情况，并对2013年度的工作作了部署。与会代表围绕2013年重点工作展开了认真讨论，明确了各项工作的目标、内容和任务分工等。此外，会议还讨论了建立核电调试启动领域准入机制的工作设想，大家认真分析了启动该项工作的可行性和阶段安排。调试启动工作组将根据本次会议讨论情况，修订与完善本年度的工作安排。

同行评估委员会专题工作组组长座谈会在沪召开

3月27日，由中国核能行业协会主办，国核工程有限公司承办的核电厂同行评估及经验交流委员会行业专题工作组组长座谈会在上海召开。中国核能行业协会理事长张华祝、各专题工作组组长、执行秘书等参加了会议。

会上，12个专题工作组组长（或代表）分别汇报了2012年工作以及2013年的安排。随后，与会代表围绕专题工作组的规范运作、今后一段时期的重点工作，以及如何进一步发挥工作组对行业发展的支持作用等进行了讨论，大家积极建言献策。

中国核能行业协会理事长张华祝作会议总结。他回顾了我国核电厂同行评估及经验交流体系从建立到逐步完善所走过的历程，充分肯定了同行评估及经验交流工作对我国核电厂安全性和经济性的提升所起的推动作用。他指出，行业专题工作组作为委员会开展经验交流的新平台，建立两年多来在技术研讨、经验交流、问题研究、专题领域规范、专业人员培训等方面开展了大量卓有成效的工作，得到了行业内外的充分认可。同时，他强调要进一步丰富和完善专题工作组组长会议的形式和内容，指导和推动专题工作组工作进一步规范发展。

AP1000标准化调试大纲专家研讨会在沪召开

3月28日，由中国核能行业协会主办，国核工程有限公司承办的AP1000核电厂标准化调试大纲专家研讨会在上海召开。来自中国核电工程有限公司、中广核工程有限公司、三门核电有限公司、山东核电有限公司、上海核工程研究设计院、中国核工业标准化研究所、国核工程有限公司等单位的专家参加了会议。

会议对《AP1000核电厂标准化调试大纲（初稿）》的内容进行了深入研究和讨论。专家们对调试阶段划分等提出的意见和建议，将有利于推动AP1000标准化调试大纲的研究，对促进AP1000核电厂调试工作的标准化、程序化、规范化的工作具有重要意义。

协会第二届理事会第二次会议在京召开

3月29日，中国核能行业协会第二届理事会第二次会议在北京召开。

会议审议并通过了《2012年协会工作总结和2013年协会主要工作安排的意见》的报告、关于2012年财务预算执行情况和2013年财务预算的报告、第三届核电厂同行评估及经验交流委员会组成方案、中国核能行业协会科学技术奖设奖者委员会调整等有关问题的报告、关于部分单位调整理事人选和申请入会单位的资格审查等问题的报告；审定了第二届专家委员会组成方案，中国核能行业协会信息化专业委员会主任委员、副主任委员、秘书长的人选，秘书处网刊工作部主任调整的意见。

审议并原则通过张华祝理事长关于2013年年会议程和理事长工作报告（框架）。

内陆核电厂环境影响评估研究课题评审会召开

在我国内陆建设核电厂是否安全？内陆核电厂对我国的水环境及公众健康是否会造成影响？4月2日，由两位中国工程院院士，十几位来自国家核安全局、中国原子能科学研究院、清华大学、中国核能行业协会等有关部门领导、专家参加的内陆核电厂环境影响评估研究课题评审会，对这些疑问给出了明确的答案：我国内陆核电厂放射性流出物排放可以满足国际高标准要求；我国拟建内陆核电项目不可能发生类似日本福岛第一核电厂那样的灾难性事件；我国内陆核电厂采用三代核电技术，安全水平进一步提高，可确保水资源安全以及公众健康。

对于内陆核电建设，我国有关政府部门一直持十分谨慎的态度，其中尤其关注内陆核电厂运行对水环境的影响。福岛核事故后，我国社会公众对于内陆核电建设的疑虑明显增加。有的担心内陆核电厂运行对下游乡镇和城市饮用水水质的影响；有的担心内陆核电厂发生事故时对公众安全和水资源安全的影响；也有的认为我国水资源紧缺、地震多发，进而质疑内陆核电厂建设的适宜性等。

针对公众对于内陆核电厂的种种疑虑，中国核能行业协会自2008年起开始开展内陆核电建设的有关研究，包括内陆核电的选址、对水环境产生的影响、对环境产生的风险的评估等。2012年4月，中国核能行业协会组织业内50多位专家和有经验的工程技术人员，开展对内陆核电厂环境影响的评估研究。研究人员选取了美国和法国典型核电国家内陆核电厂有关环境辐射影响的经验，从内陆核电厂选址、用水、散热、辐射影响、发生严重事故后的环境风险等方面进行了深入的研究，以期对内陆核电厂的环境影响给出科学、客观的评估，以消除社会公众对内陆核电建设的疑虑，为政府有关部门决策提供有力支持。

经过评审，专家们一致认为，核电是一种清洁、高效、优质的现代能源，从社会经济可持续发展角度来看，我国需要规模发展核电，包括内陆地区规模发展核电。

昌江核电工程建设同行评估全面展开

4月7～15日，海南昌江核电工程建设同行评估在工程现场全面展开。

中国核能行业协会理事长兼核电厂同行评估及经验交流委员会主任委员张华祝指出，核电工程建设同行评估是在充分吸取我国多年运行同行评估经验、借鉴WANO成功实践后推出的独具特色的行业自律活动。自2009年以来，协会先后组织对华能石岛湾高温气冷堆、中核秦山二期扩建、田湾二期、中电投海阳、中广核阳江等项目进行了同行评估，评估结果得到各单位的高度重视。他说，福岛核事故后，国务院经过近两年的慎重考虑，去年年底稳妥恢复了核电建设，体现了国家对核电行业的信任，但我们绝不能以此自满，必须下大力气，确保在役核电厂运行安全，确保在建核电工程质量，这也是我国核电持续发展的必要条件。他希望受评方要积极支持评估队的工作，为评估活动的开展提供条件；要求评估队要按照“追求卓越、持续改进”的原则，利用自身的丰富经验，本着实事求是的态度，帮助受评方查找安全漏洞和管理上的不足，并提出好的建议和意见。

本次活动评估队由来自中核集团公司、中广核集团有限公司、中电投集团公司、国家核电技术有限公司所属单位的20多位专家组成。

根据受评方的申请，评估队通过现场巡视、人员访谈、查阅文档、观察工程活动等方式，对昌江核电工程项目的生产准备、调试管理、项目管理、设备材料管理、安装施工管理、进度管理、安全与环境等7个领域进行综合评估。根据评估计划，协会在1个月内向受评方提交正式评估报告，由受评单位根据评估结果组织整改；6个月内再次组队进行跟踪回访评估整改情况。具体回访日期由协会与受评方协商确定。

ACP1000初步设计审查会在京举行

4月18～19日，受中国核工业集团公司的委托，中国核能行业协在北京举办了先进压水堆ACP1000初步设计审查会。来自中国核能行业协会、国家能源局、国防科工局、国家核安全局、中国机械工业联合会、环境保护部核与辐射安全中心、电力规划设计总院、中国核工业集团公司、中国核工业建设集团公司、中国广东核电集团有限公司、中国电力投资集团公司、国家核电技术有限公司、中国华能集团公司、中国东方电气集团公司、中国第一重型机械集团公司、清华大学、上海交通大学、西安交通大学、哈尔滨工程大学等单位的38名专家及中国核电工程有限公司和华东电力设计院的代表出席了此次会议。

专家们听取了中核集团关于先进压水堆ACP1000初步设计整体情况和专题汇报，并分综合组、系统与设备组、安全与辐射防护组进行了审查。通过会议提问与答辩，并认真讨论，专家们认为：ACP1000的开发是在我国三十余年核电科研、设计、建设和运行经验的基础上，充分借鉴了国际三代核电技术先进理念，考虑了福岛核事故经验反馈，采用了能动和非能动相结合的安全系统设计理念，全面平衡地贯彻了纵深防御的设计原则，设置了较完善的严重事故预防和缓解措施。ACP1000满足我国最新的核安全法规和要求，其技术和安全指标达到了国际上三代核电机组的同等水平。

核能行业质保监查员培训班在无锡举办

4月15～20日，由中国核能行业协会主办、苏州热工研究院核电培训中心承办的“2013第一期（总第22期）核能行业质量保证监查员培训班”在无锡举办。来自核电厂业主和营运单位、工程公司、研究设计院所、建设安装单位、设备制造厂等48个单位的98名学员参加了培训。

培训班邀请的业内四名专家，根据《核能行业质量保证培训大纲（修订版）》的要求，安排了核安全文化与核安全管理、质量保证安全法规和标准、质量保证基本知识、监查技术、质量事件案例分析等7个方面的教学内容，对学员进行了综合理论知识考试和质保监查技能测试，完成了大纲规定的培训任务。

通过系统地讲解《核电厂质量保证安全规定》（HAF 003）及其导则，学员全面学习了法规的基本规定和具体要求；通过教授质量保证监查技术，传授监查经验，课堂模拟监查练习，训练了实际监查综合技能和技巧，对在实际工作中如何建立完善企业的质量保证体系具有很大的帮助。

根据对学员综合考评的结果，中国核能行业协会向学员颁发主监查员资格证、监查员资格证、实习监查员资格证或培训合格证书。

质量保证培训工作会在无锡召开

4 月 20 日，2013 年核能行业质量保证培训工作会在无锡召开。来自国家核安全局，中国核能行业协会，国家核电技术公司、中核核动力运行研究所、中核秦山核电有限公司、大亚湾核电运营管理有限责任公司、苏州热工研究院等 7 个单位的 12 名代表和专家参加了会议。

会议听取并讨论了 2012 年核能行业质保培训工作汇报，审议了核能行业质量保证监查员资格评定标准，审评了核能行业质量保证监查员再培训、主监查员提高培训的讲义和课件，并就相关问题展开讨论并达成一致。

会议讨论确定了新的质保监查员资格评定标准。会议决定，自 2013 年第一期质保监查员培训班开始，监查员资格评定按照新标准执行；会议修改确定了监查员再培训和主监查员提高培训的课程设置、内容、学时安排和教员。

据统计，为适应我国核能事业发展的需要，至 2012 年底，协会已举办了 21 期质保监查员培训班和 3 期高级管理人员质保培训班，共 2583 人参加了培训，并对培训合格的 2374 人颁发了相应证书。

阳江核电项目工程建设同行评估回访活动圆满结束

4 月 21 ～ 26 日，中国核能行业协会组织同行评估回访队，对阳江核电工程建设项目的管理改进情况进行了回访。

本次回访活动是对 2012 年 11 月 24 日—12 月 3 日阳江核电工程建设项目同行评估中所发现待改进项（AFI）的整改情况的评估回访。各领域评估员根据去年评估结果，结合中广核工程有限公司提供的纠正行动计划及其完成情况，通过文件查阅、人员访谈、现场巡视、活动观察等形式，对每一项 AFI 的改进情况进行评估并给出评价意见。

中国核能行业协会部分会员单位座谈会在上海召开

4 月 25 日，中国核能行业协会（上海地区）部分会员单位座谈会在上海森林特种钢门有限公司召开。上海地区 22 家会员单位的 27 名代表参加了会议。

会议听取了会员单位对协会工作的意见和建议，并希望各会员单位充分利用协会这个平台，在促进企业自身发展的同时，也为核能行业的发展作出贡献。

核电厂同行评估及经验交流委员会负责人会议在京召开

4 月 27 日，中国核能行业协会核电厂同行评估及经验交流委员会在京召开负责人会议，讨论委员会换届等相关事宜。委员会副主任委员单位及技术支持单位派代表参加了会议。

参会人员听取并讨论了《第二届核电厂同行评估及经验交流委员会工作报告（2008—2013）》《第三届核电厂同行评

估及经验交流委员会组成方案》《核电厂同行评估及经验交流工作经费分摊标准与使用管理办法（2012年修订稿）》等文件，审议了2012年委员会经费预算执行情况与2013年经费预算，以及建立全国核电运行情况季度报告机制等事宜。

核电厂同行评估及经验交流委员会换届暨第三届委员会第一次会议在京召开

5月16日，核电厂同行评估及经验交流委员会换届暨第三届委员会第一次会议在京召开。相关集团公司、核电营运单位、研究设计院所和工程公司的委员、协调员及代表共67人参加了会议。中国核能行业协会理事长、核电厂同行评估及经验交流委员会主任委员张华祝主持会议，并代表第二届委员会作工作报告。

会议审议通过了《第三届核电厂同行评估及经验交流委员会组成方案》。张华祝当选为第三届委员会主任委员，来自中国核工业集团公司、中国核工业建设集团公司、中国广核集团有限公司、中国电力投资集团公司、国家核电技术有限公司和中国华能集团公司的6名代表为副主任委员，其他成员单位的33名代表为委员。协会副秘书长龙茂雄兼任委员会秘书长。会议还审议通过了《核电厂同行评估及经验交流工作经费分摊标准与使用管理办法（2012年修订版）》、2012年委员会经费决算与2013年经费预算，以及建立全国核电运行情况季度报告机制等事宜。最后，核电厂调试启动工作组、核电厂防人因失误工作组和核电行业核级泵工作组代表委员会的14个行业专题工作组汇报了工作，交流了工作经验。

会议充分肯定了第二届委员会取得的工作成果。过去五年里，第二届委员会在核电厂安全运行业绩和核电工程项目管理水平提升，核电运行与建设经验交流等方面，开展了多种形式的服务，已成为业界开展行业自律和经验交流的重要平台。在促进核电安全水平提升、推动核安全文化建设等方面，开展了扎实的工作，发挥了积极的作用。会议提出，第三届委员会在未来的五年，应继续突出行业自律特色，遵照政府主管部门指导，成员单位集体决策，协会组织实施的自主管理模式，不断地推进我国核电厂同行自律工作的深入开展，为持续提升我国核电厂安全性和经济性作出贡献。

核能行业质量管理工作组会议在杭州召开

5月16日，中国核能行业协会核电厂同行评估及经验交流委员会在浙江杭州组织召开了第四次核能行业质量管理工作组会议。

会议汇报了工作组下一步工作安排、工作组计划执行情况和2013年重点工作。与会人员围绕核能行业质量管理、工作组工作重点、领域规范、法规HAF003等业内关注的问题，进行了认真讨论，并提出了宝贵的意见和建议。

第四代核能系统国际论坛（GIF）政策组会议在北京召开

5月16～17日，由第四代核能系统国际论坛（GIF）主办，科技部与和国家原子能机构承办，中国核能行业协会协办的GIF第35次政策组会议在北京召开，来自中国、加拿大、法国、日本、俄罗斯、韩国、瑞士、美国，以及IAEA、OECD、欧洲原子能共同体等11个国家和机构的近60名代表参加了会议。

会议听取了各成员国代表关于本国核电最新进展情况的介绍、GIF 6个堆型的工作进展；审议批准了《GIF钠冷快堆安全设计准则》；讨论了拟提供给GIF产业咨询高级委员会（SIAP）的建议、建立GIF教育和培训网页的计划、编制钠冷快堆安全导则构想、GIF战略规划、第四代核能系统技术路线图更新以及加强各国研发合作等议题；研究确定了下阶段GIF工作计划。

第四代核能系统国际论坛是由科技部与国家原子能机构牵头加入的国际大科学研究计划，其成员包括加、中、法、日、韩、南非、瑞士、美、俄、欧洲原子能共同体等。GIF主要任务是就6个国际公认最有潜力的第四代核电站堆型——钠冷快堆、铅冷快堆、气冷快堆、超临界水冷堆、超高温气冷堆和熔盐堆开展合作研究。我国已加入了超高温气冷堆和钠冷快堆两个子系统。科技部、国家原子能机构相关司局于2011年8月委托中国核能行业协会承担GIF联络办公室工作，包括国内外日常联络，以及信息收集和发布等。

2013年核能行业质量保证分级研讨会在杭州召开

5月16～17日，由中国核能行业协会主办、中核秦山核电集团筹备组承办的“2013核能行业质量保证分级研讨会”在杭州召开。来自国家核安全局、行业协会，有关集团、核电公司、研究设计院所、工程公司、建设安装和设备制造等63家单位的100多名代表参加了研讨会。21位专家、代表在大会上作报告。

中国核能行业协会副理事长赵成昆说，质量是确保核安全的重要基础，质量保证分级是质量保证工作的一个重要方面，是有效控制到物项和活动，有效控制成本的关键。他强调，法规对质保分级提出了要求，对质保分级起到了重要的指导作用。我国核电技术来源多样化，在质保分级方面认识、操作存在着差异和困难，尤其是备品备件分级上，要求更高。

中国核能行业协会2013年年会在沪召开

5月23日，中国核能行业协会2013年年会在上海隆重召开。中国核能行业协会理事长张华祝在理事会的工作报告中指出，“安全高效发展核电”正成为社会的共识，我国核电发展面临着良好机遇；从世界核电发展趋势来看，作为安全可靠、技术成熟的清洁能源，核电在世界未来的低碳能源中将继续扮演重要角色。

国家核安全局副局长刘华、国家原子能机构系统工程司副司长吕晓明、中国工程院院士陈念念，以及国家科技部等政府部门的有关领导出席了会议。

年会上，隆重举行了2012年度中国核能行业协会科学技术奖颁奖仪式。

约400名来自协会副理事长单位、有关省市经济（核电）管理机构，以及核电建设运营、核燃料生产、铀资源开发、研究设计、建筑安装、设备制造、技术服务、人才教育、医疗、商务咨询等会员单位和联系会员单位的代表出席了会议。

中国核能行业协会副理事长杨岐主持了会议。

第十届中国国际核电工业展览会在沪举办

5月23～25日，由中国核能行业协会主办的第十届中国国际核电工业展览会在上海世博展览馆举办。这是我国核电重启以来核能界举办的第一次大型活动。

来自亚洲、欧洲、美洲的17个国家（地区）、170多家享誉中外的核电工业企业、科研设计院所参加了本届展会，其中包括近100家国外企业。法国、俄罗斯、西班牙、英国等均以国家展团的形式组团参展，这显示出中国核电市场的巨大吸引力。

中国国际核电工业展览会于1995年由原国务院核电办公室在北京创办，每两年一届。1999年开始，由原国防科工委主办。2008年，国防科工委明确中国核能行业协会作为该展会的主办单位。伴随着中国核电事业的成长与发展，核电展已成为核能行业展示成就、彰显实力、推介产品、交流经验及促进合作的重要平台，被公认为是核能领域规模大、影响力强的一个专业展会。

法国驻华使馆核参赞Mr.Pierre-Yves Cordier致辞。中国核能行业协会理事长张华祝、国家核安全局副局长刘华、国家原子能机构系统工程司副司长吕晓明、国际展览业协会主席陈先进和法国驻华使馆核参赞Mr.Pierre-Yves Cordier，共同为展览会开幕式剪彩。

核级泵技术研讨班在沪举办

5月23～25日，由中国核能行业协会主办，苏州热工研究院有限公司、上海阿波罗机械股份有限公司共同承办的“2013年核能行业核级泵技术研讨班”在上海举办。

来自核能行业协会、核电运营公司、工程公司、研究设计院所、高校、制造厂等29家单位的50多位代表参加了研讨班。本次研讨班共收录论文26篇。11名代表分别就新型主泵设计、主泵维修、故障识别、辅助给水泵、事件经验反馈等作了专题报告。

内陆核电多项研究成果向社会发布

5月31日，中国核能行业协会召开

发布会，向社会发布了有关内陆核电的多项研究成果。发布会选在我国首批拟建内陆核电项目之一——桃花江核电项目所在地湖南省益阳市召开。水利部、国家核安全局、拟建内陆核电相关省份、核电业主、业内专家和公众代表等200多人出席了发布会。这些成果是基于核能协会组织的《内陆核电厂环境影响的评估》课题研究的基础上取得的。这是核能行业首次向社会发布有关内陆核电的研究成果，也是国内专门就内陆核电举办的规格最高、规模最大、最具权威的研究成果发布会。

日本福岛核事故之后，社会公众对于核电建设，特别是内陆核电建设的疑虑明显增加，尤其关心核电厂运行对下游水质的影响以及严重事故对水资源安全的影响。

对于内陆核电建设，我国一直持科学审慎的态度。自2008年以来，中国核能行业协会就开始了内陆核电建设有关课题的研究，先后完成了《内陆核电厂址需关注的问题及不同类型核电机组的适宜性分析》《内陆核电厂水环境影响的评估》和《内陆核电厂环境风险的评估和管理》等3份有影响的报告。在此基础上，针对内陆地区的地质条件、水资源状况、环境的承受能力、公众可接受性等质疑，2012年又组织50余位业内专家和工程技术人员，历时一年时间，通过开展《内陆核电厂环境影响的评估》课题研究，给出了一份集科学性与权威性于一体的研究报告。

此次研究涉及对内陆核电厂环境会造成影响的8个方面的主要因素，包括核电厂选址、用水、散热、辐射影响、严重事故后的环境风险和缓解措施等。专家们针对内陆核电厂的主要环境问题和公众关注的问题，通过广泛而深入的调查，并结合我国拟建内陆核电厂的堆型和厂址情况，对具有3000多堆年内陆核电厂建设运行经验的美、法两国内陆核电厂实际环境和安全状况，我国秦山和大亚湾两个核电基地的环境状况，进行了大量的分析研究。

研究认为：我国的核电安全标准与国际原子能机构的最新标准一致，内陆核电厂与沿海核电厂安全标准一致（在放射性液态流出物排放方面内陆厂址更为严格）；我国内陆核电厂的水、气等排放达到国际高标准要求，对环境造成的辐射影响的增加量远低于环境本底的辐射水平，不会影响到环境和公众健康；我国拟建内陆核电项目的厂址条件良好，不可能发生类似日本福岛第一核电厂那样的严重事故；采用二次循环冷却技术的内陆核电厂的淡水消耗量不会影响流域的水资源量；内陆核电厂下游水质可达饮用水标准；通过采取进一步的工程措施，可以确保严重事故下水资源安全以及公众健康；内陆核电厂严重事故对公众的健康风险要小于人类其他活动。研究还认为，要树立科学理性的安全观，让信息公开，让公众知晓，增强发展内陆核电的信心。

世界多个国家发展核电的实践证明，滨海核电厂与内陆核电厂没有本质的区别，一样都是安全的。事实上，全世界运行的核电机组有一半以上是建在内陆地区，法国和美国的内陆核电比例分别占到

69% 和 61.5%，美国密西西比河流域建有 32 台核电机组。有些国家如瑞士、乌克兰、比利时等，其核电厂全部建在内陆。由此可见，内陆核电是核电发展布局中重要的组成部分。

此次发布会旨在展示对内陆核电厂科学、客观的研究和评估，科学回答社会公众对内陆核电建设关注的问题，为政府有关部门启动内陆核电建设提供科学决策的依据。

核能协会科技奖设奖者委员会会议在京召开

6 月 6 日，中国核能行业协会科学技术奖第二届设奖者委员会 2013 年会议在京召开。10 家设奖者单位的代表出席会议。

代表们听取了协会奖励办关于《中国核能行业协会科学技术奖 2010—2012 年工作总结及 2013 年工作计划》的报告；审议并通过了《中国核能行业协会科学技术奖励办法（修订稿）》和新一届设奖者委员会及评审委员会组成名单；审查了 2012 年奖励基金预算执行情况并通过了 2013 年奖励基金预算。

核燃料循环与核级锆材发展研讨会在宝鸡召开

6 月 8 ～ 9 日，由中国核能行业协会主办，国核宝钛锆业股份公司承办的核燃料循环与核级锆材发展研讨会在陕西宝鸡召开。

来自核能协会核燃料循环专业组、国防科工局、中科院沈阳金属研究所、北京有色金属研究总院、高等院校、核电公司与工程公司、核燃料科研院所与生产厂家的 40 名专家出席了研讨会。

围绕我国核级锆材国产化、先进核燃料技术的发展与应用、铀转化、铀浓缩、元件生产、核燃料后处理等议题，专家们作了专题发言。研讨中，与会专家踊跃发言，热烈讨论，提出了许多意见与建议，并就一些重要的议题达成了共识。与会代表一致倡议，核燃料循环专业组应该很好地归纳专家们的意见，围绕核燃料循环与核级锆材产业的发展，政府的政策导向与支持，整合国内力量，发挥整体优势等重要议题，形成会议纪要，并通过核能协会这个平台，向有关政府部门和领导人汇报，以促进我国核燃料循环产业的可持续发展。

核燃料循环专业组会议同期召开。会议讨论了核燃料循环专家组的工作安排。与会代表参观考察了国核宝钛锆业公司的生产线和研发中心。

协会专家委铀资源专业会议在沈阳召开

6 月 18 日，一年一度的中国核能行业协会专家委员会铀资源专业会议暨全国放射性矿产地质管理办公室主任会议在沈阳召开。来自中国核能行业协会、中核集团地矿事业部、中央地勘基金管理中心，核工业华东、中南、西北、华南、西南、东北等6个属地化地区地质局，东华理工大学、南华大学、核工业北京地质研究院、核工业北京化工冶金研究院、中核北方铀业有限公司、中核集团二四〇研究所等单位的45位专家和代表出席了开幕式。

与会专家分别作了题为《我国北方超大型铀矿勘查新突破》《铀矿成矿新理论与勘查新技术方法》《相山深钻新发现及意义》《铀矿物探新技术和方法》《原地浸出采铀技术和应用的》的专题报告。

协会领导会见WANO新任主席

6月20日，中国核能行业协会理事长张华祝、副理事长赵成昆会见了到访的WANO新任主席Jacques Regaldo先生一行2人。双方详细介绍了各自机构的具体职能、组织结构、业务范畴、运作方式、主要活动等，并就未来加强合作的可能性及具体方式进行了富有成效的交谈。

张华祝谈到，中国核能行业协会下设的核电厂同行评估及经验交流委员会已经与WANO开展过两次联合评估，效果良好，获得了评估双方及运营商的一致认可。他说，中国在运核电机组的总数很快将占到全球总量的1/10，双方加强合作对提升全球核电厂运行水平，确保核电厂优良业绩将会有积极的贡献。

Regaldo先生对此表示认同。他说，WANO与中国核能行业协会所开展的工作有相似之处，但中国核能行业协会对在建核电机组开展的评估已经形成了体系，并取得了良好的成效。WANO可以通过香港办公室来加强与中国核能行业协会核电厂同行评估及经验交流委员会在该领域的合作，这对双方都是有利的。未来十年，中国将增加许多运行的核电厂，WANO与中国核能行业协会之间应更多地开展包括联合评估在内的合作。

双方商定将共同推动签署合作备忘录来落实具体的合作事宜。

核能行业质保监查员再培训班在无锡举办

6月19～22日，由中国核能行业协会主办、苏州热工研究院核电培训中心承办的“第一期核能行业质量保证监查员再培训班”在无锡举办，来自核电、研究设计院、建设安装、设备制造及船舶行业等21家单位的33名具有资质的质保监查人员参加了学习。

培训班安排了5个专题的内容，增加了国际上最新的理论、管理理念、方法和实践，介绍了核能行业质量管理动态以及面临的问题和挑战；聚焦对质量保证监查的组织管理、监查结果的分析和报告，拓展质量保证监查方法和技术能力，强化质保监查管理与结果评价能力；侧重于传授实践经验，培养监查员实际操作技能和处理问题的能力。通过案例分析和课堂讨论，帮助学员加深对监查本质和内涵的理解，使质保监查能更注重实效。

参训的学员经过考试、考核及综合评定合格者，取得了中国核能行业协会颁发的主监查员资格证书。

核电厂调试启动研讨会在郑州召开

6月26～28日，为促进我国核电厂调试启动领域的技术与经验交流，由中国核能行业协会主办，中国核电工程有限公司和核电厂调试启动专题工作组共同承办的“2013年核电厂调试启动研讨会”在郑州召开。来自中国核能行业协会、核电运营单位、核电工程公司、研究设计院所等25家单位的近90名代表参加了会议。

会上，22篇论文的作者围绕“调试工期优化”和“核电厂各主要系统设备调试”两个主要议题作了报告。为促进参会代表对共同关心的问题进行深入交流，会议还设置了若干交流议题，参会代表结合各自的工作经验，从不同的角度进行了深入的分析和探讨。

本次研讨会是协会适应我国在建核电项目的需要，充分发挥核电厂调试启动专题工作组平台作用而举办的一次专项活动。通过交流与研讨，进一步加强了核电厂调试工期优化和核电厂各主要系统设备调试领域的技术交流与经验反馈。

研讨会期间，还召开了2013年核电厂调试启动专题工作组第二次组长会。会议围绕核电厂调试能力资格评价方案、工作组简报编制办法、工作组信息平台搭建等议题展开了认真讨论，确定了工作组下一阶段的工作内容。调试启动工作组将根据本次会议的讨论情况，完善相关方案并继续推进年度工作计划的落实。

2013年世界核大学清华周培训研讨会在京举行

7月8日，由中国核能行业协会、世界核大学、清华大学共同主办的2013年世界核大学清华周培训研讨会在京举行。中国核能行业协会副理事长兼秘书长马鸿琳、世界核大学前教务长Steve Kidd、清华大学核研院副院长孙玉良出席开幕式并致辞。

本次培训课程内容包括世界能源、电力与环境，福岛核事故在国际监管、许可证标准、技术方面的经验反馈及纠正措施，核电项目融资、核电的经济性、核燃料、核应急响应、核电厂废物管理、核电厂退役、核电贸易与运输、核法律与核不扩散、第四代核能技术等20个领域，共有近50家的220多名代表参加了培训研讨会。

世界核大学（World Nuclear University）成立于2003年，总部设在英国伦敦，主要支持机构为世界核协会（WNA）、世界核电运营者协会（WANO）、国际原子能机构（IAEA）、世界经合组织核能署（OECD/NEA），以及30多个国家的核领域研究院所，其中包括清华大学核能与新能源技术研究院。世界核大学清华周自2007年开始已在中国连续举办7届，共培训核领域专业人员和学生上千人。

中国核能行业协会第二届常务理事会第三次会议召开

7月12日，中国核能行业协会以通

讯方式召开第二届常务理事会第三次会议。

会议审议了《关于第二届组织管理委员会第四次会议情况的报告》，同意厦门安能建设有限公司、山西华钢贸易有限公司、上海电气凯士比核电泵阀有限公司、上海太比雅电力设备有限公司、河南华泰特种电缆有限公司、江苏美特林科特殊合金有限公司、杭州新纪元消防科技有限公司、南京佑天金属科技有限公司8家单位为协会会员单位；同意康斐尔过滤设备（昆山）有限公司为协会联系会员单位。

会议同意核工业标准化研究所所长康椰熙接替龚俊、中国中原对外工程有限公司总经理杨朝东接替毛晓明、东方电气（广州）重型机器有限公司总经理唐伟接替王宏担任协会理事；同意中核第四研究设计工程有限公司、沈阳东管电力科技集团股份有限公司由理事单位变更为一般会员单位；同意中国核工业地质局为协会常务理事单位，杜运斌同志担任协会常务理事，中核金原铀业有限公司不再作为协会常务理事单位；李德连同志不再担任协会常务理事。

会议还同意对两年未缴纳会费的江苏一汽铸造股份有限公司、苏州维瑞科技咨询有限公司、贝迪投资管理（上海）有限公司、秦皇岛融大工程技术有限公司、中能电力科技开发有限公司5家单位按自动退会处理；同意因体制变化原因，辽宁核电有限公司、中国国核海外铀资源开发公司和中核金原铀业有限公司3家单位不再作为协会会员单位。

会议审议并通过了《中国核能行业协会科学技术奖励办法（修订稿）》。

2013第二期核能行业质保监查员培训班在无锡举办

7月15～20日，中国核能行业协会“2013第二期（总第23期）核能行业质量保证监查员培训班”在无锡举办，来自核电厂业主和营运单位、工程公司、研究设计院所、建设安装单位、设备制造、造船厂等61个单位的138名学员参加了培训。

根据《核能行业质量保证培训大纲（修订版）》的要求，培训班安排了质量保证安全法规和标准、质量保证基本知识、监查技术、质量事件案例分析等6个方面的教学内容，对学员进行了综合理论知识考试和质保监查技能测试，完成了大纲规定的培训任务。

培训班根据综合考评的结果，由中国核能行业协会向学员颁发主Ⅲ监查员资格证、监查员资格证、实习监查员资格证或培训合格证书。

ASME核电锅炉及压力容器规范与标准委员会主席到访协会

7月25日，美国机械工程师协会（ASME）核电锅炉及压力容器（第三卷）规范与标准委员会主席希尔（Ralph s. Hill Ⅲ）先生一行3人到访中国核能行业协会，就ASME的最新发展情况进行了通报。

希尔先生谈到，为便于中国等北美以外的国家能更好地参与ASME的工作，ASME已对现有授权检验机构的资质条款进行修订。此外，为便于国际交流与合作，ASME将为非北美地区的工程师设立国际注册工程师资质。希尔先生还谈到，ASME的培训，过去更多的是对标准的使用进行解释，而对制定的原因谈之甚少。为促进中国等国家更好地理解并且更有效地使用ASME标准，ASME考虑在未来的培训中增加有关标准制定的内容，并探索新的培训方式。

中国核能行业协会副秘书长龙茂雄在听取希尔先生的介绍后表示，随着中国核能行业对ASME标准的需求越来越迫切，中国核能行业协会于2012年10月与ASME签订了谅解备忘录（MOU）。未来，双方将根据MOU的原则加强合作，通过联合培训、参与ASME工作组会议、积极推动双方会员间的交流等方式来深化两会的合作，为中国核能行业标准规范的制定与使用提供助力。

《核电灾害风险及应对》研究课题通过管理审查验收

8月2日，国务院应急管理办公室组织专家，对中国核能行业协会承担的《核电灾害风险及应对》研究课题进行了审查验收。

受国务院应急管理办公室的委托，中国核能行业协会自2012年5月开展了《核电灾害风险及应对》研究课题工作。课题组成员由来自国务院应急管理专家组、广东省应急办、深圳市应急办、中广核工程有限公司、中国核电工程公司、清华大学核研院以及中国核能行业协会等多个单位的核工程或核应急领域的专家组成，中国核能行业协会副秘书长徐玉明担任课题组长。研究目的主要是结合我国实际情况，对核电厂可能发生的灾害风险进行分析及评估，为科学认识核电灾害风险、进一步提高核电灾害风险的应对能力提供技术支持；同时，吸取日本福岛核事故应急管理的经验教训，为进一步完善我国核应急管理体制提出建议。

国务院应急管理办公室领导及验收专家组听取了课题组的汇报，对研究成果给予了高度评价，认为课题组全面完成了项目任务书所规定的研究内容和任务，内容翔实、分析深入，提出的政策建议有很强的针对性和可操作性，对国务院相关部门制定核应急有关规划与政策具有良好的参考价值。

2013年第二期核电厂同行评估培训班在西宁举行

8月4～8日，为了做好华能石岛湾高温气冷堆核电示范工程建设项目综合评估、海阳核电工程项目调试专项评估、中核核电运行三厂人员绩效专项评估工作，由中国核能行业协会主办，2013年第二期核电厂同行评估培训班在青海省西宁市举行。同行评估队队员、观察员和受评方对口联系人共46人参加了培训。

评估专家分别就国内外核电运行与建设同行评估现状，评估流程、方法与技术，评估观察报告、总结报告的编写，核电工程管理业绩目标和准则，现场评估活动安排等内容进行了介绍和讲解。学员们结合案例进行了练习。

为了使大家深入了解高温气冷堆技术与工程情况，培训班还邀请了清华大学核研院、华能山东石岛湾核电有限公司的专家分别就高温气冷堆原理与技术特点、石岛湾核电工程进展情况作了报告。

首期质保主监查员提高培训研讨班在京举办

8 月 14 ～ 17 日，中国核能行业协会在北京举办了首期核能行业质保主监查员提高培训研讨班。来自国家核安全局等政府有关部门，行业协会，以及有关集团公司、生产企业和研究院所等 16 个单位的 29 名主监查员和代表参加了培训研讨班。

本期培训研讨班的授课内容以提高主监查员监查管理技能技巧和实战能力为主要目的，涵盖了核电质量保证监查的总体状况、质量保证监查管理和技能、有效性质量保证监查的理念及实施方法、多体系监查 / 审核方法和实践等。培训班还结合核电质保管理缺陷的各类案例，使学员获得较多的监查经验，把握核心管理的要求，并能快速反馈和应用于本单位的监查实践中；通过演练、研讨和交流，分享了业内其他单位的良好实践。

中国核能行业协会对考试合格的主监查员颁发了主监查员培训合格证书，已经持有中国核能行业协会颁发的质量保证主监查员资格证书的学员同时获得主监查员复训合格证书。

首届中国核能行业信息化工作交流会在京召开

8 月 22 ～ 23 日，首届中国核能行业信息化工作交流会议在北京召开。这也是中国核能行业协会信息化专业委员会的成立启动大会。

会议由中国核能行业协会信息化专业委员会主办，中国核工业集团公司、中国核工业建设集团公司、中国广核集团有限公司、中国电力投资集团公司、国家核电技术有限公司、中国华能集团公司等六大集团公司协办，会议轮值主席是中国核工业集团公司。

本次会议是在我国核电建设重启形势下召开的第一届核能行业信息化工作交流会。工业与信息化部、国防科工局系统二司、国家能源局核电司、国家核安全局核设施安全监管司、国资委信息中心等政府有关部门的领导出席会议并致辞。中国工程院院士、信息化专业委员会专家组组长叶奇蓁作了题为《核能信息化发展情况报告》的精彩演讲。各集团公司介绍了信息化情况。微软公司创始人比尔•盖茨先生为大会发来了贺信。

会议以“数字工厂、安全核电、智慧核能”为宗旨，开展了核能行业信息化高峰论坛，就当前核电信息化建设的热点问题、如何以智慧与勇气化解核电发展中的问题等话题展开了热烈的交流。嘉宾与专家共做了23场专题交流报告。

石岛湾核电建设同行评估全面展开

9月1日，华能石岛湾高温气冷堆核电项目土建施工阶段同行评估入场会在工程现场召开，为期10天的现场评估活动全面展开。这是委员会开展的第7场建设同行评估活动，也是时隔四年后委员会再次对石岛湾核电建设项目开展的同行评估。本次评估队由来自中国核能行业协会、中核集团、中广核集团、中电投集团等单位的20位代表组成，评估领域涵盖建设同行评估的全部16个领域。

中国核能行业协会理事长兼核电厂同行评估及经验交流委员会主任委员张华祝在讲话中介绍了当前我国核电的发展情况，总结了委员会自2009年开展建设同行评估以来，6场评估活动中发现的共性问题，并对评估双方共同努力完成好本次评估任务提出了要求。他说，委员会一方面要在完善评估文件体系、加强评估员队伍建设方面下工夫，练好“内功”；另一方面要打开对外交往的大门，加大对外合作特别是加强与WANO的合作，深化两岸交流，从合作交流中获益。

9月8日，同行评估活动圆满结束。本次评估的各位队长及评估员分别汇报了评估结论和各领域待改进项和强项。

2013成都小型核动力堆论坛在成都举办

9月14～15日，由中国核能行业协会和成都市人民政府联合主办的《2013成都小型核动力堆论坛》在成都举办。来自国家环保部（国家核安全局）、国家科技部、国防科工局，以及相关省市能源局、环保厅，小堆潜在用户和核能相关单位的领导、专家、代表共250余人出席了论坛。

论坛由中国核能行业协会副理事长赵成昆、杨岐分别主持，中国核能行业协会理事长张华祝致开幕词。国家核安全局和核能相关单位的10名专家以小型核动力堆的市场前景、市场开发以及研发为题作了专题发言，与会代表进行了热烈讨论。

与会代表认为：小型核动力堆具有广阔的应用前景和市场，我国应加大小堆的研发和投入，应尽快制定小堆有关的法规和标准，使小型核动力堆尽快为满足我国日益增长的能源需求发挥作用。

中核运行三厂人员绩效专项评估圆满结束

9月9～13日，由中国核能行业协会核电厂同行评估及经验交流委员会组织的、为期一周的中核运行三厂人员绩效专项评估全面展开。

本次专项评估是中核运行三厂自2008年以来，第一次接受国内同行评估，也是中国核能行业协会第一次组织人员绩效领域的专项评估。来自核能协会、中核集团、中广核集团的 11 名评估员通过文件查阅、人员访谈、现场巡视、活动观察等形式，对中核运行三厂人员绩效工作进行了全面、客观的同行评议。

在离场会上，评估员报告了评估结果，强调了需要电厂关注的问题。

核电站材料与可靠性国际研讨会在沈召开

9 月 14 ～ 17 日，由中国核能行业协会和中国科学院金属研究所联合主办的“第三届核电站材料与可靠性国际研讨会”在沈阳市召开。来自核电公司、科研设计院所、核电装备业、大学等 54 家国内外相关单位的 120 多名专家及学者参加了会议。

来自美国 GE 全球研究中心、美国麻省理工学院、美国电力研究院、日本东北大学、日本核安全系统研究院、韩国原子能研究院、台湾工业技术研究院、Staehle 咨询公司等的 9 名在本领域具有重要影响的境外专家在会上作了专题报告。

本次会议共收到 54 篇论文，内容涵盖了“核岛重要部件的研究、设计与制造中的材料问题”“核电站运行中的现场材料损伤”“关键部件中材料环境损伤的行为和机制”“减缓、防护和监测 / 检测核电站材料损伤的技术”和“评估核电站关键部件的寿命、安全性与可靠性”等五个方面。专题报告安排了互动环节，与会代表围绕核电关键材料及其相关问题展开了热烈讨论。中方专家一致认为，通过国际交流和研讨，对促进我国核电站关键设备的材料设计与制备、运行电站关键材料损伤行为监测与控制、加强国内产学研结合、深化核电站材料与可靠性的研究具有重要意义，对培养和锻炼年轻的后备技术队伍有积极作用。

中法核燃料循环后端技术研讨会在成都举办

9 月 16 ～ 17 日，由中国核能行业协会和法国阿海珐集团共同主办的中法核燃料循环后端技术研讨会在成都举办。来自中法两国核能领域近 50 家单位的约 140 名代表参加了会议。

中国核能行业协会理事长张华祝在致辞中指出，本次研讨会为中法两国在核燃料循环后端合作搭建了技术交流的平台，对加强沟通、推动合作具有重要的现实意义。首先，今年正值中法核能合作 30 周年，本次研讨会为中法两国核能伙伴共同回顾合作历程、展望合作前景提供了契机；其次，今年 4 月《中法合作建设大型商业后处理 – 再循环工厂项目的合作意向书》的正式签署意味着核燃料后端的技术与商务方面的合作将会成为中法合作一个新的重要领域；再次，福岛事故后，包括乏燃料在内的高放废物的处理处置受到公众和媒体的广泛关注，本次会议就核燃料循环后端技术各个层面的相关问题进行分析和交流，这不仅会使与会代表有所收获，也会帮助公众和媒体更好地了解核燃料后端技术的发展。

在本次会议上，中法两国专家就核燃料循环产业的发展、乏燃料后处理工艺、乏燃料后处理的资金与经济性问题、后处理厂址选择与标准、干式贮存的必要性、MOX燃料的制造与应用、乏燃料的贮存与运输，以及高放废物地质处置地下实验室等内容作了专题报告。

协会代表参加第二届欧洲核电大会

9月22～25日，中国核能行业协会常务理事、华能核电开发有限公司副总经理崔绍章代表中国核能行业协会参加了在匈牙利举办的第二届欧洲核电大会。

此次会议由匈牙利政府举办，汇集了来自国际原子能机构（IAEA）、世界核协会（WNA）、中国、美国、英国、俄罗斯、法国、日本、匈牙利、土耳其、立陶宛、芬兰、波兰等组织和国家的政府官员、代表，以及西屋、通用电气/日立、阿海珐和俄罗斯国家原子能公司等核电技术公司的代表。此外，部分投资咨询机构和中国广核集团也派代表参加了会议。

会上，崔绍章代表中国核能行业协会作了题为《中国核电发展的前景、机遇和挑战》的报告，并回答了相关问题。由于我国是在建核电机组最多的国家，包括AP1000、EPR、VVER1000和高温气冷堆等世界最新核电技术都在中国建设中，多数与会代表的发言都从不同角度谈到中国的核电发展。

昌江同行评估回访圆满结束

10月13～18日，中国核能行业协会同行评估回访队对昌江核电工程建设项目的管理改进情况进行了回访。

本次回访是对4月6～15日昌江核电工程建设项目同行评估所发现待改进项（AFI）整改情况进行的评估回访活动。各领域评估员根据评估结果，结合海南核电有限公司提供的纠正行动计划及其完成情况，通过文件查阅、人员访谈、现场巡视、活动观察等形式，对每一项AFI的改进情况进行评估并给出评价意见。

“核电厂更高的安全规范要求及解决方案”国际研讨会在京举办

福岛核事故后，国际社会对核电安全更加关注，相关各国积极开展了提高核电安全性的研究与探索。为推动我国核电安全技术与标准的持续改进与提高，促进国际核电安全领域的技术交流与合作，中国核能行业协会于10月23日至24日在北京举办了“核电厂更高的安全规范要求及解决方案”国际研讨会。

中国核能行业协会副秘书长徐玉明、环境保护部核安全二司副司长汤搏、国家设计大师夏祖讽、中核集团副总工程师田佳树、中广核工程设计有限公司副总经理高峰、清华大学核研院刁兴中教授分别就我国核电发展展望、后福岛时代我国核电安全改进的要求、严重事故下三重安全壳结构设计方案的新探索、现有核电厂的安全性能提升、福岛事故后基于安全壳完整性保障的电气领域应对措施、福岛事故安全壳失效分析等做了报告。来自德国、美国、法国、瑞典和韩国等国家的13位专家，就严重事故研究的国际最新观点、与超设计基准事故有关的压力测试程序与活动、IEEE标准下的第三代反应堆电气贯穿件、受地震载荷和洪水影响的泵的评估和资格认证、正常和故障条件下的阀门资格认证等内容进行了专题报告。

来自国家核安全局、国家能源局、环保部核与辐射安全中心、中国广核集团有限公司、中国核能电力股份有限公司、中国核电工程有限公司、中国原子能科学研究院、上海核工程研究设计院、中广核工程设计有限公司、中科华核电技术研究院、苏州热工院、华能山东石岛湾核电有限公司等国内45家单位的150多名专业技术人员参加了会议，并就报告的内容与专家们进行了沟通和交流。

山东海阳核电调试专项评估圆满结束

10月21～25日，由中国核能行业协会核电厂同行评估及经验交流委员会组织、为期一周的山东海阳核电项目调试领域专项评估全面展开。

在离场会上，评估员报告了评估结果，强调了需要电厂关注的问题。

2013第三期质保监查员培训班在无锡举办

11月4～9日，中国核能行业协会“2013第三期（总第24期）核能行业质量保证监查员培训班”在无锡举办。来自核电、核燃料、研究设计院所、工程、建设安装、设备制造、船舶、航务等52个单位的111名学员参加了培训。

培训班安排了核安全文化与核安全管理、质量保证安全法规和标准、质量保证基本知识、监查技术、质量事件案例分析等7个方面的教学内容，对学员进行了综合理论知识考试和质保监查技能测试，完成了大纲规定的培训任务。

结合案例分析，培训班系统地讲解了《核电厂质量保证安全规定》（HAF003）及其导则的基本内容和要求，使学员对法规有了更明确的认识。

培训班组成专家小组，根据培训大纲规定的监查人员考核评定标准，对学员进行资格评定。中国核能行业协会对合格者颁发了主监查员资格证、监查员资格证、实习监查员资格证或培训合格证书。

第二届海峡两岸核能合作研讨会在苏州举办

11月5～6日，由中国核能行业协会和财团法人核能科技协进会（台湾）共同主办，中核核电运行管理有限公司承办，第二届海峡两岸核能合作研讨会在苏州举办。来自海峡两岸核能领域39家单位的近百名代表参加了会议。

会议以“安全与发展”为主题，共发表报告25篇，内容包括核电安全、两岸携手推动核能产业合作、核能与公众等，来自海峡两岸核能监管部门、核电企业、研究院所和海盐核电城的代表分别介绍了福岛核事故后的安全改进措施与相关的安全监管实践、民用核安全设备的监管、核电厂数字化仪控技术、核能安全绩效评价、严重事故管理、小型堆、高温堆、ACP1000反应堆的开发与建设、废树脂湿式氧化处理技术的特点及应用，以及紧急应变、核安监管信息公开、公众沟通、敦亲睦邻等良好实践等。

中国核能行业协会理事长张华祝出席会议并致辞。他说，本次所开展的民间交流与研讨既是对《海峡两岸核电安全合作协议》框架下活动的有益补充，也是对第九届两岸经贸文化论坛期间全国政协主席俞正声关于“加强两岸科技交流合作，蓄积民族振兴的创新动能”和国民党荣誉主席吴伯雄关于“进一步促进两岸经济科技合作”意见的积极响应，并希望通过这次盛会实现两岸间信息与经验的交流与共享，推动产业合作，促进核电技术与安全水平的提升，为两岸核能合作注入新的活力。

蒸汽发生器专题组成立并召开首次技术研讨会

11月11日，由中国核能行业协会主办，核动力运行研究所承办的“2013年核能行业核电厂蒸汽发生器技术研讨会及专题工作组成立大会”在湖北省武汉市举行。

来自行业协会、核电运营公司、工程公司、研究设计院所、高校、制造商等38家单位的110多名代表就蒸汽发生器技术与管理进行了研讨。研讨会共收到论文44篇。6名特邀代表分别就三代、四代核电蒸汽发生器技术，国外蒸汽发生器运行及管理经验等作了专题报告；15名代表就蒸汽发生器设计与分析、制造与维修、材料研究与老化管理等作了报告。

GIF钠冷快堆安全设计准则和导则研讨会在京召开

11月12日，由中国核能行业协会第四代核能系统国际论坛（GIF）联络办公室组织的GIF《钠冷快堆安全设计准则》和《钠冷快堆安全设计导则》专家研讨会在京召开。来自国家核安全局、环保部核与辐射安全中心、中国核工业集团公司、国家核电技术有限公司、华北电力大学、中国原子能科学研究院等单位的约20名专家出席了会议。

中国原子能科学研究院快堆中心的代表介绍了《GIF钠冷快堆安全设计准则》和《GIF钠冷快堆安全设计导则》的编制目的、主要内容、与IAEA和美国ANS相关标准的比较。国家核安全局的专家通报了对《GIF钠冷快堆安全设计准则》第一阶段报告的审议意见。与会专家根据我国快堆发展情况并结合IAEA相关标准规范等对GIF钠冷快堆安全设计准则的目标、实际消除大规模放射性释放、安全壳设计、钠火设防基准、钠空泡效应等议题进行了充分讨论并提出了相关意见和建议。

专家认为，《GIF钠冷快堆安全设计准则》不仅对第四代钠冷快堆的安全设计有重要的指导意义，对未来钠冷快堆的安全审评也有重要的参考价值。

《GIF钠冷快堆安全设计准则》由GIF编制，其目的是规范钠冷快堆的安全要求，为钠冷快堆所特有的安全构件、系统和部件的设计制定参考准则，并在概念开发者采用GIF安全方法和使用规范及标准来实现第四代反应堆系统的安全目标时，系统、全面地阐述这些准则。

第四代核能系统国际论坛技术路线图更新研讨会在京召开

11月12日，由中国核能行业协会第四代核能系统国际论坛（GIF）联络办公室组织召开的，GIF路线图更新(TRU)研讨会在北京召开。中国工程院院士阮可强，以及来自国家原子能机构、国家核安全局核能监管司、环保部核与辐射安全中心、中国核工业集团公司、国家核电技术有限公司、清华大学核研院、中国原子能科学研究院、中国核动力研究设计院、中科华核电技术研究院、中科院上海应用物理研究所、中科院合肥物质科学研究院、中国核能行业协会等单位的20名代表出席了会议。

GIF专家组成员，国家核电技术有限公司专家委委员沈文权介绍了GIF技术路线图更新工作的背景、目的、新版技术路线图的概况、新老技术路线图中各核能系统的进度规划以及编制过程中需要关注的问题等。

与会代表结合我国核能发展实际和核能发展规划，就GIF技术路线图的安全、经济、可持续、防扩散目标，高温气冷堆发展的阶段划分、钠冷快堆的安全设计标准、超临界水冷堆、铅冷快堆的合作研发以及对我国核能发展的影响等议题进行了热烈讨论。

会议认为，第四代核能系统国际论坛为我国及时了解并分享国际同行的核能研发信息和经验提供了重要平台，修订版GIF技术路线图总体可行，具有较高的参考价值。我国在超临界水堆、铅冷快堆和钍基熔盐堆方面开展了不少科研工作，但考虑到我国目前还未正式加入超临界水堆、铅冷快堆和熔盐堆系统安排，建议GIF在更新版GIF技术路线图中视情增加中国有关铅冷快堆、超临界水堆研发方面的内容。

核电厂老化与寿命管理研讨会在武汉召开

11月12～13日，由中国核能行业协会主办，核动力运行研究所承办的“2013年核电厂老化与寿命管理研讨会”在湖北省武汉市召开。来自中国核能行业协会、核电营运单位、核电工程公司、研究设计院所等33家单位的78名代表参加了会议。

本次会议共收到论文55篇，内容涉及核电厂老化管理方法学、老化和寿命管理基础研究、核电厂设备老化管理和经验反馈、核电厂设备老化监测与状态评估、核电厂执照更新和定期安全审查中老化管理要素审查等6个方面。26篇论文进行了大会交流。

11月11日，协会组织召开了核电厂老化与寿命管理专题工作组组长会议，讨论修改了工作组章程和工作组工作目标，确定了工作组2014—2015年主要工作和任务分工等，并对工作组组成人员进行了确认。工作组执行秘书桂春代表工作组在研讨会上汇报了工作组近两年的工作和2014—2015年主要工作安排。

阀门状态管理专题工作组成立并召开首次技术研讨会

11月14日，由中国核能行业协会主办，核动力运行研究所承办的2013年核电厂阀门状态管理经验交流研讨会暨专题工作组成立大会在武汉举行。中国核能行业协会副秘书长兼核电厂同行评估及经验交流委员会秘书长龙茂雄，在致辞中介绍了专题工作组成立的背景、目的和意义，工作组组长、副组长人选情况。专题工作组组长、中核核电运行管理有限公司一厂副总工程师黄志军代表工作组发言，并介绍了工作组的章程、工作计划等。

随后，来自行业协会、核电运营公司、工程公司、研究设计院所、高校、制造商等28家单位的近70名代表就核电厂阀门状态管理问题进行了研讨。研讨会共收到论文49篇。16名代表就阀门基于状态维修技术及维修策略、阀门采购阶段管理应用、阀门安装调试阶段管理应用、阀门维修应用等4个主要议题作了报告。

核电厂应急柴油发电机组工作组成立并召开首次技术研讨会

11月15日，由中国核能行业协会主办，核动力运行研究所承办的核能行业应急柴油发电机组专题工作组成立大会暨技术交流研讨会在武汉举行。中国核能行业协会副秘书长兼核电厂同行评估及经验交流委员会秘书长龙茂雄出席会议并致辞。他介绍了核电厂应急柴油发电机专题工作组组长、副组长、执行秘书人选，工作组章程、工作计划等情况。

来自行业协会、核电运营公司、工程公司、研究设计院所、设备制造商等25家单位的60多名代表就核电厂应急柴油发电机技术与管理进行了研讨。本次研讨会共收录会议论文66篇。13名代表分别就核电厂应急柴油发电机运行事件、故障处理、调试试验、设计与改进、管理与良好实践等作了报告。

中国核能行业协会第二届常务理事会第四次会议在京召开

11月18日，中国核能行业协会第二届常务理事会第四次会议在京召开。协会

44 名常务理事及委派代表参加了会议。

会议审议了秘书处《2013 年协会主要工作进展情况的报告》《关于开展自律与诚信创建活动的实施方案》《中国核能行业协会行规行约》《关于开展核电科普巡展的意见》《关于对申请入会单位资格审查等有关问题的报告》和《中国核能行业协会科学技术奖第二届评审委员会换届工作情况说明》。

与会代表一致认为，协会秘书处按照第二届理事会第二次会议通过的 2013 年的主要工作安排意见，做了卓有成效的工作，取得了很大的成绩；肯定了协会在开展自律与诚信创建活动和开展核能知识科普方面所做的工作；同时，代表们也提出了很多很好的意见和建议。

《核电厂调试同行评估导则（讨论稿）》通过专家审查

11 月 27 日，由中国核能行业协会主办、中广核工程有限公司承办的《核电厂调试评估导则》研讨会在广东东莞召开。来自中国核能行业协会、中国核电工程有限公司、中广核工程有限公司、国核工程有限公司、中核核电运行管理有限公司、三门核电有限公司、山东核电有限公司、海南核电有限公司、江苏核电有限公司、华能山东石岛湾核电有限公司、中科华核电技术研究院有限公司、核动力运行研究所、上海核工程研究设计院、国核示范电站有限责任公司等单位的 20 位专家参加了会议。

制定《核电厂调试评估导则》是委员会 2012—2013 软课题研究项目之一，由中广核工程公司调试中心牵头调试启动工作组相关成员单位共同承担。在充分借鉴 IAEA、WANO 相关评估导则、总结近年来协会组织开展的建设项目同行评估经验的基础上，经过近 2 年的精心准备和编写，课题组完成了《核电厂调试评估导则》初稿的编制。

与会专家认为，《核电厂调试评估导则（讨论稿）》结构合理、内容完整、注重实效、可操作性较强，满足课题研究要求，进一步修改后，可以作为核电厂同行评估活动和各单位自评估的参考文件。同时，与会专家和代表也对报告内容、形式等提出了修改意见，并确定了后续修改工作的任务分工。会后，课题组成员将落实各项分工任务，全面实现该软课题研究目标。

AP1000 核电厂调试启动专项培训在东莞举行

11 月 28 ～ 29 日，由中国核能行业协会主办、中广核工程有限公司和三门核电有限公司承办，AP1000 核电厂调试启动培训班在广东东莞举办。来自核电业主公司、运营公司、工程公司、研究设计院所、电力建设公司等单位的 50 余名学员参加了培训。

随着首批 AP1000 项目逐步进入调试阶段，协会根据成员单位的需要，依托调试启动专题工作组适时举办了本次培训班。本次培训班的课程设置主要包括AP1000核电厂调试管理概论、移交接产和工单管理、主系统调试、专设安全系统调试、电气系统调试、仪控系统调试等内容。通过培训，学员们系统性地学习了关于AP1000调试的相关知识。

培训结束后，全体学员参加了培训班考核。协会根据考核成绩，向学员颁发培训合格证书。

中国核能行业协会组织专家对秦山核电基地公众宣传教育工作进行同行试评估

12月2日，由中国核工业集团公司、中国广东核电集团有限公司、中国华能集团公司、中国电力投资集团，以及东华理工大学、南华大学、核动力运行研究所等核电集团、科研院所12专家和5名观察员组成的评估组进驻秦山，开始为期三天的秦山核电基地公众宣传教育试评估活动。

评估队通过对秦山核电基地提交材料的审查、听取介绍、人员访谈、现场巡视和查阅文件资料等方式，对秦山核电基地公众宣传教育工作的管理、开展情况进行了全面、详细、深入的评估。

评估队分为三个评估小组，分工协作，对秦山核电基地的核电宣传和教育的组织和管理体系、战略和规划、计划及实施、资源投入和保证，核电宣传和教育的设施、材料方式方法、舆论监测和应对、信息公开，核电基地周围公众受益情况、有效性的自我评估、当地政府支持和合作、核电基地周围公众的支持程度评估等十三个评估要素进行询问、资料查看和综合评估。

国家核安全局一司副司长赵永康在评估活动中高度评价了秦山核电基地开展公众宣传教育取得的成果。他说，这次评估将为我国开展核电基地公众宣传同行评估打下良好的基础。

此次评估共挖掘出秦山核电基地在公众宣传教育工作方面的强项8项、待改进项10项。中国核能行业协会副理事长赵成昆说："试评估是以全国公众宣传教育的最高标准对秦山核电基地进行评估，帮助受评方找出待改进项是同行评估的主要目的。中国核能行业协会将向全国同行推广秦山核电基地的8项强项。"

受国家核安全局委托，中国核能行业协会自2013年1月开始组织行业专家开展《核电基地周围公众宣传与教育同行评估》课题的研究。课题组在充分调研了中国广东核电集团、大亚湾核电厂运营管理有限责任公司、江苏核电有限公司、辽宁红沿河核电有限公司开展公众宣传教育工作的基础上，结合国际上核电发达国家开展公众宣传教育的经验，于2013年9月完成了核电基地公众宣传教育同行评估体系文件的编制工作，文件包括《核电基地公众宣传教育同行评估管理办法》（试行）（以下简称《办法》）、《核电基地公众宣传教育同行评估评估大纲》（试行）（以下简称《大纲》）。

为了尽快在我国开展核电基地公众宣传教育同行评估，检验核电基地公众宣传教育同行评估的适合性和可操作性，推广同行评估的工作，中国核能行业协会决定选取秦山核电基地开展核电基地公众宣传教育同行试点评估工作。

为积极配合中国核能行业协会做好本次试评估工作，秦山核电基地成立了由秦山核电业主公司、中核核电运行管理有限公司和浙江省海盐县核应急办公室的相关领导和工作人员组成的受评价方队伍，负责制定详细工作方案和执行计划，执行评估准备、评估过程中的应答及评估内容的整改落实等工作。秦山核电基地在评估队进场前多次召开工作协调会，落实评估队提出的文件准备、应答准备、接待准备等工作。根据评估要求，秦山核电基地于2013年11月向中国核能行业协会提交了评估前的资料文件包。资料包括对《大纲》各要素的说明，说明文字合计14377字，同时还准备了各项说明的支持性材料。

本次秦山核电基地公众宣传教育同行试评估活动的成功举办，帮助秦山核电基地找出了需要拓展的空间，锻炼出一支具有实际操作经验的试评估队伍，为完成核电基地公众宣传和教育评估的研究课题，推动我国核电公众宣传和教育的开展，提高整个行业公众核电宣传和教育水平，打下了坚实的基础。同时，也检验了公众宣传教育同行评估体系文件的可操作性。后续，中国核能行业协会将根据秦山核电基地和评估队队员的建议，对《办法》和《大纲》进行修订。秦山核电基地也将针对评估出的待改进项进行有计划有针对性的整改和促进。

小型堆控制棒驱动机构研讨会在成都召开

12月5日，由中国核能行业协会主办、中科华核电技术研究院有限公司承办、东方电气股份有限公司协办，“2013年核能行业小型堆控制棒驱动机构研讨会”在成都举行。

来自核能协会、核电运营单位、工程公司、研究设计院所、高校、制造商等24家单位的50多名代表参加本次研讨会。9名专家分别以小型压水堆及第四代（先进）反应堆控制棒驱动系统为题作了专题报告。

12月4日，协会组织召开了控制棒驱动系统专题工作组组长会议，会议讨论通过了工作组章程、2014年工作计划，并认真讨论了进一步完善工作组运作机制等问题。

协会代表出席亚洲核合作论坛第14届部长级会议

12月18～20日，亚洲核合作论坛（FNCA）第14届部长级会议在日本东京召开。中国核能行业协会副秘书长龙茂雄出席会议并代表中方作国家报告。

来自澳大利亚、孟加拉国、中国、印尼、韩国、日本等12个成员国的代表团，共约30余名代表参加了会议。会议由日本原子能委员会和日本内阁府共同举办，日本主管科技政策、北方对策及宇宙对策的内阁府特命担当大臣山本一太出席会议并致辞。

会议听取了2013年FNCA项目进展情况报告、福岛核事故现状报告，以及与会各国部长或代表团长向会议作的国家报告。会议还针对FNCA项目成果应用推广和核安保文化培育进行了圆桌讨论。最后，讨论形成了论坛第14届部长级会议决议。

附　录

中国核能行业协会 2013 年年会

基本情况

5 月 23 日，中国核能行业协会 2013 年年会在上海召开。中国核能行业协会理事长张华祝作理事会工作报告。国家核安全局副局长刘华、国家原子能机构系统工程司副司长吕晓明、中国工程院院士陈念念，以及国家科技部等政府部门的有关负责同志出席了会议。中国核能行业协会副理事长杨岐主持会议。

刘华对协会给予国家核安全局工作的支持和协助表示衷心的感谢。他指出，协会把促进行业发展作为中心工作，把改善服务作为根本任务，把开拓进取作为核心精神，充分发挥了行业与政府间的桥梁作用、行业内各单位间的交流沟通平台作用、国内与国外的纽带作用。协会成立 6 年来的实践证明，核能协会是推动核能行业的自主创新和技术进步的生力军，是促进核能行业又好又快安全高效发展的重要力量，是政府信赖和依靠的重要社会团体。他说，希望协会面对新形势与新任务，进一步增强工作的积极性和主动性，以改革创新为动力，以提高管理效益和社会效益为目标，以加强思想业务、制度和能力建设为内容，进一步科学配置资源，优化管理要素，完善工作机制，扩大交流合作，履行服务职责，充分发挥行业引领作用。

吕晓明在会议上的讲话中认为，协会目前已经成为核能界具有较高影响力的民间社会团体，成为促进我国核能发展的重要力量。尤其是日本福岛核事故之后，核能行业协会配合政府有关部门，充分发挥桥梁纽带作用，做了大量的有针对性的工作，为核电恢复正常建设发挥了重要的突出作用。

约 400 名来自协会副理事长单位、有关省市经济（核电）管理机构，以及核电建设运营、核燃料生产、铀资源开发研究设计、建筑安装、设备制造、技术服务、人才教育、医疗、商务咨询等会员单位和联系会员单位的代表出席了会议。

会上举行了 2012 年度中国核能行业协会科学技术奖颁奖仪式。

工作报告

中国核能行业协会理事会工作报告

中国核能行业协会理事长 张华祝

一、过去一年我国核能行业的主要进展

过去的一年，对我国核能行业是不平凡的一年。面对日本福岛核事故后我国核能行业面临的新形势，国务院先后召开三次常务会议，听取全国民用核设施综合安全检查情况汇报，审议并通过了《核安全与放射性污染防治“十二五”规划及

2020年远景目标》《核电安全规划(2011—2020年)》和调整后的《核电中长期发展规划(2011—2020年)》。在“安全高效发展核电”方针的指引下,我国核电企业认真实施在役、在建机组安全改进,核电工程项目恢复正常建设,核能行业各领域工作稳步推进,取得了一系列新的重要进展,为优化我国能源结构、减少温室气体排放、促进经济社会发展作出了新的贡献。主要表现在:

在役核电机组安全稳定运行,取得良好业绩。2012年4月秦山核电二期扩建工程全面建成投产;2013年2月辽宁红沿河1号机组并网发电;2013年4月福建宁德1号机组投入商业运行。目前我国大陆投入商业运行的核电机组16台,总装机容量1362万千瓦。2012年发电量983.17亿千瓦时,较2011年增长12.75%,占全国清洁能源电量的9.22%,占全国总发电量的1.97%。一年来,各运行核电厂坚持安全第一、质量第一的方针,加强运行安全监督,构筑核安全文化屏障,推行标准化管理和考核,优化核电厂大修管理,着力提升设备可靠性,强化核电厂运行经验反馈,确保了各机组安全稳定运行。2012年15台机组的平均负荷因子达到89.9%,没有发生国际核事件分级表界定的2级和2级以上运行事件,职业人员个人剂量和集体剂量均在较低水平,核电厂放射性流出物排放指标远低于国家标准限值,按世界核电运营者协会(WANO)规定的性能指标对照,在全球400余台运行机组中,我国在役核电机组总体处于中等偏上水平。

核电建设稳步有序推进,在建规模世界第一。2012年10月24日,国务院常务会议对当前和今后一个时期的核电建设作出了稳妥恢复正常建设的部署。11月17日,福清4号、阳江4号机组恢复开工建设;12月9日,山东石岛湾高温气冷堆核电站示范工程恢复开工建设;12月27日,田湾核电二期工程浇灌第一罐混凝土,成为日本福岛核事故后,国务院审议核准的第一个新建核电项目。目前我国在建核电机组29台,3166万千瓦,2012年完成工程建设投资778亿元,同比增长1.8%,在建规模继续保持世界第一。其中,核电自主化依托项目世界首批AP1000机组建设在攻坚克难中保持较好前行态势,台山EPR项目建设稳步推进。预计2013年新增核电装机容量324万千瓦。

积极应对市场变化,核电装备国产化取得新进展。一年来,以东方电气、上海电气、哈电集团、一重集团、二重集团等为代表的核电装备制造企业,积极应对日本福岛核事故带来的不利影响,加大技术改进和研发力度,核安全文化和质量保障体系不断完善,产品质量稳定性不断提高,研发水平和制造能力进一步提升,较好地满足了在建核电工程建设的需要。AP1000大型锻件、关键泵阀和仪表国产化工作取得了新进展。

推进核电项目管理创新,核电建设能力国际领先。在核电规模化建设的形势下,各核电工程公司积极推进核电工程建设国产化和自主化,设计及设计管理、采购及设备监造、施工管理、调试启动四大能力不断提升，具备了较强的工程总承包能力。建设安装企业积极适应核电群堆建设与多项目管理要求，培养和造就了一支经验丰富、能打硬仗、国际领先的核电建设队伍。确保了在建核电工程项目质量、进度和投资等得到较好控制。

加强铀资源勘查开发，提高核燃料保障能力。铀矿地质勘查取得突出成果，内蒙古大营地区发现国内最大规模的可地浸砂岩型铀矿床，跻身于世界级大矿行列。目前我国北方已查明10个万吨级大铀矿，伊犁、吐哈等六大盆地的大型、超大型铀资源基地得到发展，重点项目成效突出。国产离心机成功实现工业化应用，标志着我国在离心铀浓缩领域取得了重大突破。AP1000燃料元件生产线土建工程全面完成，400吨燃料元件扩建项目顺利推进，高温气冷堆核电站示范工程燃料元件生产线奠基。铀资源、核燃料保障能力进一步加强。

大力推进科技创新，高度重视核专业人才培养。核能领域国家重大科技专项《大型先进压水堆和高温气冷堆核电站》研发和示范工程建设进展良好。CAP1400已完成初步设计，工程验证试验和关键设备研制取得阶段性成果。高温气冷堆核电站示范工程项目——山东石岛湾核电站正式开工建设。与此同时，具有自主知识产权的ACP1000、ACPR1000+核电研发取得重要进展，中国实验快堆通过国家验收，中国先进研究堆实现满功率运行；北方砂岩型铀矿中性浸出技术获得突破，核燃料元件关键材料N36特征化组件实现入堆考验；核能领域研发平台建设不断取得新的进展，取得了一批新的成果。

为适应核电发展的新形势，核专业人才教育培训工作稳步发展。高等学校核专业建设得到加强，教学质量不断提高。在职培训进一步制度化、规范化，校企合作、产学研结合，成为人才培养的重要途径。

核能国际合作进一步深化，海外开发取得重大成果。2012年3月，胡锦涛主席出席首尔核安全峰会，并作重要讲话，提出了增进核安全的四项主张。我国与国际原子能机构的合作不断深化，与美国、法国、俄罗斯等国在核能领域的合作进一步加强。中俄两国签署了田湾核电二期3、4号机组合作项目政府间协议。中法两国发表了重申中法民用核能合作伙伴关系的全面性和可持续性的新闻公报。中核集团尼日尔阿泽里克铀矿首批铀产品启运回国。中广核集团成功收购世界第三大铀矿—纳米比亚湖山铀矿。

核行业管理进一步加强，促进了核能行业稳步有序发展。一年来，有关政府部门大力加强核能行业管理工作。根据国务院的统一部署，由环境保护部（国家核安全局）、国家能源局、中国地震局联合组织的全国民用核设施综合安全检查圆满结束，针对检查中发现的问题，提出了明确的改进要求，目前这些改进要求已经逐一得到落实。《核安全与放射性污染防治"十二五"规划及2020年远景目标》《核电安全规划（2011—2020年）》和调整后的《核电中长期发展规划（2011—2020

年）》经国务院审议通过。《核工业发展“十二五”规划》《国家核应急“十二五”规划》等先后发布。《放射性废物安全管理条例》自 2012 年 3 月 1 日起施行，《原子能法》《核电管理条例》等立法工作继续推进。

一年来，我国核能行业在克服福岛核事故带来的不利影响中稳步前行，各领域都取得了新的成绩。党的十八大提出了全面建成小康社会的宏伟目标，推进低碳发展、建设美丽中国的号召深入人心，而雾霾天气的频繁出现更引发了广大公众对清洁能源的期盼，安全高效发展核电正成为社会的共识，也受到党和国家领导人的高度关注，我国核电发展面临良好机遇。

从世界看，在经历了日本福岛核事故沉重打击后，核电正在逐步走上复苏之路。美国、俄罗斯、法国以及欧盟先后公布了核电安全评估报告，确认了核电的安全性，明确并实施了加强核安全的一系列措施，在停建新核电机组 30 多年后，美国两台新核电机组开工建设，英国一座新的核电站建设规划获得批准，韩国、俄罗斯和阿联酋分别启动了新核电机组的建设，日本核电的重启也已提上议事日程。尽管德国、瑞士等国出台了逐步放弃核电的政策，但国际能源机构发布的 2012 版《世界能源展望》报告预测，全球 2035 年核发电量将较 2010 年增长 60% 左右。可以预期，作为安全可靠、技术成熟的清洁能源，核电在世界未来的低碳能源中将继续扮演重要角色。

同时，我们也清醒地认识到，目前我国核电的正常建设处于恢复阶段，各级政府和公众对核安全高度关注，对核能行业发展提出了更高的要求。如何按照国务院的要求，把核电规划、核安全规划落实在核能行业的每一个领域、每一个环节、每一项工作，确保核电安全高效发展；如何进一步推进科技进步，提高我国核能行业的自主创新能力；如何应对核电发展速度的调整对核电装备制造业带来的影响，提高我国核电装备的自主化能力和水平；如何增强应对社会风险管理能力，积极推进内陆核电厂建设；如何进一步开展核能国际合作，促进核电“走出去”战略的实施；如何进一步加强与公众的沟通，争取公众对核能发展的理解和支持，创造良好的社会舆论环境；如何进一步深化改革，创新体制机制，为核能行业发展提供强大的动力等等，都需要我们全行业共同努力，进一步加大工作力度，认真加以解决。

二、过去一年协会的主要工作

2012 年 5 月 10 日，中国核能行业协会第二届会员大会在北京举行。大会总结了五年来的工作，规划了未来五年的发展，选举产生了新一届理事会、常务理事会和理事会领导成员，顺利完成了换届工作，为协会今后五年的发展奠定了良好的基础。一年来，在政府有关部门的帮助指导下，在会员单位的大力支持下，中国核能行业协会按照第二届会员大会的要求，把促进行业发展作为协会一切工作的中心，把提高和改善服务作为协会发展的一项根本任务，把紧密依靠会员、构建牢固根基作为办会的基本理念，把有所作为、不断进取作为协会的核心精神，积极发挥桥梁和纽带作用，努力做好各项服务工作，促进行业安全高效发展，取得了新的成绩。

（一）开展重大课题研究，促进核能行业健康发展

一年来，围绕福岛核事故后我国核能行业发展面临的重大问题，受政府有关部门和会员单位的委托，协会先后承担了10多项课题研究工作。其中，受工业和信息化部、国防科工局委托，继续承担《原子能法》起草工作组的组织工作，完成了《原子能法（草案）》征求意见稿的起草。参加中国工程院组织的《我国核能发展的再研究》，完成了《我国核电发展支撑能力评估》专题研究工作。受国务院应急办委托，开展《核电灾害风险及应对研究》，完成了相应的研究报告。受国家能源局委托，承担《中国与国际核电先进国家核电发展比较研究》和《内陆核电厂环境风险的评估和管理研究》，完成了相应的研究报告。协会还受8家会员单位委托，组织业内50多位专家和技术人员开展了《内陆核电厂对水环境影响的评估》研究，对公众关注的内陆核电厂建设对水环境的影响等问题进行实事求是的分析并作出科学的解答。

（二）完善工作体系和制度建设，积极推进核电厂运行和核电工程建设项目同行评估工作

2012年初，召开了第二届核电厂同行评估及经验交流委员会第五次全体会议，审议修订了核电厂同行评估及经验交流管理办法，编制了运行核电厂和核电建设项目同行评估计划（2011—2015年），安排了2012年重点工作。

在同行评估方面，委员会与世界核电运营者协会（WANO）巴黎中心联合组织实施了对大亚湾核电基地6台机组的综合评估，组织了对海阳核电建设工程的评估回访和对阳江核电项目建设阶段的综合评估。在专题工作组建设方面，委员会已设立专题工作组14个，召开了首次专题工作组组长座谈会，先后举办了核电厂调试启动工作组会议、质量保证监查有效性经验推广研讨会暨质量管理工作组会议、可靠性维修研讨会等9次研讨和培训活动。在软课题研究方面，围绕核电厂同行评估体系完善、评估方法改进和先进经验总结推广等内容，批准了17个项目立项，编印了《2010—2011年核电厂同行评估及经验交流软课题研究项目成果汇编》。在信息交流和经验反馈方面，中国核电运行信息网（CINNO）运行良好，在行业内基础性、专业化运行信息的交流和共享方面发挥了重要作用，编制印发了《运行核电厂生产季报》《中国核电项目建设信息季报》《中国核电厂关键业绩指标报告（2012）》《中国核电厂事件经验反馈报告（2012）》和《中国核能行业协会核电建设与运行年度报告》，目前核电运行领域已建立起比较完善的信息报送、分析和反馈机制，核电工程建设领域已初步建立了经验反馈制度。

实践表明，核电厂同行评估及经验交流工作，对建立经验共享、持续改进的工作机制，促进核电安全高效发展，发挥了积极而独特的作用，受到政府主管部门和各核电企业的欢迎。

（三）适应行业发展需要，开展多种形式的技术咨询服务工作

适应核能行业发展和会员单位的需求，不断提高已有培训的质量，积极开发新的培训内容，一年来，先后举办了核能行业质量保证监查员培训班、核电工程项目管理经理人（初级、中级）培训班、RCC-M 压水堆核岛机械设备设计和建造规则培训班、AP1000 核电技术知识强化培训班等 9 期培训班，共有 953 名学员参加了培训。

按照国家核安全局的要求，组织了对《关于全国民用核设施综合安全检查情况的报告》《核安全与放射性污染防治“十二五”规划及 2020 年远景目标》向各大集团公司征求意见的工作，承办了核能与核技术应用质量保证和核安全文化研讨会。受国家核事故应急办公室的委托，组织专家对红沿河核电厂、宁德核电厂的核事故应急演习进行了评估。受财政部的委托，对三代核电关键设备零部件进口清单国产化进展情况进行调查，向财政部提出了相关建议。受国家原子能机构的委托，组织完成了国际原子能机构核动力数据库数据的收集、整理和报送工作，以及国际原子能机构对核电厂从业人员的调查工作。应成都市人民政府的邀请，积极参与了首届中国国际核技术应用展览会暨研讨会的组织工作。

（四）开展科技奖励工作，促进核能行业科技进步

2012 年度中国核能行业协会科学技术奖共收到申请项目 146 个，较 2011 年增加 46%。通过形式审查、初评和终评，评出“医院中子照射器－Ⅰ型机设计与建造”、“百万千瓦级核电蒸汽发生器制造技术研究”和“核电站主管道安装窄间隙自动焊工程技术研发”3 个项目为一等奖，“岭澳二期基于数字化的反应堆及反应堆冷却剂系统测量与控制系统设计”等 12 个项目为二等奖，“压水堆核电站稳压器波动管及三通老化管理及寿命评估研究”等 44 个项目为三等奖。

自 2010 年中国核能行业协会科学技术奖首届设奖者委员会成立以来，三年中共有 168 项科技成果获得奖励，进一步激发了核能科技工作者的科技创新热情，促进了我国核能安全高效发展及核能行业科技进步，受到会员单位的好评。

受国家能源局的委托，协会组织了国家能源科技进步奖（核能专业）的申报和初评工作，2012 年协会推荐的 25 个项目（一等奖 3 项、二等奖 7 项、三等奖 15 项）全部获奖。

为适应科技奖励工作的需要，2012 年协会科技成果鉴定办公室还组织业内专家对 60 项科技成果进行了鉴定。

（五）提高信息服务质量和效能，为核能发展营造良好舆论氛围

紧紧围绕国家核能发展的方针政策，积极宣传核能行业的发展成果，尽力为核能发展营造良好的发展氛围，是协会的一项重要工作。2012 年出版协会会刊《中国核能》共 6 期、出版《核能新闻》电子月刊共12期，《中国核能年鉴》2011年卷于2013年初正式出版；协会网站功能不断扩展，2012年访问量达100万人次，累计点击率超过300万人次，作为一个专业网站，已经形成了一个相对固定的读者群。为进一步办好“三刊一网”，对通讯员队伍进行了调整和整合。

为加强核电安全宣传工作，在中核集团、中广核集团和中电投集团的支持下，先后完成了核电安全宣传册《阿核的博客》、核电安全宣传电视片（脚本）《让核能更好地造福人类》、核电安全宣传巡展（大纲）《重安全·谋发展》的编写和制作工作。一年来，多次接待媒体记者对协会领导的采访，在业内外产生了积极的影响。

（六）坚持 积极、开放、互利、双赢 的方针，加强国际合作与两岸交流

积极推进国际合作与交流。2012年，协会组织参加国际会议和有关活动16次，接待国际组织和美国、法国、日本等代表来访20次。组织举办了中法核电设备监造研讨会、世界核大学清华周大亚湾培训研讨会，承办了第34届国际原子能机构（IAEA）亚太地区合作协定组织（RCA）国家代表会及40周年成果展、IAEA核电规划与发展决策支持地区项目协调会。其中，协会与法国电力公司共同举办的“中法核电设备监造研讨会”，吸引了56家单位140余人参加，受到参会者一致好评。

积极推进海峡两岸合作与交流。协会与台湾财团法人核能科技协进会共同在台北举办了“首届海峡两岸核能合作研讨会”；在山东海阳举办了海峡两岸核电安全运行研讨会。精心组织完成了秦山二期操纵员赴台湾电力公司提高操作技能研习培训。

受科技部、国防科工局的委托，承担了第四代核能系统国际论坛（GIF）联络办公室的工作。一年来，承办或参加的研讨会、论证会、专家审查会等8次；根据GIF未来10年规划研究的总体安排，组织国内单位提出了对技术路线图更新的建议，反映了中方的关切；组织开发了GIF中国专栏网页，翻译出版了2010、2011年GIF年报。

（七）加强协会自身建设，不断提高秘书处工作水平

按照协会章程，2012年5月中国核能行业协会第二届会员大会在北京召开。会议总结了协会成立五年来的工作，提出了今后五年的工作思路，选举产生了新一届理事会、常务理事会和理事会领导成员。与此同时，举行了2012年中国核能可持续发展论坛，完成了第二届组织管理委员会和经费管理委员会的换届工作。一年来，理事会、常务理事会规范运作，组织管理委员会、经费管理委员会的工作正常开展，保证了协会工作健康有序运行。为适应核能行业信息化建设发展的需要，开展了成立信息化专业委员会的筹备工作。自2012年5月以来，协会又接受了31家单位的入会申请，协会会员单位已从成立之初的160家增加到目前的369家（其中联系会员单位29家）。

继续加强秘书处的规范化、制度化建

设，补充、完善各项工作制度和工作程序，整理出版了《中国核能行业协会工作制度和工作程序（2012 年版）》；重新聘任了秘书处各部门负责人。为了提高秘书处队伍的整体素质，加强了政治学习和业务培训；在认真完成理事会交给的各项任务过程中，秘书处的办事能力和工作效率有新的提高。

自 2007 年协会成立以来，我们顺应核能行业发展的形势，在有关政府主管部门的指导下，在广大会员单位大力支持和热情参与下，经过协会理事会和秘书处的共同努力，协会从无到有，从小到大，不断成长壮大，已经成为核能界具有一定影响力的民间社会团体，成为政府部门和成员单位可以信赖的全国性行业组织，成为促进我国核能发展的重要力量。尽管我们做了一些工作，取得了一些进步，但与科学发展观的要求相比，与核能行业发展对协会的要求相比，与政府有关部门和广大会员单位的期盼相比，我们还有许多差距和不足。各会员单位对协会工作的肯定、支持和希望，对我们是很大的鼓励和鞭策，我们必须再接再厉，不断进取，不负众望，做好各项服务工作，努力把协会工作提高到一个新的水平。

三、协会 2013 年的重点工作

2013 年是我国全面贯彻落实党的十八大精神的开局之年，也是稳妥恢复核电正常建设的第一年，对实施国务院批准的《核电中长期发展规划（2011—2020 年）》等三个规划及《核工业发展“十二五”规划》具有重要意义。为适应核能行业发展的新形势，协会要在有关政府部门的指导下，深入贯彻科学发展观，认真落实全国能源工作会议、国防科技工业工作会议和环境保护工作会议精神，进一步发挥桥梁纽带作用，努力提高服务水平，不断加强自身建设，为我国核能行业安全高效发展作出新的贡献。

（一）积极开展核能行业重大问题研究

加强核能行业重大问题研究，凝聚行业共识，反映行业诉求，为政府有关部门管理和决策提出建议，是协会发挥桥梁纽带作用、为政府和会员服务的重要工作之一。2013 年，协会要认真做好工业和信息化部、国家能源局、国防科工局、国家核安全局等政府部门和会员单位委托的课题研究工作，包括继续组织好《原子能法》立法工作，开展《我国核燃料保障战略研究》《核电厂 PSA 报告的同行评估》《核电厂严重事故管理指南的同行评估》《核电厂周围公众核与辐射安全宣传与教育效果的评估》等课题研究工作，完成《内陆核电厂对水环境影响的评估》研究工作、《我国核能发展的再研究》课题的有关研究工作。

（二）继续推进核电同行评估及经验交流

核电厂同行评估及经验交流工作，是实现核电运营和建设单位经验共享、持续改进的重要举措，也是核能行业自律的具体体现。2013 年，将完成核电厂同行评估及经验交流委员会换届工作，召开新一届委员会第一次会议。组织开展海南昌江核电建设工程项目评估、广东阳江核电建设工程项目评估回访、山东石岛湾核电建设工程项目评估、山东海阳核电建设工程项目调试准备专项评估，以及秦山第三核电厂人员绩效专项评估，其中昌江核电项目评估、阳江核电项目评估回访已于今年4月完成。继续加强专题工作组工作，抓好软课题研究，为委员会工作提供更好的技术支持。积极推进核电建设与运行经验反馈及信息共享机制建设，做好核电运行信息网（CINNO）运行，核电生产季报、核电建设季报、核电生产年度报告、WANO性能指标报告、事件报告、协会核电建设与运行年报、委员会简报的编制工作，以及我国核电运行情况报告的准备和正式发布工作。

（三）认真办好质量保证、项目管理等培训活动

适应行业发展和会员单位需要，开展多种形式的培训活动，对提高企事业单位负责人和相关管理人员的素质，促进质量、安全等管理水平的提高具有重要意义。2013年，将举办质量保证监查员和主监查员培训7期，其中监查员培训3期，监查员再培训2期，主监查员提高班2期；举办核电工程项目管理中级培训班2期，核电工程设备项目管理培训班2期；举办RCCM规则培训班1期，AP1000技术强化培训班1期。在总结经验和调查研究的基础上，不断提高培训质量，积极探索新的培训项目。

（四）进一步做好科技奖励工作

科技奖励工作，对激励广大核科技工作者自主创新，推动科技成果向生产力转化，促进核能科技进步，具有重要作用。2013年，依据中国核能行业协会科学技术奖设奖者委员会章程，将完成设奖者委员会和评审委员会的换届工作。换届后，设奖者委员会成员将由首届7个增加到本届10个，奖励基金由230万元增加到340万元。目前，2013年度核能科技奖项目申报已经启动，今年与往年不同的是，开发建立了网络评审系统，核能科技奖的信息化管理水平将得到进一步提升。能源科技奖（核能专业）的申报和初评工作，按照国家能源局的安排进行。科技成果鉴定是对科技创新成果进行技术评价的重要环节，也是科技奖励的重要参考依据，2013年协会计划组织科技成果鉴定90余项。

（五）提供多种形式的技术咨询服务

充分发挥协会的平台作用和专家委员会的技术优势，为政府有关部门和会员单位提供技术咨询服务，是协会的重要职责。2012年11月，受中广核集团的委托，协会组织专家对ACPR1000+技术方案进行了评审；今年4月，受中核集团的委托，协会组织专家对ACP1000初步设计进行了审查。2013年，受国家核应急办的委托，协会还将组织专家对国家核应急办组织的核电厂核事故应急演习进行评估，提供技术支持。按照财政部的要求，对三代核电关键设备零部件进口清单国产化进展情况进行调查，向财政部提出相关建议。受会员单位委托，完成各项技术评审、咨询评估、资产报废技术鉴定等技术咨询和服务工作。

（六）重视公众宣传和核能行业信息交流

《中国核能》会刊、《核能新闻》电子月刊、《中国核能年鉴》和协会网站，是协会内外信息交流的重要窗口。加强核科技知识普及、加强公众宣传教育，是协会网刊工作的重中之重。2013 年，《中国核能》会刊进行改版，在栏目设置上作必要的调整，加强策划，增进与通讯员和会员单位宣传公关部门的联系沟通，进一步提高刊物的可读性、感染力。协会网站的功能已经有了较大幅度的提升，要进一步发挥网站的功能，做好国际合作、核电评估、科技奖励等专业网页和网上展厅的试运行工作，为会员单位提供更多更好的服务，为核能发展营造良好的舆论环境。

（七）深化国际合作与两岸交流

加强核能国际合作与两岸交流，是在改革开放形势下，促进我国核能行业健康持续发展的重要举措。2013 年，要继续推进与国际核能组织、有关国家和海峡两岸的合作与交流，精心组织好第十届中国国际核电展览会，与世界核协会、清华大学合作组织举办世界核大学清华周暑期培训班，与法国阿海珐集团合作举办核燃料循环国际研讨会，与台湾核能科技协进会在核电厂人员培训、专家互访、运行维修、放射性废物处理等方面开展技术交流与合作。继续做好科技部、国防科工局委托的 GIF 联络办公室的工作，做好 RCA 的支持工作。组织有关会员单位参加国外举办的重要技术交流会议，搭建合作平台，为企业“走出去”创造条件。

（八）大力加强协会自身建设

十二届全国人大一次会议通过的《国务院机构改革和转变职能方案》要求，“改革社会组织管理制度。加快形成政社分开、权责明确、依法自治的现代社会组织体制。逐步推进行业协会商会与行政机关脱钩，强化行业自律，使其真正成为提供服务、反映诉求、规范行为的主体”。“坚持积极引导发展、严格依法管理的原则，促进社会组织健康有序发展”。我们要按照《国务院机构改革和转变职能方案》和民政部 3 月 28 日发出的《关于开展行业协会行业自律与诚信创建活动的通知》的要求，在六年办会实践的基础上，进一步加强协会自身建设，建立自律规约，推进信息公开，开展诚信服务，加强规范化建设，不断提高办会能力和水平，推进协会健康持续发展。

党的十八大提出了 2020 年全面建成小康社会，实现两个“翻一番”，建设美丽中国的宏伟目标。习近平总书记向全国人民发出了“实现中华民族伟大复兴的中国梦”的庄严号召。核能作为新兴战略性产业，在优化能源结构、减少温室气体排放、建设美丽中国、促进经济社会发展中具有不可替代的作用，面临新的形势、新的挑战，任务艰巨，责任重大。我们要在党中央、国务院的领导下，在政府有关部门的指导下，在全体会员单位的共同努力下，认真履行协会宗旨，努力做好各项工作，为实现核能安全高效发展、开创我国核能行业发展的新局面作出新的更大的贡献。

领导讲话

国家核安全局副局长刘华：

一、2012 年协会工作全面推进、成绩显著。

过去的一年，是坚持科学发展，推进十二五规划的落实之年，是深刻学习领会十八大精神，建设生态文明的部署之年，是贯彻国务院各项方针政策确保核电安全发展的践行之年。一年来行业协会把促进行业发展作为中心工作，把改善服务作为根本任务，把开拓进取作为核心精神，各项工作全面推进，充分发挥了协会的三大作用。

一是行业协会和政府间的桥梁作用，协会承担了工信部、科工局、国务院应急办、能源局、科技部等政府部门的多项立法、规划、科研等工作，为政府部门的管理和决策提供了强有力的支持。

二是行业内各单位的平台作用。协会通过组织行业内的科技培训、技术咨询、学术研讨、成果鉴定、科技奖励，特别是同行评议，这些工作为各单位提供了一个交流沟通的平台，也提供了一个互相学习促进的平台，推动了核能行业自主创新和科技进步，以及行业之间的、行业内部成员单位之间的互相学习和支持。

三是国内与国外的纽带作用。协会通过与国际原子能机构等国际组织的长期合作，以及美、法、日等国的交流，以及与台湾的交流，促进我国行业协会发展，同时及时把握国际发展动态，汲取有关国家和地区的先进经验，为我国核电走出去和宣传我国核电事业起到了积极的作用，创造了条件。

二、落实核安全规划，支持在确保安全基础上推进核事业的发展。

发展核能对于中国这样一个发展中的大国具有极其重要的战略意义，发展核能是确保我国能源安全的重要保障，是优化能源结构的重要抓手，是促进污染减排的有利举措，也是应对全球气候变化的必然选择，所以发展核能是我们的战略，是促进生态文明、建设美丽中国的重要途径。截止到 2012 年年底，我国已经运行的核电机组有 15 台，在建 30 台。从今年开始，建设中的核电机组都要陆续投入商业运行。所以在这个过程当中，我觉得我们应当重视以下几点：

一是要充分认识到核安全是核电发展的前提和基础，是国家安全的重要组成部分，只有严把安全关，始终把“安全第一、质量第一”的根本方针和安全理念扎根于思想，体现于作风，落实于行动，才能确保核电安全高效发展。

二是要坚持发展核电的目标，坚持“安全第一、质量第一”的根本方针不动摇。坚持核安全规划确定的“预防为主，纵深防御，新老并重，防治结合，依靠科技，持续改进，坚持法治，严格监管，公开透明，协调发展”的根本原则，在确保安全的基础上，高效促进核能发展。希望大家在核电行业发展的成绩面前，要始终保持清醒的头脑，戒骄戒躁，求真务实；在核电行业面临的挑战面前，要努力进取，迎难而上，攻坚克难。

三是要共同努力，维护大局，统一思想，凝聚共识，团结一致，密切协作，心往一处想，劲往一处使；从大局出发，从核能发展的长远谋划，大家要互相帮助，共同促进核能发展。大家知道，核事业有别于其他事业发展的根本原因，就是不论在哪儿发生核事故，都会影响到整个核事业的发展。只有整个行业、所有的企业都能够做到质量第一、安全第一，整个核事业才能健康发展。

要继续落实好福岛核事故后安全检查的各项要求。在福岛核事故发生以后，国家核安全局组织了核安全综合检查，这是会同各有关单位共同进行的，同时我们又编制了核安全规划。不管是综合检查还是核安全规划，都要求我们在现有基础上，对于我们的核设施，特别是核电厂存在的一些安全隐患，以及在应对极端外部事件方面存在的一些薄弱环节，作出有序的安排，形成一个短期、长期、中期的改进计划。

要确保运行核电厂安全。对运行的核电机组在运行过程当中发生的一些运行事件，要及时总结经验，及时进行经验反馈，并把这些工作落实到我们后续的安全管理当中，切实加强人员的责任心和核安全文化的提升，确保运行绝对安全。

要确保建造电厂和建造核设施的质量。在推进核能发展过程当中，一些建设单位的能力也在不断地提高，同时随着建设项目数量的增加，对于建造的质量要求也提得越来越高。最近国家核安全局对于一些在建造过程当中发现的一些质量问题予以通报，对存在建造质量问题的单位进行相应处罚。希望大家始终把建造质量作为确保今后核电进入调试运行的一个保障。调试也是对建造质量的一个全面的考验。在这个过程当中，国家核安全局非常明确，今后的调试大纲经过批准以后，原则上不再做调整，所有的调试项目一定要在规定的时段内完成相应的调试。

要加强设备制造的质量保证。现在取得国家核安全局核设备资格的单位有 188 家，取得核安全局发布的国外的核设备供应商有 210 多家，我们的核设备供应体系基本形成。在设备制造方面，我们实施的是提高门槛，确保质量，优胜劣汰，在一个良好的竞争环境中，确保设备的制造质量。对于发生制造质量问题的单位，我们要进行比较严格的检查和执法，对于确实不满足要求的单位，要吊销许可证。在这个方面，我们也希望各个核电集团，特别是工程公司，对核设备供应单位要严格把关，并且做好设备的监造公司。要加强核燃料循环设施的安全管理，确保核燃料循环设施的安全。

明年是核安全规划的中期评估和检查的一年，我们要对各个核集团、设备制造和建设单位核安全规划的执行情况进行评估和评价，对后续的工作作出具体安排。我们希望有关单位利用今年和明年上半年的时间，要把规划的一些要求切实落实到各项工作当中，按照规划的各项要求全面推进核事业发展。

要高度重视公众宣传和信息公开，争取公众对于核事业的理解和支持，创造一个公开的社会舆论环境。

三、与时俱进，不断开创协会工作新局面。

协会成立六年来的实践表明，中国核能行业协会是推动核能行业自主创新和技术进步的生力军，是促进核能行业又好又快安全发展的重要力量，是政府信赖和依靠的重要社会团体，在反映行业发展动态、提出政策建议、做好政府参谋、促进企业发展、推动行业自律方面作出了突出贡献。2013年是深入贯彻党的十八大精神的开局之年，是实施“十二五”规划承前启后的关键一年，也是落实核安全规划的重要一年，面对新形势、新任务，希望行业协会进一步增强工作的积极性和主动性，以改革创新为动力，以提高管理效益和社会效益为目标，以加强思想业务、制度和能力建设为内容，进一步科学配置资源，优化管理要素，完善工作机制，扩大合作交流，充分发挥行业协会的引领作用，履行服务职责，努力开创行业协会工作的新局面。

国家原子能机构系统工程司副司长吕晓明：

过去的一年对于我国核能行业来说，是不平凡的一年，核工业以科学发展为主题，以转变发展方式为主线，克服世界金融危机和日本福岛核事故带来的影响，积极进取，迎难而上，取得了巨大的成绩。

一是核心能力建设得到加强。核科技研发基地和平台建设取得阶段性成果，建成了一批重大的实验设施和手段，能力得到较大的提升；产能建设项目按照规划抓紧实施，产能短板逐步提升，产业体系进一步完善；核工业核心能力总体实力得到显著增强，保障了国家安全和核电发展的需要。

二是自主创新取得了重要的进展。着眼于国家战略需求和核工业长远发展，在加大科技研究领域的同时，发挥政府资金的引导作用，带动企业加大自身的投入，一系列关键技术领域取得了突破，核科技自主创新能力的水平得到显著提升。

三是核安全工作加强推进。在各部门各单位的努力下，核设施保持安全运行，没有发生事故，按照标准和要求，开展了核安全整顿，消除了安全隐患。加大了对核设施改造的力度，核设施的安全度得到提高。监管加强，我们积极组织实施了核设施的规划，加紧推进重大工程，部分项目取得了重要突破。通过以上这些工作，确保了核设施安全。

四是合作成果丰硕。双边合作重点项目不断推进，中法签订了大型商业项目。按照国家的统一部署，我们积极参与国际原子能机构论坛等重要的合作，举办了创新的专题展览，推荐我国自主设定的三代核电堆型，促进了我国核工业的战略实施。

以上这几点成绩的取得，是大家共同努力的成果。

中国核能协会自2007年成立以来，已经成为核能界具有较高影响力的民间社会团体，成为促进我国核能发展的重要力量。六年来，核能协会在开展重大问题研究，为政府部门提供决策、参考，为会员单位提供良好服务，做好公众宣传，为核能发展营造良好环境等方面作出了大量卓有成效的工作，取得了显著的成绩。尤其是日本福岛核事故之后，核能行业协会配合政府有关部门，充分发挥桥梁纽带作用，做了大量的有针对性的工作，为核电恢复正常建设发挥了重要的突出作用。

2013 年是全国贯彻落实党的十八大精神的开局之年，也是实施核工业发展等一系列规划承上启下的重要一年，核工业发展既面临良好的机遇也面临一定的挑战。2013 年，工作会议明确了今年整个工作的要求，对于工作也作出了部署，我想具体到核工业，就是要坚决贯彻落实中央提出的稳中求进的目标，以建设先进的核工业为目标，以科学发展为主题，以改变发展方式为主线，加强科技创新和体制创新，着力提升核工业的核心能力，进一步加强核安全管理，共同推动核工业的安全健康发展。

关于今年的工作，借这个机会强调几点：

第一是继续加强核心能力建设。现在核工业的项目还是比较多，发展态势良好。所以今年要着力推动重大工程项目的实施，有关单位要加强项目管理，做好投资、质量、安全和各方面的控制，按照规划和要求做好项目的实施。

第二，要确保核燃料的安全供应。经过这么多年的发展，尤其是“十五”以来，我国的核燃料行业适应新形势，总体来看是满足了我国核电发展的需要。但是，现在面临新的形势，下一步的任务还是非常繁重，各个单位还要进一步努力做好工作。一是核燃料产业项目，要按照要求加以实施，按期达产。第二是做好供应保障，要继续加大国内的勘查力度，尤其要加强基础地质工作，这几年我们在这方面的发挥有欠缺，需要加强。还有就是要加大建设力度，适当提高我们的产能，充分利用两种市场、两种资源，加大开发力度。总的就是要通过国内开发、海外开发、国际贸易三个渠道，把我国核能发展所需要的核燃料保障的相关工作继续推进，保障核事业的健康发展。

第三是继续推动核工业产业的创新，要加大这方面的工作力度。今年，中国核能行业协会开展了核燃料保障战略的重大问题研究，前期工作已经在开展，希望各会员单位能够支持协会把这项工作做好。

最后一点就是核工业“十二五”发展规划今年已经启动了，各个单位对照这个规划，要认真做好自己单位的工作，打好基础。

作为核工业的管理部门，我们将和有关政府部门通力合作，共同为我国核能事业的发展做好管理和服务工作，同时我们也祝愿中国核能行业协会在张华祝理事长的领导下，在全体会员单位的共同努力下，再接再厉，积极进取，扎实工作，为推动我国核能行业安全高效发展作出新的更大的贡献。

第十届中国国际核电工业展览会

概况

2013年5月23日上午，由中国核能行业协会主办的第十届中国国际核电工业展览会在上海世博展览馆隆重开幕。这是我国核电重启以来核能界举办的第一次大型活动。

来自亚洲、欧洲、美洲的17个国家（地区）、170多家享誉中外的核电工业企业、科研设计院所参加了本届展会，其中包括近100家国外企业。法国、俄罗斯、西班牙、英国等均以国家展团的形式组团参展，显示出中国核电市场的巨大吸引力。

在展会开幕式上，中国核能行业协会理事长张华祝致辞说，这届展会是在我国核电全面完成核安全检查，核安全规划、核电安全规划和核电中长期发展规划发布实施，核电正常建设与发展正在稳步恢复的新形势下，首次举办的国际核电工业展览会。我国作为在核电领域最具发展活力的国家而受到世界核电工业界的热切关注。目前，我国核电运行业绩良好，在建核电继续保持全球最大规模，核电新技术研发投入逐年加大，核电装备制造能力显著提升，未来发展目标明确，发展前景十分看好。我国核电发展呈现出新的局面，为国内外核电企业交流合作开辟了广阔空间，为各类核电供应商提供了重要商机。本届展会不仅是国际核电工业界新老朋友的一次盛大聚会，也是中外核电同行进一步开展技术交流与合作的重要平台。

中国国际核电工业展览会于1995年由原国务院核电办公室在北京创办，每两年一届。1999年开始，由原国防科工委主办。2008年，国防科工委明确中国核能行业协会作为该展会的主办单位。伴随着中国核电事业的成长与发展，核电展已成为核能行业展示成就、彰显实力、推介产品、交流经验及促进合作的重要平台，被公认为是核能领域规模大、影响力强的一个专业展会。

法国驻华使馆核参赞 Mr. Pierre-Yves Cordier 致辞。中国核能行业协会理事长张华祝、国家核安全局副局长刘华、国家原子能机构系统工程司副司长吕晓明、国际展览业协会主席陈先进和法国驻华使馆核参赞 Mr.Pierre-YvesCordier，共同为展览会开幕式剪彩。

开幕辞

在美丽的国际大都市上海，在三年前成功举办过世博会的地方，第十届中国国际核电工业展览会开幕了。本届展览会得到了国家能源局、国家原子能机构、国家核安全局和上海市人民政府的有力指导和帮助，我谨代表中国核能行业协会，对各政府部门和上海市的大力支持表示最诚挚的感谢，对刘华副局长、吕晓明副司长、国际展览协会陈先进主席等各位领导，对法国驻华使馆科迪尔参赞等各位嘉宾莅临展览会、出席开幕式表示热烈的欢迎！

这届展览会得到广大会员单位以及中外核电工业界朋友的热情支持与积极参与，有来自亚洲、欧洲、美洲的170多家中外知名的核电工业企业、科研院所参加了展览，法国、俄罗斯、英国、西班牙等国还以国家展团的形式组团参展。在此，我代表中国核能行业协会向各会员单位表示衷心的感谢，向中外参展商朋友表示热烈的欢迎！

这届展览会是在中国核电全面完成核安全检查、核安全规划、核电安全规划和核电中长期发展规划发布实施、核电正常建设与发展正在稳步恢复的新形势下首次举办的国际核电工业展览会，对促进参展商与中国核电业界的互动，对向社会公众展示核电成果、宣传核电知识，具有重要的作用。

中国，作为在核电领域最具发展活力的国家，受到世界核电工业界的热切关注。目前，中国核电运行业绩良好，在建核电继续保持全球最大规模，核电新技术研发投入逐年加大，核电装备制造能力显著提升，未来发展目标明确，发展前景十分看好。中国核电发展呈现出的新局面，为国内外核电企业交流合作开辟了广阔空间，为各类核电供应商提供了重要商机。因此，本届展览会不仅是国际核电工业界新老朋友的一次盛大聚会，也是中外核电同行近距离了解和认识中国核电，进一步开展技术交流与合作的重要平台。

我相信，在大家的共同努力之下，第十届中国国际核电工业展览会一定能达到预期效果，无论是参展商，还是社会各界参观者，都能从展览会上得到收获。

（中国核能行业协会理事长张华祝致开幕辞）

展会全景

从我国大陆第一座核电站秦山30万千瓦核电站和从法国引进的大亚湾核电站建设开始，中国的核电事业已经走过了30多年的发展历程。如今，在“美丽中国”的大目标下，中国的核电事业又将如何稳扎稳打走好每一步？在5月23日—25日举办的第十届中国国际核电工业展览会上，不难找到答案。

国际交流：共享核能魅力

5月23日清晨，上海街头飘起了淅淅沥沥的小雨。待到临近中午展会开幕，天空放晴，阳光透过展馆的天穹铺洒进来，会场更加明亮。

在上海世博馆，每天都有N多的展会在进行，像国际核电工业展这样的展会并不太吸引公众眼球，但对于核电业界来说无疑是一个盛会。参会的无论是代表还是国内外展商，似乎有一种挥去阴霾心情舒放的感觉，就如同这天上海的天气——雨过天晴。

世界核电业界在“3·11”劫难之后，经历了公众舆论疾风暴雨般的质疑、谴责、反对。而时隔两年之后，核电依然成为世界很多国家的能源选择。这次在上海举办的第十届中国国际核电工业展览会，可以说是后福岛时期世界核电行业的一次整体展示。正如法国驻华使馆核参赞 Mr.Pierre-Yves Cordier 致辞所说，“展会非常重要，这是中国国务院作出重新启动核电后的第一个大型活动，展会开幕前我在现场走了一圈，看到了非常多的海外展商，这对我而言并不意外，因为中国正在成为世界核能领域非常重要的一员，中国更是全球最重要的核能市场之一，在 2020 年中国还可能成为世界第三核电大国。作为中国核电发展的好伙伴，法国及法国核电界对中国核电事业的成就感到十分骄傲，希望中国核电发展越来越成功！”

在众多国外展商中，法国展位阵容强大，几乎占据海外展区近三分之一的位置，从中可以看出法国对中国核电市场的重视程度。从 1983 年 5 月中法两国签署建设大亚湾核电厂开始，至今两国的核电合作已经走过 30 个年头。

在现场记者还注意到，展会开幕当天，英国展商的中文资料就已发送完毕，但依然有众多参观者频频前来问询；西班牙展团的洽谈区，一直人流不断，即便在午餐时间，依然有参观者前来了解交流；在俄罗斯展台，参展企业代表向中国核能行业协会理事长张华祝一行进行了详细的介绍，交流过程中不时传来轻松的笑声；德国展台在海外展区中虽然面积不大，但从德方讲解人员与参观者用中文对答如流的沟通中，依然可以感受其严谨、细致的作风。德方参展商诚恳地表示，中国是德国核电业非常重要的市场。

中国创新：展现核能魅力

从内在核心技术到外围相关产业发展，从产品的展示到企业形象的展现，本届展会同样成为中国核电企业走出去及行业切磋的重点平台。在本届核工展上，记者深深地感受到，借助这个多元化的平台，中国核能发展的魅力得到了最生动的诠释。

中核集团展区以做强做优、世界一流、“核力”助推中国梦为主题，重点介绍了 ACP1000、ACP100、铀浓缩、核电站关键设备研制等一系列自主创新成果和核电产业发展以及核燃料保障实力，凸显中核集团在打造核电强国、确保能源安全、实现“中国梦”方面的社会责任。中核集团总经理助理李晓明为中国核能行业协会理事长张华祝、国家核安全局副局长刘华等观展嘉宾讲解了 ACP1000 技术。

作为核电建设的主力军，中国核工业建设集团也充分利用展会这个平台，全面展现了在核电站建造领域的强大实力。参展的特色展品有高温气冷堆模型、一体化壳式核供热堆（低温堆）模型，以及核电站主回路管道窄间隙自动焊接试件。精美的展台设计、核电站厂房模型，受到众多业内人士和参观者的注目。

中国广核集团研发的国内首台核电站微小型作业潜艇样机在第十届中国国际核电工业展览会上首度亮相，受到业界与公众广泛关注。日本福岛核事故后，应用于核电站应急事故处理、日常检查、维修等方面的智能机器人开始受到世界各国的重视。2011 年，中广核集团下属的中科华核电技术研究院联合北京航空航天大学，申请了国家“863”计划“核电站专用机器人技术与研究”课题，以“核电站微小型作潜艇”为重点领域进行核心技术攻关，并于2013年3月成功研发完成首台核电站微小型作业潜艇样机。据悉，该潜艇样机计划于今年9月在大亚湾核电基地进行实际环境应用试验，通过试验后即可投入商用。此外，中国广东核电集团正式更名为中国广核集团也成为此次对外传递的重要内容之一。

中国电力投资集团借助展会平台，全面展示集团核电事业发展状况。此次展会，中电投采用灯箱展板、视频交互系统、实物沙盘、核电站仿真漫游等形式，全面介绍了集团公司概况及核电发展历程、最新情况和实力，重点展示了AP1000非能动安全性及模块化施工过程及集团核电产业链等内容。

国家核电技术公司以具有自主知识产权的先进非能动压水堆CAP1400核电站为核心，展示了牵头实施的大型先进压水堆核电站重大专项的进展，以及公司在三代核电研发设计、工程建设管理、相关设备和材料制造、核电运行服务等环节的核心业务能力，受到了多方关注。熟悉双语的5名青年专家全程参与讲解和回答观众提问。

浏览于上海电气、东方电气等中国核电设备制造业的展位，深深地被“中国大制造”的先进技术所震撼。核电设备制造能力体现了一个国家工业的综合水平，他们在展会上展示的是中国工业现代化的整体实力。

在众多国内参展企业中，“海盐·中国核电城”独树一帜。这是一个携11家海盐县核电关联企业共同参与的参展商，展位面积300平方米。通过展板演示、实物展陈等方式，生动直观地展示了核电城的规划目标和建设，及11家参展企业的发展情况。中国核电城依托秦山核电基地，形成了一个较为完整的核电相关产业链，其中包括核技术培训、核技术应用及行业管理、核能宣传、核电文化旅游等。

核电科普：而今迈步从头越

日本福岛核事故后在我国曾一度出现“抢盐风波”，这折射出当前国内公众核电知识的匮乏和公众核电科普宣传的不足，也体现了公众对“核”的无端恐慌和渴望得到正确的核电科普教育的期待。

国家核应急委曾做过一项民意调查：如何拉近核电与公众之间的距离，让公众对复杂的核安全、核应急知识较为容易地掌握。在“核电专家的公开讲座”“举办大型科普展览”“近距离接触核电站”“纳入国民日常教育”四个选项中，大部分人选择了“国民日常教育”。

我国的公众核电科普宣传教育，经过20多年来的努力和积累，已经取得一些成效，但面对新形势、新局面，仍有包括健全完善法规体系、加强科普教育、进行开放式宣传等多个方面工作亟待完善。因此，核电科普也成为本次展会的亮点之一。

在中国电力投资集团的展台上，一个形似驾驶座椅的展品吸引了许多参观者前来体验，据工作人员介绍，此展品称为“核岛漫游机”，参观者在座椅上转动方向盘，前方屏幕就可以显示出核岛内部的 3D 实景图，如同身临其中。

记者还在多个参展商处都看到了针对公众进行科普的书籍和资料，其编排和设计与前些年的科普读物相比，更加通俗易懂、趣味横生。在多个参展商的咨询台前，主动索取科普资料的参观者络绎不绝。在中国核能行业协会设置的核电科普长廊中，《话说核电——阿核的博客》等科普资料一上架便被一抢而空；大屏幕滚动播放的央视最新制作的核电科普电视片，同样吸引了众多参观者流连驻足。

2013 年度中国核能行业协会科学技术奖获奖项目

一等奖项目 (2 项)

序号	项目名称	主要完成单位	主要完成人
1	中国百万千瓦核电自主化依托项目——岭澳核电站二期工程	1. 中广核工程有限公司 2. 中国核电工程有限公司 3. 中国核动力研究设计院 4. 中国能源建设集团广东省电力设计研究院 5. 深圳中广核工程设计有限公司 6. 东方电气股份有限公司 7. 上海第一机床厂有限公司 8. 中国核工业二三建设有限公司 9. 中国核工业华兴建设有限公司 10. 大亚湾核电运营管理有限责任公司	田　青　刘　巍　束国刚 张文其　彭雪平　郭建林 唐洪驹　孙忠飞　董玉川 徐晓明　朱闽宏　伍伯基 邢　继　朱光涛　张廷祥 刘全忠　陈亦德　赵　侠 苏　冬　陈春雄
2	AP1000 反应堆冷却剂管道安装与焊接技术研究	中国核工业第五建设有限公司	梁选翠　李　建　孔丽朵 董培科　郭　强　李永庆 庄火林　覃明保　张建奎 罗开峰　徐　斌　刘卫华 居海兵　程定富　孙平平

二等奖项目 (14 项)

序号	项目名称	主要完成单位	主要完成人
3	先进的核电厂防火设计研究	中国核电工程有限公司	信天民　谭广萍　刘文华 史凤华　沈　蓉　郑广慧 王　乐　刘文芳　孙立臣 张　晨　马　莉　蒋卫真 崔　岚　邓旭晨　彭　超
4	我国首座乏燃料干式贮存设施	1. 上海核工程研究设计院 2. 秦山第三核电有限公司 3. 中核核电运行管理有限公司	顾国兴　郑永祥　奚梅英 宋电子　梅其良　乔　刚 陆佩芳　赵　军　闵　鹏 郭　玮　贾红铁　王忠辉 杨铭山　熊扣红　徐雪莲

（续表）

序号	项目名称	主要完成单位	主要完成人
5	大容量钴 -60 棒束与工业用钴 -60 成品源运输容器研制	1. 中国核电工程有限公司 2. 中国同辐股份有限公司	王 庆 张洪军 张 鑫 谢 亮 盛 锋 汪 俊 王炳衡 刘慧芳 张双旺 张 玮 吴 明 唐兴贵 胡伊舟 薛 娜 杨 宇
6	中国改进型百万千瓦级核电站安全壳钢衬里模块化技术研发与应用	1. 中广核工程有限公司 2. 中国核工业华兴建设有限公司	郝 坚 秦亚林 陈李华 陈宝智 鲁勤武 徐晓明 张铁军 龚振斌 王启宁 王德桂 杨宏波 陈明国 董占发 廖茂军 王志勇
7	环境保护部核与辐射事故应急决策技术支持系统	1. 环境保护部核与辐射安全中心 2. 清华大学 3. 神华和利时信息技术有限公司 4. 苏州热工研究院有限公司 5. 中国原子能科学研究院 6. 榕基五一（北京）信息技术有限公司	岳会国 林权益 康玉峰 岳 峰 李涓子 李 冰 赵 锋 魏永新 李雯婷 王韶伟 张启明 张 鹏 王瑞英 郜建伟 侯 杰
8	CAP1400 非能动安全壳冷却系统水分配试验	1. 国核华清（北京）核电技术研发中心有限公司 2. 上海核工程研究设计院 3. 山东核电设备制造有限公司	鲁仰辉 常华健 王 勇 赵瑞昌 田 芳 宋春景 王洪金 潘新新 王彦之 张子杨 宋宜豪 王 妍 刘 璐 王 欢 樊焕然
9	宁德核电 3300kW 无刷励磁机研制	东方电气集团东方电机有限公司	巨 博 胡德剑 裴学军 高 黔 杨 凯 王建立 张国本 余 平 李 军 徐正乾 马 军 刘 航 张小俊 杨 玥 徐庆志
10	WWER 反应堆压力容器检验技术研究	1. 核动力运行研究所 2. 中核武汉核电运行技术股份有限公司 3. 江苏核电有限公司	许远欢 卢 威 杨 光 柯 涛 秦华容 施春丰 王羽翀 杨兴旺 文 斌 欧阳钦 聂 勇 黄 潜 刘维平 张志义 王建瑜

（续表）

序号	项目名称	主要完成单位	主要完成人
11	热液型铀矿电磁法和高精度磁法勘探技术研究	核工业北京地质研究院	程纪星　曹寿孙　刘　祜 谢国发　乔宝强　周玉龙 腰善丛　付建平　张濡亮 赵　丹
12	提高田湾核电站主泵径向止推轴承运行可靠性自主化创新与应用	1. 江苏核电有限公司 2. 中国核动力研究设计院	顾颖宾　张　毅　曾小康 武　杰　张福海　徐霞军 昝元锋　高顺龙　荚　川 屈凡玉　欧阳钦　王　涛 祁　勋　孟安军　赵二雷
13	二代加压水堆核电厂全数字化仪控系统总体设计	中国核电工程有限公司	吕冬宝　王彦君　张瑞萍 陈日罡　李文雎　余　淼 俞光卫　张　莉　李　军 田　晖　关志宏　李俭秋 尚雪莲　张任妍　李　睿
14	核电中长期发展规划调整研究（2011—2020 年）	中国核科技信息与经济研究院	郝卫平　汪永平　张　萌 刘　群　李　丹　陈　惠 吴海明　许　诺　侯惠群 王锁会　张锐平　郑　滨 邹　林　张红林　崔　娜
15	过程故障模式及影响分析 (PFMEA) 在核燃料元件制造中应用	中核建中核燃料元件有限公司	任宇宏　邓　卫　谢凌云 徐　刚　姜　红
16	核电汽轮机高压缸隔板通流面积优化分析及提升功率实践	1. 大亚湾核电运营管理有限责任公司 2. 岭澳核电有限公司	马　蜀　杨　武　项庆华 于庆斌　彭　超　熊颖峰 雷　胜　黄祥君　陈　杰 柴伟东　犹代伦　沈荣发 张　鹏　张志明　孙智强

三等奖项目（45 项）

序号	项目名称	主要完成单位	主要完成人
17	AFA3G 核燃料组件导向管压塞与焊接一体化设备研制	中核北方核燃料元件有限公司	王二平 顾小林 常艳君 孟小全 姚 俊 崔振波
18	砂岩铀矿成矿要素光学遥感识别技术	核工业北京地质研究院	潘 蔚 李瀚波 宫宝昌 罗富生 方茂龙 韩晓青 王树红 黄树桃
19	碱性含铀废水处理工艺	核工业北京化工冶金研究院	向秋林 刘忠臣 秦德恩 刘会武 李建华 张宝恩
20	高放废物地质处置工程屏障材料膨润土化学缓冲性能研究	核工业北京地质研究院	刘月妙 周 佳 温志坚 李娜娜 谢敬礼 宗自华 马利科 赵星光 季瑞利 邱国华
21	二氧化铀－氧化钆芯块氧化钆和铀含量标准物质的研制	中核建中核燃料元件有限公司	张时红 廖 琪 熊德明 陈 岚 徐建平
22	压水堆核电厂放射性废树脂水泥固化改进工艺	1. 大亚湾核电运营管理有限责任公司 2. 岭东核电有限公司	赵 滢 高 歌 黄来喜 黄家权 叶永东 邓才远 张志刚 袁建春 陈 智 熊国林
23	燃料组件定位格架损伤防治技术	1. 大亚湾核电运营管理有限责任公司 2. 岭澳核电有限公司	乔素凯 尹佳林 黄家权 马鹏程 李春常 马 清 梁锐科 冯金才 林广章 李 涛
24	《核电厂放射性液态流出物排放技术要求》修订	1. 环境保护部核与辐射安全中心 2. 苏州热工研究院有限公司	刘新华 汪 萍 张爱玲 上官志洪 吴 浩 沙向东
25	反应堆壳内电缆通道绝缘技术开发及新型1E级电缆连接装置研制	江苏核电有限公司	黄 潜 李 伟 袁屹昆 徐霞军 涂彩清 苑伟宇 宋 雨 张 飞 王 琪 管运全

（续表）

序号	项目名称	主要完成单位	主要完成人
26	新型凝汽器泄漏监测装置的研制与应用	江苏核电有限公司	徐霞军　张建忠　洪远进　韩建鸿　赵东海　高　凡　常家强　刘世江　任　苹　张宝龙
27	核电厂数字化辐射监测系统设计	中国核电工程有限公司	许　光　孙元君　王　欣　王　勇
28	岭澳二期定期试验及其导则的分析研究	中国核电工程有限公司	张　莉　尚　臣　杨庆明　赵　侠　唐　涛　孙　涛　袁　霞　宋代勇　郑俊铭　谭广萍
29	秦山第二核电厂 3、4 号机组运行技术规范改进研究	1. 中国核电工程有限公司 2. 中核核电运行管理有限公司 3. 中国核动力研究设计院	赵　侠　王长东　尚宪和　洪源平　崔怀明　杨晓燕　唐　涛　张　莉　孙　涛　刘艳阳
30	核电厂严重事故对策计算分析	中国核电工程有限公司	王世民　刘建平　元一单　陈巧艳　詹经祥　陈耀东　汪　俊　韩晓峰　赵　博　孙　凤
31	辐射防护最优化原则在岭澳二期工程中的实践	中国核电工程有限公司	毛亚蔚　高桂玲　邱　林　刘　耸　麻锦琳　周耀权　米爱军　李振生　杜红燕　王晓霞
32	反应堆压力容器辐照监督样品盒切取装置验证及性能优化和改造	江苏核电有限公司	黄　潜　张福海　刘永生　张建军　孙永平　吴　磊
33	田湾核电站蒸汽发生器在役传热管寿命评估	1. 核动力运行研究所 2. 江苏核电有限公司 3. 中核武汉核电运行技术股份有限公司	唐　毅　刘维平　韩　捷　吴小亮　孙海涛　欧阳钦　胡兆祥　但体纯　陈　霞　桂　春
34	CPR1000 核电厂系统安全功能分级方法构建与工程应用	中广核工程有限公司	司恒远　唐　辉　王庆礼　刘宝亭　郭景任　秦　戈　赵　海　何湘杰　王朝贵　张　坚

（续表）

序号	项目名称	主要完成单位	主要完成人
35	核电站百万千瓦级发电机监测诊断专家系统	1. 大亚湾核电运营管理有限责任公司 2. 广东核电合营有限公司	夏玉秋 于庆斌 刘志强 宋 波 文 杰 张小重 田新华 洪振旻 蒋兴华 唐志熙
36	岭澳二期实物保护系统设计	中国核电工程有限公司	丁 燕 郭 璇 汪永忠 范君龙 郭韶华 张丽霞 李 征 杨 霞 王晓宇 丁大弸
37	AP1000核电站汽水分离再热器一、二级再热器国产化制造技术	哈电集团（秦皇岛）重型装备有限公司	王晓辉 李长宝 韩 君 马东华 高 峰 谢彦武 魏占超 冯 励 王 玮 孟 巍
38	核级设备辐照鉴定试验装置的研制与应用	中国核动力研究设计院	李文钰 李劲松 赵 光 龚随军 王立德 李成业 王鲁跃 徐 川 江常玉 葛 源
39	千吨级龙门式自封闭拉力载荷试验装置	山东核电设备制造有限公司	樊永生 吴 伟 夏宏君 王国彪 杨中伟 何菲菲 孙长安 孙俊峰 刘茂平 黄世海
40	恰希玛核电厂工程二号机组核级调节阀国产化研制	1. 上海核工程研究设计院 2. 上海自动化仪表股份有限公司自动化仪表七厂	王翠芳 宋志平 王 伟 马百乐 马旭升 蒋李君 季海宏 任永忠 庞招娣 李晓焱
41	RRA系统入口隔离阀控制改进	中国核电工程有限公司	吕冬宝 张瑞萍 刘建伟 王彦君 田 晖
42	俄罗斯型核电站专用焊接材料国产化替代研究	1. 核工业工程研究设计有限公司 2. 江苏核电有限公司 3. 中机生产力促进中心 4. 机械科学研究院哈尔滨焊接研究所 5. 四川大西洋焊接材料股份有限公司	谌 彬 王海东 黄 潜 陈峰华 陈佩寅 明廷泽 郭彦辉 魏清海 蒋 永 杨晓龙

（续表）

序号	项目名称	主要完成单位	主要完成人
43	秦山二期扩建工程反应堆堆内构件自主化设计	中国核动力研究设计院	何大明 李娜 李燕 许斌 王庆田 黄代顺 杜娟 胡朝威 张翼 张宏亮
44	秦山二期扩建工程反应堆运行机动性改良	中国核动力研究设计院	李向阳 王丹 李庆 强胜龙 刘同先 崔怀明 李兰 陈亮 王金雨 陈长
45	秦山二期扩建工程燃料棒PCI分析技术研究	中国核动力研究设计院	茹俊 蒲曾坪 沈才芬 肖忠 冯波 焦拥军 周毅 毕树茂 张林 李云
46	电缆敷设设计管理系统（CDMS）	中国核电工程有限公司	邓旭晨 刘晓波 黄耀 吕冬宝 周晓斌 丁洪波
47	岭澳二期核电工程安全壳地坑过滤器改进设计	中国核电工程有限公司	李嫦月 李军 刘虎 王宏杰 王翠芸 孙登科 赵斌 李海冰 刘加志 王付军
48	岭澳二期核电工程安全壳消氢系统设计	中国核电工程有限公司	李丽娟 刘建平 刘虎 李嫦月 王世民 李军 王晓江 王付军 元一单 王宏杰
49	岭澳二期核电工程联合泵房布置设计	中国核电工程有限公司	王东海 彭超 赵迪 侯燕鸿 王宝树 贺旭霞 李海珠 王晓东 陆程 史淼
50	CPR1000核电站全厂数字化仪控系统的设计与应用	中广核工程有限公司	孙永滨 刘光明 陈卫华 黄伟军 江国进 王志方 张建波 江辉 张坚 谷鹏飞
51	岭澳二期核电站安全壳结构极限承载力分析	中国核电工程有限公司	李玉民 张超琦 王黎丽 蔡利建 孟剑 唐庆 王洪斗 陈功

（续表）

序号	项目名称	主要完成单位	主要完成人
52	滨海场址跨高比对门式刚架影响在岭澳二期 QAQB 厂房中的应用	中国核电工程有限公司	张 伟　赵 迪　王晓东　贺旭霞　王宝树　陈 功
53	1000MW 级大型商用核电站常规岛自主设计关键技术研究	能源建设集团广东省电力设计研究院	朱光涛　彭雪平　罗必雄　唐红键　陈 娟　钱 萍　周 玉　吴家凯　李 刚　李 波
54	AP1000 核岛 CV 底封头灌浆施工技术	中国核工业第二二建设有限公司	谢利平　季钊徐　余荆州　董卫红　刘 焱　许俊敏　何 兵
55	大型结构模块整体吊装与运输工艺研究	中国核工业第五建设有限公司	王卫忠　石 磊　李灿彬　刘 林　赖日旺　朱全国　张智帅　陈 文　黄晓炯　唐玉聪
56	核电站乏燃料水池建造技术	中国核工业华兴建设有限公司	张科青　秦亚林　陈宝智　费 松　卢俊生　米建国　王春明　孙 波　李 琴　陈 琪
57	江苏省场外核应急指挥信息化系统	1. 江苏省核应急办公室 2. 南京航空航天大学 3. 江苏达科智能科技有限公司	苏振远　彭万清　陈 达　何秀根　耿 跃　陈伟时　凌永生　魏 毅　张晓军
58	AP1000 堆型核电站工程文件编码导则	中电投电力工程有限公司	路秀霞　郭 宇　韩文利　李文群　尹小平　陈小丁　杨泽华
59	AP1000 核岛设备监造技术导则与技术规定	中电投山东核电有限公司	刘新利　刘利钊　李 健　张云峰　赖寿祝　何书岭　黄 威　王 辉　李重学　马海龙
60	核电采购供应统一管控平台的研制	核动力运行研究所	雷 炜　巴 军　王 刚　周红英　刘旭嘉　张 云　曹 东　刘国仿　朱智强　何 虹

（续表）

序号	项目名称	主要完成单位	主要完成人
61	基于操作干预水平的核应急决策支持系统的研究与应用	苏州热工研究院有限公司	上官志洪 赵 锋 张启明 孙雪峰 黄义超 陈 谦 刘占阳 王海峰 丁四中 翟 良

中国核能行业协会

中国核能行业协会组织结构

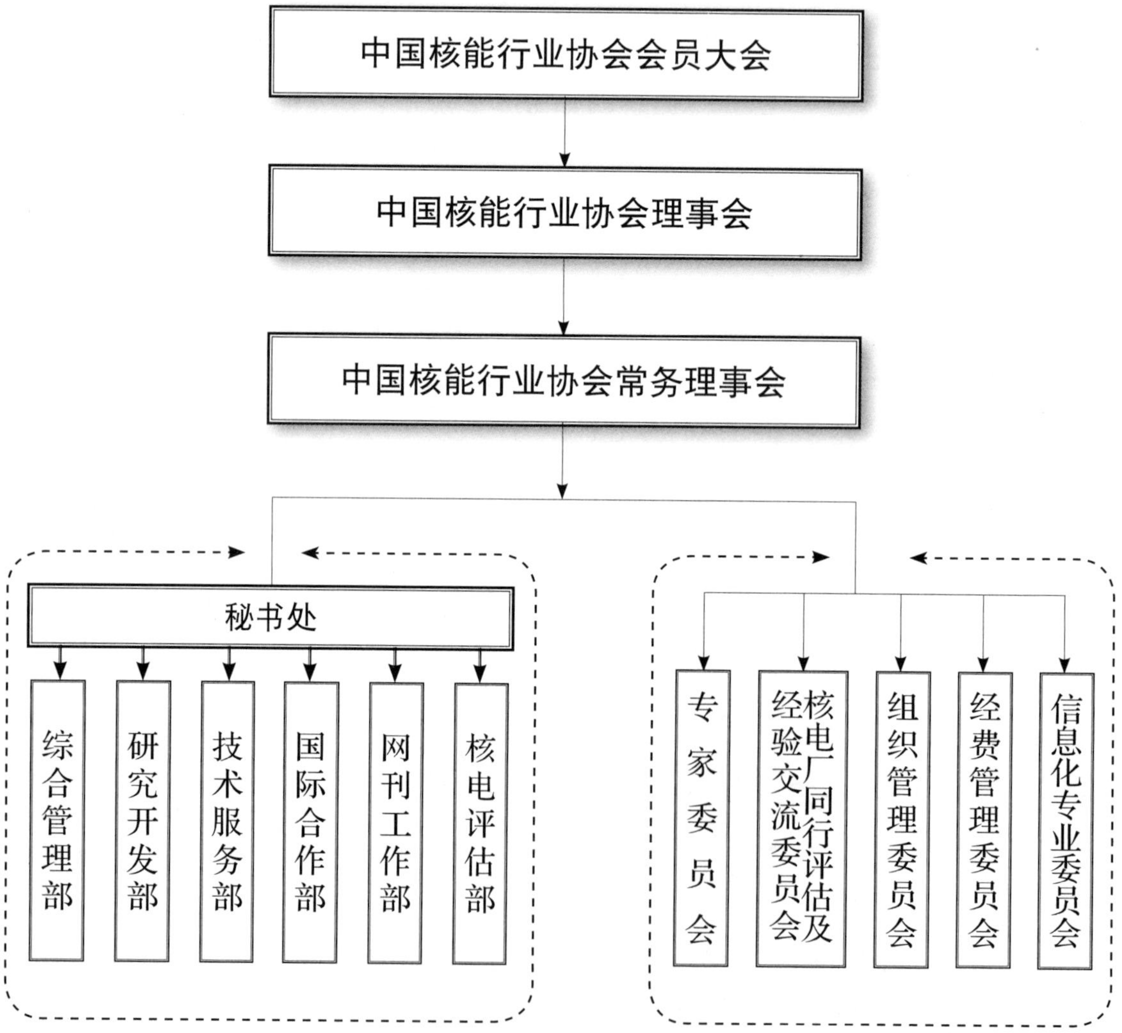

中国核能行业协会第二届理事会名单（截至 2013 年底）

名誉理事长：张国宝

名誉副理事长：丁中智 李永江 翟若愚

理事长：张华祝

副理事长（按姓氏笔画为序）：

马鸿琳	云公民	王　森	王毅韧	刘　华	毕亚雄	吕华祥
米树华	杨　岐	杨兰和	李冠兴	时传清	张廷克	张炜清
陆启洲	陈干锦	赵成昆	高立刚	斯泽夫	韩建伟	程建平
魏　锁						

常务理事（按姓氏笔画为序）：

马鸿琳	云公民	王　森	王毅韧	左岚林	毕亚雄	吕华祥
刘　华	刘志刚	刘　巍	米树华	杨　岐	杨　兆	杨兰和
李大宽	李明亮	李冠兴	严嘉鹏	束国刚	杜运斌	时传清
吴秀江	张一心	张华祝	张廷克	张炜清	陆启洲	陆素娟
陈干锦	陈宝智	陈家昌	陈绍雄	金有忠	周振兴	赵成昆
贺云生	徐玉明	郭学红	郭剑波	高立刚	曹水林	崔绍章
韩建伟	韩乃山	斯泽夫	程建平	谢秋野	雷鸣泽	魏　锁

理事（按姓氏笔画为序）：

丁建波	万　钢	万东海	马鸿琳	云公民	王　安	王　森
王凤学	王宝忠	王俊峰	王福平	王毅韧	王黎明	左亚军
左岚林	叶向东	毕亚雄	吕华祥	吕宏伟	刘　嘉	刘　华
刘　巍	刘伟瑞	刘志刚	刘志颖	刘春胜	刘皓洁	许大庆
孙忠飞	庄建新	米树华	杨　岐	杨　兆	杨兰和	杨晓峰
杨朝东	李一农	李大宽	李宗明	李明亮	李俊杰	李冠兴
严嘉鹏	束国刚	杜运斌	时传清	吴　岗	吴　杰	吴立昆
吴秀江	吴美景	邹树梁	张一心	张仕兵	张华祝	张廷克
张作义	张炜清	陆启洲	陆素娟	陈干锦	陈国祥	陈宝智
陈建华	陈家昌	陈鉴平	陈绍雄	郑明光	郑晓军	金有忠
周振兴	赵　虎	赵成昆	贺云生	钟开华	唐　伟	唐椰熙
徐玉明	徐凯祥	徐洪海	徐浏华	郭学红	郭忠德	郭剑波
高立刚	曹水林	崔绍章	梁光扶	黄学清	韩乃山	韩建伟
韩恩厚	韩新华	蒋达进	蒋国元	斯泽夫	程建平	谢秋野
路建美	雷鸣泽	廖伟明	缪亚民	霍锁善	魏　锁	

中国核能行业协会会员名录（截至 2013 年底）

序号	会员单位名称
1	中国核工业集团公司
2	中国核工业建设集团公司
3	中国广核集团有限公司
4	中国电力投资集团公司
5	国家核电技术有限公司
7	中国华能集团公司
6	中国大唐集团公司
8	哈尔滨电气集团公司
9	中国东方电气集团公司
10	上海电气(集团)总公司
11	中国核动力研究设计院
12	核电秦山联营有限公司
13	中核北方核燃料元件公司
14	大亚湾核电运营管理有限责任公司
15	清华大学
16	上海市核电办公室
17	福建省核电办公室
18	浙江省海盐县中国核电城建设办公室
19	大唐国际发电股份有限公司
20	山东核电有限公司
21	广东核电合营有限公司
22	中电投核电有限公司
23	中核集团三门核电有限公司
24	辽宁红沿河核电有限公司
25	华能山东石岛湾核电有限公司
26	华能核电开发有限公司
27	江苏核电有限公司
28	阳江核电有限公司
29	岭东核电有限公司
30	岭澳核电有限公司
31	秦山核电有限公司

（续表）

序号	会员单位名称
32	秦山第三核电有限公司
33	福建宁德核电有限公司
34	福建福清核电有限公司
35	香港核电投资有限公司
36	中核四○四有限公司
37	中核陕西铀浓缩有限公司
38	中核燃料元件有限公司南方分公司
39	国核宝钛锆业股份公司
40	中国核工业地质局
41	广东省核工业地质局
42	四川省核工业地质局
43	宁夏核工业地质勘查院
44	辽宁省核工业地质局
45	吉林省核工业地质局
46	江西省核工业地质局
47	陕西省核工业地质局
48	青海省核工业地质局
49	浙江省核工业二六九大队（核工业金华建设工程公司）
50	浙江省核工业二六二大队
51	湖南省核工业地质局
52	中广核铀业发展有限公司
53	中核北方铀业有限公司
54	中核抚州金安铀业有限公司
55	中核浙江衢州铀业有限责任公司
56	中核二七二铀业有限公司
57	中核赣州金瑞铀业有限公司
58	西安中核蓝天铀业有限公司
59	湖北三○三库
60	新疆中核天山铀业有限公司
61	电力规划设计总院
62	中国电力工程顾问集团华东电力设计院
63	中国工程物理研究院
64	中国原子能科学研究院

（续表）

序号	会员单位名称
65	中国核电工程有限公司
66	中核新能核工业工程有限责任公司
67	中国核科技信息与经济研究院
68	中国辐射防护研究院
69	上海发电设备成套设计研究院
70	上海核工程研究设计院
71	中国能源建设集团广东省电力设计研究院
72	中科华核电技术研究院有限公司
73	中核能源科技有限公司
74	国防科工局核技术支持中心
75	国核电力规划设计研究院
76	国核电站运行服务技术公司
77	国家环境保护部核与辐射安全中心
78	核工业工程技术研究设计有限公司
79	核工业计算机应用研究所
80	核工业北京化工冶金研究院
81	核工业北京地质研究院
82	核工业西南勘察设计研究院有限公司
83	核工业标准化研究所
84	核工业理化工程研究院
85	中核第四研究设计工程有限公司
86	核动力运行研究所
87	深圳中广核工程设计有限公司
88	湖南省电力勘测设计院
89	广东省粤电集团有限公司
90	中国能源建设集团广东火电工程总公司
91	中广核工程有限公司
92	中国中原对外工程公司
93	中国核工业中原建设有限公司
94	中国核工业华兴建设有限公司
95	中国核工业第二二建设有限公司
96	中国核工业二三建设有限公司
97	中国核工业二四建设有限公司

（续表）

序号	会员单位名称
98	中国核工业第五建设有限公司
99	中核投资有限公司
100	中国能源建设集团天津电力建设公司
101	安徽电力建设第二工程公司
102	郑州中核岩土工程有限公司
103	核工业西南建设集团公司
104	核工业南京建设集团有限公司
105	浙江省火电建设公司
106	中国第一重型机械集团公司
107	中国第二重型机械集团公司
108	上海一核阀门制造有限公司
109	上海电气电站设备有限公司 - 上海发电机厂
110	上海电气电站设备有限公司 - 上海电站辅机厂
111	上海电气电站设备有限公司 - 上海汽轮机厂
112	上海电气核电设备有限公司
113	上海自动化仪表股份有限公司
114	上海阿波罗机械制造有限公司
115	上海重型机器厂有限公司
116	上海起重运输机械厂有限公司
117	上海阀门五厂有限公司
118	上海第一机床厂有限公司
119	大全集团有限公司
120	大连大高阀门有限公司
121	大连苏尔寿泵及压缩机有限公司
122	大连宝原核设备有限公司
123	大连深蓝泵业有限公司
124	广东亚仿科技股份有限公司
125	广州秀珀化工股份有限公司
126	南通中兴能源装备股份有限公司
127	中国电能成套设备有限公司
128	中核（北京）核仪器厂
129	中核动力设备有限公司（四七一厂）
130	中核苏阀科技实业股份有限公司

（续表）

序号	会员单位名称
131	东方电气（广州）重型机器有限公司
132	东方电机股份有限公司
133	东方汽轮机有限公司
134	东方电气集团东方锅炉股份有限公司
135	北京广利核系统工程有限公司
136	北京中核东方控制系统工程有限公司
137	北京和利时系统工程有限公司
138	四川三洲川化机核能设备制造有限公司
139	宁波奥崎自动化仪表设备有限公司
140	石家庄工大化工设备有限公司
141	安徽电缆股份有限公司
142	江苏大明金属制品有限公司
143	江苏华光电缆电器有限公司
144	西安核设备有限公司
145	南方风机股份有限公司
146	沈阳东管电力科技集团股份有限公司
147	沈阳盛世高中压阀门有限公司
148	国核自仪系统工程有限公司
149	环球阀门集团有限公司
150	陕西煤炭建设公司管件设备厂
151	哈尔滨电机厂有限责任公司
152	哈尔滨汽轮机厂有限责任公司
153	哈尔滨锅炉厂有限责任公司
154	贵州航天新力铸锻有限责任公司
155	浙江三方控制阀股份有限公司
156	浙江中达特钢股份有限公司
157	浙江中控技术有限公司
158	浙江宏伟实业有限公司
159	浙江宝纳钢管有限公司
160	浙江金盾风机风冷设备有限公司
161	烟台台海玛努尔核电设备有限公司
162	常州八益电缆有限公司
163	湖南湘投金天新材料有限公司

（续表）

序号	会员单位名称
164	群星集团公司
165	嘉兴多角电线电缆有限公司
166	上海交通大学
167	中国电力投资集团公司高级培训中心
168	东华理工大学
169	华北电力大学核科学与工程学院
170	西安交通大学
171	西南科技大学国防科技学院
172	苏州大学
173	南华大学
174	哈尔滨工程大学
175	核工业管理干部学院（核工业培训中心）
176	清华大学核能与新能源技术研究院
177	北京柯瑞生物医药技术有限公司
178	苏州大学附属第一医院
179	中国原子能工业公司
180	中国太平洋财产保险股份有限公司
181	中国平安财产保险股份有限公司
182	上海中核浦原总公司
183	北京宇航恒基文化传播有限公司
184	北京斯帕顿矿产资源投资咨询有限公司
185	兴原认证中心有限公司
186	中国华电集团公司
187	华电国际电力股份有限公司
188	四川省重大技术装备办
189	河北省核电工作领导小组办公室
190	中国建筑第二工程局有限公司
191	中建电力建设有限公司
192	中国华电工程（集团）有限公司
193	中电投江西核电有限公司
194	山东电力工程咨询院有限公司
195	中电投电力工程有限公司
196	国核工程有限公司

（续表）

序号	会员单位名称
197	辽河石油勘探局通辽铀矿
198	中国核保险共同体
199	中国科学技术大学核科学技术学院
200	厦门大学能源研究院
201	沈阳航天新星机电有限责任公司
202	上海工业自动化仪表研究院
203	远东电缆有限公司
204	通裕重工股份有限公司
205	江苏天源华威电气集团有限公司
206	江苏神通阀门股份有限公司
207	申科滑动轴承股份有限公司
208	上海阀门厂有限公司
209	中信建投证券有限责任公司
210	浙江国泰密封材料股份有限公司
211	河南力威管道设备有限公司
212	常州电站辅机总厂有限公司
213	哈尔滨天达控制工程有限公司
214	南通昆仑空调有限公司
215	广州华晟建筑材料有限公司
216	四川省简阳龙头磨料磨具有限公司
217	北京首宏钢科技开发有限公司
218	中联重科股份有限公司
219	江苏宝丰特钢有限公司
220	湖南圣川控股集团有限公司
221	江苏省核应急办公室
222	无锡市新峰管业股份有限公司
223	浙江博凡动力装备有限公司
224	北京华圣金程科技有限公司
225	中国原子能出版传媒有限公司（中国原子能出版社）
226	上海元达律师事务所
227	陕西柴油机重工有限公司
228	中国电力工程顾问集团华北电力设计院工程有限公司
229	江苏申港锅炉有限公司

（续表）

序号	会员单位名称
230	南京新核复合材料有限公司
231	浙江电力建设监理有限公司
232	北京金瑞致科技发展有限公司
233	宁波泰索科技有限公司
234	北京市万商天勤律师事务所
235	福建上润精密仪器有限公司
236	法国电力公司（EDF）北京办事处
237	斯堪伯奥科技（北京）有限公司
238	堡盟电子（上海）有限公司
239	海南核电有限公司
240	中电华元核电工程技术有限公司
241	台山市清洁能源核电装备产业园有限公司
242	江西省水电工程局
243	吴江市东吴机械有限责任公司
244	江苏华冠电器集团有限公司
245	苏州宝骅机械技术有限公司
246	天津华油天元石化设备有限公司
247	常熟市辐射技术开发应用研究所
248	北京京能恒基新材料有限公司
249	南阳市核电项目前期工作领导小组办公室
250	中国科学院金属研究所
251	江西省火电建设公司
252	上海森林特种钢门有限公司
253	日立(中国)有限公司
254	大连日立机械设备有限公司
255	魏德米勒电联接国际贸易(上海)有限公司
256	莱茵检测认证服务(中国)有限公司
257	广州司态结构监测技术咨询有限公司
258	西门子(中国)有限公司
259	希西艾流体控制设备(上海)有限公司
260	西北工业大学
261	攀钢集团江油长城特殊钢有限公司
262	巨力索具股份有限公司

（续表）

序号	会员单位名称
263	江苏银环精密钢管股份有限公司
264	宝银特种钢管有限公司
265	海龙核材科技（江苏）有限公司
266	江苏新恒基重工有限公司
267	上海申江锻造有限公司
268	北京市大成律师事务所
269	阿海珐（北京）咨询公司
270	瓦卢瑞克核电管材（广州）有限公司
271	伯合乐焊接产品贸易（上海）有限公司
272	美国赛瑞丹有限公司北京代表处
273	上海福克斯波罗有限公司
274	中国国电集团公司
275	台山核电合营有限公司
276	中橡集团沈阳橡胶研究设计院
277	东方电气（武汉）核设备有限公司
278	上海丰瑞投资集团有限公司（杭州办）
279	华润新能源控股有限公司
280	上海临港经济发展（集团）有限公司
281	紫光同能（北京）信息技术有限公司
282	中核华兴达丰机械工程有限公司
283	大连华阳光大密封有限公司
284	渤海重工管道有限公司
285	广西金雨伞防水装饰有限公司
286	北京市君合律师事务所
287	湖南核电有限公司
288	上海三一科技有限公司
289	山特维克国际贸易（上海）公司
290	华尔卡密封件制品（上海）有限公司
291	固力保安全系统（中国）有限公司
292	国家核电技术有限公司北京软件技术中心
293	通标标准技术服务有限公司
294	天津天地伟业数码科技有限公司
295	成都神钢工程机械（集团）有限公司

（续表）

序号	会员单位名称
296	浙江百基特材科技有限公司
297	海盐科路人力资源有限公司
298	阿尔斯通（武汉）工程技术有限公司
299	中广核（北京）核技术应用有限公司
300	苏州热工研究院有限公司
301	中核河南核电有限公司
302	罗尔斯 罗伊斯商业（北京）有限公司
303	西屋电气公司北京代表处
304	德士达建材（广东）有限公司
305	颇尔过滤器（北京）有限公司
306	中国电力科学研究院
307	中国核能电力股份有限公司
308	中核核电运行管理有限公司
309	苏州纽威阀门股份有限公司
310	四川科新机电股份有限公司
311	邯郸市邯钢附属企业公司
312	北京益利精细化学品有限公司
313	金泽核创（北京）国际能源技术服务有限公司
314	吉林昊宇电气股份有限公司
315	浙江苍南仪表厂
316	上海森松压力容器有限公司
317	中机生产力促进中心 核设备安全与可靠性中心
318	哈蒙冷却系统（天津）有限公司
319	艾默生电气（中国）投资有限公司
320	四平市巨元瀚洋板式换热器有限公司
321	深圳航天科技创新研究院
322	中国长江三峡集团公司
323	中国钢研科技集团有限公司
324	国核示范电站有限责任公司
325	哈电集团（秦皇岛）重型装备有限公司
326	有能集团有限公司
327	西安永华集团有限公司
328	中铁二局集团电务工程有限公司

（续表）

序号	会员单位名称
329	成都中广核久源测控科技有限公司
330	泰安市山口锻压有限公司
331	烟台通用机械设备制造有限公司
332	浙江国之光电器科技有限公司
333	广州南宝建筑材料有限公司
334	浙江阳光时代律师事务所
335	ABB(中国)有限公司
336	必维质量技术服务(上海)有限公司
337	哈尔滨红光锅炉总厂有限责任公司
338	上海核昌实业有限公司
339	山东衡达有限责任公司
340	哈尔滨工业大学
341	阿法拉伐（江阴）设备制造有限公司
342	广西防城港核电有限公司
343	中电投核电技术中心（北京）有限公司
344	大连海密梯克泵业有限公司
345	广东正超电气有限公司
346	北京市君致律师事务所
347	山东电力建设第三工程公司
348	上海新曼传感技术研究发展有限公司
349	宁波天生密封件有限公司
350	浙江久立特材科技股份有限公司
351	浙江创想节能科技有限公司
352	山东双轮股份有限公司
353	中国科学院合肥物质科学研究院
354	布兰肯（徐州）金属设备制造有限公司
355	厦门安能建设有限公司
356	山西华钢贸易有限公司
357	上海电气凯士比核电泵阀有限公司
358	上海太比雅电力设备有限公司
359	河南华泰特种电缆有限公司
360	江苏美特林科特殊合金有限公司
361	杭州新纪元消防科技有限公司

（续表）

序号	会员单位名称
362	南京佑天金属科技有限公司
363	康斐尔过滤设备（昆山）有限公司
364	中核新能源有限公司
365	深圳市创捷科技有限公司
366	江苏其兵实业有限公司
367	连云港经济技术开发区管理委员会
368	江苏爵格工业设备有限公司

中国核能行业协会网站与出版物

2013 年，中国核能行业协会网站安全运行。至 2013 年年底，网站点击率达到 365 万次，继续保持稳定增长的态势。“GIF 网页”、中国核能行业科技奖信息系统新上线运行，核电评估专项网页运行顺利。

2013 年，共完成 6 期《中国核能》会刊、12 期《核能新闻》电子月刊和《中国核能年鉴》2013 年卷的编辑、出版和发行任务。

《中国核能》全年重点进行了 4 个方面的宣传报道：国家核电发展方针、政策和三个“规划”的宣传；我国核电发展成就的宣传；协会重点工作的宣传；核电安全和核电知识方面的公众宣传。同时，杂志进行了全面的改版工作。

2013 年 12 月，《中国核能年鉴》2013 年卷由中国原子能出版社正式出版发行，出版字数为 73 万字。

图书在版编目（CIP）数据

中国核能年鉴. 2014 年卷 / 中国核能行业协会编.
—北京：中国原子能出版社，2014.11
ISBN 978-7-5022-6403-1

Ⅰ. ①中 Ⅱ. ①中 Ⅲ. ①核能－中国－2014－年鉴
Ⅳ. ① F426.23-54

中国版本图书馆 CIP 数据核字 (2014) 第 233239 号

中国核能年鉴 · 2014 年卷

出版发行 中国原子能出版社（北京市海淀区阜成路 43 号 100048）
责任编辑 谭 俊
责任校对 冯莲凤
责任印制 潘玉玲
印 刷 北京盛通印刷股份有限公司
经 销 全国新华书店
开 本 787 mm × 1092 mm 1/16
印 张 26.5 字 数 660 千字
版 次 2014 年 11 月第 1 版 2014 年 11 月第 1 次印刷
书 号 ISBN 978-7-5022-6403-1 定 价 178.00 元

网址：http://www.aep.com.cn

ISBN 978-7-5022-6403-1

9 787502 264031